语 文 教 育 新 论 丛 书

写作课程转型论

荣维东　著

上海教育出版社
SHANGHAI EDUCATIONAL
PUBLISHING HOUSE

序一　认准方向, 踔厉奋发, 笃行不怠

倪文锦

荣维东是我的学生, 华东师范大学 2010 届语文教育方向的博士生, 当时我还在课程与教学系任职, 他的博士论文是《写作课程范式研究》。论渊源,《写作课程转型论》是在《写作课程范式研究》基础上修改完成的。只是过去十多年写作课程理论有很多进步, 荣维东也有很多新思考, 故增加了许多新内容。《写作课程范式研究》——《交际语境写作》——《写作课程转型论》, 我见证了他成功实现写作课程与教学研究创新的"三级跳"。他十多年如一日, 从确立方向到单项突破再到成体系的研究, 坚持踔厉奋发, 笃行不怠, 终于行稳致远, 硕果累累。

我国中小学写作课程与教学是长期以来困扰基础教育的一个"老大难"问题。我曾撰文《关于写作教学有效性的思考》, 指出目前中小学的写作教学有效性不高是一个不争的事实。[1] 其主要特征: 一是写作教学内容缺失。长期以来, 我国没有专门的写作教材(除了少数教育实验以外)。写作教学内容依附于阅读教学, 或作为读写结合的材料, 或作为读写知识的一部分, 在语文教材中仅占很小的一个角落。相对阅读教学而言, 写作教学内容严重缺失, 已经构成我国中小学写作教学的一个重大缺陷。二是写作指导缺位。人们总结中小学写作教学的基本过程为: 在写之前, 教师或指导学生审题, 或提出写作要求, 或使学生进入写作情境, 想解决"写什么"

———————————
[1]　倪文锦. 关于写作教学有效性的思考[J]. 课程·教材·教法, 2009(03).

的问题；在写之后，教师讲评作文，展示好作文，批评差作文，想解决“写得怎么样”的问题；至于在写作过程中，教师如何指导学生写，即指导“怎么写”这一环节却大多看不到。也就是说，我国中小学写作教学普遍存在教师指导不到位的弊病。三是写作教学观念落后。新课程实施虽然已有多年，但许多教师的写作教学观念依然落后，“假大空”盛行。按理说，促进学生发展为本的新课程理念早已深入人心，但在“教师为学生好”的幌子下，一些写作教育客观上起到了引导学生说假话的作用。这种用“假大空”的思想和行为模式把孩子们培养成新一代说谎者的做法，从根本上违背了教育的宗旨。四是有些作文试题导向错误。落后的教育教学理念，在写作教学和考试中有时却会披上时新的外衣，掺和着花哨的语言，使人真假莫辨、良莠不分。时下，尤其是大规模考试中的一些作文试题很值得商榷。五是写作体式要求失当。谁都知道，在正常的生活中，没有老师喜欢学生说假话，也没有学生愿意说假话；但许多学生的作文事实上在说假话，一些教师事实上在鼓励学生说假话。这说明原本正常的写作生活、写作活动已经变得不正常了。为解决中小学写作教学中的种种问题，自20世纪90年代以来，包括新课标在内的连续的几个语文课程文件都大力倡导写“真情实感”。写真情实感固然值得提倡，但学生写不出“真情实感”的问题却依然普遍存在。因此有必要换个角度看问题，即看看我们目前在让学生写什么样的文章？这样的文章，学生们能表达自己的真情实感吗？因此，如何提高写作教学的有效性已经成为语文教育亟待解决的一个关键问题。

对此，荣维东经过长期的艰苦努力，明确提出了问题解决方案。他的新著《写作课程转型论》近日由上海教育出版社出版了，这是继《交际语境写作》之后他的又一部研究写作课程与教学的力作。出版社将其纳入“语文教育新论丛书”，足见其创新力度之大。

在《写作课程范式研究》中，他将写作课程与教学理论发展清晰地概括为三种范式，即"文章取向的写作—过程取向的写作—交际语境写作"，并明确提出我国写作教育发展的方向应该是"交际语境写作"。这也是他的博士论文中最重要、最具创造性、最有价值的一部分。在那篇学位论文中，尽管他表示要构建这一新的写作教学理论范式，但受制于时间和条件，并未单独立论和系统阐述。这是因为要研究写作，需要坚实的学术积累、广阔的理论视野、执着的钻研精神、丰厚的实践经验，以及非凡的探索勇气。他需要更多的积累、提升、钻研、实践，但就是这篇学位论文，为他埋下创新写作课程内容与教学方法的希望种子，并开始了漫长的不畏艰险、知难而进的探索之路。

对《交际语境写作》，我的评价是"一部具有理论开创和实践智慧的写作教学新论"。[1] 它不仅是一种新型写作理论，还有望解决学生写作动机缺失问题，写作内容匮乏问题，语言表达等一系列重要问题。它对写作动力系统、发生机制、监控系统的阐释可以弥补传统文章学的理论盲区。交际语境写作所倡导的交流意识、读者意识、主体（角色）意识、文体意识、语体意识、功能意识是我们时代所必需的。由此孕育出来的写作课程理论、知识要素、写作策略等，有望为我国写作课程理论转型提供学术支持。

《写作课程转型论》立足"写作课程内容重构"，以"写作课程发展"为线索，主要梳理论证三种范式下写作观念、知识要素、理论依据、教学策略的发展变化，试图构建一种基于整合的写作课程知识框架，作为课程研制、教材编写和教学的工具。

荣维东的这本新著与时俱进，从历史和现实，理论和实践，国内和国外，批判和吸收，继承和创新等多个维度，对中小学写作课程与教学的发展做了全方位的研究，展示了从技能写作到交际语境写作发展的历史趋势，

---

[1] 荣维东.交际语境写作[M].北京：语文出版社，2016：序言1.

具有坚实的学理基础。作者深刻把握和及时回应了写作课程的时代需求，积极探索写作课程融入新时代社会生活的有效路径，为实现中小学写作课程的当代转型和创新发展提供了有力支撑。纵观荣维东写作课程与教学研究创新的"三级跳"，我们可以获得以下启示：

一、写作课程转型是时代发展需要

我国是文章大国，写作与写作教学有着悠久的历史，但也有不足，写作注重内在修为，写作教学偏于自我表达，不善与人交流，导致与古希腊、罗马演讲术动辄强调"场合""受众""说服"等具有不同取向；我国历朝历代的文章带有浓厚的德教色彩、载道功能和抒情传统，缺乏现代文明需要的交流意识、交际知识和交流技能。又由于我国没有西方那样的"过程写作运动"和"交际写作"传统，我们的写作理论长期囿于"自我表达"和"文章写作"范式里走不出来，这制约着写作课程中的技术进步。目前，我国主流的写作教学理论大都局限于"文章学"视野，这已经很难有新突破。随着时代的前进，社会交往和人际交流的日益频繁，写作课程转型势在必行。

二、写作课程与教学研究要有科学精神

荣维东指出，语文教育研究不是唯我独尊的"中西问题"，不是厚古薄今的"古今问题"，而是探寻真理的"科学问题"，作为语文教育研究重要组成部分的写作教学研究同样需要科学精神。[1] 他曾区分过三种思维：为什么写作文，什么样的作文是好的，这属于"价值思维"；研究作文的要素、机制、原理，属于探求事物本质规律的"认知思维"；而研究如何去写作文教作

---

[1] 荣维东. 话语重建和传统回归的科学态度——从《语文：话语重建与传统回归》说起[J]. 语文学习,2008(11).

文则属于"工程思维"。① 这三者不可僭越而混为一谈,而且写作教学问题的根本解决有赖三种思维的密切配合。正如他所说,"我们应该立足当今社会发展和事物本身逻辑科学阐释和解决写作教学问题"。语文教育应该古为今用,洋为中用,中西融汇,古今贯通,吸收一切有用的学术资源成果,开拓创新。据此,他主张我们既要有本土情怀,立足中国实际,解决好中国的问题,又要有国际视野,海纳百川融汇创造,向世界讲述中国故事,提供解决中国写作课程与教学问题的中国方案。

三、写作教学研究需要加强多学科、跨学科研究

写作教育研究之难不仅仅在于它横跨语言学、文章学、写作学、教育学、心理学,甚至功能语用学、语境学、语篇学、传播学、哲学等众多学科,还在于这个专业门槛太低、人人皆可置喙,从每年高考作文题目出来后的全民狂欢就可见一斑。后现代社会和大众传媒时代的民主化和泛知识化潮流,导致全民参与共同发声成为一种社会进步,但专家学者不能因此放弃专业判断和科学立场。

荣维东认为写作的本质目的是"与人交流"。当他确信当今社会需要公民具备交往能力和复杂任务情境下的功能写作能力时,便坚定了从"文章写作"向"过程写作""交际写作"转型的合理性和必要性,这正如物理学,从牛顿力学向爱因斯坦时空观再向量子力学转型一样,写作课程理论发展也面临着这样的范式转型。任何写作都处于特定情境之中。写作是面向明确或潜在的读者,为了特定目的,围绕特定话题,建构意义,构造语篇进行书面表达和交流的活动。读者、目的、角色、话题等交际语境要素决定着语篇的内容和形式。写作既是传统意义上的"写文章",又是"自我表达"和"与人交流"的方式。这从语言学、文学、心理学、哲学理论的发展都可以得

---

① 张华.高考作文技术论[M].桂林:广西师范大学出版社,2022:3.

到印证,也可以从"有效写作任务设计""优秀写作者""有效写作教学策略"等研究中得到实证。

当然,写作课程与教学是一个有待深度开发的广阔领域,荣维东的研究只是一个不落俗套、不同凡响的尝试,我期待有更多的人能从荣维东的研究中受到启发和鼓舞,运用新的视角和新的理论和方法,投入到写作课程研究和教学实践中来,不断提升我国写作教学的新境界和新水平。

倪文锦
2024 年 10 月 28 日于上海

序二 "真实语境的写作"再出发

王荣生

荣维东教授《写作课程转型论》是在其博士学位论文《写作课程范式研究》基础上修改而成的一部学术著作。该著作的主要内容早在 2010 年就已完成,由于种种原因,迟至今日才得以出版。出版值得祝贺,也令人感到有些许遗憾。值得祝贺的是,一部十多年前写就的著作,至今仍处在写作课程与教学研究的学术前沿,并将持续焕发其学术生命力;感到有些许遗憾的是,这部著作的出版时间迟到得过久,而如今语文教育研究的学术环境似乎已今非昔比,理性的声音被各种喧嚣裹挟,很难被听到了。

一

阅读和写作是语文课程的主要领域。写作课程与教学研究在 2010 年左右已取得了一系列突破性的进展,有数篇博士学位论文陆续完成:上海师范大学叶黎明《语文科写作教学内容研究》(2007),西南大学魏小娜《语文科真实写作教学研究》(2009),福建师范大学刘中黎《中国百年日札写作教育与教学研究——以大陆地区为中心》(2010)、华东师范大学荣维东《写作课程范式研究》(2010)、朱建军《中学语文课程"读写结合"研究》(2010)、周子房《写作学习环境的建构——活动理论的视角》(2012),上海师范大学邓彤《微型化写作课程研究》(2014),等。这些博士学位论文,在各自的选题领域作出了贡献,为我国中小学写作课程的重建,奠定了良好的学术基础。

2010年,我主编两本分别适用于小学和中学的教师资格考试学习用书《语文学科知识与教学能力》(高等教育出版社2011年),写作领域的编写参与者有荣维东、叶黎明、魏小娜、朱建军、周子房、邓彤等,其中第一模块"语文学科知识"的第三节"写作与学习写作"采纳《写作课程范式研究》主要观点和内容,初稿由荣维东执笔。

2014年起,我任研制组首席专家,组织数十位高校研究者和中小学教师,合作研制教育部《中小学幼儿园教师培训课程指导标准(义务教育语文学科教学)》(2017年11月教育部颁布)。该培训课程指导标准的主体内容包含三个方面:一是培训课程目标,相当于语文教学能力标准,指明语文教师培训"到哪里去"。培训目标按识字与写字教学、阅读教学、写作教学等六个培训领域,择取二十个"核心能力项",列举102条具体的能力指标。二是能力诊断,对应"核心能力项",提供便于教师自我诊断的"能力表现级差表",帮助语文教师认清自己的语文教学能力"现在在哪里",规划并选择适合自己专业发展的培训课程。三是培训课程,按"核心能力项"设置研修主题,每一个研修主题有若干专题并列明其"内容要点",为语文教师的专业发展铺就"如何到那里去"的道路。写作教学领域有四个"核心能力项",其中"写作知识和写作教学知识的更新"和"写作学习活动设计与过程指导"这两项的培训目标和课程内容,参考、整合了荣维东、叶黎明、魏小娜、朱建军、周子房、邓彤等人的研究成果。

荣维东的博士论文及其《谈写作课程的三大范式》(《课程·教材·教法》2010年第5期)等相关论文,在当时就已经产生了较大的学术影响。然而,《语文学科知识与教学能力》受其"教师资格考试学习用书"的制约,受众面有限;《中小学幼儿园教师培训课程指导标准(义务教育语文学科教学)》虽然面向"十三五"教师全员培训,但实际的使用者主要是"国培计划"的培训院校和机构,受培训院校和机构的师资条件、培训资源不足等制约,能够围绕写作教学领域的主题进行培训的,其实并不多见。

如果荣维东《写作课程转型论》以及在此基础上进一步深化研究的成果《交际语境写作》(语文出版社 2016 年版)能够再早一点儿出版,如果致力于写作领域的研究者们能够形成合力,那么重建我国中小学写作课程,广大教师在形成共识的基础上致力于中小学写作教学改革的实践,这本来是有可能实现的。

二

但形成合力、形成共识,看来并不那么容易;本来有可能实现的事情,现在恐怕更加不易了。

首先是研究者的术语不统一。大致相同所指的概念,目前有多个术语名称,比如"真实写作""功能性写作""交际语境写作""任务(任务型)写作"等,以及"生命写作""公民写作""绿色写作"等等。新一轮基础教育课程改革倡导"真实情境",《普通高中语文课程标准(2017 年版 2020 年修订)》和《义务教育语文课程标准(2022 年版)》提出"语文学习任务群",使术语名称纷扰的问题越发突出。

正如荣维东在其著作中所言,为了能够贴切地表达自己的所思,有时需要创建一些具有特定所指的术语名称,研究者在一些场合也有必要维持所创建的具有标识性的术语名称。然而,对荣维东所创的"交际语境写作"这一术语名称,我是有些顾虑的,我建议取"真实写作""功能性写作""任务(任务型)写作"等的最大公约数,将其转换为"真实语境的写作"。

与其他学科尤其是国外情况不同,语文教育研究旨在解决我国语文课程与教学实践中的问题,我们的研究成果发表在普及性的语文教学杂志上,所写的著作希望为语文教师所读、所用。《现代汉语词典》(第 7 版)把"交际"释义为"人与人之间往来接触",说"交际语境写作",在语感上总感觉别扭。这种别扭感有可能造成学术成果传播的阻碍。而大致相同所指的概念有多个术语名称,通常都会"增长"我国语文课程与教学实践中的问题。

其次，术语被滥用。2010年主编《语文学科知识与教学能力》时，我曾提议参编的上述各位最好能在后续研究中使用统一的术语名称，但该提议似未引起重视。事情的发展，却表明我当初的顾虑并非多余。人大复印报刊资料《初中语文教与学》2020年第12期较集中地转载写作教学的文章，全文转载的文章有《基于情境任务的台阶式写作教学设计》《"1→X"微型情境写作实践初探》《创设真实情境，培养写作思维》《初中语文情境写作教学发展性动态评价案例研究》，转载之后列有一栏"相关题录"。转载文章和题录分别使用"基于情境任务的写作教学""情境写作""情境写作教学""交际语境写作""情境教学法""写作情境""真实情境""情景化写作"等多种术语名称，而题名中都有"情境教学法"的三篇文章，说的也不是同一个东西。这种现状至少告诉我们两个实情：

第一，在本次新课程改革中引进的课程、教学和评价意义上的"情境"这个词语，我们的语文教师恐怕消化不了。"情境"是我国传统文化术语，有特定的含义；在语文教学界有较大影响的"情境教学"，有特定的所指；课程、教学和评价意义上的"真实情境"（real-world situations），其要义不在于"情境"，而在于"真实"（real-world）。我们的词汇系统里缺少一个类似于英语"communication"那样能够涵盖阅读、写作和口语沟通的词语，在语文课程与教学研究中，似乎也不宜统用某一个词语来指称阅读、写作和口语沟通的"真实情境"。笔者的建议是分别指称：阅读领域称之为"常态的阅读"，口语沟通领域称之为"口语沟通的场景"，写作领域称之为"真实语境的写作"。

第二，我们所意想的、近十几年语文教育研究者努力构建的"真实语境的写作"，恐怕已被搞砸了。当成百上千的语文教育研究者以及更多的谈论者和写文章者，用不同的术语名称指称大致相同的事物，当成千上万的语文教师用同一个术语名称来言说各不相同的事物，那么其结果，一定是几乎不知道大家在说什么了。

《语文建设》杂志 2022 年底召开以提升语文教育研究质量为主题的编委会,我在发言中提出语文教育研究的论文要"三有":一有文献综述,关于某个论题,之前有哪些研究、还存在哪些待解决的问题,要有个交代,文献不必周全,但必须要有。二有概念界定,明确所用的术语名称指的是什么,概念界定不一定确切,但必须要有。三有论证成分,论证可能不够严密,但论文(如果是论文的话)必须要有论证这个成分。而语文教学研究杂志中的文章,遍布的是"三无"——无文献综述、无概念界定、无论证成分。一期一期的"三无"文章,加上纷扰的术语名称,致使语文教育研究的山河破碎不堪。

而现在,写作课程的山河,也有可能不在了。

问题可能出在那个神奇的"与"字。2001 年颁布的《全日制义务教育语文课程标准(实验稿)》提出"三维目标",语文课程标准是三个"和"——"知识和技能、过程和方法、情感态度和价值观";2003 年颁布的《普通高中语文课程标准(实验)》在三个"和"基础上把语文课程(必修)整合为两个"与"——"阅读与鉴赏、表达与交流";《义务教育语文课程标准(2011 年版)》,似乎觉得"和"字不够劲道,改"和"为"与"——"知识与技能、过程与方法、情感态度与价值观"。

《普通高中语文课程标准(2017 年版)》出现了大量的"与"字:语文学科核心素养,界说为四个"与"——"语言建构与运用、思维发展与提升、审美鉴赏与创造、文化传承与理解";必修课程的 7 个"语文学习任务群",有 6 个带"与"字。《义务教育语文课程标准(2022 年版)》继续"与",三个"发展型语文学习任务群"表述为"实用性阅读与交流""文学阅读与创意表达""思辨性阅读与表达"。

那么，作为语文课程标准文本中的关键词之一的"与"，是什么含义呢？"与"的前后，是一件事情还是两件事情？如果是两件事情，这两件事情是连在一起还是可分立？如果是可分立，分立的两件事情是并列还是有主从？

把"与"的前后连为一体、合成为一，语文课程标准是有这个含义的。《普通高中语文课程标准（2017 年版 2020 年修订）》对"语言建构与运用""思维发展与提升""审美鉴赏与创造""文化传承与理解"都是连为一体来解说的，指出"语文学科核心素养的四个方面是一个整体"。作为学习领域，《义务教育语文课程标准（2022 年版）》三个"语文学习任务群"的称谓，显然也把"实用性阅读与交流""文学阅读与创意表达""思辨性阅读与表达"之"与"的前后连为一体。

"与"，《辞海》释义为"和；及"。连接名词，"与"的前后一般都理解为两件事情，多本词典举例有：父与子，工业与农业，学生与老师，父亲与母亲，等等。"与"相当于英语的"and"，有"及"的含义，例如"刀子与叉子"；"与"的前后也有因词序而引起的重轻差别。

换言之，《义务教育语文课程标准（2022 年版）》的三个"发展型学习任务群"，至少可作以下几种理解：

A. 连为一体。读作：实用性/阅读与交流，文学/阅读与创意表达，思辨性/阅读与表达。

B. 可以分立。读作：实用性阅读/与/（实用性）交流，文学阅读/与/创意表达，思辨性阅读/与/（思辨性）表达。如可以分立，则有两种可能的关系。

B1. 并列。即：实用性阅读和实用性交流，文学阅读和创意表达，思辨性阅读和思辨性表达。

B2. 主从。即：实用性阅读及实用性交流，文学阅读及创意表达，思辨性阅读及思辨性表达。

对语文课程标准文本中极为重要的关键词"与"的含义,课程标准研制组的核心专家至今未作解读,而多位研究者对新一轮语文课程改革"淡化写作"的担忧,乃至指责所设置的学习任务群"多以阅读为中心,写作只是阅读的附庸"(徐林祥《关于语文学习任务群的再思考》),看来并非空穴来风。

四

长期致力于写作课程与教学研究的荣维东教授对"淡化写作"有高度警觉,于是他想法子去发掘语文课程标准文本中并没有明文表述的"含义",写了《重建写作课程的概念、类型与内容体系——基于〈普通高中语文课程标准(2017 年版)〉写作内容的解读》等多篇文章。这些文章的内容,有的纳入了这本《写作课程转型论》中。摘录其中一段:

> 从中小学最新一轮的语文课程标准看,语文学习任务群的提出已经为这种功能写作文体体系的构建奠定了比较扎实的根基,提供了新教学文体重建的广阔空间。比如在《义务教育语文课程标准(2022 年版)》六大任务群中,所涉及的重要文体其实有很多。如在"实用性阅读与交流"涉及日常应用文、日记、观察笔记等,人物故事、写人和记事文、笔记、大纲、脚本、思维导图等,以及多种媒介文本。在"文学阅读与创意表达"任务群中涉及儿童诗、有趣的故事、诗歌、小小说等文体。在"跨学科学习"中涉及日常观察和记录、研究报告、活动方案、问卷、访谈、调查报告、发言提纲、策划方案、海报等。这些丰富多样的文体类型,是过去历次语文课程标准所不曾具备的。

努力去发掘新课程标准的优势、长处,努力去避免因求新而带来的弱点、短处并揭示可能被遮蔽之处,这也是我所秉持的立场和态度。应该说,上述从文体角度的勾勒,符合语文课程标准文本的实际,"提供新教学文体重建的广阔空间"的推断,也有据可依。但是,这里可能模糊了"写作活动"与"学习写作"的差别。

正如"阅读活动"与"学习阅读"有联系但有实质性差别,"写作活动"与"学习写作"有联系但有实质性差别。概而言之,"阅读活动""写作活动",其基本假设是学生大致会读能写;而"学习阅读""学习写作",其基本假设是学生对所阅读材料的阅读理解有问题、有困难,对所需完成的写作任务有障碍需要克服,所以才有阅读课程与教学,所以才需要写作课程与教学,所以才有课程目标与课程内容、教学目标与教学内容。

从课程标准文本的文内前后文语境看,上述所列举的诸如日记、观察笔记、笔记、大纲、脚本、思维导图、日常观察和记录、研究报告、活动方案、问卷、调查报告、发言提纲、策划方案、海报等文体,基本上是假设学生大致能写的"写作活动"。例如:"学习用日记、观察手记等,展示自己观察自然、探索科学世界的收获。""组建文学艺术社团,开展相关文化活动,参与社区文化活动与文化建设;在参与过程中写出策划方案,制作海报,记录活动过程,运用多种媒介发布学习成果。"这样的"写作活动",归属于上文所介绍的教育部《中小学幼儿园教师培训课程指导标准(义务教育语文学科教学)》写作教学"培训目标"中"给学生提供多种写作机会"那一项。

而归属于"写作学习活动设计与过程指导"一项的,才是我们通常所说的写作课程与教学,它指的是作为课程目标和课程内容的"学习写作"。涉及写作领域,《义务教育语文课程标准(2022年版)》所明确规划的课程目标和课程内容是:写记叙性文章,写简单的说明性文章,写简单的议论性文章,学习写留言条、请假条、短信息、简单书信等日常应用文,缩写、扩写、改写,尝试诗歌、小小说的写作。这与以往的语文课程标准或者语文教学大纲,似乎并无多大差异。

五

对写作课程而言,文类、文体的扩展是必要的,而文类、文体的扩展基于真实语境的写作。真实语境的写作,即荣维东教授所称呼的"交际语境写作"。对真实语境的"五要素说",在《写作课程转型论》和《交际语境写作》这两本著作中界定得清楚明了,即作者、话题、读者、目的和指引语篇类型(文体、语体)的"言语"(两本著作中都用"语言",可能称作"言语"更妥帖)。

据我的学习体会,语文课程标准文本中的关键词"语文学习任务群"及其简略语"学习任务群""任务群",指向较长远的目标任务,即与现实世界(real-world)相关的真实情境。"真实情境"有两个含义:一是现实世界里有素养的成年人在正常的情况下所做的事,也就是学生 10 年、15 年之后在生活、工作和学习中所做的阅读、写作和口语沟通。二是当下的真实感,学生(儿童)感觉到"像真的一样"。

如果我的上述理解没有大错误,那么现在流行的"大情境""做任务"可能搞错了所适用的领域。目前所见的"大情境""做任务"的课例,主要在阅读领域,所涉及的大多是本应"学习阅读"的文学作品,甚至是本应"学习基础阅读"的文言作品,其"学习任务"本应是"阅读理解"。也就是说,这些作为"课文"的文学作品、文言作品,因生活经验、百科知识尤其是现有的语文能力的制约,学生的阅读理解有问题、有困难,因而需要学习"如何阅读"、提升阅读能力。而"做任务"则把"课文"视作"资源",其潜在的假设是学生们大致会读能用。"大情境"和"做任务"联姻,在所设置的特定情境中做任务,其阅读方式是阅读者(学生)假设自己是某种社会身份——比如展览的策划者、编剧者等等,而假设某种身份去阅读,这有违于阅读的本性。阅读是本色的,我们只能以自己认同的本色身份去阅读理解,我们只能以"我"的视界作阅读理解,比如我只能以成人的、语文教育研究者的身份去阅读绘本,"像儿童一样"地阅读绘本,恐怕只有真正的儿童文学专家、高专业水平的小学教师才有可能做到。我无法假设、不可能做到像展览策划者、编剧那样去阅读理解和使用一个文学作品,在真实的世界里也从来无此必要。

而写作则是社会身份的。我写评语是因为教师的身份,我写微信是因为作为朋友圈的一员,我写诗歌自然要认自己是个写诗的人。即使是日记——我说的是本然的日记而不是学生交作业的那种"日记",写者要么是在外人面前努力掩饰的"本我",要么是自觉扮演的希望在他人眼里呈现的"我"——如果写日记时就想着以后会发表的话。写作者必是真实语境的"我",一个成熟的写作者,是一个自觉地意识到在写作当下特定社会身份的作者。换言之,写作必是真实语境的写作,学习写作的最佳途径,就是在真实语境的写作中学习"如何写作"。荣维东《写作课程转型论》和《交际语境写作》,揭示的就是这个写作和学习写作的原理。如果这个原理成立,那么"语文学习任务群"好像应该唤作"写作学习任务群"。

六

"写作学习任务群"好像是可以成立的。李海林、荣维东、叶黎明、魏小娜等人关于真实语境的写作的研究,邓彤等人关于写作微课程(也就是单元)的研究,荣维东、周子房等人关于写作策略、写作学习支架的研究,已经较为清晰地描述出写作课程与教学的应有模样。

由此看来,在"语文学习任务群"的形势下,如果致力于写作领域的研究者们能够形成合力,那么重建我国中小学写作课程,广大教师在形成共识的基础上致力于中小学写作教学改革的实践,这或许还是有可能实现的。

或许,荣维东教授这部迟到出版的著作《写作课程转型论》,标志着"真实语境的写作"的再出发。

七

在赠送我的《交际语境写作》的扉页,荣维东曾写道,自己致力于写作课程重建事业十年,"今天我发现它,绮丽的风景,仍然吸引我,不断前行"。

"不断前行"我深以为然,在我看来,写作课程与教学研究还有一个硬骨头要啃,那就是"写作能力"的描述。我曾承担"国民语文能力构成"的研究项目,将研究视角和路径设定为"以筹划思维解答语文能力构成问题""按真实情境的功能类型设定描述层级""面对事情本身具体描述能力要素"三大原则。可惜力有不逮,只完成了"阅读篇"(《国民语文能力构成研究(阅读篇)》,华东师范大学出版社 2022 年版),对于写作和口语沟通的类型鉴别和能力要素的描述,虽有一些想法,但未能如愿展开研究。

如果我们能够鉴别我国国民的写作主要类型并较为清楚地描述其能力要素——也就是我们希望中小学生在 10 年、15 年之后还一直"带着"的写作"核心能力",那么中小学写作课程的重建,就会较为清楚地看见前行的灯塔。

或许,"写作能力"的描述,会成为荣维东教授下一部著作的研究主题?

谨以此文,贺《写作课程转型论》出版。

王荣生
2023 年 8 月 16 日

前　言

　　一代人有一代人的使命，一件事有一件事的初心。我从事写作教学研究的初心和使命，诞生于因缘际会的一个瞬间。

　　我是教了很多年书才去读博的。2007 年，教了 19 年初中的我，考了三次，终于考取了华东师范大学倪文锦先生的博士研究生。有一天，大师兄王荣生召唤我同一位江苏名师聊作文，顺便问起我的博士论文选题。我说想了几个，大多是关于阅读教学的，他说阅读教学问题是大，但写作教学问题更多，你做"作文课程重建"如何？我说，写作不是有几篇了吗？他说："还不够。我们要有一批人做作文教学问题的攻关！"从那时起，我心中陡然升起一种强烈的责任感和使命感。

　　长期以来，我国作文教学是"老大难的老大难"（张志公语），存在系统性、根本性的问题和危机。"作文课程重建"，的确够有挑战性，也激发起我足够的兴趣和勇气！——说干就干，当我一头扎进这个领域，一番国内外文献梳理后发现：那么多论文著作竟如此老套，与国际同行比感觉滞后几十年。导师告诫我不要这么说，先看看写作知识有没有问题。

　　我国写作课程理论滞后的原因很多：一是语文教育研究专业化进程落后，"我认为"式的、经验主义的研究太多，学理研究比较稀缺；二是写作中根深蒂固的道统文化和抒情传统。中国人重德性修养和心灵生活，作为中华文化源头的《诗经》《楚辞》、诸子散文造就了中国写作的言志属性、载道功能与抒情传统，而作为西方写作学源头的古希腊演讲术和修辞学，更注重语言表达的交际目的和说服技巧。所以，西方写作理论在向"过程写作"

"交际写作"转型时显得自然而然,而我国囿于文章写作范式而无法自拔。这是因为我们总是从某种特定的世界观来出发观察和理解事物的,"不识庐山真面目,只缘身在此山中"。范式作为一套基本完善的规则和行为标准,我们往往只会盲目地遵循它,我们想不到还有其他范式,就是知道有新范式,我们也不理解它。① 尽管在民国时期我国就确立了"自由发表思想"和"应付世用"的现代写作教育理念,但由于文化传统和民族审美偏好,至今仍然泛文采作文盛行。以至于当初提出"交际语境写作"时,我一度反思这是不是西化的产物,是否适合中国国情。

不过后来想通了,既然传统的那一套文章学写作理论并没有解决中国作文教学的问题,我们必须找寻新路。于是针对当时一篇鼓吹"语文话语重建与传统回归"的论文,我写了一篇争鸣文章,提出:语文教育研究不是唯我独尊的"中西问题",不是厚古薄今的"古今问题",而是探寻真理的"科学问题"。② 我们应该开阔胸襟,博采众长,立足当今社会发展和事物本身逻辑,科学阐释和解决写作教学问题。写作教学虽关乎文化,但也涉及技术;文化指向灵魂应自尊自信自爱、应各美其美,技术则指向效用,涉及原理机制、共通规律和效能问题。尽管写作教学涉及各种社会、文化、学科诸多因素,但它更多面临观念更新、知识重建和教法革新。要解决好中国的写作教学问题,我们既要挖掘传统本土文化资源、重视中国的传统经验,还要具有国际视野,海纳百川,融汇创造,提供解决写作教学问题的中国方案,向世界讲好中国故事。

之所以选择从众多学科(如语言学、心理学、写作学、传播学、生态学等)去论证过程写作和交际语境写作的合理性,也是在说服自己。虽然当时感觉就好像在"八面作战",一个个问题、一门门自己不熟悉的学科都需

---

① 迈克尔·斯特雷文斯.知识机器[M].任烨,译.北京:中信出版集团,2022.
② 荣维东.话语重建和传统回归的科学态度——从《语文:话语重建与传统回归》说起[J].语文学习,2008(11).

要涉猎,但当我通过跨学科的复杂论证,确信当今社会需要公民具备交往能力和复杂任务情境下的交际写作能力时,便确信了从"文章写作"向"过程写作""交际写作"转型的必要性、合理性和科学性。

任何写作都处于特定情境之中。写作是面向明确或潜在的读者,为了特定目的,围绕特定话题,建构意义,构造语篇进行书面表达和交流的活动。读者、目的、角色、话题等交际语境要素决定着语篇的内容和形式。——这便是我发现的新的写作学原理。"写作是特定语境中的书面表达""写作活动是在特定语境中构造语篇",这是被学者称为到目前为止我们对于写作"能够说清楚的两句关键的话"。① 这坚定着我的学术追求。

尽管如此,十多年来"交际语境写作"被广泛接受仍是我始料未及的,这应该感谢我们这个开放包容、鼓励创新的时代。2012 年教育部印发的《"国培计划"语文课程标准》,2017 年教育部印发的《中小学幼儿园教师培训课程指导标准(义务教育语文学科教学)》都采纳了"交际语境写作"的某些理论成果。我十多年来受邀做学术讲座两百多场,得到一线教师和专家的肯定,甚至"交际语境写作""任务驱动作文""情境任务写作"② 一度成为作文命题的重要类型。2024 年统编初中语文教材修订,"交际语境写作"被专家列为有望解决"写作教学困境"的新思路。③ 这都是我当初未曾预料的。

《写作课程转型论》与我 2016 年出版的《交际语境写作》密切关联,但两者又有很大不同:定位上,前者属写作课程知识史研究,而后者属于单一写作课程范式研究;在内容上,前者系统阐述"文章写作—过程写作—交际语境写作"三种写作课程范式下知识要素、理论依据、教学路径以及优劣得失等,而后者是一个写作范式理论的系统建构;在结构上,前者的主体采用

---

① 王荣生,邓彤. 写作教学教什么[M].上海:华东师范大学出版社,2014:10-11.
② 荣维东. 交际语境写作与高考作文命题技术的进步[J].语文学习,2019(07).
③ 朱于国. 统编初中语文教材写作板块修订思路与具体设计[J].语文建设,2024(15).

由远及近的纵向发展思路,而后者大体采取理论构成的"圆形结构"。如下图所示:

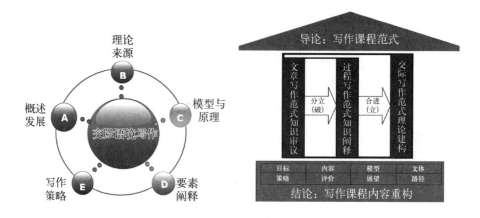

右图采用"大厦重建"寓意:第 1 章导论部分的"屋顶",具有概括的作用。第 2 章"文章写作论"、第 3 章"过程写作论"、第 4 章"交际语境写作论",用三根"廊柱"表示三者之间分进合击关系,大厦"基座"部分是"写作课程内容重构",这样构成一个整体。

本书共三部分五章,按照"导论—分论—结论"思路展开,重点论述三种写作课程范式的发展嬗变。第一章"作文课程理解",从"老大难"问题求解开始,提出"写作即特定语境下语篇建构与交流",随后介绍"写作课程三大范式"等发展概况。第二章至第四章分论部分,依循写作课程发展的历史逻辑展开。各章因应实际课程知识状况,采取了不同研究视角。"文章写作范式"因问题太多,故采取批判视角;"过程写作范式"因在我国尚未普及且存有误区,故采取"阐释反思"视角;"交际语境写作"因属于"正在形成中的范式",国外也没有现成理论,故采取"理论建构"视角。第五章讨论写作课程内容重建,包括范式整合、知识重构、文体重构、写作核心素养发展等。最后进行了重构我国写作课程内容的尝试。

本书在本人 2010 年华东师范大学博士论文《写作课程范式研究》基础

上修改完成。因过去十多年写作课程理论有很大进步,我也有很多新思考,故增加了一些新内容。如第一章的"写作是情境中的语篇建构和交流""写作课程的多元取向与应然方向";第二章的"我国古代写作教学发展""我国现代作文教学理论发展"。第三章增加了"结果写作"与"过程写作"比较,充实了"写作思维""认知语境"。第四章增加了"生态写作"。因为《交际语境写作》已经出版,相关内容进行了重写。原博士论文的第五章和第六章,合并为新的第五章"写作课程内容重构",增加了"写作核心素养发展""写作教学文体重构""写作课程标准的国际经验""我国写作课程内容标准研制"等内容。附录1《新世纪中国写作课程重建运动》是对我国写作课程教学发展的一个综述。附录2《我国的写作课程教学向何处去?》是由2020年的调研报告改写而成。

本书定名《写作课程转型论》颇费周章。一、用"写作"而不用"作文",因前者含义更广且指向真实写作;二、用"写作课程",是指本书主要论述三种写作知识及其课程应用的历史变迁,属于学科"知识史"研究;三、用"转型",是因为三种写作知识范式之间存在明显的观念、知识和教学上的发展演进和更新迭代关系。

英国科学哲学家卡尔·波普说,"人类历史的进程受人类知识增长的强烈影响"。[①] 我国的写作课程发展正受制于现有的写作知识状况。我国的写作教学,无论从哪个层面看,都面临着知识更新和课程内容重建的问题。这种重建将不再是现有写作知识系统的修修补补,而是"犹如在原有基地上,改变设计理念和功能指标,以新的元素组合进行房屋重建"[②]。这种重建是处于急剧转型中的世界写作课程内容变革的一部分。

《华严经》里讲,"不忘初心,方得始终"。拉卡托斯说,一个进步的科学

---

① 卡尔·波普. 历史决定论的贫困[M]. 杜汝楫,邱仁宗,译. 北京: 华夏出版社,1987: 序1.
② 叶澜. "新基础教育"论: 关于当代中国学校变革的探究与认识[M]. 北京: 教育科学出版社, 2006: 123.

研究纲领须具有"解释力"和"预测力"。① 我不敢奢望本书有多大的理论和科学价值,但希望它能为我国写作教育理论建设添砖加瓦,为后来的探索者和实践者披荆斩棘,开辟新路。

荣维东
2024 年 11 月于西南大学

---

① 伊姆雷·拉卡托斯.科学研究纲领方法论[M].兰征,译.上海:上海译文出版社,2005:95.

目录
contents

第三章　过程写作论

第五章　写作课程内容重构

作文课程理解

　　我们需要采取什么行动,取决于我们有什么样的目标,有什么样的价值观,取决于各个参与方的集体意志。正是这些潜在的价值观引导着我们的转型之路。

　　　　　　　　　　　　　　　　　　　　——科尔奈《大转型》①

【阅读提示】

　　我国作文教学的问题在哪里?我们需要什么样的写作?中外写作课程经历了怎样的发展?本章将对作文这个"老大难"问题追根溯源,层层剖析;然后介绍研究思路、方法和路径,讨论基于多元取向的"功能语篇写作"的必要性,指出"写作即特定语境下语篇建构与交流";最后对写作课程三种范式、写作关键能力、相关学科理论发展作简要概述。

---

① 　雅诺什·科尔奈.大转型[M].//比较(第十七辑).北京:中信出版社,2005:15.

第一节 破解"老大难"问题

一、困境中的作文教学

长期以来,我国作文教学领域存在着全方位、大规模、集团性的问题与危机。一提到作文,学生们基本上一是不愿写,二是没得写,三是不会写。教师们呢? 一是害怕教,二是没法教,于是不去教。[①] 在我国语文课上几乎没有切实有效的写作教学。[②] 写作教学不作为的状况,人所共知。

作文教学对语文教育来说是"老大难的'老大难'"。张志公先生说,"语文教学在普通教育工作中恐怕算得上一个'老大难'。而作文教学恐怕又是语文教学工作中的一个'老大难'。换言之,作文教学是老大难的'老大难'。……这也许跟对待作文这件事有些不大对头的看法有关系。不大对头的看法必然会导致教学中不大合适的做法。看法不大对头,教学的做法不大合适,训练的效果自然就不会很好,久而久之,成了'老大难'"[③]。在这里,"不对头的看法"是那些弥漫在课程、教材、课堂里的观念、理论、知识;"不对头的做法"是教学方法、策略和评价。观念一旦错误,知识一旦落

---

① 运用元分析研究方法对 1979—2009 年的问卷进行调查后,我们得出目前写作教学的主要问题是:1. 大多数(62.74%)学生对作文不感兴趣;2. 学生作文遇到的主要困难是——没内容、没素材、没有东西可写;3. 不会写、不会表达、没有词句等。具体做法是整理上述三十年间"中国知网"以及相关书籍、期刊中以"作文/写作调查""作文的问题和对策"为关键词的文献资料,得到 150 多份的调查报告和相关文章。在权衡地域、城乡、年级、年代之后,得到有效样本 41 份。然后重点对这 41 份资料进行统计、分析,得出了上述的结论。

② 王荣生. 我国的语文课为什么几乎没有写作教学? [J]. 语文教学通讯,2007(12).

③ 张定远. 作文教学论集[M]. 天津:新蕾出版社,1982:序言 1.

后,势必会形成教学中的各种荒谬、低效、无效、负效和不作为的局面。

经常可以看到这样的现象:我国的写作教学(如果算的话),大都停留在写前布置题目,课上起草誊写,写后简单讲评上。学生很少能从写作教学中得到有效的指导。就算有些"高明"的教师,所教的多是应试作文巧取分数的"俗招"。① 正如有学者指出的那样:我们的作文教学是由"权威的考试"所塑造的"应试写作能力",社会真正需要的写作能力得不到培养。

我国每年发表的"作文教学"文章数以万计。作文教学的理念、方法、对策铺天盖地,可我国的作文理论与百年前相比并没多大实质进展。别说一般教师,就是课程标准中关于写作的内容也一直是"玄虚笼统"的几条。我国的作文课程理论基础薄弱,知识体系陈旧,课程标准笼统,写作教材阙如,写作教学随意,评价体系僵化,整个是一个"空无课程",在"认真负责的教师的苦恼"中"作文教学占有突出的位置"。② ——这就是我国作文教学的尴尬现状。

如何解决作文教学这个"老大难"问题? 笔者觉得先要回到问题的根源,即什么是学生作文? 学生为什么要写作文? 学生应该写什么样的作文?

二、正名:是"作文"还是"写作"

"名不正则言不顺"。我们用某一个名称时,往往会发现:不同的人所使用的词背后所蕴含的含义以及各自的理解会有很大差异。探讨学术,需要对日常话语保持警惕和审慎态度,以确保一个词的含义保持一致,否则就有可能鸡同鸭讲,各说各话。下面就本研究的几个核心概念,做一番澄清与辨析。

在我国的写作课程中,有一系列相关名称。如 1—2 年级一般叫"写

---

① 王荣生.为什么中小学语文课几乎没有写作教学?[N].中国教育报,2008-02-29(6).
② 章熊.关于中学写作教学的几点思考[J].中学语文教学,2006(10).

话",3—4年级称"习作",5—6年级叫"作文",7—9年级一般说"写作",当然还有"创作"这个词。它们似乎体现着写作教学阶段性的要求。

先看"写话",也叫口头作文,是指让学生把要说的话写出来。叶圣陶先生较早提倡"写话",并将"作文"和"说话"联系起来思考。他说:"作文原是说话的延续,用来济说话之穷,在说话所及不到的场合,就作文。"①说话是最简单的语言技能,先说后写,容易帮助低年级学生克服写作言意转换的难度,有一定科学道理。不过,也有人持反对意见。潘新和指出"写话"与"写作"不是一回事。②朱自清、朱光潜、吕叔湘也都强调过它们的差异。"说""写"毕竟属于两种不同的语言符号系统,有着语法、语体、语用上的差别。我们既要考虑它们的相通之处,又要考虑到说和写的不同规律。

再看"习作"。它指的应该是练习性写作。学生根据教师给定的题目和要求,进行写作训练。这个名称的最大问题在于"习",有可能造成学生的作文训练与社会现实生活中的"真实写作"分离。中小学写作虽然具有某种"练习性""虚拟性""假定性",我们甚至有必要利用这种"虚拟性""假定性""拟真性"进行写作训练,但如果中小学写作教学搞成应付考试的"另外一种写作",就有可能与真实生活需要发生脱节而成为"虚假写作"。

再看"作文"一词。《现代汉语词典》(第7版)中有两个含义:① 写文章(多指学生练习写作)。② 学生作为练习所写的文章。在英语中也有"composition"一词,指写出来的"文章"。composition 的词根"compe"含有聚集、构成之意。可见,"作文"在国内外都含有把材料、信息、想法聚集起来并且编织成结构性文本的意思。然而,"作文,作文",似乎得是正儿八经、头尾完整的"文章"。

黎锦熙在考辨"缀法、缀文、作法、作文"后,说过这样一段话——

---

① 叶圣陶. 叶圣陶语文教育论集[M]. 北京:教育科学出版社,1980:411.
② 潘新和. "写话""习作"与"写作"辨正[J]. 语文建设,2002(02).

综合说来,缀法、缀文、作法、作文四个名称,还是缀法这个名称好些。因为所缀所作,在初年级并不尽是用符号标记出来的"文",大部分还只是"语言的活动",故不将"文"字表著出来,而只称"缀法",可以使这名称的界说多包容初年级的那一部分,而且称用时可以减少那一定要执笔为文的误会。所以,"作文"这个名称虽然觉得直截了当,但不如向来沿用的"缀法"义正词严。①

一说到"作文",我们就以为是"写文章"或"练习写文章",写出"完整的"甚至是"好的""成篇文章"。其实"作文"本指"缀辑字句以成文",本来可以包容进更活泼多样的"语言的活动",不一定非要正经八百地"执笔为文"。写作应该是一切运用文字等符号进行信息传达和思想情感交流的社会活动,篇幅可长可短,形式样式灵活,是一种生活表达和交流的工具和手段。可是目前的"作文"一语,从语义到语用上来说都是虚拟性的,它甚至已经演变为一种真实写作的"异化物",远离了写作的本质,失去了其课程名称的本真价值和意义。

"写作"指社会生活中广泛的写的过程活动和结果,包括便条、通知、表格、笔记、书信等各种各样社会生活需要的真实的写作样式。国际上通行的对于"作文"的称呼叫作"writing",即"写作"。"写作",既可以作动词讲,指的是一种动作行为;也可以作名词讲,即写出来的一切东西。严格地说,作文课程应该叫作"写作课程",这样就把关于写的一切活动和结果都囊括进来了,而且直接可以与真实的写作接通,不再经过一个"作文训练"的中间环节,这看似是一个小问题,其实背后是关于写作课程观念的大问题。从课程正名的角度来看,选取"写作"替换"作文",似乎更恰当些。

"写作"和"作文"在我国的语文教育中都广泛使用,但在概念和实践上

---

① 黎锦熙,周法均.作文及文学教学法[M].上海:商务印书馆,1925:63.

是存在一些明显区别的。从定义上看，广义上的"写作"指的是人类有意识地使用语言、文字或者其他媒介来记录资讯、表达思想的一切行为。它可以涵盖文学创作、应用文写作、学术论文写作等多种形式。写作作为一种特殊的社会实践活动，主要是指真实生活情境中的书面表达和语篇构建行为。随着科技的发展，写作的方式也从传统的纸笔书写扩展到使用电脑、手机等电子设备进行信息传递和交流。而"作文"则更侧重于学生在学校场景中，根据教师的要求或考题，通过文字来表达一个主题或思想的一种练习活动。它是语文教学情境下一种"写"的活动，具有一定的虚拟性、练习性和局限性。

从行为主体角度看，写作的行为主体通常是思想较为成熟或有待成熟的社会人，包括作家、记者、学生等。他们的写作行为往往基于个人的思考、观察或研究，目的是表达个人的观点、情感或研究成果，体现作者的创造力和一定的社会责任感。而"作文"的行为主体只有学生。作文作为一种教学活动，主要是按照特定的要求和规范进行写作练习，以训练学生的书面表达能力、思维能力和组织能力。

从过程看，写作过程往往更加自由灵活，作者可以根据自己的兴趣和需要进行选材、构思和表达。写作要求作者具备较高的语言文字功底和思维能力，能够运用恰当的表达方式和修辞手法来呈现自己的观点和情感。而作文则更加注重规范和训练。学生在写作文时，需要遵循一定的格式和要求，如明确主题、合理安排结构、运用恰当的修辞手法等。作文评价也往往以这些要求为基准，以检测学生的写作能力是否达到了一定的水平。

从写作结果和用途看，写作的产品可以是各种类型的文学作品、新闻报道、学术论文等，这些作品往往具有较高的思想性、艺术性和实用性，能够满足读者的不同需求。而作文则主要是一种教学产品，用于训练和提高学生的书面表达能力。

不过，"作文"由于其应用情境的狭隘性、虚拟性和教学性，会导致学生练成的写作能力具有某种"虚假性",不能适应社会生活的需要。因此,在国际上和国内的学术界,一般多使用"写作"(writing)一词,而不是使用"作文"(composition)一词。也就是说,我们更倾向于使用"写作"来表达更广泛、更自由、更真实的书面表达行为,而不去过于强调"作文"这样一种更具体、更规范的教学活动。

最后说"创作",它指的是作家、艺术家的创作活动。中小学的写作教学自然不能以"作家创造"为标准,但民国时期的课程标准就提出可以让"学有余力"的学生进行"文艺文试作"。如今我们倡导"创意写作"并积极运用其规律指导写作教学,这也是应该的。我们虽然可以强调让学生像作家那样去写作,让学生具备或者部分具备作家这样高水平写作者的情感态度、思维方式、写作习惯和专业素养,但基于学生写作"成长性""不成熟性""发展性"的考虑,绝不能因为要求太高而造成学生心理上的负担。对绝大多数学生的写作来说,作家的标准只是一种写作教学内在地悬着的最高模范和标杆,不可强求,也没有必要实现。因为中小学写作教学不宜以培养作家为目标,而应以培养真实生活需要的基础写作能力为主要目的。

前面我们已经区分过"作文"和"写作"等概念的不同含义。同样地,"写作教学""作文教学"以及"作文(写作)教学"这几个概念在本书中均有使用,它们之间在语义、用法和观念上也有一些区别。

"写作教学"指教师指导学生学习写作、练习写作的教学活动。它包括指导学生观察生活、搜集素材、起草、修改和评价的全过程。广义上,写作教学过程泛指教学设计里里外外的各种含有作文因素的教学活动,包括指导学生观察生活、搜集素材、培养文风等方面。狭义上,写作教学过程指的是作文的前前后后,教师帮助学生明确写作的目标要求,指出选材的角度,打开作文思路,指出文章缺点,点明改进方向等一系列教学活动。

"作文教学"是教师引导学生运用语言文字进行表达和交流的综合性实践活动,旨在培养学生基本的、适应实际需要的书面语言表达能力。作文教学在小学阶段以学写记叙文为主,也要学写常用的应用文。它要求学生练习把自己亲身经历的事情或把自己看到、听到、想到的内容,用恰当的语言文字表达出来。作文教学不仅培养学生用词造句、连句成段、连段成篇的能力,还注重培养学生观察事物、分析事物的能力。

有时候,我们将"作文(写作)教学"的概念结合在一起,强调的是写作教学的全面性和综合性。它既包含了作文教学的特定目标和方法,也涵盖了写作教学的广泛过程和活动。

综上所述,"写作教学""作文教学"以及"作文(写作)教学"在语文教学中各有侧重,但都是为了培养学生的书面表达能力。在实际教学中,我们往往根据具体的教学目标和学生的实际情况灵活选择和应用这些概念。

三、写作是情境中的语篇建构和交流

在课程理解上"差之毫厘",会导致教学实践"谬以千里"。中小学写作课程需要回到原点,探讨其本质。

(一)写作的本质

什么是写作?写作是面向各种任务情境建构语篇并进行交流的活动。写作绝不能仅仅理解为"写文章",一切文章都应该是为读者的(包括作者自己)。写作是学习和思维的工具,是一个人必备的社会生活技能,甚至是一个人生命存在的高级形式。要准确了解写作的本质,如下几点值得注意:

1. 任何写作都是有情境的。写作不是无缘无故地发生的,而是为完成生活、工作、学习中的各种具体的任务,为了生活、工作、学习、娱乐、交流、探索等各种各样的目的。写作作为具体任务情境驱动的交流活动,包含一个交际要素系统,如作者、读者、目的、话题、体式等。写作如果没有了对象、目的、情境,就会没有方向感、动力源和意义感。写作最主要的困难是:不知道向谁写,为什么写,写什么。"欲取鸣琴弹,恨无知音赏"就是这个道理。学生写作的困苦在于目的感、对象感和交流感的丧失。写作的情境和目的影响着要说的内容和形式。任何写作行为都是作者以一定的角色、面向特定的读者（群）、为了特定的目的而进行的，可以说没有去情境的、普泛的、通用的写作，任何作品都是外在情境塑造并孕育出来的。

2. 写作既是表达，又是交流。很多时候，我们因为有了某种见闻、信息、感受、思想、情感、经验，需要向人表达，才去写。写作有表达、倾吐、表现功能，这是掌握书面符号的人生命存在的一种高级本能。写作总要给人看并希望别人看，总要实现某种目的。实用文自然容易理解，它们大多都有明确的读者和目的；文学作品何尝不是如此？文学作品是有着潜在的或理想的读者群的。表达交流有很多种方式，如口语的、书面的、跨媒介的等。写作是运用书面语言符号进行表达和交流的一种交际活动。写作不仅仅是面向自我的意义建构，还是生活中不可缺少的"与人交流"。"写作不仅仅是我们在做事，还是我们自身存在的一种方式"①，是一个人生命存在的自我确证，是他干预社会、实现自我的生命实践过程。

3. 写作需要通过语篇实现。语篇（discourse/text）指具有任意长度，意思相对完整，能完成实际应用任务的一系列连续的语段或句子所构成的言语作品。语篇可长可短，既包括一句话、几句话、一个段落，也包括成篇的文章、著作等言语作品。语篇是基本的语言应用单位，只要表达一个相对完整的意思，达成一定的交际意图，就可以看作语篇。语篇有实用类、文学类、思辨类等不同的类型，或者有记叙文、说明文、议论文、小说、诗歌、散文、学术论文等所谓的文体。詹姆斯·开尼维（James L. Kinneavy，1971）在《语篇理论：语篇的目的》（*A Theory of Discourse: The Aims of Discourse*）一书中将语篇划分为以作者为中心的表达类语篇、以读者为中心的说服类语

---

① Christian R. Weisser, Sidney I. Dobrin. Ecocomposition: Theoretical and Pedagogical Approaches [M]. 1st ed. Albany: State University of New York Press, 2001: 16.

篇、以话题为中心的参考类语篇和文学类语篇。① 过去我们只把书面语言表达叫写作,而今既有书面语篇,也有多媒介语篇,网络写作、电脑写作、数字化写作、多媒介交流,这些可以看作语篇的新形态。

4. 写作离不开认知和思维参与。写作表面看似是一种文字表达或者文章制作,其实质则是大脑思维的过程和结果。不是说已经想好了才去写,而是写的过程就是思考的过程,就是分析、推理、联想、想象、比较、归纳、评价的过程。写作者思考的广度、深度、速度和创造性决定着写作的质量。

5. 写作既是一种生活工具,又是一种生命存在。《写作研究手册》向我们展示了国际上对写作的一些新认识。如:"写作不仅仅帮助记忆,它还是表达真实思想的技术""写作本质上是一个创造和表达自我的机会""写作对高阶思维发展极其重要:概括、判断、批判性分析、归纳、推理、预测以及对先有知识的评判""写作是从学前甚至贯穿整个一生的连续的非线性能力;写作不仅存在认知和语言上的复杂性,还受动机和效能感的影响;写作作为一种社会活动体现为社会对话、课堂里的同伴协作;作为交流互动的方式,写作是成为一个社会人的工具。"② 有学者指出:"写作不仅仅是我们在做事,还是我们自身存在的一种方式。"③ 对学生来说,写作既是学习的工具,又是生命成长及社会化的过程。

(二)作文的异化与回归

作文本来应该是学生学习、思考、探究的工具,是一个人学习、生活、工作应该掌握的最基本技能,可现在的问题是:作文早已不再是生活需要的

---

① James L. Kinneavy. A Theory of Discourse: The Aims of Discourse[M]. New York: W. W. Norton and Company, Inc., 1980.

② Charles Bazerman. Handbook of Research on Writing History, Society, School, Individual, Text[M]. Mahwah, NJ: Lawrence Erlbaum Associates, 2008: 350-360.

③ Christian R. Weisser, Sidney I. Dobrin. Ecocomposition: Theoretical and Pedagogical Approaches [M]. 1st ed. Albany: State University of New York Press, 2001: 16.

那个样子,而是搞成了"另外的模样"。作文成了封闭在课堂里的篇章训练,与真实生活应用没了关系。一旦把作文搞成与现实生活脱节、与真实应用脱节的"另一类写作"和为了分数的极端功利的应试写作,作文课也就切断了与生活的联系,变得没有实际价值。写作只有回归真实生活情境——"在真实世界里写作""像作家那样去写作"①,"为学习而写作""为自我成长而写""为生活应用而写""为参与社会而写",才有可能走出困境。

为何多数人讨厌作文,却喜欢发短信、网络聊天,或诸如此类的交流活动?二者的一个显著区别在于:后者具有鲜明的交流目的、交流机制和实际可感的功能。当作文只剩下被动地完成老师交给的"作文",写作的真实土壤和应用场景就基本消失殆尽,作文也就死了。尽管对极少数人来说,被动言说或玄想交际场景仍会有话可说,但对多数人来说,这是困难的。交际的读者、目的、话题、角色驱动并塑造着要写的内容和形式。作文,只有在找到它的交际语境,回归其交际机制后,其言说机制才能复活。写作教学可以利用交际语境要素规限实现写作任务的真实性、情境性、任务性。这是传统作文向交际语境写作转型的路径之一。

中小学作文课完全可以在回归真实生活的哲学理念下进行变革。这种变革就是将基于"文本制作"和技能训练的作文教学,向基于真实情境任务的写作活动转变,实现写作向生活世界和生命实践的回归,这可以实现生命成长和写作教学的双重重建目标。教师要把帮助学生学会学习和交流、学会融入生活并走进社会视为天职。"学习写作就不再是一个简单的语言过程,还是一个社会文化的过程,它要求学习者将那些在学习者所处的社区(以及各种语境)中所构成的意义恰当地表达出来。"②写作就不再是

---

① 斯坦伯格,金奇洛.学生作为研究者——创建有意义的课堂[M].北京:中国轻工业出版社,2002:119.

② Triantafillia Kostouli. Writing in Context(s):Textual Practices and Learning Processes in Sociocultural Settings (Studies in Writing Vol. 15)[M]. New York:Springer, 2005:1.

传统意义上的书面表达,而成为一种社会实践,或者真实生活的一部分。

我们倡导"作文趋向于(真实或拟真语境的)写作"①,让作文成为一种真实或拟真情境下的书面表达和交流活动。作文不再是机械被动的"写文章",而是学习工具、生活工具甚至生命的确证和生活自身。写作任务要成为学生的一个个"生活事件""心灵事件""生活实践""生命活动"。作文教学应该模拟或还原现实生活中各式各样、功能目的各异的写作。作文不应该是一种令人头疼的作业形式,而应该是具体任务情境中用来交流与对话的方式。在真实世界中写,像生活中真实的样子去写,为学习、生活、工作去写,才是作文的本真状态。

中小学写作教学的主要目标应该是提高学生在真实或拟真情境下的书面表达和交流能力。它包含精神训练、道德教育、做人训练的内容,但其"独当其任的任"②应该是培养学生书面表达和交流能力,这才是写作教学需要达成的基本共识。

四、写作课程的多元取向与应然方向

中小学作文课到底是干什么的?它应该承担什么功能?即它的目标、定位是什么?这是我们思考作文教学问题的逻辑起点。

作文同任何事物一样,无论我们是否意识到,总存有各式各样的"观念"即课程观。如果你认为"作文即做人",自然信奉人本作文;如果你认为"作文即文学",自然倡导文学写作;如果你认为有理有据地论说很重要,那么思辨写作需要加强;如果你认为作文重在培养生活需要的写作能力,那应用写作理所应当。写作教学界各种流派、学说或主张背后都潜藏着人们对作文课程目标和价值的认识与理解。这些关于写作课程的本质、任务、目标和价值功能的认识,决定着我们认同什么样的作文,教什么作文,采取

---

① 荣维东. 交际语境写作[M]. 北京:语文出版社,2016:15.
② 叶圣陶. 叶圣陶论语文教育[M]. 郑州:河南教育出版社,1986:190.

什么样的路径和方法。

下面就几种典型的写作观,讨论其背后的价值取向与路径选择。

(一) 文本取向

这种观点往往把写作看作所谓的"字词句段的组合训练",这是最直观和最普遍的写作观念。它以语言学、文章学为写作知识主体,以"中心明确、内容充实、结构完整、语言通顺"为主要评判指标,具有鲜明的"结果导向"特征。这种作文观不仅在中国,而且在世界上一直是主流存在。但是,这种文本(文章)主义的写作观,往往只看到了写成后的成品或结果,忽视了"为谁写""为何写"的对象和目的意识以及"怎么写"的过程,也不大去关心写作者的思维发生,且以一种通用文章的悬置的指标作为"好文章"的统一评判标准,它对不会写作的学生来说,几乎没有实际指导作用,这是长期以来作文教学效率低下的主要原因之一。

(二) 人本取向

从我国当代主流观点看,写作是一种复杂而高级的符号创制与表现活动,是一个人的精神、生命、才情、个性和创造力的综合体现。很多专家认为写作是"通过语言文字表达自己思想情感的、主动性和创造性的认识活动"。[①]《义务教育语文课程标准(2022年版)》表述"写作要有真情实感,表达自己对自然、社会、人生的感受、体验与思考,力求有创意"。[②] 还有学者提出写作是"写者对精神秩序(情思理想、价值取向)与书面语言符号秩序(语流符号结构)的创建、缔造",即"人对自由生命秩序的创生与建构"。[③]更有人将写作提到人的"类本质活动"高度,提出"言语表现欲、创造欲和言语上的自我实现,使人所以为人""存在的言说,是人的自证、确证"[④]等。还

---

① 朱绍禹,傅永安,刘淼. 语文课程与教学论[M]. 北京:中国社会科学出版社,2007:205.
② 中华人民共和国教育部. 义务教育语文课程标准(2022年版)[S]. 北京:北京师范大学出版社,2022:15.
③ 马正平. 中学写作教学新思维[M]. 北京:中国人民大学出版社,2003:总序2.
④ 潘新和. 语文:表现与存在(上卷)[M]. 福州:福建人民出版社,2004:6.

有教师提出"生命作文""情意作文""文化作文"等主张,这些大都属于"表达取向""认知取向""人本主义""作者本位"的写作。这种取向的写作观,重视写作者的"自我表现"与"真情流露",利于作者的主观表达,契合中国文化的内向特点,受传统文学表现主义影响,回应着当今人文主义思潮,易被一线教师理解接受。但也容易忽视写作的实用功能、交际功能,导致"自说自话"式的个人写作,同时因陈义过高,易凌空蹈虚,往往很难教学,需仰仗作者的天赋和才情才能完成书写。

(三)工具取向

写作作为现代人必备的生活技能,是人生活、工作、学习的基础工具。"作文是应付实际需要的一件事情"①。这种基于实际应用的写作观,是现代语文教育的主流观念。"工具"在这里是一个中性词,它不应该被某些人文主义者以各种名义贬损污名。

常见的如消息、通讯、申请书、建议书、计划、总结等实用文写作属于此种写作类型;学校教学场景中的笔记、摘要、汇报、实验报告、学业论文写作、跨学科写作,以及《普通高中语文课程标准(2017年版2020年修订)》和《义务教育语文课程标准(2022年版)》中大量的"学习性写作"也属于这种类型。这类写作不应讲究什么"文辞华丽""人文情怀",需要的是清晰、连贯、客观、准确、有逻辑、有条理的表达。

(四)文学取向

培养文学写作能力似乎是语文教师的普遍情结。但无病呻吟的华丽辞章和"文采性作文"与"文学写作""创意表达"并非一回事。历史上看,中国诗词写作源远流长。民国课程标准提出,"学有余力"的学生可以进行"文艺文试作"。当今课程标准提出了"创意写作",可以看作文学写作被正式许可的明证。

---

① 夏丏尊,叶圣陶.文心[M].北京:生活·读书·新知三联书店,1999:11.

不过,作文就是文学写作吗? 文学写作可以成为作文的主流吗? 我们需要用文学评判作文吗? 显然不是的。关于这个问题,叶圣陶认为"大学毕业生不一定要能写小说、诗歌,但是一定要能写工作和生活中实用的文章,而且非写得既通顺又扎实不可"①。为什么呢? 因为在社会上生活,可以不需要会写小说、诗歌。作家永远是一个常态社会的少数人的事业和追求,但实用写作应该是人人需要的。当今时代,文学写作借"创意写作"呈新生之势。其实"创意写作"与"文学写作"也有些不同,除了培养文学创作人才外,还具有培养创意产业人才的功能,包括文案、广告、新媒体写作、文化创意写作甚至很多应用写作都可以纳入创意写作之中。

(五) 过程取向

在二十世纪六七十年代,欧美一些语言学家和写作教师开始意识到传统的"成品(结果)写作"过于注重结果,而没有考虑到学生实际的"写作过程"。1971 年珍妮特·埃米格(Janet Emig)最早使用"写作过程"一词,被认为是从"结果写作"(product writing)向"过程写作"(process writing)转型的标志。1972 年,唐纳德·默里(Donald Murray)发表《教写作:要作为过程,而不是作为产品》,强烈要求推行"过程教学法"(process writing approach)。1981 年,弗劳尔和海斯(Flower & Hayes)提出著名的"认知过程写作模型",随后大批研究者加入到"过程写作"研究中来,直接促成了欧美声势浩大的"过程写作运动"。在国内,刘锡庆的《基础写作学》(1985)开始专章论述"写作过程",随后我国写作教学领域开始逐渐有人关注过程写作。

(六) 交际取向

20 世纪 80 年代末和 90 年代初,"过程写作"理论开始悄然发生变化。1989 年,尼斯特兰德(Nystrand)提出写作社会互动模型。1996 年,格拉贝和卡普兰(Grabe & Kaplan)提出"社会认知写作模型"。同年,海斯在过程

---

① 叶圣陶.作文要道——同《写作》杂志编辑人员的谈话[J].中学语文,1981(06).

写作模型中增加了"社会的"因素。① 从世界范围看,一个重视交际功能的"后过程写作"时代来临(马茨纳拉,Matsnala,2003)。我在博士论文中首次提出"交际语境写作",将其界定为"面对具体或假拟的对象(读者),为特定的目的和意图,围绕一定的话题,以一定的角色和口吻,建构意义构建语篇,进行书面表达和交流的活动"。② 它与"情景作文"(situational composition)不同,后者主要指通过营造某种情境,运用联想和想象进行写作;与李吉林通过创设典型场景激起学生的学习兴趣,把认知活动与情感活动结合起来的"情境作文"也不一样。③ 近年来流行的"情境作文""功能作文"④倾向于重视写作目的、读者、话题、功能等,与"交际语境写作"基本一致。

（七）应试取向

指那种极端功利主义的写作教学,怎么得高分就怎么教,不管写作应有的科学规律、育人功能和实用价值。不问任务情境、目的和文体规范,滥用华丽辞藻和排比、比喻、拟人手法,无节制地铺排渲染,密集地煽情式表达,这些手段容易获得考官们的青睐,造成了我国"文采主义"作文泛滥和鸡汤文的畸形繁荣。那么什么才是我们这个社会需要的写作能力呢? 这涉及写作课程的目标定位和价值选择问题。

传统的"应试作文"对学生的学习、生活以及未来工作需要的真实写作能力,几乎没有实际效果,甚至会有负作用,应试写作基本上与正常写作教育目标背道而驰,应该被治理并进行科学改造。高考作文命题一度盛行"任务驱动作文",就是在作文命题中明确规定话题、读者、目的、文体等交

---

① John R. Hayes. A New Framework for Understanding Cognition and Affect in Writing[M]// C. M. Levy, S. Ransdell. The Science of Writing: Theories, Methods, Individual Differences, and Application. Mahwah, New Jersey: Lawrence Erlbaum Associates: 1-27.
② 荣维东. 写作课程范式研究[D]. 上海:华东师范大学,2010:1.
③ 李吉林. 小学语文情境教学——李吉林与青年教师的谈话[M]. 北京:人民教育出版社, 2003:5.
④ 荣维东. 写作课程范式研究[D]. 上海:华东师范大学,2010:190.

际语境要素,尽可能模拟出一种真实的写作交际任务场景,可以考查学生拟真语境下的真实写作能力。

上述种种取向,反映着我国写作课程的多元价值诉求。如"应用写作"是针对社会生活需要说的;"工具性写作"是针对忽视学习性写作说的;"过程写作"是针对写作过程指导缺失说的;"交际写作"是针对缺失读者意识、目的意识、文体意识、功能意识说的;"创意写作"是针对文学创作和创意人才培养说的。上述种种,似乎都能自圆其说,各有各的存在理据,但我们讨论的目的应该是:我们的社会最需要学生具备哪种或最应该学会哪些类型的写作?

这需要分析各种写作取向、流派、模式,审视各种写作课程理论方案、主张、学派观点的现实意义和功能价值,做出科学的论证分析。我们不能因为自己的立场,就否定别人的立场;我们要从写作本质出发,综合比较,衡量不同取向的写作类型,确定国家写作课程的应然定位。

当我们说到一个事物"应然如何"的时候,不可避免地会受到观念、信念或价值观的影响。一种观点的成立需要满足三个条件,即信念＋事实＋逻辑。一个人从信念出发说"我认为",这并没有说服力,这很可能只是提出了一个"观点"或者"信念"而已。"我认为"背后需要有逻辑和事实支撑,就是说我们先要证明有这个事实(证据),然后基于事实用逻辑讲理。这就是说,论证不但要有观点(你的信念),还要呈现事实,并要求它符合逻辑。

写作课程有没有一个独立或单一的目标? 笼统地说似乎有,那就是"培养学生应付社会生活需要的各种写作能力"。可由于生活需求是多元的、复杂的、变化的,写作课程目标、功能、作用或价值也应该是多元的。

基于此,我们需要将不同目的和功能、不同取向或流派的写作纳入进来,形成一个具有广泛包容性的概念,它不妨称为"功能语篇写作"。①

何谓"功能语篇写作"? 它也可以叫作"交际语境写作""多功能文类写

---

① 荣维东.写作课程范式研究[D].上海:华东师范大学,2010:190-196.

作""功能性文类写作"或"功能性作文"等。① 它认为"写作是面对特定读者,为达成某种目的,运用语言文字等手段,明示信息、传达意义,构造语篇表达和交流的活动"②。

任何语篇都承担着一定的交际目的和篇章功能,是特定语境(目的、读者、话题、角色等)下的产物。写的过程是一个基于不同任务情境,构建各种功能性语篇的过程。交际语境或功能目的决定着语篇的内容和形式。如以传递经验为主的自叙文,以说服为目的的劝说文,以办事为目的的应用文,以审美鉴赏为主要目的的文学作品,以传播学术信息为主的学术论文等。这种写作样式可以简称为"功能写作""功能作文"。这是一种基于功能语言学、情境认知理论、建构主义写作理论等提出来的写作教学方案。此处的"语篇"不同于"文章",是指"为达成一定交际目的、相对完整的功能性文本"。这样我们就可以将各种不同应用场景下、长短不一、形态各异的写作类型包容进来。写作课程的总目标就可以表述为:培养学生应付生活工作学习中各种情境任务的多类型功能语篇写作。

第二节 研究思路、方法和路线

一、思路转换:从教法到课程

1. 语文教育的两大问题

百年来,我国语文教育有两大问题一直没有解决:一是叶圣陶先生在

---

① 荣维东.写作课程范式研究[D].上海:华东师范大学,2010:196.
② 荣维东.交际语境写作[M].北京:语文出版社,2016:155.

20世纪30年代指出的"玄妙笼统"①；二是20世纪70年代末吕叔湘先生指出的"少慢差费"②。这两个问题一个属于课程层面，一个属于教学层面，二者有着紧密联系。

长期以来，人们多倾向于从教学论方面寻求解决问题的方案，各式各样的教学法层出不穷。然而，随着改革深入，大家发现：单靠教学理念更新，教学方式转变，并不能根本改变问题。语文课程内容的玄妙笼统以及"去知识化技能化"问题③，很可能才是问题的根源。

吴忠豪说："中国语文教学的问题主要不是出在教学论层面，而是出在课程论层面，要从课程论层面寻找问题的症结。"④这话可谓一语中的。课程内容是教学实施的前提和依据。课程作为"教和学的内容"，应该是先于教学而有所筹划的东西。没有课程内容或知识，来谈"教学"，是本末倒置。对语文课程研究来说，"教/学什么"比"怎么教/学"更加紧迫；"课程内容建设"比"教学方法改进"更加紧迫。

2. 课程内容的关键是知识

李海林指出，语文课程改革的问题"主要是'本体论'层次的问题，即'课程内容'的问题"，"课程改革的核心是课程内容的选择与重构"。⑤ 王荣生说，"教学内容僵化与随意性过大并存是我国语文课程与教学的痼疾"。⑥语文课程与教学研究的重心应该转移到"语文课程与教学内容的建设上"。

而课程内容重构从哪里着手呢？我们的回答是：课程知识开发。

① 1938年，叶圣陶、夏丏尊合编的《国文百八课》"编辑大意"中提出："想给与国文科以科学性，一扫从来玄妙笼统的观念。"他们虽是针对当时说的，可这种状况至今没有根本改变。
② 吕叔湘.当前语文教学中两个迫切问题[N].人民日报，1978-03-16(03).吕叔湘先生指出："十年的时间，二千七百多课时，用来学本国语文，却是大多数不过关，岂非咄咄怪事！"
③ 倪文锦.新课标的公布及对语文教学的影响[J].中学语文教学，2009(07).
④ 郭利萍.谈中国语文课程的现状与改革——访上海师范大学教育科学学院教授吴忠豪[J].中小学教材教学，2006(10).
⑤ 李海林.语文课程改革的进展、问题及前瞻[J].语文建设，2006(03).
⑥ 王荣生.从四对关系谈语文教学内容的确定性[J].小学语文，2008(05).

众所周知,现代教育是建立在系统科学的学科知识基础之上的。知识与课程密切相关。郝永德指出:"从形式上看,课程表现为一种知识体系,课程研制的核心内容也就主要表现为对知识的选择与组织。"①

一门学科成熟的标志,是拥有一个本范围或者本领域内的系统的知识体系或知识结构。这个知识结构应该是该学科领域数百年来形成的本学科领域的知识精华,构成一定的体系,表现为一定的核心概念、原理、定理、策略等按一定逻辑顺序组织起来的知识内容。语文不是以知识掌握为主要目的的学科,但语文课程和教学却离不开知识。"写作(作文)"作为语文课程的一个领域,背后显然应该有一套明确有效的知识体系作支撑,作为课程开发和教学活动的工具,然而我们却看不到这样一套科学、合理、有效的知识体系。

从国际上看,美国自20世纪80年代开始的"标准驱动的教育改革",一开始只关注课程设置的框架结构,缺乏对学生所应具备的知识、技能的关注,改革虽然取得了一定成绩,但效果并不显著。后来相关人士意识到这个问题,明确提出教育者不应只把注意力放在学习哪些学科上,还应关注学生所学课程的内容,应该"充实课程内容",详细规定学生在每门学科中具体应该学习哪些内容,以及应该达到什么程度的能力,为各门课程制定详细的学术标准。在此背景下,欧美一些国家纷纷制定并出台了详细的课程内容标准。

21世纪初,我国语文教育界曾经有过一场"语文知识"的大讨论。这场争论从"语文要不要知识"到"要什么样的知识",最后基本达成共识:"语文不是不需要知识,而是需要什么知识,语文要进行知识体系的重建。"②

马正平教授说,语文课程与教学改革的前提不应该是行政命令,也不应该是新的口号,而应该是语文本体性知识、语文原理的根本突破和知识

---

① 郝永德.课程研制方法论[M].北京:教育科学出版社,2000:75-76.
② 可参考《语文学习》杂志2002—2009年度的《语文教育研究综述》系列。

更新。没有这两方面根本变革,任何课程与教学改革都是注定要失败的,中外教育史已经证明了这一点。[1]

迄今为止有三种重要的写作知识系统影响并塑造着写作课程的发展。一是由中心、材料、结构、语言等构成的"文章写作"知识系统;二是包括审题、构思、起草、修改、发表等的"过程写作"知识系统;三是包括读者、目的、文体等的"交际写作"知识系统。不同写作观及写作知识系统影响着写作教学实践。正是那些陈旧僵化片面的知识,导致了写作课程教学中的种种问题。

基于上述分析,我们认为:作文教学问题的关键在课程,课程的核心在内容,内容的核心是知识。因此,解决写作教学问题的关键是:写作课程知识重建。

> 问题归因:作文教学→写作课程→写作知识

图 1-1　作文教学问题解决思路图

3. 写作课程知识的基本状况

首先,写作知识观念落后。马正平教授指出,"中小学的作文教学已经到了非彻底变革知识观和哲学基础不可的时代了"[2]。从广义知识论、信息加工心理学、建构主义、后现代主义等知识观看现存写作知识会发现:目前写作课程知识大致还是"文章学"那套陈述性知识,缺乏如何构思、行文、修改的程序性知识,以及指导学生如何监控、调节、反省的策略性知识。与之相应,写作教学也基本停留在"文章写作"阶段,缺乏过程写作和交际写作意识。

其次,写作本体知识陈旧。我国现存写作知识主要产生于 20 世纪前期,是当时的语言学、修辞学、文章学、文艺学等所谓"新学问"的移植,以后

---

[1]　马正平.语文课程与教学改革的第三条路[J].语文教学与研究,2005(13).

[2]　马正平.关于马正平《中学写作教学新思维》的答问[J].新作文(中学作文教学研究),2017(03).

虽略有修正,但整体面貌并没有大的改观。尽管这些"写作知识"在作文教育发展历程中,发挥了一定的作用,但大部分已经成了"超龄运动员",不能满足当今写作课程教学需求了。除了过程写作和交际写作知识缺失外,关于创意写作、思辨写作、跨学科写作、学术论文写作和跨媒介写作的知识也严重匮乏,不能适应时代发展的需要。一句话,写作知识的陈旧落后已经严重制约写作课程教学的发展。

二、相关概念及其界定

(一)课程内容与课程知识

在课程论领域,"课程内容"和"课程知识"基本是同义词。① 《简明国际教育百科全书·课程》中"课程知识"包含两种含义:一指"一门课程中所传授或所包含的知识,即课程内容";二指"制定课程时所应用的知识,即课程编制知识"。从知识社会学角度看,"课程内容"指"教育机构为学生提供一个预先选择和预先确定了的知识和技能"。②

西方学者多从第二个层面使用"课程知识"这一概念。加拿大学者艾尔贝兹(F. Elbaz)认为"课程知识"是教师的实践性知识,包括"明确问题,确定学生需要,组织、开发课程内容,评价等一系列关于课程开发的知识"。美国学者舒尔曼(L. Shulman)和格罗斯曼(P. L. Grossman)在分析教师知识结构时提到课程知识也大致涵盖了课程哲学、课程理论、课程研究、课程历史、课程变革、课程设计、课程实施、课程评价、课程政策等各方面知识。③

肖川从知识社会学角度认为课程知识是"通过一定的程序和途径选择出来,经过精编的知识"。④ 王荣生采纳"广义的知识观",将课程内容(知

---

① 张华.课程与教学论[M].上海:上海教育出版社,2000:191,229-232.
② 江山野.简明国际教育百科全书·课程[M].北京:教育科学出版社,1991:69.
③ 李召存.课程知识论[M].上海:华东师范大学出版社,2009:43.
④ 肖川,曹广祥.课程知识的特征与生成过程[J].教育发展研究,2007(05).

识)定义为"特定的课程中学生需学习的事实、概念、原理、技能、策略、态度";将(广义)"语文知识"界定为听、说、读、写的事实、概念、原理、技能、策略、态度。[①] 这一定义符合我们对"课程知识"的狭义理解。

其实,在实践中"课程内容"和"课程知识"很难区分开。"写作课程内容"包括写作理念、目标、内容、知识、策略、方法等复杂的内涵。为了方便,需找到一个它的"实体对应物"作为研究切入口,即"写作课程本体知识"。所谓"写作课程本体知识"指经筛选提纯的、可以进入或应该进入中小学写作课程和教学领域的核心概念、原理、知识、技能、方法、策略、态度和观念等。在无须特别强调时,也可以将它简称为"写作课程知识"。

在这里,我们将遵循国人习惯,将"课程内容"看作"课程知识"的"上位概念"。

"课程知识"是"课程内容"的组成部分,甚至主要指"学科核心知识"那部分,即根据社会发展、课程目标和人才培养的需要而精选进入中小学写作课程教学领域的核心概念、观念、原理、知识、技能、方法、策略等。它们是研制写作课程内容标准、编撰写作教材、开展写作教学与评价的学科本体知识。

(二) 写作课程知识分类

关于"写作课程知识"这个概念,笔者曾经与李海林先生做过一番探讨。[②] 李海林认为:

　　写作课程建设最重要的是什么? 就是你所说的"写作课程知识"的开发与构建。这个所谓的"写作课程知识",在我理解应该包括以下两个方面:一方面是"写作知识"的开发。"写作知识"不等于"文章知识",现在关于"文章知识"好像还有人在专注研究,"写作知识"好像研究的人不多,或者说专注于这个研究的人不多,已有的一些知识太陈

---

① 王荣生.语文科课程论基础[M].上海:上海教育出版社,2003:242.
② 李海林,荣维东.关于"写作"和"写作教学"问题[J].中学语文教学,2009(10).

旧,能拣出来的也就是"借景抒情""卒章显志"这一套,反映出现代写作要求的知识开发得太少。

另一方面是"写作教学"的知识开发。这又包括几个方面。前面我已经说过,"写作"与"写作教学"是两回事,是两个实践活动,写作的知识不能代替"写作教学"的知识,"写作教学"也不是简单地把"写作知识"教给学生了事的事情,"写作教学知识"需要另行重新开发。我认为,其核心就是我在上面所讲到的"在课堂这样的环境里模拟出真实的生活场景,从而形成真实的写作任务、写作环境、写作成果和真实的读者"的知识。当然不仅仅是这些,还有其他。"写作教学知识"作什么用呢? 一是用来建设写作课程,二是用来指导教师的教学,三是用来指导大家研究"写作教学"。现在急缺这方面的知识,因为人们还不知道有这样的知识,或知道但认为不急迫。照我看来,写作教学研究的当务之急,就是建设出一个系统的"写作课程知识"来。

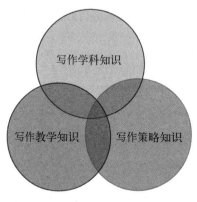

图1-2 写作课程知识类型关系图

上文李海林所述"写作课程知识",包括"写作学科知识"和"写作教学知识"两种。除此之外,还应该有一种"写作策略知识"或"写作学习知识"。这样,写作课程知识就包含如下三部分:"写作学科知识""写作教学知识""写作策略知识",它们分别指向:学科、教师、学生。如图1-2所示:

1. 写作学科知识

它的含义大致近乎"写作学科知识"(subject knowledge)①,大致相当

① Calderhead, J. Teachers: Belief and Knowledge [M]//Berliner, D. C. & Calfee R. C. Handbook of Education Psychology. New York: Macmillan, 1996: 673.

于学科内容知识(subject matter knowledge)①,或称"写作本体性知识"。它与我们平常所说的"写作知识"最相近,即写作课程的核心知识,但内涵应该大大拓宽和更新,故我们称之为"新构写作知识"。从广义上看,指写作课程的观念、概念、原理、策略、技能、态度、方法等;从狭义上看,它包括文章写作知识、过程写作知识、交际写作知识等。其具体内容如图1-3所示:

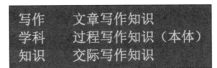

图1-3 写作学科知识构成示意图

一是文章写作知识。它以陈述性知识为主,是关于文章写作的概念、原理、方法、策略等,包括中心、材料、结构、语言等。

二是过程写作知识。包括审题、构思、行文、修改、发表等程序性知识,也叫技能(能力)或过程性知识,主要解决"怎么写"的问题。

三是交际写作知识。包括作者角色知识、读者知识、目的知识、话题知识、语篇类型知识(文体)等。

"新构课程知识"可以从过去单一的"文章写作知识"(陈述性知识),向"过程写作知识"(操作性知识)发展,再向"交际写作知识"(策略性知识)拓展,然后实现三者的有机融合。

这类"新构写作知识"主要以陈述性知识("言语信息")形态呈现,是可以表述、记载、传播的。它集中在写作学、文章学、写作课程与教学论等书籍中,应用于课程标准(教学大纲)、教材、教学、评价之中。这种客观的、可言传的、显性的知识是学校知识选择、生产和开发的结果。它们是本研究的重点内容。

2. 写作教学知识

它与我们平常所说的"教法"或者"教学经验""教学技能"接近,是"用

---

① Shulman, L. S. Knowledge and Teaching: Foundations of the New Reform[J]. Harvard Education Review, 57(01).

来编制、实施、评价本课程所需要的知识、技术、方法、策略等"，但又不等同。舒尔曼(Shulman)将"学科教学知识"(PCK)定义为"教师个人教学经验、教师学科内容知识和教育学的特殊整合""教师所拥有所教学科的具体知识：事实、概念、原理、技能、策略、态度等，主要是指教师教学生写作所具备的知识的能力"。它应该具有将自己拥有的学科知识转化成易于学生理解的表征形式的知识的特点。写作教学知识指的是教师"教学生学习写作的知识"，即"WPCK"。

比如，教师不必对学生大讲写作理解和认知(写作观)，写作学的知识概念、原理，也无须讲教学方法、模式、流派，写作学科知识的最新进展等，但是他要将这些知识与自己对学生写作的了解、学生的心理和需求结合起来，根据自己对写作课程目标的理解，开发合宜的教学内容，形成合理的教学设计、教学活动、教学步骤和教学评价指标及方法等。这是实践化、情境化、经验化的知识形态。

写作教学知识包括写作课程理念、原则、课程资源、教材以及教学过程实施、评价等一系列政策文本规定以及学术界的最新研究进展等。它属于制度课程或者理想课程的层面，包括国家的教育政策之中对于写作教学目标、任务、原则、内容、评价的规定，包括学术界对于写作的本质、原理等的探索，包括地方教育部门或组织机构对于写作的指导性意见等。由于本研究将主要涉及课程标准、教学大纲及相关制度规定的课程文本，其中涉及的写作观念、教学方法、教学策略、教学原则等也将是本研究的内容之一。本研究不可避免地要涉及一些写作学科教学知识(WPCK)，但不作为重点。

3. 写作策略知识

"写作策略"(writing strategies)指在具体的教学情境中，教师和学生依据课程标准、教材开展的教和学活动所涉及的事实、原理、概念、方法、策略、知识、经验、活动、技巧等。它与我们平时说的"写作方法"或者"写作技巧"相近,但又不是一回事。刘淼从写作心理学角度界定"写作策略"为"写作方法的使用或活动方式","写作策略不等于写作方法,它是凌驾于写作方法之上的选择与使用写作方法的方式与技巧"。[①] 这个定义主要是从过程写作技能和写作过程中的监控、调节的元认知方面进行表述的。这里的"写作策略",大致与"策略性知识"相近,包括写作的基本技能、方法和元认知技能等。它是"写作方法"的上位概念,类似于方法,同时又高于方法的一种灵活高效可调控的元认知知识形态。目前我国严重缺乏这类写作知识。这种写作知识国外比较多,如"头脑风暴""自由写作""5W1H""RAFT策略""列提纲"等。我国传统的"读万卷书,行万里路""先说后写""读写结合"等写作教学的经验、秘诀、技巧、办法等也可以算是。这些写作策略知识是各种思维方法、操作程序、写作步骤以及相关知识在实践应用中转化来的,具有情境性、个体性、生成性的特征。

上述三类知识内涵不同:"写作学科知识"指学科的概念、术语、原理、策略、技能、价值、信念等;"写作教学知识"指教师教写作的信念、原则、认识、方法等,它可以是显性条款,也可以是教学的相关案例和经验;"写作策略知识"主要指有效的写作观念、方法、技能、策略、态度等。

上述三类知识主体不同:分别面向学科、教师、学生。"新构写作知识"大致属于学科知识范畴;"写作教学知识"大致属于教师教学知识范畴,如美国英语教师协会颁布的《写作教学专业知识》的十条即是[②];"写作策略知识"的主要对象是学生。

上述三类知识的目的和功能不同:"写作学科知识"是学科理论研究、研制课程标准、编写教材和开展教学的核心知识,或叫学科本体知识;"写作教学知识"在于帮助教师教写作,提高写作教学的科学性、有效性;"写作

① 刘淼.作文心理学[M].北京:高等教育出版社,2001:74-75.
② 荣天竞.走向专业化的写作教学——美国英语教师协会颁布的《写作教学专业知识》译介[J].语文教学通讯,2017(Z3).

策略知识"是学生用于写作活动的知识,它的作用在于可以转化为学生的写作技能和素养。

虽然三者不同,但三者有一定交叉,有时可以相互转化。比如上述"头脑风暴""自由写作""读写结合""文体类型写作""RAFT 策略"等,既是面向教师的"写作教学策略",又是面向学生的"写作策略"。

上述三类"写作课程知识"和过去常说的语文基础知识中的"写作知识"在本质内容、知识形态和功能上有很大不同。为了避开"写作知识"这一刻板印象,我们提出"写作课程知识"这个概念,并对它们的主体、内涵、特点、载体、用途,用表 1-1 予以初步比较。

表 1-1　写作课程知识分类

项目	名称		
	写作课程知识		
	写作学科知识	写作教学知识	写作策略知识
主体	学科	教师	学生
内涵	选择、组织写作学相关知识进入课程标准、教材或教辅读物等概念、原理、知识系统	教师关于作文、课程、教材、学生知识的合金	以概念、技能、能力、态度、经验等存在的文体、文识、文感、语体、写法等知识
形态	显性知识:科学化、序列化、结构化、可陈述、不固定、可更新、不断吸收开发新的可应用的知识	显性和隐性知识结合;学科知识、教学方法知识、案例知识、教学经验和实践性知识	以隐性知识为主;关于写作的方法、技巧、策略等,以能力和实践经验的形态出现
特点	序列、明晰、科学精要、简单、实用	传达、能力、操作活动、隐形、灵活	适度、适量、生成经验、实用、情境
载体	课程标准、写作教程、作文读物	教案、教学设计、教学经验	活动、写作、作品
用途	为了开发学科知识	为了教师有效教学	为了学生会写

综上分析,"写作课程知识"指经过筛选、审议和重构而进入中小学写作课程教学领域的观念、概念、原理、知识、技能、方法、策略、态度等。区分上述三类写作课程知识,为的是进一步廓清研究对象,即"写作学科知识"。

写作学科知识,在本研究中将不仅包括传统的语言学、文章学、文学知识,还包括写作过程知识,以及交际语境写作的理念、知识、原理、方法、策略等。鉴于目前我国作文教学最迫切需要的是"写作学科知识"或者"写作本体知识"研发,因而整理、审议、重构写作学科知识是本研究的重点。

本研究的基本假设是:审议现有写作知识,重构一套完整的"写作课程知识"体系,有望解决我国写作课程知识陈旧、缺失以及由此引发的种种问题。

本研究的主要对象是:"确定性的"知识载体如教材、著作,制度化课程文本如课程标准(教学大纲),以及基于相关学科知识所引入的新知识如交际写作知识。鉴于"写作即文章""写作即过程""写作即交流"这三种写作课程范式影响着写作课程知识话语和发展方向,具有概括力、阐释力及实践价值,我们将重点研究它们各自的发生背景、理论基础、知识要素和写作策略等,以此为根基进行全要素的写作课程内容构建。

三、问题丛与研究层面

(一)研究问题域

目前对于"作文(写作)",我们有太多值得研究的"问题"。诸如:

什么是作文?它是一门学科吗?它有没有一套学科知识体系?如何构建它的知识体系?它是一门课程,还是一个课程领域?作为课程或者课程领域,它的目标、定位、任务、功能是什么?

目前作文无学,写作学却一度兴盛。作文学和写作学是一回事吗?什么是写作?它的本质、功能、目的是什么?写作有哪些基本概念、原理,它的发生机制是什么？"作文"和"写作"是一回事吗？学生作文和生活、工作、学习中真实的写作是一回事吗？学生写作和作家创作有何区别？中小学生的写作是如何发生的？到底如何开展教学，提高学生的写作素养，以满足社会和人生的需要？

写作课程和语言学是什么关系？无论传统语言学（语音学、语汇学、语法学、修辞学），还是广义语言学（社会语言学、认知语言学、言语语言学、文化语言学、功能语言学），它们能够为写作课程提供什么理论资源？

写作课程和文章学是什么关系？我国是文章的大国，中国古代关于写作的论述有很多，这些论述还有用吗？写作课程和文体学、语境学、语篇学、语用学等，又有哪些关系？在新的信息技术社会中，跨媒介写作有哪些特征？对传统的写作教学会有哪些挑战？

写作课程与心理学、哲学、文学、传媒学、语境学、语篇学等有何关系？这些相关学科可以为写作课程理论提供哪些理论基础？

汉语写作和欧美母语写作有哪些相同之处和不同之处？在语言、文化、思维方式和写作的原理、机制、策略、方法等方面，有哪些是我们可以借鉴学习欧美母语写作的？

为什么至今我们没有科学系统的写作课程内容，没有一本像样的作文教材？写作有知识吗？写作能教吗？写作知识有没有一个序列？

上述所有这些问题，涉及中小学写作课程的目的、功能，课程标准、教学内容、教学实践和评价等许多关键问题，要解决这些问题总要寻一个突破口。本研究将所有这些问题的突破口看作写作课程知识重建。

(二) 研究位界

写作课程知识重建需要界定写作课程的边界和位置，即"位界"。

1. 学校教育所要培养的写作能力素养是要为真实生活服务的，这是学科教育的最终目的和真实应用场景。

2. 学校的学科课程包括学校开设的语文、数学、物理、化学、历史、地理、劳动、信息技术等各个学科。中小学写作课程(即"作文教学")不是一门单独学科,而主要在语文学科教育中,作为语文课程(Chinese curriculum)的一个课程(courses)领域而存在。(如图1-4所示)

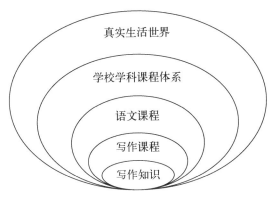

图1-4 "写作知识"的概念定位

3. 在《普通高中语文课程标准(2017年版2020年修订)》和《义务教育语文课程标准(2022年版)》的学习领域之下,写作被置于识字与写字、阅读与鉴赏、表达与交流、梳理和探究四类语文实践活动的"表达与交流"之中,然后又被主要安置在"实用性阅读与交流""文学阅读与创意表达""思辨性阅读与表达"任务群之中,这虽然会进一步导致中小学写作课程独立性的迷失,但也有助于将传统的"作文教学"拓宽到"任务群写作"的格局,从而进行"基础写作""实用写作""文学写作(创意写作)""跨学科写作"等分类教学。

基于上述分析,写作课程知识开发应该面向真实生活实际,从作为学校学科课程中写作课程领域的写作知识开发,向"真实写作""实用写作""文学(创意)写作""学习性写作"等转变,让写作走出狭隘视域,走向真实生活世界。

(三)研究层面

由于写作课程研究涉及层面太多,有必要界定其不同研究层面,否则事物太过于纠缠,就很难做出准确描述、分析和判断。

黄光雄、蔡清田曾经将课程研究分为课程基础研究(curriculum basic research)、课程应用研究(curriculum applied research)、课程行动研究(curriculum action research),认为课程基础研究要在"求知",探究它的发展与课程史、课程哲学、课程心理学的密切关联;课程应用研究是希望自己的研究能引起一般社会公众的兴趣和关注;课程行动研究在于利用应用研究的结果解决实际问题。① 这样看来,本研究兼具"求知"和"应用"目的。

课程研究一般分五个层面:课程理解、课程原理、课程内容、课程实施、课程评价(如表1-2所示)。下面结合我国作文课程研究状况,分析本研究的着力点和定位。

表1-2 写作课程研究的五个层面

作文课程研究层面					
研究视角	课程理解层面（干什么）	课程原理层面（为什么）	课程内容层面（教什么、学什么）	课程实施层面（怎么教、怎么学）	课程评价层面（教/学得如何）
研究内容	课程目标价值,如:个性、创造、写真实、言语生命、精神成长,写生活,为实用……	写作原理研究,如:三级转换、口语书面互借、读写迁移、信息认知、言意互转等模型	作文教学内容,如:话题作文、文体知识、篇章结构、表达技巧、写作过程;以及作文的审题、立意、结构、表达、修改等技能。核心是"课程知识重构"	如何去教?各种教学方法、模式。如读写结合、范文引路、过程写作、文体写作、分格作文、快速作文……	什么是好的作文?

① 黄光雄,蔡清田.课程设计——理论与实际[M].南京:南京师范大学出版社,2005:22-29.

（续表）

作文课程研究层面				
研究视角	课程理解层面（干什么）	课程原理层面（为什么）	课程内容层面（教什么、学什么）	课程实施层面（怎么教、怎么学）	课程评价层面（教/学得如何）
现状判断	我国语文教育杂志常充斥着此类"人文话语"宏大叙事	国外多此类的实证和科学研究，与实用心理学结合，用数据、实验说话，我国缺乏	我国基本停留在教"三大文体"、教篇章技巧、书面表达、修辞、修改等陈旧话题上，内容陈旧	表面一片繁荣，其实没多少新东西。国外重在写作策略开发、创生	国内研究较缺乏，多沿用四项评价。国外如"6＋1"评价较科学

1. 课程目标（课程理解）层面

主要研究课程的任务、目的，这相当于"理想的课程""理解的课程"。如讨论写作教学的"个性、创造、写真实、言语生命、精神成长，写生活，为实用"等话题。从 20 世纪 70 年代以来，课程领域发生了重要的"范式转换"（paradigm shifting），研究视角由基于"泰勒原理"的"课程开发"为主转向以研究"课程理解"为主，即如何理解课程并理解课程"符号"所负载的价值观，进行"课程概念重建"。后者发展为 20 世纪 80 年代以来席卷世界课程领域的"概念重建运动"。然而"概念重建运动"解决了课程价值的多元化与理念更新问题，却还没有解决课程内容和教学的现实有效性问题。这正是"钟王之争"①中有人批评新课改"轻视知识"的原因所在。"课程理解"需要通过研究一门课程的性质、特点、目的、功能，确定课程应该具有的课程特征、功能和价值取向等。它主要分析课程的多元价值诉求，是课程内容筛选和开发的重要前提。比如，本研究需要面对"实用写作""文学写作""人文写作""思辨写作""应试写作"等不同取向的写作，需要比较分析其各

---

① "钟王之争"指钟启泉教授和王策三教授从 2004 年开始关于新课程的知识观、课程改革方向和课程理论基础、凯洛夫教育学等的一系列学术争论。

自存在的背景和含义,并基于社会的需要对课程取向做出合理的选择。

2. 课程原理层面

指的是本学科课程领域或相关学科的最新学术研究发现、基本规律和知识供给。这一部分内容是处于不断发展之中的。学科课程内容存在一个知识和理论的更新问题,多与这个层面有关,如写作原理研究中的"三级转换""口语书面互借""读写迁移""信息加工""社会认知写作"等模型。国外在写作领域此类实证和科学研究较多,我国尚没有形成科学实证研究的风气,对国外现有成果的借鉴、研究、吸收也不够。"人类有两种旨趣殊异的思维活动,一是认知,一是筹划。认知是为了弄清对象本身究竟是什么样子,筹划是为了弄清如何才能利用各种条件做成某种事情。"①目前我国写作课程既缺乏正确的认知,又缺乏科学的筹划。这就需要我们既要进行关于写作的观念、取向、类型、规律的研究,又要基于认知成果开展写作课程建设。

3. 课程内容层面

即国家课程标准或地方课程实施方案中规定的课程内容及教学实施建议。如课程标准对写作课程目标、内容、能力、主题、活动、方法的描述,传统教学大纲中关于写作教学目标、文体、能力、文章指标、表达等的具体规定。研究发现我国语文课程标准中,作文的核心知识比较陈旧,大多因循了过去的提法,很少有新的内容。课程内容缺失与陈旧并存是我国写作课程内容的最大问题。这个层面是本研究的工作主层面。

4. 课程实施层面

指依据教育宗旨(目标)、课程标准(大纲)以及选定的教材决定具体教什么和怎么教。这一个层面即关于各种教学方法、模式、技巧、教学法的探索。目前我国作文教学多在这个层面做文章,因而有一种表面上的繁荣。

---

① 徐长福.理论思维与工程思维:两种思维方式的僭越与划界[M].上海:上海人民出版社,2002:4.

如新概念作文、创新作文、想象作文、观察作文、"观察—分析—表达"三级作文、"语言—思维"作文、范文引路、过程写作、读写结合、文体训练、分格作文、生活作文、快速作文、支架写作等。由于缺乏更上位的课程内容,这一部分并不能根本解决问题。国外在这个层面有丰富的写作教学策略研究和实践,我国还没有起步。

5. 课程评价层面

指对课程教学进行评价、考试、测量、命题等。国内一般沿用"中心、内容、结构、表达"等文章要素评价方法,属于"文章结果"评价范式。潘新和在《语文高考:反思与重构》中指出过"对文采的偏爱""升华情结""打保险分"以及标准"模糊""交叉""烦琐"等现象。[1] 目前如何研制完善的中高考作文评价指标体系,研发像美国"6+1作文特征评价"那样细致量化的评价量表,如何开展分类循证评价,研制作文表现性评价指标体系,是这一层面亟待解决的问题。

需要指出的是,以上五个研究层面中,"课程理解"层面的研究对"政策话语"和"专家话语"简单套用和照搬现象太明显,而且形成了"理念—措施"两张皮现象。多数文章缺乏独立思考,习惯贴"口号理念"标签。课程原理层面的研究需要接通"语境学""语篇学""传播学"等相关学科研究领域,让科学原理、实验结论成为写作课程内容建设的重要来源和依据。本研究的主要着力点在写作课程内容(写作知识)层面,它上联"课程理解(目标)""课程原理",下通"课程实施和评价",应该是解决问题的关键。

四、研究方法与基本路线

1. 文献研究法

本研究主要是对现有写作课程发展史料进行整理。这些资料主要存

---

[1]　潘新和.语文高考:反思与重构[M].福州:福建人民出版社,2009:166-167.

在于国内外的各种学术著作、文献、论文、课程标准或教学大纲等。通过对这些资料的收集、整理和研究，摸清现有和过去的作文知识现状，是本研究的起点和前提。

在进行每一个范式写作知识讨论的时候，都紧密结合中外课程知识的实际状况，尤其是在中外课程标准方面，运用大量的一手资料。比如中国百年中小学语文课程标准，美国、英国、加拿大、德国、日本的最新的课程标准文本。对文章写作、过程写作以及交际写作的理念和相应课程内容，进行详细比较分析，揭示我国"文章写作"的事实以及我国"重表达"和国外"重交际"写作目标取向上的不同。

2. 荟萃分析法

亦称"后设分析"（meta-analysis）、"统合分析"、"元分析"，是对"分析的分析"[①]，即对某一领域曾经做过的大量的研究结果，重新作系统化的综合分析，进而找出真正的原因，得出比较客观可靠的结论。这是一种比较科学、系统、客观化的方法，能尽量避免一般文献综述法所衍生的主观判断与选择偏差问题，弥补传统的文献综述（review articles）的不足。[②] 比如，关于目前作文教学中存在的问题，很多人采用主观经验描述方法，我们则运用"元分析"的研究方法进行。整理 1979—2009 年间中国知网以及相关书籍、期刊中以"作文/写作调查""作文的问题和对策"为关键词的文献资料，得到150 多份的调查报告和相关文章。在权衡地域、城乡、年级、年代之后，得到有效样本 41 份，重点统计、分析这 41 份资料，得出结论。本书中关于"百年写作教学内容的审议""文章要素指标分析""专家作者和新手作者的特征研究"等都是如此。由于篇幅限制，我们只呈现了相关结论。但我

---

① 后设分析（meta-analysis），港台多译此名。如：Robert Rosenthal. 社会研究的后设分析程序［M］. 台北：弘智文化，1999. 大陆目前多译为"元分析""荟萃分析"。

② 中国科学院心理研究所苏州地区官方教学平台. 后设分析. http://www. reaman. com/news_ show. asp? ID=200［BL/OL］. 2009 - 03 - 21.

们正努力摒弃过去"我认为"式的"经验研究"方法而采取科学实证的办法。孔德认为,所有的思辨都不可避免地先后经历"神学阶段、形而上学阶段和科学实证阶段"三个理论阶段。① 写作教学研究也必须实现由经验研究到科学研究的转变。

3. 知识史研究法

知识史是研究"各类知识形成、发展与嬗变的一门学科"。它不仅叙述各门学科形成与发展的历史,也研究知识的科学价值、应用价值、美学价值、功能价值、精神价值等。知识史研究主张将知识产生(从认知的角度看知识的起源与发展)、知识生产(从社会与知识相互作用的角度看知识的更新)置于广阔的自然、社会、经济、政治、文化、宗教、军事等时空框架体系中考察其产生、发展的历史。② 通过跨学科、跨文化、跨地域的方式研究学科课程知识的发展整合是未来课程教学论研究的新的主题。这将成为一个重要的研究方法和领域。本研究主要梳理写作课程知识,围绕"文章写作知识""过程写作知识""交际写作知识"的产生发展、知识要素、理论依据和实施策略等展开,将清晰挖掘知识演变的背景和跨学科依据,让我们对这一独特领域的知识演变的必然性和科学性有一个清晰认识,同时为新的写作课程重建提供理论支持。

4. 跨学科研究法

跨学科研究,又称"交叉研究法",是指对一个研究对象运用多学科的理论、方法和成果,进行观照和论证。现代科学越来越分化、细化,这导致我们从某个单一角度看待一个事物的时候,往往会产生片面的看法。而单一视角的论证,由于预设前提的"明确"和论证逻辑的"合理",往往会产生"自洽"的表象,但是对于一个复杂事物来说,这是很危险的"遮蔽"。需要跳出单一视角,从多个不同的层面、角度去分析同一个事物,这样就会确保

① 奥古斯特·孔德.论实证精神[M].黄建华,译.北京:商务印书馆,2001:1.
② 陈恒.知识史研究的兴起及意义[N].光明日报,2020-12-21(14).

37

结论的可靠性。比如:"夏商周断代工程"研究,除了采用历史学、考古学、古文字学、文献学等通常的方法,还采用天文学、碳十四测定等自然科学方法,这就确保了结论的科学可靠。本研究中,论述"交际语境写作"范式的发展,采用从结构语言学到功能语言学,从客观哲学到主体间性哲学(交往哲学),从行为主义到建构主义心理学,以及传播学、生态学、课程论和教学论等角度,全面展示这样发展转型的各种可能性和一致性,以使得研究结论更具合理性和说服力。

5. 行动研究法

一种理论是否科学可用,效果如何?这都需要实践的检验。本研究采用行动研究和课例示范的方式,检验所构想的理论和知识的科学性及实用性。过程中我们结合参与王荣生教授的"以学的活动为基点的课堂教学""小学语文教师 PCK 研修"等课题,采用了行动研究的方式,将研究成果(知识)和行动(解决作文教学问题)结合起来,进行了写作课程知识的开发和案例研发。这些有的是笔者亲自在上海一些学校和学术研讨交流会上的示范课,有的是以指导一线教师上实验课、展示课的方式进行。两年间,我们积累了宝贵的一手资料、案例和反馈,它们对本研究起着直接的推动、检验和论证作用。

关于交际语境写作的案例《送你一颗圣女果——感受真实世界里的写作》①,是我们在上海市古美中学上的实验课。在那节课上,我们成功地检验了"对象、目的、语境决定着写作的内容和形式"这一条交际语境写作的原理。

在上海康城实验学校上的《从"穿睡衣上街"说起》,是 2009 年沪港课堂教学交流研讨会上的示范课。这节课成功地检验了我们提出的"文章的一千种想法和一种最优写法"的"语境要素选择"理论。

---

① 荣维东. 交际语境写作[M]. 北京:语文出版社,2016:299 - 303.

图 1-5　基于新理念的作文实验课

　　这种从实践出发,通过"做"总结写作课程理论和知识的方法,与一般研究者从理论出发进行演绎式的研究最大的不同,是教师感觉理论新鲜、好懂、好用。如我们推行"三维度要素写作任务布置法",教师能很快学会,并且教给学生使用,可以根本上改变过去简单模糊命题作文的方式,让师生感受到交际语境写作的魅力。这方面的实验课有孙海红老师的《礼物》《写感谢信》,王琴老师的《场面描写的方法》,王娟老师的《祖国在我心中》《在真实生活中写人》,以及本人设计或执教的《"假如……"学写散文诗(片段)》,着眼于写作技能训练的《如何写具体》(由王清芳老师执教)、《我们来办世博黑板报:写作小超市——同一话题下的不同写作形态》等。从某种程度说,本论著不是"写"出来的,而是"做"出来的。

　　本研究的很多理论是基于一线实验学校的作文实践得出来的,是从实践中来，又应用到实践中去的，事实证明它是经得住实践检验的。这种研究方式，不仅对我们的理论建构起了孕育作用，也直接促进了理论的验证和一线教师的专业发展。以下是上海古美学校语文教研组长的发言：

> 我们最大的困惑非作文莫属。面对这个难题，教研组骨干教师率先进行有效尝试，勇敢向写作教学挑战，因为我们有坚强的后盾。荣维东博士一直从事着作文教学的理论研究，曾经在多次讨论中阐述自己的写作观点，有些话记忆犹新：写作教学的研究，大致可以分为：初始阶段，着眼于怎么写；以后又发现上面还有一个层面，即"写什么"的问题。"写给谁看"和"写了有什么用"，这就是所谓的"真实写作"。这些作文理念，起初似懂非懂，但随着自己的思考和亲身的实践，我感受到一个理论的牵引，促动我们去思考了。
>
> ——摘自 D 老师"以学的活动为基点的作文课堂教学"课题阶段性成果汇报(2009 年 6 月 11 日)

第三节　写作课程理论发展概述

美国科学哲学家托马斯·库恩认为：范式(paradigm)是研究者群体所共同遵守的"公认的模型或模式"(pattern)[1]，是一组大家共同接受的假说、理论、准则、方法或信念。科学的发展就是一个新旧范式的更替和重建过程。

---

① 托马斯·库恩.科学革命的结构[M].金吾伦,胡新和,译.北京：北京大学出版社,2003：21.

英国科学哲学家卡尔·波普尔从批判传统的归纳主义出发,提出了基于逻辑实证主义的"猜想—反驳方法论"①。他认为科学和非科学的界限并不在于它的可证实性,而在于它的"可证伪性"。新理论往往是建立在新旧理论和观察之上的"猜想—证伪"之间的往复过程。

此后,拉卡托斯提出了比库恩的"范式"论、波普尔的"证伪"学说更为完善的"科学研究纲领"方法论②。拉卡托斯认为,科学理论的发展不是库恩模糊进退的宗教心理般的"范式"转换,也不是波普尔的"猜想—证伪"的逻辑实证,而是由硬核(hard core)、保护带(protective belt)和启发法(heuristic)所构成的一种互相联系、具有严密内在结构的、完整的理论系统。一个理论的发展是由进步到退化,经过修正再到新的"理性进步"的过程。科学研究纲领理论承认科学的继承性和进步性,是范式理论的完善。

上述三种理论不仅应用于科学史研究领域,而且已经作为研究认识论、方法论,应用于自然科学、社会科学、人文科学等研究领域。当我们用"范式"这个概念描述人们对于"写作"的多元化理解以及写作课程知识状况时,发现一切就变得豁然开朗起来。

一、写作课程三大范式

尽管我们对写作的看法林林总总,但概括起来大致包含三种含义:(1) 把写作(作文)看作一种产品(结果),即所写的文章(或文本);(2) 把写作看成一种心理活动或过程;(3) 把写作看作一种自我表达与社会交流的行为、工具或手段。

依照基思·约翰逊和海伦·约翰逊(Keith Johnson & Helen

---

① 纪树立.科学知识进化论:波普尔科学哲学选集[M].北京:生活·读书·新知三联书店,1987:55-94.
② 伊·拉卡托斯.科学研究纲领方法论[M].兰征,译.上海:上海译文出版社,1986:65-72.

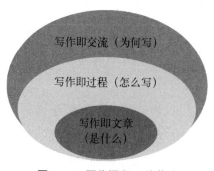

图1-6 写作课程三种范式

Johnson)的《应用语言学百科辞典：语言教学手册》，彭妮·乌尔（Penny Ur）的《语言教学教程：实践和理论》，肯·海兰德（Ken Hyland）的《写作教学与研究》等研究，写作可以有三种基本理解范式：写作作为作品、写作作为过程、写作作为交流。如图1-6所示。

世界写作课程发展大致经历了三种"范式转换"（paradigm shift）。① 即从20世纪五六十年代以前的"文章—结果"写作，到六七十年代开始的"作者—过程"写作，再到当今正在发展着的"交际—语境"写作。② 三种范式，前后相续，逐级递升，不断完善。可惜的是，我国的写作课程仍整体处于"文章写作"阶段。

（一）写作即结果：文章取向的写作课程

传统的"文章写作"课程，依据的是语言学、文章学、文学知识体系。它会从语言学角度，评判文章是否"文从句顺、合乎语法"；从修辞学角度，分析文章的艺术技巧；从文章学角度，分析文章的"内容、中心、结构、语言"

① "范式"是美国科学哲学家托马斯·库恩在《科学革命的结构》提出的一个核心概念。库恩认为范式是指"特定的科学共同体从事某一类科学活动所必须遵循的公认的'模式'，它包括共有的世界观、基本理论、范例、方法、手段、标准等与科学研究有关的所有东西"。

② "交际语境写作"是笔者自拟的一个词。它是基于当今"功能语言学、社会认知论、建构主义、情境认知"等多个领域理论发展，基于写作领域对"交际功能""交际语境（读者—对象—目的）"的关注而提出来的。参考了如下权威著作：Keith Johnson & Helen Johnson. 应用语言学百科词典：语言教学手册[M]. 北京：外语教学与研究出版社，2001：314-349；Penny Ur. 语言教学教程：实践与理论[M]. 北京：外语教学与研究出版社，2000：162，173；Ken Hyland. Teaching and Researching Writing[M]. 北京：外语教学与研究出版社，2005：5-48等。它们的说法包括"后过程写作""社会认知写作""读者中心的写作""交际写作"等。结合"读者意识""文体意识""写作目的"等，笔者认为只有从"交际语境—功能语篇"的向度，写作教学的很多问题才能得以解决。

等;从文学角度,看重语言是否有文采和描摹是否形象生动。这种以"写作结果"为中心的写作范式,向来是作文教学的主流形态。

这种写作教学的目的是要制作出一篇合格的"文章",往往依据行为主义学习理论,强调"刺激—反应"的联结。在这一思路下,教师传授"写文章"的技巧,学生潜心演练"应制本领(应试技能)"。美国批判教育学家吉鲁指出,这种"传统的写作教学被一些强有力的、却又是误导人的假定所主导,它们把写作教学简化为大量程序的、狭隘的,即一种技术专家式的教学"。① 苏联教育家苏霍姆林斯基这样描述这种写作教学:学生所写的"是一些硬挤出来的、笨拙的、背诵下来的句子和词组,他们的意思连儿童本人也是模糊不清的"②。这种写作指向文本制作却对为什么写、怎么写、对谁写等问题不予关注,它容易造成学生写作的意义感、动力感、目的感的丧失,不利于培养真实写作能力。

针对这种写作范式的不足,研究者和教师纷纷寻求新方法和路子。于是"过程法""认知法""情境法""体裁法""交际法"等应运而生,与之相应的课程知识开发也开始步入新范式。

(二)写作即过程:作者取向的写作课程

从 20 世纪 60 年代起,一些学者开始运用"信息加工心理学"的成果研究写作的发生机制和心理过程,纷纷将写作看作一种"认知和思维",一种"信息处理"和"问题解决"过程。其代表人物弗劳尔和海斯(Flower & Hayes,1980,1981)、博瑞特和斯卡德玛利亚(Bereiter & Scardamalia,1987)、吉尔德(Gould,1980)、休姆(Hume,1983)等人相继提出一些写作模型。"写作即过程"的理念在西方开始流行,并进入各国的写作标准、教材、教学之中。

---

① 亨利・A. 吉鲁. 教师作为知识分子——迈向批判教育学[M]. 朱红文,译. 北京:教育科学出版社,2008:72.
② 蒋念祖. 综合——作文教学改革的必由之路[J]. 扬州教育学院学报,2001(02).

表面上看,"过程写作"似乎就是"写作过程"。其实这是一种误解。真正的过程写作关注的是"写作主体"即作者的认知心理过程,认为写作在把思想转化为书面语篇的过程中,包含有一系列的问题解决策略、认知活动以及具体的写作策略。格雷夫斯认为写作过程是"导向问题解决的一系列操作"[①]。写作既然本质上是一种问题解决,那学生只要具备了相应的知识、程序和技能就可以顺利进行写作活动了。

"过程写作"由过去的关注"写作结果"转向关注"写作过程",由关注"写作产品"到关注"写作主体",由关注"外在结果"到关注"内在心理",这是写作范式的重大转换。

然而,过程写作虽然提供了一个根据"作者的活动",而不是根据"最后成品"开展写作教学的路径,但从根本上它还是为了"文章制作"。学生仍然缺乏对写作目的、写作功能和写作内在意义的体认,学生写作的自我效能感和内在动机仍难以真正调动起来。为了克服这种缺陷,一种崭新的"以读者为中心""以交流为目的"的"交际写作"应运而生。

(三)写作即交际:在特定语境中构造语篇

"写作即交流"的理念源于 20 世纪 70 年代以来的语用学和功能语言学。功能语言学认为语言学习的目的不是学习语言结构,而是提高交际能力。基于此,"交际教学法"产生。同时,世界各国对写作的"社会因素"和"交际要素"予以关注,其背景有语言学转向的影响。

"交际语境写作"是一种"以读者为中心""以交流为目的"的写作。在交际写作中,因为作者有了直接或潜在的对象,明确或者潜在的目的,写作成为一种广泛意义上的心灵对话,正是这种"对话"才有了任务情境要素分析,有了主旨、内容、材料、语言的选择。情境分析、内容选择、对话交流超越了无意义的"文章写作"以及机械僵化的"过程写作",使写作成为一种真

---

① 倪文锦,欧阳汝颖.语文教育展望[M].上海:华东师范大学出版社,2002:318.

实或拟真情境下的对话交流。这样正像"产品"变成了"商品"一样,文本就可以进入社会大情境和文化大环境去流通,从而实现其交际价值。

"交际语境写作"受到建构主义理论、功能语言学、社会认知理论、情境认知以及交际学、传播学等多学科理论的综合影响。交际语境写作观认为:写作是作者和读者之间的互动对话交流,是作者和读者基于知识、信息、情感的交际语境共享和意义生成。

在交际语境写作中,需要分析、还原或者营造那个真实的、复杂的、多样的任务情境。作者不仅是文本的制造者,而且是一场书面对话的发起者和主持人;读者不再被看作被动的接受者,而是与作者一起就共同话题进行交流的对话者,是意义的共同建构者;作品不再是目的,而是书面交流的载体。这样的写作,对学生来说,才是真实的、有动力的、有意义的。这样的写作学生才能学到真的语言能力,获得真正的写作技能。

不仅如此,交际语境写作可以与当今世界各国倡导的"在真实世界中写作""在真实学习中写作""跨学科写作""探究写作""创意写作""生活写作""基于内容的写作"接轨,具有一定的包容性。

上述三种写作范式,由于关注点不同、理论依据不同、解决问题的路径不同,写作观、关注点、理论依据、知识要素、教学方法步骤也不一样,如表1-3所示。

表1-3 三种写作范式

类型/特征	结果(文本)范式	过程(作者)范式	交际(读者)范式
写作观(取向)	写作作为结果即文本(text)	写作作为一种认知心理过程(process)	写作作为社会交流(communicative)的手段和方式
关注点	以作品为中心	以作者为中心	以读者为中心
心理学	行为主义心理学	信息加工心理学	社会认知和建构主义

（续表）

类型/特征	结果（文本）范式	过程（作者）范式	交际（读者）范式
知识要素	中心、材料、结构、语言等	构思、立意、选材、组材、行文、修改等	话题、角色、读者、目的、体式
知识类型	陈述性知识为主	程序性知识为主	策略性知识（元认知）为主
写作步骤	线性：大纲—写作—反馈	往复：草稿—修改—再修改	互动：语境任务—写作—交流
优缺点	优点：适于大班教学；有利于文章制作 缺点：写作知识灌输，不利于个体思维发展，创造性不足	优点：利于新手作者发展写作技能；培养思维和学习能力；易于教学 缺点：费时较多，对教师教学技能要求高	优点：在真实交际情境中写作；解决写作动力、兴趣、目的、功能，与生活接通 缺点：效率低、周期长、要求高

从上表可见，三种范式之间存在着"质"的不同，具有范式之间的"不可通约性"（incommensurability）①。如果我们从多个维度比较分析会发现：从写作观来看，三者分别是写作即结果（production）、写作即过程（process）、写作即交际（communicative）；从关注点来看，三者分别侧重于文章、作者和读者；从写作知识要素来看，文章写作范式关注"中心、材料、结构、语言"等，过程写作关注"构思、立意、选材、组材、行文、修改"等，交际语境写作关注"话题、角色、读者、目的、体式"等。

三种写作范式中，师生双方的作用、地位、关系也大不相同：结果写作要求学生独立写作、一次完成，教师是绝对的权威，是任务的发出者、结果的唯一评判者，反馈不及时；过程写作中，学生成为写作活动的主体，教师已经转变为引导者、组织者、协调者的身份；而交际写作中，教师与学生之间的合作、交流、互动更加深广，拥有多重优势，写作者可以从教师、同学、

---

① 库恩在1962年出版的《科学革命的结构》中首次提出"不可通约性"概念。这个概念，用来描述新旧范式之间所具有的逻辑上、视点上、概念系统上的一系列不同。

家长、社会环境中得到多方面反馈,这使得意义建构更加便利。

三者的运行机制也不同:文章写作是一种外控式的、被动的、线性的、结果导向的写作。过程写作是一种程序性的、认知的、往复式的、自我探究和发现式的写作。而交际写作则着眼于读者、作者与环境之间的互动,是一种情境化的、交流性、社会化、功能性写作。

三者的教学资源不同:结果写作的话题、题目一般是固定的,课文、范文几乎成为唯一的课程资源。过程写作中,课文、资料是作为写作的比较和参照物出现,主要挖掘作者内在的资源,如灵感激发、经验唤醒、过程方法以及写作共同体互动中产生的各种信息。交际写作中,课文资料是作为写作的宏大语境的一个小的组成部分,写作的资源、触发、对象物,从自身、到老师同学一直到整个的社会生活和文化系统,自然丰富博大得多。

写作教学模式也不一样:结果写作采取的是"大纲—写作—反馈"的线性方式,告知学生好文章的要素,鼓励学生多读多写;过程写作采用的是"循环递归"方式,表现为"构思—草稿—修改"之间的往复生成;交际写作则强调作者与交际语境之间的互动建构,采用"任务—写作—交流"的过程进行,重视真实互动交往性情境的营造。

如果说"文章中心写作"主要关注"写成什么样的文章",那么"过程写作"则关注"如何写出"这样的文章,而"交际写作"则关注"为什么写""写什么""如何写"等一系列问题。三者之间虽具有"不可通约性",但其实是一种互补拓展关系,完全可以整合在一起。

由"文章写作",到"过程写作",再到"交流语境写作",是写作教学理论发展的一次次飞跃,是写作课程研究不断深入的结果。

二、写作关键能力转型

人们关于写作能力的认识发展,同样经历了三种范式转换:从文本主义写作能力观,到认知主义写作能力观,再到建构主义写作能力观。

（一）文本主义的写作能力观

传统的写作能力研究大多是从"写作能力要素构成"的思路进行的。许多语文教育专家根据心理学中关于能力的"一般（基础）能力"和"特殊（专门）能力"划分，把写作能力分为"一般写作能力"和"专门写作能力"两大类。前者包括观察力、思维力、联想力、想象力等人的一般认知能力；后者包括审题能力、立意能力、搜集材料的能力、组织材料的能力、表达能力和修改能力等写作专门技能。这几乎一度成为语文学科教育的主流认知。如表1-4所示。

当然，还有专家将上述能力进一步细化。如写作专门能力按"各种体裁文章的写作能力"分为：记叙文写作能力、说明文写作能力、议论文写作能力、应用文写作能力等；从表达方式上分为记叙、说明、议论、概括、分析、综合以及评价能力等。

与一般教学法专家采用理论思辨和经验直观方法进行"要素分析"不同，写作心理学家采用更加科学和量化的方法，寻求影响写作能力的变量。祝新华曾于1988年通过对文章学、心理学、语文教育学有关理论的分析以及向语文教学专家咨询调查，归纳出影响小学生作文的诸多变量：审题、立意、材料、思想、详略、开头结尾、层次段落、过渡衔接、表达方式、修辞、词汇、语言基本功，然后采用因素分析的定量分析方法析离出小学生的作文能力结构：审题能力，确定中心能力，搜集材料的能力，布局谋篇能力，语言表达能力等五项。① 章熊在"写作能力目标定位"研究中曾考察了20世纪初至80年代末20多位学者分析的写作要素，发现学者们对写作因素的分析基本上呈现由笼统到具体又归于简化的走向。对此章熊的解释是，对事物本质过分细化反而会对写作的最本质的因素把握不准。因而，章熊从国际上普遍接受的三项——内容（contents）、结构（structure）、语言技巧

---

① 祝新华.作文测评理论与实践[M].武汉：湖北教育出版社,1991：246.

表 1 - 4 写作能力结构要素划分 [①]

学者		· 审题	· 选择体裁	· 立意	· 搜集材料	· 整理材料	· 语言表达	· 修改
朱作仁	· 观察和分析能力	· 审题	· 选择体裁	· 立意	· 搜集材料	· 整理材料	· 语言表达	· 修改
刘荣才		· 审题	（揭示体裁）	· 确定中心	· 搜集材料	· 组织材料	· 语言的组织和表达	
张鸿苓等	· 观察力、思考力、联想力、想象力	· 审题	· 运用表达方法	（审题）和立意	· 布局谋篇（选材、剪裁）（组合材料）	· 运用书面语言	· 修改	
阎立钦	· 兴趣、动机 · 观察分析能力	· 审题（选择文体）	· 构思	· 立意	· 选材 · 布局谋篇		· 修改	
杨成恺	· 积累	（审题）		构思〔（立意）	（布局谋篇）（选材剪裁）〕	· 表达	· 修改	· 誊正
吴立岗	· 搜集和积累材料	· 命题和审题		构思〔（立意）（提炼和表现中心思想）	（布局谋篇）（安排文章结构）〕	· 用词造句	· 修改	

注："·"表示原作者提出的一个（或一组）独立的要素及其发展阶段。"（ ）"表示对该项要素的解释或细分。

① 朱作仁、李志强. 论学生写作能力的结构要素及其发展阶段[J]. 教育评论，1987(04).

(machincs)方面进行写作能力的表述。① 而这正好又回归到"文章指标"评价上来。

语文教育界将写作能力分为一般能力(观察、思考、想象)和专门能力(审题、立意、表达)的做法,也有人表示异议。② 认为将一般能力纳入写作能力框架和将专门能力列入基础教育中都是不妥的。他们假想写作能力由三种要素构成,即确认"写什么"的能力、把握"怎么写"的能力、以恰当语言形式表现的能力。自 20 世纪 70 年代以来,在西方,用因素分析法研究能力结构的方法逐渐式微。其主要原因:一是这种因素分析法以个别差异为基础来理解人的能力;二是这种"地理模式"的研究很少涉及心理过程,以把握人的智力活动的实质。③ 这时随着信息加工心理学的兴起,人们对能力的认识有了新的视角。

(二)认知主义的写作能力观

与关注写作成品不同,认知主义的写作能力观把写作看作一系列问题解决的思维过程和写作者大脑内部的信息处理。写作过程对写作者来说就是一个观察、体验、联想、想象、分析、综合、评价等的思维运用。从写作活动的外部特征看,写作能力一般包括六种:审题能力、表现中心思想的能力、搜集材料的能力、系统地整理材料的能力、运用语言手段的能力和修改文章的能力。写作内在过程可以分为写作前的准备能力,写作过程中的构思、组织和表达能力,写作后的修改与评价能力。

余应源在其《语文教育学》④中不仅将写作能力分为基本能力和专门能力,还将它们和写作的心理过程与写作过程联系起来,揭示出写作能力要素间的相互对应的关系。以何更生为代表的广义知识理论派认为,写作能

---

① 章熊.中学生写作能力的目标定位[J].课程·教材·教法,2000(05).
② 邰启扬,徐志勤.语文教育论:心理学视角的探索[M].北京:社会科学文献出版社,2007:143.
③ 莫雷.能力结构研究的基本方法与方法论问题[J].心理学报,1988(03).
④ 余应源.语文教育学[M].南昌:江西教育出版社,1996:148.

力由写作内容知识(属写作陈述性知识)、写作技能(属写作程序性知识)和写作策略性知识等三类知识构成。学生写作能力的形成和发展实质上就是这三类知识学习和迁移的结果。① 何更生从现代认知心理学的广义知识分类理论解释写作能力,认为写作能力包括三类知识:一是写作内容知识即言语信息,属于陈述性知识范畴,是关于"是什么"的知识。作者知道得越多,写出来的东西越好、越具体,写得也越快。二是言语表达技能,这是指写作中的语言智慧技能。包括遣词造句谋篇的技能。三是写作策略知识,这是一种特殊性的程序性知识,其实质是如何审题、如何构思、如何选材、如何剪裁、如何组材、如何遣词造句以及如何修改等规则。1987年,博瑞特(Bereiter)将写作过程中的策略性知识监控分为四个方面:1.写作成败的归因;2.是否讲究效率;3.对任务难度的认知;4.对写作效果的反思和自我评价。写作策略性知识应该渗透或贯串写作的整个过程,对写作活动和作品质量影响很大。②

何文胜将文本能力要素和过程写作能力要素以及教学内容整合起来,构建起一种纵横交织的写作能力结构序列。③ 香港大学教育学院中文教育研究中心结合谢锡金、博瑞特等学者的研究,将写作能力大致分为下列数项,即教师训练学生达到下列的行为目标:一、掌握写作思维过程的能力;二、掌握传意能力;三、掌握表达能力;四、掌握创意能力;五、掌握评鉴能力;六、掌握解决写作困难的能力。④

值得特别一提的是,上述六种能力看似涵盖在现存写作知识体系里,但其实"文体体系"与"能力体系"是不同的,"文体体系"(记叙文、议论文

① 林润生.运用知识分类论分析指导习作教学[J].小学语文教学,2008(07).
② 何更生,吴红耘,等.语文学习与教学设计(中学卷)[M].上海:上海教育出版社,2004:127-132.
③ 何文胜.中国初中语文教科书编选体系的比较研究[M].香港:文思出版社,2005:29.
④ http://www.cacler.hku.hk/hk/wiki/secondary-school-writing-education/target/writing-abilities[DB/OL].[2022-11-24].

51

等)谈论的是作品本身;而"能力体系"关注的重点是作者的写作能力。

（三）建构主义的写作能力观

除上述两种写作能力观,目前国际母语教育和外语教育领域还有一种结合"社会建构主义""交际教学法"及"功能语言学"的新型写作能力观。它们更加看重写作的修辞语境选择、意义建构和社会交流功能,在这种理论视野下,写作能力的要素又有了新的内涵。比如,写作能力首先是一种对情境的选择和把握能力。写作包含作者、读者、话题、语言、目的等交际语境要素,作者根据读者的知识经验和心理需求写作,写作是作者和读者、社会文化场之间的对话。这将对作者的社会经验、阅历、对于文化的了解以及相关的知识有更高的要求。这也就更接近传统所谓的"世事洞明皆学问,人情练达即文章"的广义写作素养观。诸如社会环境、百科知识、文体知识、读者知识以及文化习俗都将作为写作的影响和制约因素进入写作能力系统中来。写作成为一个广义的文本建构和对话过程。这对于作者的个性、创造、交流的要求也提高到一个新层面。

1980 年,美国学者博瑞特提出,学生的写作能力表现为五个类型:(1)联想性写作(想到就写);(2)表现性写作(文章风格和句法规则);(3)交际性写作(写作对象明确,为了与别人交流而写);(4)统一性写作(富有创作力,从文学和逻辑角度考虑作文);(5)认知性写作(反省性思维的参与)。这些写作的类型或样式已经不仅仅是从文本写作角度和过程写作角度来区分,而是考虑到写作的各种功能性类型,也就是说写作的目的和用途:是为了纯粹的表达,还是为了表达自己对世界的发现和思考,是为了自己的学习探索以及情感爱好而写,还是为了社会交流而写。写作的对象、目的、功能不同,导致写作的类型以及写作能力的需求也不相同。

社会建构主义的写作虽然包括自我表达型写作,但主要是面向社会交流的写作,是以"读者为中心"的写作。作者的社会认知、文化知识以及交流表现的作用变得更加重要,它们对写作的内容、主题、详略以及写作手法的运用起着关键作用。因此,传统写作教学中孤立地考虑文章的中心、材料、构思、立意、修改是不恰当的。它们只有在明确的角色、对象、目的、话题等任务语境分析之下才可能顺利进行。

三、相关学科理论转向

写作课程发展受到相关学科理论、思想方法、研究方法的影响,是相关学科学术思想不断影响、渗透、融合、同频共振的结果。如弗劳尔和海斯的"过程写作模型"就建立在心理学"长时记忆和短时记忆研究"基础上;而"交际语境写作"也受到语境学、语篇学、功能语言学、建构主义等影响。

下面我们就从联系比较紧密的心理学、哲学、语言学等学科,做一个转型方向的描述与合理推断,以证明"文章写作—过程写作—交际语境写作"转型的可行性与必要性。

（一）心理学:从行为主义、认知主义到社会建构主义

如果梳理国际写作研究历史,会发现写作理论经历了三个比较明显的发展阶段,而每一个阶段对写作的认识和当时的学术背景尤其是心理学发展有一定关联(当然,心理学原理在写作教学领域应用要晚半拍)。三种写作课程范式的心理学依据分别是:"行为主义心理学""信息加工心理学"和"社会认知""情境认知"。三者对应的隐喻分别可以称为:镜子、电脑、建造。镜子指的是文章写作依据的是客观唯物主义反映论;电脑指过程写作基本上把写作看作信息输入—输出的加工处理;建造指把写作看作基于交际语境下的语篇建构和意义交流。

20世纪初至60年代之前,在写作认识领域占据主导地位的是未分化的混沌的哲学心理学、要素主义心理学、机能主义,尤其是行为主义(科学实验)心理学。他们把学习看作"刺激—反应"的联结,行为主义学习论目标明确,重视外在刺激和知识灌输,易于形成自动化和机械化的操作技能,便于教师控制和组织教学。这表现在写作课程和教学领域就是范文模仿、

表 1-5 写作范式、心理学以及二者隐喻的关系

写作范式	心理学	心理隐喻	世界隐喻
文章写作	行为主义	白纸、镜子	牛顿的客观世界
过程写作	认知主义	电脑	牛顿的绝对空间
交际语境写作	建构主义	有机体	社会现实

多读多写的"文章写作"范式的课程与教学体系。

20 世纪 70 年代,信息加工心理学派兴起。信息加工心理学以电脑为隐喻,研究大脑信息的输入、贮存、加工、处理,为揭开大脑"黑箱"内的心理活动机制提供了新思路,也为写作教学研究提供了新思路。尤其是加涅的"学习和记忆的信息加工模型"、维特罗克的生成学习模型的影响(后来还有梅耶的学习模型)。他们都强调学习的外部条件(学习任务目标、教材)和储存在长时记忆中的原有的知识和技能以及学习者的主动加工活动(如预期和执行控制)的作用。也正是此时,弗劳尔和海斯提出了他们著名的写作发生模型,为"过程写作运动"提供了有力的理论支撑。

自 20 世纪 80 年代以来,心理学和学习理论不断向前发展,强调学习者通过新旧知识经验主动地去同化或顺应外界信息,建构自己新的知识和意义的建构主义理论、社会认知理论以及情境认知理论兴起。建构主义写作观认为,写作是学生建构有意义的生活的过程。这个过程中要通过作者和读者、个体与社会环境之间的互动交流实现。写作不是作者一个人在制作、在倾诉,读者或读者群的知识、需要和文化一直在以"隐秘的形态"规约着作品的内容、结构、文体和语言。建构主义写作观以及基于交际语境的写作理论对写作提出了新的解释,这对改革传统写作教学具有重大意义。建构主义强调在真实的问题情境中,借助社会交往与周围环境的交互,解决真实问题,习得技能,这更适合于复杂知识和高级技能形成。这一理论

更加切合人类学习,当然包括写作课程与教学领域。建构主义写作学家斯皮维(Nancy N. Spivey)就高度重视写作者与读者之间经过协商而共享的意义建构。社会认知写作观①更是将研究焦点从个体认知逐步转移到写作任务的情境与社会互动过程上来。这些都为我们提出并构建"交际语境写作"提供着理论滋养。

(二)哲学:客观唯物主义、主体性哲学与主体间性哲学

传统的马克思的辩证唯物主义,将写作看作作为认识主体的人对于客观物质世界的一种反映。基于这样一种"主客观反映论"看待写作,写作无疑先要了解、认识甚至要深入生活。目前也有一种论调认为学生写不出作文,是因为"缺乏生活"。这种机械的反映论值得商榷。

其实学生写作的内容,既可以是直接的生活,也可以是间接的生活。如文学反应(赏析、评论、读后感),做摘要、扩写、缩写、续写、仿写等就是间接的生活写作,另外还有一个文化的、精神的、思维的、想象的世界也是学生写作的重要内容来源。波普尔曾经区分过三个世界:"世界1"是物质的世界(客观事物的对象和状态);"世界2"是精神世界(人的心理、意识、主观经验);"世界3"是精神世界的产物,即思想内容的世界、客观意义上的观念世界或可能的思想客体世界如科技、艺术、文化等。② 以为写作只能写客观物质世界的看法是荒谬的。教育回归的生活,作文反映的生活,应该是全面的生活,包括学校、家庭、娱乐、学习、工作、文学、艺术、科技、想象、传统、历史等无限丰富的客观的、主观的、精神的和文化的世界。

当代西方哲学正由"主体性哲学"向"主体间性哲学"转变,主体间性教学理论渐渐为人们接受。写作教育过程中的作者与他人(外部交际世界)之间也存在着一种主体间的交往互动关系。主体间性超越了在主客关系

---

① 王俊菊.写作过程模式比较研究[J].山东大学学报(哲学社会科学版),2005(05).
② 戴维·米勒.开放的思想和社会——波普尔思想精粹[M].南京:江苏人民出版社,2000:42-65.

中占有性的个人主体性理念,把主体性置于主体与主体的关系之中。每个主体都是关系中的主体,主体之间具有"和而不同"的关系。这样就可以保持个人作为主体的根本特征,又可以防止主体性的自我异化,强调主体间的相关性、和谐性和整体性。① 这种主体间性哲学思维对于写作过程中作者、读者以及庞大的交际语境世界之间关系的思考具有启示意义。

写作的过程不是这样简单的"生活—反映"过程,而是写作主体与交际语境之间的交流互动对话过程。就像 20 世纪七八十年代的写作学领域发生的由关注作品转向关注"作者"的范式转型一样,当前对于写作主体及其相互间关系的关注,也应该由"作品—作者"取向转换到"作者—读者—作品"等主体间的互动交往上来,以主体性哲学的思维来处理写作课程理论中复杂的关系以及进行它们之间关系的重建,是写作课程理论建设的一部分。

(三) 语言学:静态语言学、认知语言学、功能语言学

三种写作课程范式的语言学基础不一样:结果写作依据的是结构语言学,关注语汇、语法、句法等;过程写作依据的是认知语言学,关注个体语言的认知能力发展;交际语境写作依据的是"功能语言学",将语言看作意义建构和功能性交流。

传统语言学或结构语言学从词汇、语法、句法层面看待写作。基于这种语言观的写作教学理论的假设是:写作是"积词成句、积句成段、积段成篇"的机械直观的语言技能。判断文章好坏的标准即"文从句顺"。这是一种静态的、"客观的"、唯一的、通用的语言观写作观,没有或基本不考虑写作的心理过程、意义和动机,也不考虑写作的语境和写作的交际功能,它容易蜕变为一种虚拟的、不真实的、无意义的"伪写作"。基于这种传统语言学的写作知识基本上还停留在 20 世纪上半叶的水平,已经是一套极其陈旧的知识。随着现当代语言学突飞猛进地发展,我们的写作学理论对于认

---

① 冯建军.主体教育理论:从主体性到主体间性[J].华中师范大学学报(人文社会科学版),2006(01).

知语言学、功能语言学、语用学、语境学、语篇学、语体学、文体学等相关学科知识的借鉴实在太过缺乏,在实践应用方面几乎处于空白状态。因而,对于写作教学理论研究来说,知识的吐故纳新,理论的重新建构,已经刻不容缓。而本研究中尝试运用功能语言学的文体理论、语篇理论以及语境理论,已经显示出强大的阐释力。

伊格尔顿说:"从索绪尔和维特根斯坦直到当代文艺理论,20世纪的'语言学革命'的特征即在于承认,意义不仅是某种以语言'表达'或者'反映'的东西,意义其实是被语言创造出来的。我们并不是先有意义或经验,然后再着手为之穿上语词;我们能够拥有意义和经验仅仅是因为我们拥有一种语言以容纳经验。而且,这就意味着,我们的作为个人的经验归根结底是社会的。"①在交际语境写作中,我们强调意义是作者和读者以及环境共同建构形成的,语言是它们共同的家。一切的写作从这个意义上来说,都不是客观的,也不是主观的,而都是社会性的,是社会赋予了作者写作的动机、写作的工具(语言和载体)以及写作的目的、意义与价值。

(四)西方文论:由作者到作品再到读者

写作学理论的发展不但与心理学、西方哲学、语言学的发展走向大体一致,它与文艺学理论发展也体现出惊人的一致性。

特里·伊格尔顿曾将现代文学理论大致分为三个阶段:"全神贯注于作者阶段(浪漫主义和十九世纪);绝对关心作品阶段(新批评);以及近年来注意力显著转向读者的阶段。"②他的见解正概括了现象学、哲学解释学、接受美学等理论的共同取向。

接受主义美学把读者拉进了文本的生产行列,用"功能(作用、效应)分析"包容取代了文本中心论的"结构分析",将本文中心的功能主义研究转

---

① 伊格尔顿.二十世纪西方文学理论[M].伍晓明,译.西安:陕西师范大学出版社,1987:68.
② 伊格尔顿.二十世纪西方文学理论[M].伍晓明,译.西安:陕西师范大学出版社,1987:83.

向"本文—读者"的交流互动结构。① 姚斯认为:"一部文学作品,并不是一个自身独立、向每一个时代的每一读者均提供同样观点的客体。它不是一尊纪念碑,形而上学地展示其超时代的本质,它更多地像一部管弦乐谱,在其演奏中不断获得读者新的反响。"②接受美学对于读者的关注与写作课程理论对于读者的关注有着同样的社会和哲学思潮的影响。

伽达默尔认为:"从解释学的立场亦即每位读者的立场出发,文本只能是一个半成品,是理解过程的一个阶段。"③伽达默尔否定了将文本对象化、独立化的"主—客"二元对立的传统思维定式,那种将认识对象分置、僵化、孤立的简单化和片面化做法。这也与文章写作理论中将作者置于与客观世界以及读者之间的客观对立的关系之中的做法是一致的。"文本不仅仅是一个特定的客体,而是在交流活动执行中的一个阶段。"④我们认为"交际语境写作"中的"语篇"也同样不再是文章写作范式中的那个客体,而是作者、读者以及语境之间的多元对话的产物。

以德国学者沃尔夫冈·伊瑟尔为代表的"文学接受理论"在 20 世纪中期席卷整个西方学术界。正如美国学者霍拉勃指出:"从马克思主义者到传统批评家,从古典学者、中世纪学者到现代专家,每一种方法论,每一个文学领域,无不响应了接受理论提出的挑战。"⑤读者在文章写作中的地位得到了前所未有的重视,也应该与这种思潮有关。斯皮维的话语建构理论顺应了现代文化思潮的这种走向,它以"读者"作为写作教学的突破口,从学生写作角度重新审视作者、作品、读者的关系网络,表现出顽强的理论生命力。

---

① 金元浦.接受反应文论[M].济南:山东教育出版社,1998:58-59.
② 姚斯,霍拉勃.接受美学与接受理论[M].周宁,金元浦,译.沈阳:辽宁人民出版社,1987:26.
③ 伽达默尔.伽达默尔集[M].上海:上海远东出版社,2003:60.
④ 伽达默尔.伽达默尔集[M].上海:上海远东出版社,2003:67.
⑤ 魏饴,刘海涛.文艺鉴赏概论[M].北京:高等教育出版社,2004:4.

龙协涛在《文学阅读学》中写道："整理归纳一下西方文学批评史的脉络,可发现文学解读理论经历了三个明显的阶段,即由作者中心论到文本中心论,乃至读者中心论……这三个阶段也辨明三次转折,昭示了文学读解理论嬗变的历史轨迹。"①美国当代学者艾布拉姆斯曾经在《镜与灯》中提出了文学要素的三角关系——世界、作品、艺术家以及作品的作用对象(听众、观众或读者)之间形成一个互动联系的三极。我们发现,上述关系的转变,与写作理论发展也大体一致。从文本中心,到作者中心,再到读者中心,写作课程理论发展遵循了相似的发展轨迹。

(五)教学论发展:教师主导—学生主体—对话交流

当代教学认识论认为:教学不仅是一个认识过程,还是学生自主建构的过程,是学生和教师,师生和文本(教学内容)之间多向互动交流的过程。

基于交往理论的教学认识论探讨教学中的交往活动,是当代教学理论研究的一个重要倾向。它始于20世纪70年代德国的交往教学论流派。这个流派把教学过程视为一种交往过程,即教师和学生之间的互动过程;师生交往过程存在着若干交往公理,其目的是"解放"学生;为了使教学成为解放的过程,师生交往必须遵循合理交往原则。俄罗斯学者季亚琴科这样描述这种教学交往本质观:教学过程中实现着两个主体之间的联系,即教师的意识与学生的意识的交流,因而甚至使用了一个特殊的术语:"主体—主体间的相互作用"。在季亚琴科看来,"教学——这是具有知识和一定的经验的人与获得和掌握这些知识和经验的人之间的交往"。交往是"多个主体间的相互作用,而不是单个人主体单方面的作用或过程","教学的本质——这是教师与学生之间的交往,而教学内容总是学生在某种程度上掌握的和不完全掌握或部分掌握的某种活动"。② 叶澜认为:"教育起源于人

---

① 龙协涛.文学阅读学[M].北京:北京大学出版社,2004:3.
② 朱佩荣.季亚琴科论教学的本质(上)[J].外国教育资料,1993(05).

类的交往,人与人交往,也隐含了教育构成的基本要素。"①从社会学角度来审视,教学是由教师的教与学生的学组合起来的共同活动过程,教学的本质是以教学内容为中介进行的有目的的"对话""交流""沟通"的交互影响过程,这是一种特殊的人际交往活动过程。教学交往,既表现在认识上,又表现在伦理、情感上,是多层次的综合交往关系。没有人与人之间的多样化交往,教学活动就无法有效进行。在这个意义上说,交往乃是教学认识的前提和条件,没有交往就没有教学。

人类在写作的本质认识方面,呈现了从外部文本到内部认知再到向社会因素扩大的趋势。在写作过程描述方面,经历了从单纯的线性特征到个体行为和社会因素的相互作用结果的发展演变。写作中对于社会因素的重视,并没有将个体认知的因素排除,而是在这个基础上深化、完善与发展。

写作课程知识发展是时代的产物,与当时的哲学、心理学、语言学、课程论、教学论等相关学科发展息息相关,是当时社会思潮、学术进步、人才素养、观念转型共同渗入写作课程理论的结果。写作课程研究,既要看到它内部的知识要素构成,还要看到产生这些知识的土壤即相关学科与社会的影响,这样我们才能更清楚地把握写作课程内容转向背后的根源和本质。

---

① http://2009. cersp. com/article/browse/3547230. jspx[DB/OL]. [2009 - 07 - 25].

文章写作论

文章,经国之大业,不朽之盛事。

——曹丕《典论·论文》

【阅读提示】

"文章写作"指关注文本结果,以文章学知识为课程要素和评判指标的写作范式。无论国内国外,无论过去现在,这种写作范式都是主流形态。

本章先分析我国古代和现代写作教学理论的发展,再系统分析写作课程的语言学、文体学、文章学和写作学基础,结合已有实证研究和国内外最新成果审议百年写作课程的科学性、有效性。

第一节 我国古代写作教学发展

虽然我国有着悠久的写作史,但直接与写作教学相关的资料不多。古代写作教学的观念、做法、经验根深蒂固且优劣杂陈,需要立足现代教育理念,借助科学理论、观念方法分析辨别。本节主要梳理先秦至民国时期写作教学理论,分秦汉、魏晋南北朝、隋唐五代、宋元明清四个时期。

一、秦汉时期的写作教学

先秦时期,随着文字出现,写作成为可能。从西周出土文物看,甲骨文、金文中已经有诸多文体,说明当时的书写已经比较发达。西周主要面向贵族子弟进行"诗、书、礼、乐"四教,古籍中有西周学校在乐教中兼施读写教学的记载。在《易经》中已有"言有物""言有序""修辞立其诚"等记载,这对后世写作理论发展和写作评价具有重要价值,几乎可以看作我国写作理论的源头。

春秋战国是中国文化的第一次爆发期。诸子百家竞相著述,奠定了后世各类文体的基础。主要有:(1)论说类。包括论、说、辩、议等应用文体。如孔子语录体汇编、庄子的《齐物论》、荀子的《天论》首倡"论"体,对后世论体写作有重要影响。《墨子》一书中论点、论据、论证方法齐备,立论、驳论俱全,堪称议论文知识滥觞;《荀子》《韩非子》推理严密,论说翔实,奠定了后世议论说理技法。(2)诗类。《诗经》《楚辞》是先秦最优秀的诗歌总集,对后世诗体创作影响巨大。(3)谏类。春秋战国时期,诸侯争霸,互相攻伐,各国为了生存,善辩人才游说诸国,"谏"成为一种常用文体。这类文体对后世奏议文写作有很大影响。(4)书牍类。此类作为古代常见应用文体,一是臣下向皇帝进言所呈公文,二是亲友间往来私人信件。其写法灵活多样,可叙事,可说理,可言情,长短不一,实用性强,是当时写作教学的常教文体。

秦代文章留存少,民间所教学的大概是一些日常应用文和律令文书。汉初休养生息,社会开始繁荣,文体也日趋多样,有诗赋类、书表笺奏类、颂诔箴铭类、论说类散文、碑志类等。

秦汉时期的写作教学方法主要是模仿和修改。史载扬雄不光仿写单篇,连整本书都去模仿。汉代受经学风气影响,注重师法训诂,在文章上讲究修改推敲。秦汉时期的写作教学在语言方面一般要求简单明了,反对辞藻华丽和过分修饰。但赋体作为极尽华丽的文体也大有发展。汉代《诗大序》提到"赋比兴"手法,对后世铺排文采的华丽文风影响深远。

二、魏晋南北朝时期的写作教学

魏晋时期是文学自觉的时代,诗文写作进入快速发展期。写作方法、教学方法逐渐丰富,名家论著争相问世。

与前代相比,此时的写作教学已不再满足于模糊的经验,而是开始总结优秀文章的特点和写法,按一定标准编选文集(如《文选》)供世人学习,创作文学批评著作(如《文心雕龙》)指导写作与鉴赏,已由"暗里摸索"进入"明里探讨"阶段。

曹丕的《典论·论文》是最早的文艺批评专著。它评述"建安七子"作品风格的优劣得失,提出写作中"文"和"气"的关系问题,区别文章的不同文体和特色。它提出的"夫文本同而末异,盖奏议宜雅,书论宜理,铭诔尚实,诗赋欲丽"等文体论对后世影响巨大。

陆机的《文赋》作为第一篇完整而系统的文学批评文章,首次把文章创作过程、写作方法、修辞技巧等问题纳入理论探讨范畴,强调写作中"意"的重要性,在曹丕"四体八类"基础上把文体扩充到十类。主张写作注重修辞技巧、音韵结构等形式要求;写作应博览群书,深入观察,专心构思,充分运用想象和联想,表达自己的情志;应力求创新,反对抄袭;根据不同文体进行相应的创作,重视艺术灵感对写作的作用。这些思想和方法几乎奠定了后世作文教学的基本思想。

钟嵘的《诗品》品评了从汉至梁的一百二十多位五言诗人及其诗作,对学童诗文的写作训练有所帮助,为诗歌写作、学习、评论树立了标准。陆机《文赋》指出"意不称物,文不逮意"的问题,论述"意—物—文"与"知—能"

之间的关系,可以看作我国最早的写作过程论和"双重转化"理论,对后世影响深远。《文赋》还强调:全身心构思,运用想象和联想,获得形象准确的语言;发掘昔日积累,寻求表达情感的新颖文辞;分析文体多样性的成因和十种文体特征,论述创作之艰难和艺术灵感的作用;反对追求用典、过于讲究声律等形式主义;提出了优秀诗歌的标准和特征,等等,对后世诗歌写作训练产生了积极意义。

刘勰的《文心雕龙》理论系统、结构严密、体大思精,全面论述了写作中的各种问题。其"总论"探讨"文之枢纽";"文体论"分析 59 种文体,评论 44 种应用文文体;"创作论"探讨了创作过程、作品风格、文质关系、创作技巧、修辞声律等问题;"批评论"品评前代文学风气和文学成就。此书以儒家中庸的审美思想为主导,批评了齐梁时代的形式主义文风,重视写作中的主客关系、情境关系、风骨关系、艺术想象等,提出了"积学以储宝,酌理以富才,研阅以穷照"的写作教学理念。

魏晋时期无论写诗还是作文,都呈现出以下特点:一是讲究用典使事,竞求新奇,以炫耀才学广博;二是讲究声律,以沈约提出四声八病和永明体诗歌为代表,学童和士子在写诗上重视音韵和声律训练;三是注重修辞,要求文辞绚丽新奇、对仗工整,如当时人们利用"连珠体"的文章训练逻辑的贯连和语句的对偶。《诗品》《文心雕龙》对这些写作的形式主义都持批判态度。今天看来,学生写作仍然存在上述毛病,这些也许是学生初学写作的通病,但这种衡文观仍有现实意义。

三、隋唐五代时期的写作教学

这一时期,诗歌达到空前绝后的高峰,凋敝的散文因韩愈、柳宗元的古文运动而"文起八代之衰",应用文写作训练也受到广泛重视。

诗歌写作训练方面,《千字文》《太公家教》《兔园册府》等蒙书旨在进行初步的音韵、对偶、声律训练。训练方式主要有两种:一是属对(对对子),二是联句。① 在诗歌写作方面,隋唐五代常用《玉台新咏》《文场秀句》等教材,唐人强调新奇、炼字和推敲,这从杜甫、贾岛等诗文典故可见一斑。

散文写作方面,隋唐早期多沿袭六朝的骈体文,直到韩愈主张"文以载道""惟陈言之务去",强调以"三代两汉之书"为模仿对象,发起破除六朝以来的形式主义风气的"古文运动"。柳宗元谈道:"始吾幼且少,为文章,以辞为工。及长,乃知文者以明道,是固不苟为炳炳烺烺,务采色,夸声音而以为能也。"韩柳二人在写作理念上有共同之处:一是写作思想不能脱离儒家经典,二是应博览群书,三是做到文道统一,以表达思想为主。这影响了后世写作教学思想。

应用文写作训练方面,分各种公文和民间应用文。前者形式多样,有下行文书,如制、敕、册、令、教、符;上行文书,如表、状、笺、启、辞、牒,还有平行文,如移、刺。后者分类繁多,如书信、契约、凭据、祭文、碑志、判词等。这些应用文写作训练往往不是在学校里进行的,而是在具体的政治实践和社会实践中学习的,从师长朋友那里学习的。此时也出现了不少应用文写作教材,被称为"书仪",敦煌文献中就保存了不少书仪。

唐代出现了一些写作参考用书,主要分三类:一供"检事"用,即为写作提供材料,如《雕玉集》《类林》等;二供"看文体"用,即为写作提供范例,如《兔园册府》《龙筋凤髓判》等;三是兼供"检事"和"看文体"用的,如《初学记》等。

四、宋元明清时期的写作教学

宋元明清时期的写作教学已摆脱了经验主义的窠臼,开始了系统的理论探索,受科举制、官学、书院、私塾等需求刺激,出现了更专门化的写作教

---

① 指两人或多人以同一主题共作一诗,联结成篇。这种场面在《红楼梦》中很常见。

材。归纳起来主要有三个方面。

（一）属对教学。属对在隋唐时期就是一种重要的写作训练，逮宋代及以下，属对成为一种必修的课程，称为"对课"。作诗、作词、作赋、写骈体文、写八股文都离不开属对的基础训练。清代崔学古在《幼训·作对》中把属对的训练步骤说得清楚明白：第一是训字，第二是立程，第三是增字，第四是句眼。宋元明清出现了许多专门的属对教材，流行较广的当属《对类》《声律启蒙》和《笠翁对韵》。

（二）作文教学。宋元明清的作文教学与阅读教学结合紧密，许多阅读教材，如《文章正宗》《古文关键》《文章轨范》《唐宋八大家文钞》《古文辞类纂》《古文观止》等大都对每篇文章有详尽的评点，这些评点既帮助读者理解文意，又明示点拨写作技巧，兼具读写教学功能。同时，宋元明清出现了一些写作专门教材，涌现出一些为写作服务的工具书。如中国第一部修辞学论著《文则》、宋代李涂所作文章理论著作《文章精义》。后者重"理趣"，尚"古淡"，反对"作文动辄先立主意"，提倡"春蚕作茧，即物成性"的创作方法。此外，宋代方颐孙编科举写作用书《文章百段锦》、清代李扶九选编《古文笔法百篇》等，对写作教学也有一定影响。

宋元明清时期，写作教学除了注重"文道统一""词意并重"外，还有一些重要的作文教学思想：一是谢枋得在《文章轨范》提出的"先放后收"原则，至今看来仍极具价值。二是元代程端礼提出的"劳于读书，逸于作文"。三是多作多改。欧阳修说学文有三个要点"多读、多作、多商量"，而今看纯粹"多"未必好，关键是"多商量"，思维训练才更重要。

（三）八股文教学。唐宋以来许多写作教材都直接或间接地为科举服务。文章写法和套路讲得多了，写作自然就逐渐地"从模式到程式化"①。在宋代经义策论考试中已经有了一些文章的程式和名目，如"义头、原题、

---

① 张志公.传统语文教育教材论：暨蒙学书目和书影[M].北京：中华书局，2013：118.

入腹、引证、结题"等五段,到了明中叶以后,五段终于演变成了八股,八股文一直流传到清末。八股文把文章分为破题、承题、起讲、入题、起股、中股、后股、束股八部分。其具体写作步骤是:先揭示题旨,即"破题";接着承上文加以阐发,叫"承题";然后开始议论,称"起讲";再后为"入题",为起讲后的入手之处;以下再分"起股""中股""后股"和"束股"四个段落,而每个段落中,都有两股排比对偶的文字,合共八股,故称八股文。八股文的题目主要摘自"四书",所论内容也要根据宋代朱熹《四书集注》等书,不允许作者自由发挥。

这种规范化和程式化训练并非一无是处,它也符合写作教学的某些基本规律。张志公先生总结八股文对指导学生写作的意义时指出:八股文的程式符合议论文的结构特点,这对初学者熟悉并掌握议论的基本步骤和方法及培养学生的思维条理都是有益的;八股文先学局部,后学整体,先学勾出轮廓,后学发挥充实的写作方法对训练基本技能也有一定作用。[①] 但是,八股文训练对写作者自由发表思想的天性是一种戕害,不利于写作者自由倾吐和自由抒发,因而在近代遭到激烈批判。

我国古代的写作教学,一是重遣词造句、布局谋篇的基本功训练。二是文质并重,认为文章立意在先,先要有思想内容,言之有物,再要言之有文,形式恰当。三是先放后收。所谓"放",即鼓励学生放胆去想、去写,不要有过多的程式框框,鼓励学生写"放胆文"。所谓"收",是要求写出的文章构思严谨,思想纯正,用词恰当。四是多做多改。张志公在《传统语文教育初探》中总结古代写作教学特点为:(1) 词意并重(原则);(2) 先放后收(步骤);(3) 多做多改(方法);(4) (八股文)程式训练。[②] 这是很精当的概括。这些经验有的至今依然是科学有效的。

---

① 张志公. 传统语文教育初探[M]. 上海:上海教育出版社,1962:143.

② 张志公. 传统语文教育初探[M]. 上海:上海教育出版社,1962:134-139.

五、我国古代文论对作文教学的影响

古代文论是写作教师专业知识、观念的重要来源,对作文教学有着重要影响。虽然很难去直接判断这种影响到底在何种层面并影响到了什么状况(这需要访谈和实证研究),但我们可以从目前作文教学的一系列状况和表现,追根溯源分析它们与古代文论之间的某些影响和关联。

(一)"载道""言志"为主的写作目的观

古人认为写作是"有所为的"。苏轼《题柳子厚诗》中说"诗须要有为而作"。陈子龙《六子诗序》认为"诗之本不在是,盖忧时托志者之所作也"。李贽《焚书·童心说》主张"有为而发"。这里提到的"有所为",不外乎于己"言志""抒情",于人于社会"讽喻""载道"。

古人特别强调写作的"载道"功能。荀子早有"文以明道"(《解蔽》《儒效》《正名》)的观点,刘勰有过"道沿圣以垂文,圣因文而明道"(《文心雕龙·原道》)的论述,唐代古文运动把"文以明道"作为理论纲领,北宋周敦颐提出过"文以载道"(《通书·文辞》)的观点,可见"文以载道"是我国写作教育的悠久传统,甚至可以说是"道统"。

古代文论在强调"文以载道"的同时,也重视"文为世用"。孔子提出《诗》可以"兴观群怨"。曹丕说文章乃"经国之大业,不朽之盛事"(《典论·论文》)。王充《论衡》认为,"为世用者,百篇无害;不为用者,一章无补"。苏轼《答王庠书》一针见血地指出,"儒者之病,多空文而少实用"。王安石《上人书》主张:"且所谓文者,务为有补于世而已矣。"顾炎武《日知录》主张:"文之不可绝于天地间者,曰明道也,纪政事也,察民隐也,乐道人之善也,若此者,有益于天下,有益于将来,多一篇多一篇之益矣。"章学诚《与史余村》指出:"文章经世之业,立言亦期有补于世。"

与"载道"相比,"言志""抒情"的论述也不少。《尚书·尧典》最早提出"诗言志",后《毛诗序》指出"诗者,志之所之也,在心为志,发言为诗"。关于抒情,刘勰《文心雕龙·情采》认为"昔诗人什篇,为情而造文"。严羽《沧浪诗话·诗辨》主张"诗者,吟咏情性也"。唐顺之《与洪方洲书》指出,"近来觉得诗文一事,只是直写胸臆,如谚语所谓开口见喉咙者,使后人读之,如真见其面目,瑜瑕俱不容掩,所谓本色,此为上乘文字"。钟惺《涪郎草序》强调,"夫诗道性情者也,发而为言,言其心之所不能不有"。袁枚《答何水部》认为,"若夫诗者,心之声也,性情所流露者也"。其《随园诗话》甚至干脆主张,"凡诗之传者,都是性灵"。沈德潜《清诗别裁集》也认为,"诗必原本性情,关乎人伦日用及古今成败兴坏之故者,方为可存,所谓其言有物也"。

古代文论强调写作是不得已而为之,不吐不快、不得不写,要将心中郁结的东西倾吐出来。司马迁《报任安书》指出:"大抵圣贤发愤之所为作也,此人皆意有所郁结,不得通其道也,故述往事,思来者。"韩愈《送孟东野序》说:"有不得已者而后言,其歌也有思,其哭也有怀。凡出乎口而为声者,其皆有弗平者乎!"梅尧臣《答韩三子华韩五持国韩六玉汝见赠述诗》认为:"圣人于诗言,曾不专其中。因事有所激,因物兴以通。"陆游《澹斋居士诗序》主张:"盖人之情,悲愤积于中而无言,始发为诗,不然无诗矣。"宋濂《答章秀才论诗书》也指出:"所谓《风》《雅》《颂》者,皆出于吾之一心,特因事感触而成,非智力之所能增损也。"刘基《缶鸣集序》说:"古人之于诗不专意而为之也,国风之作发于性情之不能已,岂以为务哉。"李梦阳《梅月先生诗序》也强调:"故天下无不根之萌,君子无不根之情,忧乐潜之中,而后感触应之外,故遇者因乎情,情者形乎遇。"李贽《杂说》具体分析道:"且夫世之真能文者,比其初皆非有意于为文也。其胸中有如许无状可怪之事,其喉间有如许欲吐而不敢吐之物,其口头又时时有许多欲语而莫可所以告语之处,蓄极积久,势不能遏。一旦见景生情,触目兴叹;夺他人之酒杯,浇自己之垒块;诉心中之不平,感数奇于千载。"袁枚《答蕺园论诗书》甚至说:"且夫诗者,由情生者也。有必不可解之情,而后有必不可朽之诗。"李贽《复焦漪园》强调:"文非感时发己,或出自家经画康济,千古难易者,皆是无病呻吟,不能工。"这种"有所为"和"有感而发"的主张,揭示出写作主体的言语自觉和写作所具有的社会功能。

有趣的是,在"载道""言志"与"应世"之中,"载道"写作观对当今写作教学目标的影响依然根深蒂固。尤其当今评判作文依然重视政治立意和社会价值:把思想积极健康向上作为评判作文最重要的标准,思想正确似乎永远是第一位的,它甚至超过了真实"抒情",更有甚者,把思想主题优劣看作作文是否及格的关键,而不去管内容、材料、语言的优劣,这显然受传统"载道"观影响。自然,作文是作者思想情操的体现,但是过分强调载道,容易导致学生写作时心理上对"道德评判"的恐惧,从而不敢讲真话,甚至为得高分而被迫讲假话、空话、套话,出现"伪圣化"。小学生作文动辄寻求"有意义""思想积极健康向上""通过这件事,我知道了……",在某种程度上是过分重视写作的载道功能造成的。今天来看,"言志""抒情"比"载道"更宝贵。让学生通过写作倾吐自己的心声,记录自己的生活,发表自己的观点,表达自我的真实情感,才是中小学写作最重要的功能,也是符合学生心理,开展人本主义教育和健全人格教育最重要的功能。

(二)"言之有物"的写作内容观

古代文论强调写作要"言之有物",反对无病呻吟、内容空洞。

诗文应该写什么? 古代文论对此有许多主张。例如,张戒《岁寒堂诗话》认为:"世间一切皆诗也。惟杜子美则不然,在山林则山林,在廊庙则廊庙,遇巧则巧,遇拙则拙,遇奇则奇,遇俗则俗,或放或收,或新或旧,一切物,一切事,一切意,无非诗者。"顾炎武《日知录》强调:"诗之为教,虽主于温柔敦厚,然亦有直斥其人而不讳者。"这是对先秦"美刺"传统的继承。叶燮《原诗·内篇下》总结道:"曰理、曰事、曰情,此三言者,足以穷尽万有之变态。凡形形色色,音声状貌,举不能越乎此。此举在物者而为言,而无一物之或能去此者也。"此即现在的说理、叙事、抒情三大写作内容。

古代文论对写作内容各要素之间的关系均有论述。我们发现,语言在其中往往不太重要。例如,刘勰《文心雕龙·情采》说:"故情者,文之经;辞者,理之纬。经正而后纬成,理定而后辞畅,此立文之本源也。"《文心雕龙·附会》也说:"夫才童学文,宜正体制:必以情志为神明,事义为骨髓,辞采为肌肤,宫商为声气。"韩愈强调"气",其《答李翊书》说:"气盛则言之短长与声之高下者皆宜。"裴度《寄李翱书》则认为:"文之异,在气格之高下,思致之浅深,不在其碟裂章句、隳废声韵也。"杜牧《答庄充书》指出:"凡为文以意为主,气为辅,以辞彩章句为之兵卫。"严羽《沧浪诗话·诗辨》主张:"诗之法有五:曰体制,曰格力,曰气象,曰兴趣,曰音节。"王若虚《诗话》强调:"吾舅(周昂)尝论诗云:文章以意为之主,字语为之役。"到明清两代,钱谦益《题杜苍略自评诗文》认为:"夫诗文之道,萌折于灵心,蛰启于世运,而苗长于学问。三者相值,如灯之有炷有油有火,而焰发焉。"刘大櫆《论文偶记》也指出:"神气者,文之最精处也;音节者,文之稍粗处也;字句者,文之最粗处也。然论文而至于字句,则文之能事尽矣。"姚鼐《述庵文钞序》认为:"余尝论学问之事,有三端焉,曰:义理也,考证也,文章也。是三者,苟善用之,则皆足以相济;苟不善用之,则或至于相害。"其《古文辞类纂序目》又强调:"凡文之体类十三,而所以为文者八:曰神、理、气、味、格、律、声、色。神、理、气、味者,文之精也;格、律、声、色者,文之粗也。"

从《易经》《老子》到魏晋时王弼、欧阳建等,其渊源久远的"言意转换"理论就含有朴素的"言意"转换生成原理。陆机《文赋序》中提到"恒患意不称物,文不逮意"就含有"物—意—文"的写作阶段划分思想。刘勰在《文心雕龙·神思》中曾描摹写作构思情形,这些论述后经历代文人发展完善为"立意—谋篇—文辞"的写作理论。苏轼、郑燮的论述中也有很多写作过程原理的启示。虽然这些大都处于直觉感悟和经验描述的层面,具有浓厚的经验主义、直觉主义和玄学思辨色彩,零碎且很不系统,但它们对写作教学仍然能起到一定的启示作用。

（三）文体多样，但有"泛文艺"倾向

我国古代文论对文体有比较详细的划分，并对不同文体提出了相应的要求。例如，曹丕《典论·论文》就说："夫文本同而末异。盖奏议宜雅，书论宜理，铭诔尚实，诗赋欲丽。"刘勰《文心雕龙》的文体分类也颇为繁密，上半部论述文体各篇，在篇名中提到的文体共有三十三类：骚、诗、乐府、赋、颂、赞、祝、盟、铭、箴、诔、碑、哀、吊、杂文、谐、隐、史传、诸子、论、说、诏、策、檄、移、封禅、章表、奏、启、议、对、书、记。《文心雕龙·定势》鲜明地指出："夫情致异区，文变殊术，莫不因情立体，即体成势也。"王若虚《文辨》认为文章"定体则无，大体须有"。王夫之《古诗评选》甚至说："诗无定体，存乎神韵而已。"陈维崧《词选序》则强调："天之生才不尽，文章之体格也不尽。"即不同场合需要的表达与交流产生了适应不同场合的文体。我国古代文体类型丰富多样，到清代姚鼐的《古文辞类纂》已蔚为大观。我国古代文论鲜明的文体意识是十分宝贵的写作教学遗产。

但我国古代文体也存在着浓厚的泛文艺倾向和混合文体色彩，文体界限不甚明晰，各种文体、文风、语言容易杂糅。尤其是诸如"书、铭、奏、议、说"等应用文体也富有浓厚的文艺色彩。这也许是我国直观见性的生活态度和感性直觉的审美方式造成的，以至于今天我国学生的议论文和思辨类写作，仍具有浓郁的"文艺文"格调，滥情、煽情的语句和表达比比皆是，缺乏议论文应有的理性思辨色彩。

（四）"文如其人"的作者中心论

古代文论认为作者要写好诗文首先得加强自身道德修养，做到诚实写作。例如，《易传·文言》就说："修辞立其诚。"孔子《论语》认为："有德者必有言。"刘勰《文心雕龙·情采》要求不可"为文而造情"。程颐《河南程氏遗书》指出："古之学者惟务养情性，其它则不学。今为文者专务章句，悦人耳目；既务悦人，非俳优而何？……人见《六经》，便以为圣人亦作文，不知圣人亦摅发胸中所蕴自成文耳。"杨维桢《赵氏诗录序》甚至说："评诗之品无异人品也。"宋濂《赠梁建中序》主张:"其文之明,由其德之立。"王世贞《邹黄州鹔鹴集序》也说:"盖有真我而后有真诗。"顾炎武《日知录》则要求不可"以文辞欺人"。魏禧《答施愚山侍读书》指出:"为文之道,欲卓然自立于天下,在于积理而练识。"叶燮《原诗·内篇下》则认为:"曰才、曰胆、曰识、曰力,此四言者所以穷尽此心之神明。凡形形色色,音声状貌,无不待于此而为之发宣昭著。此举在我者而为言,而无一不如此心以出之者也。"沈德潜《说诗晬语》则主张:"有第一等襟抱,第一等学识,斯有第一等真诗。"中国向来讲究"文如其人""作文即做人",这自然在某种程度上有利于作者修养自己的道德人格和精神气质,对于提高文章写作整体的水平和内在气质有重要作用。作者的胆识、才力会直接影响到作文的主题、立意、风格、面貌等。然而,这也容易忽视对写作过程和写作能力本身的关注。

(五)"范文模仿""读写结合"的写作教学法

"范文模仿""读写结合"是古人最常用的写作教学法。模仿对初学写作的人确实有帮助。扬雄说:"昔人之辞,乃玉乃金",他不光仿写单篇,如仿《九章》作《畔牢愁》,甚至仿照《离骚》作《广骚》这样的整本书。魏晋时期讲究"拟作",即模仿别人的文章来练习写作。南朝萧统选编的《昭明文选》是学习写作的重要教材。宋代有"《文选》烂,秀才半"的俗语,亦可见范文模仿的重要性。朱熹说,"古人作文作诗,多是模仿前人而作之,盖学之既久,自然纯熟",他还说"读得韩文熟,便做出韩文底文字;读得苏文熟,便做出苏文底文字",模仿的确是初学写作者的有效门径。

古代文论注重读书积累,倡导"读写结合"。杜甫说"读书破万卷,下笔如有神"。其《戏为六绝句》也说,"转益多师是汝师"。陆游《示子遹》指出:"汝果欲学诗,功夫在诗外。"严羽《沧浪诗话·诗辨》强调:"夫诗有别材,非关书也;诗有别趣,非关理也。然非多读书、多穷理,则不能极其至。"曾国藩提倡"看读写作"法:所谓"看",即"略读""浏览";"读"即"精读""讲读";"写"指写字、书法;"作"指作文、写文章。这样读写一贯,才会提高。唐彪主张读写结合,其《家塾教学法》将阅读和写作比作花与蜜、蚕与丝的关系,提倡从读书中学习技法、积累材料。

(六)"文质兼美"的写作评价观

古代文论对诗文评价强调"文道统一""文质兼美",即"内容和形式""思想性和艺术性"相统一。这与孔子说的"文质彬彬,然后君子"思想是一致的。但是,在"道"和"文"的关系和轻重上,不同的人表述不同。

朱熹认为内容是实质,语言表达只是形式。《朱子语类》指出:"道者文之根本,文者道之枝叶,惟其根本乎道,所以发之于文者皆道也。三代圣贤文章皆从此心写出,文便是道。""今人不去讲义理,只去学诗文,已落第二义。"戴震《与方希原书》也强调,"夫以艺为末,以道为本"。

古代文论对于语言也特别重视。《左传》指出:"言之无文,行而不远。"一方面,古代文论注重语言的自然、贴切。如李白将"清水出芙蓉,天然去雕饰"看作写作的最高境界。姚鼐《与王铁夫书》主张:"文章之境莫佳于平淡,措语遣意有若自然生成者。"另一方面,古代文论也强调语言要注重修饰,富有新意,与众不同。例如,杜甫曾说:"为人性僻耽佳句,语不惊人死不休。"韩愈《答李翊书》也强调:"唯陈言之务去。"章学诚《辨似》甚至认为:"盖文固所以载理,文不备则理不明也。且文亦自有其理,妍媸好丑,人见之者,不约而有同然之情,又不关于所载之理者,即文之理也。"

尽管如此,古代文论并不过分推崇语言,甚至抱有谨慎的态度,唯恐语言喧宾夺主,因为还有比语言更重要的内容。例如,王充《论衡》就指出:"事莫明于有效,论莫定于有证。空言虚语,虽得道心,人犹不信。"颜之推《颜氏家训》也认为:"文章当以理致为心肾,气调为筋骨,事义为皮肤,华丽为冠冕。今世相承,趋末弃本,率多浮艳。辞与理竞,辞胜而理伏。"陆游《读近人诗》强调:"琢雕自是文章病,奇险尤伤气骨多。"王若虚《文辨》主张:"凡文章须是典实过于浮华,平易多于奇险,始为知本末。"宋濂《苏平仲文集序》也认为:"古之为文者,未尝相师,郁积于中,摅之于外,而自然成文。其道明也,其事核也,引而伸之,浩然而有余,岂必窃取辞语以为工哉。"章学诚《辨似》指出:"夫言所以明理,而文辞则所以载之之器也。虚车徒饰而主者无闻,故溺于文辞者不足于言文也。"

我国从《诗经》开始就开启了诗教传统,从汉赋再到南北朝隋唐骈俪之风,一种语言表达上"讲究对仗""骈四俪六"注重辞采的风气渗入我国文人写作的风格之中,以至于今天依然把"语言有文采"作为重要的衡文标准。过于重视文采写作和泛文艺化表达,而忽视实用写作、学习性写作、思辨写作等客观、理性、准确的语体训练,对学生全面的语言发展尤其是实用写作会有负面影响。——不是说学生作文不可讲究文采,这一点上苏轼和柳宗元都有过论述,关键是要区分文体和语境的要求,该讲究文采的要讲究文采,不该讲究文采的就不应让文采泛滥,要根据语境和语体的要求,采用适当的语言风格。

研究历史是为今天服务的。澄清历史可以帮助我们读懂今天写作教学问题的来龙去脉,从而扬长避短,完善发展。文化传统是一个国家写作教育的土壤和根基,是写作教学创新实践的宝贵资源。我们不能无视,不能出脱,而应该植根优秀传统,构建适合中国实际、具有中国文化特色的写作教学理论,这才是科学与正确的道路。

第二节 我国现代作文教学理论发展

本节承接古代,介绍从民国迄今现代作文教学理论的发展。"作文教学理论"不同于"语言学""文章学""写作学"等学科理论,它需要这些学科供给知识原料,同时又受中小学写作教学情境的制约,具有一种鲜明的应用理论的色彩。

百年来,我国现代作文教学理论由语言学、文章学到写作学得以迅速发展。最早的那一代语文教育先驱,如从吴研因、陈望道、梁启超、黎锦熙、夏丏尊、叶圣陶、朱自清等开始就关注作文教学理论,到 20 世纪 80 年代一大批写作学专家如朱伯石、裴显生、金长民、林可夫、马正平等,再到张中行、高原、刘朏朏、于漪、洪宗礼、刘淼、何克抗、朱晓斌等作文教学研究专家,以及 21 世纪以来一批新生代课程与教学论博士,尽管他们的研究旨趣各异,但对中小学写作教学都有非常重要的价值。

一、民国时期作文教学理论初创

20 世纪初,随着新学制推行和"五四运动",我国涌现出一批写作教学的开创性著作。先是胡适 1917 年的《文学改良刍议》提出"文学改良,须从八事入手"。其八事:"一曰,须言之有物。二曰,不摹仿古人。三曰,须讲求文法。四曰,不作无病之呻吟。五曰,务去烂调套语。六曰,不用典。七曰,不讲对仗。八曰,不避俗字俗语。"其中一、二、四是"精神上之革命也",三、五、六、七、八则为"形式上革命也"。① 这可以看作写作教学具体实施策略的宣言。接着陈独秀的《文学革命论》提出"推倒雕琢的、阿谀的贵族文学,建设平易的、抒情的国民文学;推倒陈腐的、铺张的古典文学,建设新鲜的、立诚的写实文学;推倒迂晦的、艰涩的山林文学,建设明了的、通俗的社会文学"的主张,并对中国传统的写作历史做了系统批判:"东晋而后,即细事陈启,亦尚骈丽。演至有唐,遂成骈体。诗之有律,文之有骈,皆发源于南北朝,大成于唐代。更进而为排律,为四六。此等雕琢的阿谀的铺张的空泛的贵族古典文学,极其长技,不过如涂脂抹粉之泥塑美人,以视八股试帖之价值,未必能高几何,可谓为文学之末运矣!韩柳崛起,一洗前人纤巧

---

① 胡适. 文学改良刍议[J]. 新青年,1917,2(05).

堆朵之习,风会所趋,乃南北朝贵族古典文学,变而为宋元国民通俗文学之过渡时代。"①其后刘半农撰写《应用文之教授》(1918)②提出"人人能看通人应看之书,及其职业上所必看之书,人人能作通人应作之文,及其职业上所必作之文"的教学宗旨,并从字法、句法、章法三方面详细论述"应用文与文学文之各有所重"的观点,还从选文、讲授、出题、修改四方面提出了具体教学建议措施。

1922 年,陈望道在其《作文法讲义》提出"文章是一种传达思想的工具",重点从"文章的构造、体制和美质",即词、句、段三层面,探讨记载文、纪叙文、解释文、论辩文、诱导文五种文体的写作方法;认为文章美质有"明晰""遒劲""流畅"三种要求,提出"力求求真"的写作态度,主张杜绝"技巧主义"和"情绪主义"。③ 这在当时具有开创意义。梁启超的《作文入门》(1924)提出作文要"有思想(言之有物)""有系统(言之有序)",叶圣陶的《作文论》(1924)系统论述"文风、组织、文体、叙述、议论、抒情、描写、修词"八个方面的文章要素。另有 1926 年夏丏尊、刘薰宇的《文章作法》,1927 年胡怀琛的《作文研究》,1932 年梁启超的《中学以上作文教学法》,1933 年胡云翼、谢秋萍的《文章作法》,1938 年叶圣陶、夏丏尊的《阅读与写作》等一大批作文教学理论著作,奠定了我国现代写作教学理论的坚实根基。

20 世纪 30 年代,出现过几套以写作知识为线索的著名教材:一是孙俍工编撰的《国文教科书》(神州国光社 1932 年版),以"文章作法"为线索,开文章作法与作文训练之先河。二是傅东华编《复兴中学国文教科书》(商务印书馆 1933 年版),在文体训练上,开"记叙、抒情、说明、议论、应用"之框架。三是由夏丏尊、叶圣陶编写的著名的《国文百八课》(开明书店 1935

---

① 陈独秀.文学革命论[J].新青年,1917,2(06).
② 刘半农.应用文之教授[J].新青年,1918,4(01).
③ 陈望道.陈望道全集:第四卷[M].杭州:浙江大学出版社,2011:5,8.

年版),将"文选、文章作法、文法与修辞和作业打成一片"①,是写作教育科学化建设的先锋。

二、中华人民共和国成立后 30 年"八大块"知识形成

20 世纪上半叶我国比较多地出现了冠以"作文"之称的著作,如"作文入门""作文基础""作文论""作文法"。可自从二十世纪八九十年代起,随着"中国写作学会"的成立,大量的"写作学"著作如雨后春笋般地涌现。

这时的写作理论已经由过去对静态文章的研究转向对写作的内在机制和规律的研究,以写作主体、写作发生过程为特点的现代写作理论形成了。从以北京师范大学中文系主编的《写作基础知识》为代表的传统"八大块"理论,到注重写作主体的摄取、运思和成文具有过程特点的现代写作理论,这是一个进步。

中华人民共和国成立后,语文学科在写作知识建设方面有新的探索,但写作教学理论基本停留在文章写作范畴,没有重大突破。

我国现代作文教学孕育于 20 世纪初至 70 年代,这一较长时期的写作学理论一般冠以"作文法""文章学""写作基础知识"等名称。这一时期的写作学(文章学)知识体系是以所谓的"八大块"知识体系为主要特征的。②

"八大块"知识是现代作文教学理论的基石。它最早可追溯到 1924 年叶圣陶的《作文论》一书,该书把文章要素分为"文风、组织、文体、叙述、议论、抒情、描写、修词"等八项内容。当代"八大块"写作知识最先见于 20 世纪 50 年代何家槐编写的《作文基础知识讲话》和湖南师范学院中文系编写的《文章讲话》,70 年代末,北师大中文系编写的《写作基础知识》(1979)对"八大块"写作知识进行了系统总结。

---

① 夏丏尊,叶绍钧. 国文百八课[M]. 北京:人民教育出版社,1985:1 - 5.
② 尹均生. 中国写作学大辞典:第四卷[M]. 北京:中国检察出版社,1998:1900.

　　传统作文(写作)教学以为通过知识灌输和技能分解训练,就可以教会学生写作,其实不然。"八大块"写作知识体系基本属于静态陈述性知识范畴,而写作毕竟是书面语言技能,主要属于程序性知识和策略性知识的范畴。静态的知识术语可以作为教学的知识工具和抓手,但不会直接转化为写作能力。再就是"八大块"知识只是从"文本"角度来看待写作,而写作不仅仅是"文本制作",还是一种思维活动和信息处理,是一种意义建构和交流行为。这样看来,"八大块"写作知识体系,只会是一种学科知识,而不是写作教学知识。尽管如此,"八大块"知识体系仍然是 20 世纪写作学(包括作文学、文章学)的重要内容。

三、20 世纪 80 年代写作学开创与理论勃兴

　　20 世纪 80 年代以后,随着西方文艺理论和写作学理论引入,状况开始有了新转变。1980 年,我国正式成立"中国写作学会",这标志着"写作学"作为一门学科正式独立。

　　此后,我国的写作学理论有了突飞猛进的发展。这直接表现在"写作学"作为一门学科开始确立,大量写作学著作开始出现,且呈现出崭新的学术话语和理论形态。现代中国写作学依循两条线索发展:一是传统写作学理论的"升级改造",这表现在 20 世纪 50 年代以来的"八大块"知识体系,升级为"写作活动的制作系统"——取材与炼意、运思与谋篇、行文与定稿,从外在的知识形态,静态的陈述性知识,开始转化为"动态的、可操作的"程序性知识。最明显的例子是 1985 年刘锡庆的《基础写作学》①。其上编"写作总论"提出"物→意→文"的双重转化理论,可以看作中国特色的文章写作理论。下编"写作过程论"分为聚材取事、命题炼意、谋篇布局、定体选技、得其机遇、贯通文气、多种表达、遣词造语、讲求文面、修改润饰等十个章

----

① 刘锡庆.基础写作学[M].北京:中央广播电视大学出版社,1985.

节,可以看作中国特色的"过程写作论"。虽然它的内容仍以文章学话语为主,不过已经正式开始了从"文章写作"向"过程写作"话语的转变。

我国写作学理论的探索,经历了 20 世纪初基于语言学知识体系,到五六十年代基于文章学"三大文体"知识体系,又到八十年代的"八大块"①知识体系。20 世纪 80 年代之前的文章学(写作学)基本上还是以文章学知识(即主题、材料、结构……)要素的静态分解描述为主,但 20 世纪 80 年代中期后,我国写作学研究有了不小的进展,写作学理论界逐渐吸收了西方研究成果,出现了大的变化,转向探讨"主体(写作者)""客体(客观现实)""载体(作品样式)""受体(读者)"之间联系与互动的动态分析。②

1986 年朱伯石主编的《现代写作学》提出了由"写作主体"(作者)、"写作客体"(写作对象)、写作主客体之间的关系(写作关系)构成的所谓"三位一体"的写作对象理论,构建了"客体论""主体论""总体论"的新写作理论框架,提出写作教学要实现三个转变:由过去立足于静态文章学研究向动态的写作过程研究转变;由过去的写作知识介绍向写作原理的哲学探讨转变;由过去的单科性研究向多学科综合研究转变。③

1987 年裴显生主编的《写作学新稿》④以"全新的写作观念、优化的知

---

① 据马正平研究:"八大块"最先出现在 20 世纪 50 年代何家槐编写的《作文基础知识讲话》和湖南师范学院中文系编写的《文章讲话》,建立起现代写作学的基本知识框架。到了 60 年代初,复旦大学中文系编了《写作基础知识》(1960)、北大中文系编写了《写作知识》(1964)之类的写作教材。这样,写作学科被正式引进中国最高学府的教材。到了 70 年代末,北师大中文系《写作基础知识》(1979)是对"八大块"写作理论知识体系的总结,而 1983 年刘锡庆先生编写的《写作通论》(北京出版社)和朱伯石先生的《写作概论》(湖北教育出版社)则是"八大块"写作理论体系在表面上的终结。应该说,在现代写作学的最初形成过程中,"八大块"写作学知识体系为现代写作学的发展做出了一定贡献。这种写作学知识让人们了解文章的基本构成要素,从这个方面去努力建构文章图样规范,从而提高自己的写作能力。参见其《非构思写作学宣言——后现代写作学观念、原理与方法(上)》,海南师范学院学报,2002 年第 2 期。关于写作(作文)"八大块"知识,一般认为包括主题、材料、结构、表达、语言、体裁、文风、修改,也有人认为是内容、材料、主题、结构、语言、说明、记叙、议论。

② 章熊. 关于中学写作教学的几点思考[J]. 中学语文教学,2006(10).

③ 参见杜福磊. 中国写作学理论研究与发展[M]. 北京:中央编译出版社,2004.

④ 裴显生. 写作学新稿[M]. 南京:江苏教育出版社,1987.

识结构、科学的研究方法"，建构了新的写作理论框架。它除了强调"物→意→文"转化规律，还运用哲学、美学、心理学、思维科学、社会学、语言学等学科的最新研究成果，提出了"本质论""过程论""技巧论""文体写作论"的四部分框架。

1988年金长民出版《写作感知学引论》《写作运思学引论》《写作行文学引论》《现代写作学基本原理》①等系列写作学著作，提出了"四环加四体"的纵横立体写作理论架构，即纵向的"物↔感↔思↔文"写作转化与生成；横向的"客体↔主体↔载体↔受体"等，"建设了一个鲜为人有的写作学研究体系"②，标志着新的写作学理论体系形成。随后，周姬昌主编的《写作学高级教程》③试图构建写作基础理论框架，提出由"规律论""作者论""感知论""运思论""表述论""技巧论""文采论""读者论"组成的写作"新八论"。有人认为，这是对1980年以前传统写作学"旧八大块"的反拨，基本完成了"以文为本"向"以人为本"写作体系的转变，同时建构了新的文体写作新体系，代表了当时研究的最新水平。值得一提的是，"新八论"不仅昭示了"结果（文章）写作"向"过程（作者）写作"的转变，也隐含着"交际（读者）写作"的萌芽。

1991年由林可夫主编，由叶素青、孙绍振、金长民、高原、尉天骄、颜纯钧、潘新和等当今中国最权威的写作学专家参编的《高等师范写作教程》④，提出写作学由"成因论"——写作主体、写作客体、写作受体、写作载体；"递变论"——写作的内化、写作的意化、写作的外化；"操作论"——采集能力、运思能力、表述能力、评改能力三大部分组成。在此基础上提出了"四体化一"律（主体、客体、受体、载体）、"三重转化"律（内化、意化、外化）、"四环操

① 金长民.现代写作学基本原理［M］.天津：天津人民出版社,1996.
② 王珽.现代写作学研究的一部力作——评金长民的《现代写作学基本原理》［J］.信阳师范学院学报（哲学社会科学版）,1998(01).
③ 周姬昌.写作学高级教程［M］.武汉：武汉大学出版社,1989.
④ 林可夫.高等师范写作教程［M］.福州：福建教育出版社,1991.

作"律(采集、运思、表述、评改)的所谓"四三四"写作规律,堪称当时中国写作学理论集大成式的著作。这也与国际上由"结果写作"向"过程写作"转变基本一致。

由于没有受到信息认知心理学的滋养,我国的"过程写作运动"带有浓厚的中国学术话语特色,是古代"物—意—文"转化理论的完善和发展。它没有西方过程写作的机械流程设计,却具有重视写作主体思维与认知的本质,同时表现为一种简单粗糙"写作状态"的经验表达。由于我国古代一直关注写作者的"才识胆力"等,对写作者的生活阅历、人生经验、思想认识以及作者主观精神、气质、心理状态比较关注,从而已经深入到写作主体心理层面。

我国20世纪末的写作学理论仍然处于由"文本写作"向"人本写作"(主体写作)转化阶段,没有实现由个体写作向社会交流写作的转型。这些写作学理论还停留在普通语言学、认知心理学、主体哲学、信息论、系统论、创造学等学科知识基础上,没有真正向主体间性哲学、生成论、功能语言学、建构主义等转型。程思认为中国当代写作学经过了"文本写作学—过程写作学—主体写作学—文化写作学"四个阶段①。这与西方写作学发展类似,体现着理论发展的内在规律。

四、作文教学论:关注"教"的理论建构

20世纪80年代以来的写作学理论,加速向中小学作文教学领域转化。这一时期一个集知识点、能力点、训练点为一体的作文教学体系正在形成,十几套作文实验教材在那时出现。80年代中后期,伴随着一批全新体例写

---

① 程思将当代(新时期)写作(作文)学分四个过程:1. 1978—1983年:写作知识论("八大块")或说文本主义写作学;2. 1983—1985年:文本主义写作学转向过程主义写作学;3. 1986—1988年:由写作过程论转向写作主体论;4. 1988—1990年:由写作主体论转向写作文化论。参见程思. 新时期中国当代写作学理论四次大变革[J]. 语文学习,1993(10).

作教材的出版,写作教学内容由以前单纯着眼文章知识传授,转向对动态写作过程的重视,写作教学进入了一个新的发展时期。一些写作教学模式将学生的"思维"训练作为关键环节,如高原、刘朏朏、于漪、洪宗礼等人的作文教学模式,抓住了关键。

20世纪80年代我国涌现出一股阅读与写作教材分编的潮流,先后有十套写作教材问世。1981年人民教育出版社编写的六年制重点中学语文课本(试教本)分编为《阅读》和《写作》。80年代初上海华东师范大学一附中陆继椿编写了"分类集中分阶段进行语言训练"的实验教材《语文》(简称"双分本")。该书以写作为主线,按照由简到繁、由浅入深、由易到难、由形象到抽象的训练系列,依次编排108个"训练点",力求"一课一得,得得相连",进行听、说、读、写综合训练,创造了一个新的体例。1986年和1992年北京师范学院出版社出版高原、刘朏朏《作文三级训练体系实验课本》和《阅读三级训练课本》。1988年辽宁教育出版社出版欧阳代娜主编的《阅读》《写作》教材。这些分编写作教材,带来了一些新的气象,但并没有改变我国语文教材"读为主体""写为附庸"的整体格局。

1985年张中行《作文杂谈》出版,这是一部继叶圣陶的《作文论》,叶圣陶、夏丏尊的《文心》《文章讲话》之后,面向中小学写作教学的又一重要著作。它以简明实用的经验随笔方式阐述了有关作文教学的问题。之后的90年代,多部"作文教学论"出现。韦志成主编的《作文教学论》,分总论(意义和写作能力)、基本策略(运用语言、开源引流、沟通说写)、教学规律(主体发表律、学以致用律、读写结合律、技能训练律)、训练方式(命题、材料、情境)、教学过程(指导、批改、讲评)、常用文体写作、快速作文和高考作文、国外作文教学等八章,系统反映了那个时期作文教学的理论状况。吴立岗的《小学作文教学论》在梳理古今中外作文训练序列的基础上,独辟蹊径,以儿童语言交际功能为主线,开始作文训练序列的探索。

邓日曾提出按照学生的心理特点与认识发展规律,对学生进行"思想—语言—文字的系统训练",提出一般能力和文体训练两条线,前者分准备材料、加工阶段、表达阶段三个阶段,包括十一种具体能力(观察、积累、联想、想象、分析、综合、立意、选材、布局谋篇、语言运用和修改等)。另一条线是文体训练,按记叙、说明、议论能力的内容(物、景、事、人、情、理,解决"写什么")和技能(驾驭各种文体,解决"怎么写")的要求,由易到难分成一个个训练项目。① 王碧清、王光文在《对中学作文教学序列训练的再认识》中,除重申序列的科学性和对写作规律的揭示外,还强调对写作主体的研究。② 程一凡对于训练目标、训练序列,以文体为序,列出了详细的训练点。刘荣地提出了分解与综合相结合的"三性、三结合、七种训练体系"。③还有不少作文套路训练的探索:项志伟提出"作文教学的微格训练"④;胡吉章从作文过程、作文思维规律和文体三条线索,按照文体、序列、训练点、题目、重点,进行了详细列表。⑤ 这些写作序列化是当时语文教育科学化、技术化、标准化思潮的产物,是一些可贵的探索。

20世纪80、90年代的写作分科实验教材以及作文科学化序列化探索,借鉴了当时的写作学、心理学、信息论、控制论、系统论等最新成果,体现着当时的科学化思潮,有着中国特色的过程写作的特征。但由于种种原因,没有大面积铺开,效果也未得到很好的验证。当时的作文知识体系仍以静态的"文章学知识"为主,过程知识很少,没有充分考虑到作文的学生心理、认知能力以及写作的交际功能,处于一种想突破可是无出路的困境之中。

世纪之交,随着语文教育界"人文主义"思潮兴起,作文教学中的浪漫主义倾向大行其道。由于对"写真实""淡化文体""言语生命写作""新概念作文""才情写作"等玄虚化的"人文话语"的过分推崇和应试教育的影响,

---

① 邓日. 中学自能作文分项训练法[J]. 中学语文,1989(01):4-6.

② 王碧清,王光文. 对中学作文教学序列训练的再认识[J]. 盐城教育学院学刊,1989(01).

③ 刘荣地. 初中作文训练体系的构建与实践[J]. 中学语文教学参考,1995(11).

④ 项志伟. 浅说作文教学的微格训练[J]. 教学研究,1995(01).

⑤ 胡吉章. 多层次的作文"序列"训练[J]. 武汉教育学院学报(哲学社会科学版),1987(01).

写作教学堕入"虚假语篇仿制"的邪路。如今,随着一些应试名师作文高分"经验"的推广,这种"伪写作"的歪风已经与"真写作""真语文"和"真教育"目的几乎完全背道而驰,愈行愈远。

五、21 世纪写作学的式微与作文课程论新生

迈入 21 世纪以来,以写作学开创为特征狂飙突进 20 年后,理论建构走向衰落,不过开始向大中小学写作教学应用转化。以马正平的《中学写作教学新思维》(中国人民大学出版社 2003 年版)为代表,既对国内外写作教学思想经验以及教学模式进行了简明精要的梳理,还提出了"DCC"作文新理念和"非构思写作"原理,并从写作思维、文体写作、修改等方面提出了 21 世纪写作教学的路径。朱水根的《新课程小学作文教学》(高等教育出版社 2006 年版)除关注新理念外,对一些小学作文名师的经验、模式进行了总结。孙建龙主编的《小学写作教学的理论与实践》(首都师范大学出版社 2007 年版)从课程论、心理学、国内外实践及各学段作文教学案例进行梳理。一些作文教学研究专书也相继出版。周进芳主编的《中学作文教学研究》(华中科技大学出版社 2002 年版)对作文教学的目的、要求、立意、情感、思维、结构、起草、修改进行探讨,对国内外主要作文教学模式作了简要介绍。其后,大量的语文教学论、语文教育学、语文课程与教学论著作中都有关于作文教学的内容,不过鲜有新的突破。高志华主编的《中学生作文学》(陕西师范大学出版社 2006 年版)从中学生作文的本质、规律、写作主体、文体、教学、活动和教师素养等方面进行了"作文学"理论建构的尝试。这时期虽然有从"文章论"向"教学论"转型的迹象,但在写作知识方面并没有显著进展。

作文心理学研究是作文教学的科学基础。朱作仁、祝新华在《小学语文教学心理学导论》中认为:作文是把从客观现实汲取的感性材料,通过头脑加工制作,再运用文字符号表达出来的过程,同时从写作过程的具体环节(审题立意及选材、布局谋篇及语言表达、作文评改)来阐释其心理过程。

刘淼的《作文心理学》重在揭示学生作文过程的内部心理机制,提出了作文从思维到书面表达的"三级转换理论"。一是"从思维到内部言语";二是"由内部言语到外部口头言语表达";三是"由外部口头语言到书面语言"。作文难的根本原因在于:高水平与低水平加工同时进行,造成写作过程中的"认知负荷"过大,因此要避免高低水平同时加工以降低作文难度。根据这个原理,提出了"区分加工水平策略""阅读—写作迁移策略"和"书语口语优势互借策略"。①

何克抗等人将学生作文视作一种涉及注意、感知、记忆、想象、思维、情绪等的复杂心理过程,并提出"思维加工型作文心理模型"。该模型在强调"思维"(包括具象思维和逻辑思维)的同时,将知识(生活知识、自然和社会科学知识、写作知识)、能力(观察能力、表象操作能力、逻辑思维能力及词语表达能力)、情操(情感、道德、审美、价值等)视为三个重要维度,它们分别决定着"写什么""如何写"和"为什么写"的问题。

朱晓斌的《写作教学心理学》介绍了国外几种重要的写作心理模型,如弗劳尔和海斯(1981)的"写作过程模型",博瑞特(1987)的"写作发展模型",海斯(1996)的"个体与环境双重模型"等。该书还介绍了谢锡金(1984,1992)等人的研究发现,影响学生写作思维过程的因素有:环境要素(如写作任务、师生关系等)、内在要素(作者对题目的认识了解和语言表达等)和操作要素(包括构思、起草、修改等)。该书重点介绍了他的"写作认知负荷"实验研究,认为影响写作认知负荷的主要要素有三:写作任务、写作者的知识状况、教师的教学设计。教师应尽量降低写作过程中的认知负荷,以保证写作认知的顺利进行。② 这种建立在科学实验和理论模型建构的基础上的研究,是一种很重要的发展方向。

---

① 刘淼.作文心理学[M].北京:高等教育出版社,2001:39-44.
② 朱晓斌.写作教学心理学[M].杭州:浙江大学出版社,2007:24-29,31-35,73,162,182-184.

21世纪以来,我国的写作课程理论研究迎来崭新气象,基本形成了一场"写作课程重建运动"。一批在高校攻读课程与教学论和心理学的博士,纷纷聚焦在写作课程与教学领域,进行了卓有成效的理论攻坚。它们是:2000年方明生的《日本生活作文教育研究》,2001年何更生的《知识分类学习论和教学论在作文教学中的应用研究》,2002年周泓的《小学生写作能力研究》,2005年叶丽新的《信息技术与写作教学整合研究》,2007年叶黎明的《语文科写作教学内容研究》,2009年魏小娜的《语文科真实写作教学研究》,2010年朱建军的《中学语文课程"读写结合"研究》,2010年笔者的《写作课程范式研究》,2010年刘光成的《百年中学作文命题研究》,2012年周子房的《写作学习环境的建构》,2015年邓彤的《微型化写作课程研究》等。这些博士论文使中小学写作教学理论研究取得了质的飞跃。这些博士论文大都认同"交际写作""真实写作"理念,在写作教育的"社会性、交际性、情境性、实用性"上形成共识。近几年,这些研究已经在写作教学实践领域产生效果,有望促进我国写作课程教学的转型。

第三节 基于语言学的作文教学反思

20世纪我国的写作知识开发,从学科来源看主要有三个:一是"语言学"①;二是"文体学";三是"文章学或写作学"。下面我们分别从这三个

---

① 需要说明的是,本节分析主要是着眼于传统语言学范畴的。语言学、文章学、文体学理论一直都在发展和演变之中。比如语言学出现了各种流派,如认知语言学、心理语言学、结构语言学、转换生成语言学、言语语言学、篇章语言学、应用语言学、社会语言学等,以这些新的"语言学"理论看待,写作已经不是上面说的那个样子了,这也不再是我们论述的主要范围,而是属于"过程写作""交际写作"范畴。

角度,结合最新的作文教学实验、学术界新的理论成果以及当今对写作新的认识,分析、审议、鉴别、探讨和论证已有写作知识的学理依据及其有效性。

语言学知识对写作是否有效,在我国很少有人提这个问题,包括写作教学中教不教字词、语法、句式等,它们该以怎样的内容、数量、方式、形态进入写作课程,它们对提高学生的写作能力有没有效,等等,都是我们写作课程理论建设必须搞清楚的问题。

一、我国作文课程内容中的语言学内容

语言学和写作教学关系密切。传统意义上的写作(作文)就是从遣词造句训练开始的。从语言学角度看,作文无非就是字、词、句子、段落组合。在这样的视角下,作文教学自然成了"缀字成句,积句成段,积段成篇"的语言技能训练。刘勰《文心雕龙》说,"夫人之立言,因字而生句,积句而成章,积章而成篇"。我国古代的"属对"训练基本属于语言训练层面。清末作文叫作"缀字""缀法",国外有"语法写作",都是这种语言学写作观的体现。从这样的角度衡量评价文章,其基本标准是"文从句顺",合乎语法、句法、章法。比如作文要做到"简明、连贯、得体"①;"作文不通,有两种原因,一是不合逻辑,二是不合语法";"语言要准确、鲜明、生动","造句越自然越好","干干净净生动鲜明的话叫有文采","写文章就是说话,也就是想心思。思想、语言、文字,三样其实是一样的"。② 叶老的这些言论都是"语言写作观"的体现。"五四"时期胡适著名的《文学改良刍议》提出"文学八事",其中"须讲求文法,不作无病之呻吟,务去烂调套语,不用典,不讲对仗,不避俗字俗语"等也主要是从语言学角度来说的。目前一般教师教作文主要就是发现错别字,修改病句,也应该是这种语言学写作观的体现。

---

① 叶圣陶. 认真学习语文[N]. 文汇报,1963 - 10 - 05(04).

② 智仁勇. 叶圣陶语文教育言论摘编[M]. 天津:天津古籍出版社,1994:118 - 135.

　　1904 年《奏定中学堂章程》指出作文语言"以清真雅正为主：一忌用僻怪字，二忌用涩口句，三忌发狂妄议论，四忌袭用报馆陈言，五忌以空言敷衍"[1]。这自然依据的是古代美文的标准。1923 年颁布的《新学制课程标准纲要小学国语课程纲要》[2]提出毕业最低限度目标是"能作语体的简单记叙文，实用文，（包含书信日记等）而令人了解大意"。1941 年《小学国语科课程标准》的"附件"有一个新内容，即文法的组织。这是语言学内容进入语文课程的开始。

　　从整体面貌看，20 世纪上半叶作文课程知识主要以文体知识、篇章知识为主，"文体学""文章学"知识构成了作文知识的主体。然而从 20 世纪下半叶起，随着现代汉语语言学相对成熟，语言、语法、句式、修辞知识开始大量进入语文课程中。1950 年的《小学语文课程暂行标准（草案）》中有较多的语言学知识，诸如词法、语法、句式知识内容。1955 年《小学语文教学大纲草案（初稿）》指出"小学语文科作文教学的任务是提高儿童的语言能力，教儿童学会用口头语言和书面语言通顺地连贯地表达自己的思想"，将语言作为语文最基础的任务目标。1955（1956）年大纲提到"作文教学要求说的话和写的文章要有合乎逻辑的连贯性"。1963 年大纲确立了"正确地理解和运用祖国的语言文字，使他们具有初步的阅读能力和写作能力"的课程目标。这都是语言本位写作观的体现。

　　从学术发展看，20 世纪 50 年代后，语言学知识体系开始建立起来，这些当时被认为是"科学的"知识被吸纳到作文教学内容中来，再加上我国一直没有独立的写作教学内容，在写作中教语言，也成为情理之中的事。然而，从课程设计角度看，写作不仅仅是语言表达能力的训练，更是思维、

---

① 20 世纪初我国语文学科初创，"作文"还停留在"口语连缀"和"记事短篇"的较初级阶段，面临着学科目标、内容、建制、语言形式上（从文言文到白话文）的全面转型。这里主要是从古"文言"角度说的。

② 由吴研因起草，是民国时期第一个正规的课程标准纲要。

篇章、思想以及创造性能力的训练。字词句子层面的写作,尽管不可缺少,但基本属于最基础和低级层面写作,不利于培养学生的高级写作能力。

二十世纪五六十年代的教学大纲将语言的正确、连贯视为作文教学的基本目标。这就是我们常说的"文从字顺"。然而潘新和认为"文从字顺是平庸者的执照",因为:"写作是人的语文能力的最高呈现,是人的言语生命力的集中体现。我们要确立这样的观念和信念:每一个人都是言语天才。在写作智能层面,文从字顺是必要的,但不重要。文从字顺,意味着什么言语天性、个性都视而不见,什么言语才能都一笔勾销。""在写作教学中,千万不要把'文从字顺'作为应试训练的口实,也千万不要把'全面写作''应用写作''公民写作'等作为实用主义或'全面发展'的挡箭牌。'全面写作'、培养'全面语文素养'意味着言语天性、个性的泯灭,灵性、智性的全面枯竭。"①他从其"言语生命写作"角度发表的这段讨伐"文从字顺"的檄文,对我们反思传统语言学本位写作有警示意义。

1980年《全日制十年制学校小学语文教学大纲(试行草案)》小学阶段的作文要求以年级层级递升方式表述了"语言"和"文章"的双重指标。这一点后来大纲基本沿袭。2000年《九年义务教育全日制初级中学语文教学大纲(试用修订版)》对作文的要求是:根据写作需要,确定表达的内容和中心,做到感情真实,内容具体,中心明确,语言通顺,注意简洁得体。2002年《全日制普通高级中学语文教学大纲》规定:能调动自己的语言积累,推敲、锤炼语言,做到规范、简明、连贯、得体。这些体现了作文教学对基本语言能力的要求。

中外作文课程标准中,语言的准确、连贯、得体、流畅表达向来都是写作基本的能力指标和重要内容。美国加州的写作课程标准中,"学生写明

---

① 潘新和."文从字顺"是平庸者的执照[J].作文成功之路(高中版),2006(09).

白、连贯的句子和段落,形成中心观点"就是贯串于各个年级的基础写作目标。然而问题是:在整个写作课程中,语言应该放在一个怎样的位置? 教作文难道主要就是"教语言""改错别字""修改病句"吗? 作文教学难道没有比这更重要的内容要教吗? 这些内容可以放在"语言"领域教,放在阅读课中教,作文教学应该有比语言更重要的东西去教,这就是立意、选材、章法等。同时更为关键的是:在作文教学中教语言、教语法,对学生的写作能力真的能起积极作用吗? 目前大量研究发现:在写作中教语言对写作能力提高收效甚微,甚至负效。下面我们专门介绍。

二、语言知识作为作文课程内容的有效性审议

研究发现,词汇和写作之间存在着密切联系。写作者对于词汇意义的准确理解和灵活运用是写作顺利开展的最基本前提。词汇量的多少和写作能力之间存在着某种正相关。阿斯塔卡(Astika,1993)、英格贝儿(Engber,1995)和桑托斯(Santos,1988)发现词汇量与写作质量显著相关,词汇量水平最能说明写作质量。另外,乌扎瓦和卡明(Uzawa & Cumming,1989)、雷克和卡逊(Leki & Carson,1994)、瑞姆斯(Raimes,1985)等人的研究说明学习者写作中的许多困难是缺乏词汇造成的。① 我们通过荟萃分析发现:学生写作文时一个很大的问题就是"词汇贫乏",用他们的话说就是"没词",心里有意思可不知如何表达。词汇缺乏是制约学生写作水平提高的一个重要原因。然而,单纯词汇量的增加,并不一定必然带来写作技能的提高。刘东虹(2004)研究发现:产出性词汇量对写作质量的直接影响并不显著。

语法知识教学对于写作的促进作用也很有限,有时竟起反作用。② 艾利(Elley,1976)等人比较了三组新西兰的高中生:第一组在英语课上学习

① 刘东虹. 写作策略与产出性词汇量对写作质量的影响[J]. 现代外语,2004(03).
② 荣维东. 美国的写作策略教学及其启示[J].语文学习,2009(11).

传统语法,第二组学习转换语法,第三组不学语法。三年的研究发现学不学语法对于写作行为没有不同影响。又据班贝格(Bamburg)的研究:加州大学洛杉矶分校(UCLA)的大学生中作文写得好的和写得差的学生,与他们在高中学到的语法和技巧的数量多少没表现出关联。还有证据表明:牺牲语法教学而去增加阅读更能提高写作能力。克拉克(Clark,1935)研究了在伊利诺伊大学的学生中,减少语法、句型教学而增加阅读,发现学生在论文写作、标点、拼写和语法上的得分更高,同时发现他们的文辞错误下降。亚当斯(Adams,1932)研究报告指出:"那些接受文学指导超过 33 周的孩子,比那些接受语法指导的孩子能写出更好更精确的作文。"[1]另外格雷厄姆(Graham,2007)的研究发现:语法教学对于写作能力的效果值是负数(ES=-0.32),就是说语言教学不但不能提高学生的写作水平,有时还起阻碍作用。[2] 国外研究人员早就怀疑孤立地教学语法、用法和标点会阻碍学生写作能力的提高。这个问题在 1985 年美国全国教育学会的报告中得以证实。此外,数十年的研究表明,孤立地进行技能训练也不能提高学生的写作能力。[3] 很多研究表明:语法掌握好坏和写作能力之间并没有必然的联系。

在一项针对母语作者的写作过程的多样性研究中,希洛克(Hillocks,1986)鉴别出各种各样的结论,发现它们对写作教师有潜在的影响。[4] 这些结论概括如下:

1. 孤立地教语法。没有任何发现支持这样的结论,即孤立地教语法对

① Stephen D. Krashen. Writing:Research,Theory And Applications[M]. Englewood, NJ:Laredo Publishing:1984:12-13.

② Graham, S., & Perin, D. Writing Next:Effective Strategies to Improve Writing of Adolescents in Middle and High Schools — A Report to Carnegie Corporation of New York[R]. Washington, DC:Alliance for Excellent Education,2007.

③ National Writing Project and Carl Nagin. Because Writing Matters:Improving Student Writing in Our Schools[M]. San Francisco, CA:Jossey-Bass,2003:22.

④ Alice Omaggio Hadley. 在语境中教语言[M]. 北京:外语教学与研究出版社,2004:315.

写作有什么积极影响。希洛克这样推断：这可能是因为语法教学是在句子框架层面上的，只涉及话语的表层，而不强调这些实验研究中作文过程的其他方面。

2. 句子连接练习。研究表明句子连接练习对写作有积极作用，但在不进行强化训练的条件下，其效果是缓慢的。孟禄（Monroe，1975）和库伯（Cooper，1977，1981）也发现在外语写作教学中句子训练能产生积极的效果。

3. 运用优秀作文范例。在作文中运用优秀范文产生了复杂的效果：一些研究有益，而另外一些在小组间没有表现出明显的差异。然而，希洛克声称运用范文，尤其是"演示有效写作的单一方面的特征，比如运用具体的细节"对所有水平的作者都有益。

4. 运用标准/同伴之间的评价量表。研究发现，当学生在进行同伴修订和作文修改时，运用教师提供的一套标准或者问题检验表有着很积极的效果。"作为一个小组，这些研究表明在运用标准时，提供给他们自己或者他人的作品对于初学写作的人来说，不仅对于修改有效，而且对于起草相当有效。"

5. 自由写作练习。研究揭示，尤其是对于那些初写者来说，运用自由写作练习法效果并不明显。

6. 教师评改。尽管积极的反馈比不积极的反馈或者无反馈看起来有效，但大多数研究表明教师评改没有明显的效果。

希洛克从这些研究结果中得出结论：一些综合的做法，比如同时使用范文、同伴评价和检查表，看起来会提高母语写作水平。但是除非做进一步深入研究，很难知道到底是哪些因素在起作用。另外，希洛克还揭示很多研究设计存在明显瑕疵，在他所做的荟萃分析中，500 个实验有超过 80% 是没有深思熟虑的，缺乏重要的控制变量步骤。因此，对于想从写作实验研究中寻求帮助的教师，比较明智的做法是意识到它们的局限性。

下面是一段关于这方面研究的综述与阐释——

关于语法教学,也许最广泛被人忽视的研究结论就是:脱离写作过程的语法教学对学生写作很少或没有积极作用(史密斯,1982)。孤立的语法教学对提高学生实际写作能力无效已经被大量研究证实。如阿米兰和曼(Amiran & Mann, 1982),比文斯和爱德华兹(Bivens & Edwards, 1974),格拉特霍恩(Glatthorn, 1981),希洛克(Hillocks, 1984,1986),霍尔布鲁克(Holbrook, 1983),霍兹康(Holdzkom, 1982)和内尔(Neill, 1982)都报告过这种发现。不仅如此,希利(Sealey, 1987)报告有证据显示传统语法教学(grammar instruction)实际上会阻碍学生写作能力的提高。因为对"语法成分正确与否的顾虑"会抑制和减少他们尝试和创造的欲望。另一方面,霍尔布鲁克(Holbrook, 1983),史密斯(Smith, 1982),希利(Sealey, 1987)和其他研究者坚持认为,语法教学与学生的写作能力提高有直接关系。我们需要对写作教学和语法教学做出区分。针对学生实际需要的语法教学是能有效改善学生写作的。语法教学必须是具体的、与学生自己的写作相关的,并且要在写作过程中培养。①

尽管我国在这方面的研究极端缺乏,汉语和外语写作有不同规律,但是上述结论对写作课程实施具有重要意义。

真正的问题很可能是"教什么样的语言知识"和"怎样去教语法知识"。单纯孤立的语言教学、语法知识教学对写作没有作用甚至起阻碍作用。因为语言限制和束缚了写作过程中的自由表达机制,但写作后针对学生具体文章的语言修改还是必要的,这也就是"在具体语境中教语言"

---

① Kathleen Cotton. Teaching Composition: Research on Effective Practices[J]. Topical Synthes, No. 2, 1988c.

的原则。

有效写作需要的知识类型包括陈述性知识、程序性知识和策略性知识。像"词汇""语法""范文"属于陈述性知识,学习这些知识是必要的,但还不够。有效地提高写作质量最重要的是程序性知识和策略性知识。程序性知识可以看作"技能",策略性知识可以看作"智慧"或"写作技艺"。对提高学生写作能力真正起作用的是策略性知识,学生是否具有写作的策略性知识,是否善用这些策略性知识才是提升写作能力的关键。

三、基于传统语言学的写作教学反思

现在看来,基于语言学的写作教学,即关注字词句子层面的写作教学,存在诸多误区,导致写作课程内容无效和教学有效性降低。

1. 对写作来说,内容和语言孰轻孰重

语言学进入写作课程有两种取向:一是为了学语言;二是为了学写作。如果采取学语言取向,那么,主要工作可能就是在写作中纠正错别字、病句、语法等;然而,作文最主要的功能恐怕不是为了字词或语法学习,而是在于"培养写作能力"。写作教学主要关注语言、语法、修辞等,实际上是模糊了写作教学的重心,搞错了写作教学的主攻方向。

从写作发生看,要写出一篇好文章,一般有两个要件:一是内容,即材料、中心、主题、想法等;二是形式,主要是语言表达。这两者应该是内容决定形式,先有内容、想法、思想、意思,再寻求恰当的语言表达。试想如果还没有内容,就去想如何表达,岂不是主次、先后不分。就算是已经有了一些材料,如果大的文章结构、层次、布局还没谋定,就在语言表达这样的细枝末节下功夫,也很不恰当,正如一所房屋未建,你就考虑某块砖的安放一样。

写作一定是先有"意",然后才考虑"言"。很显然,语言表达只是写作能力的一个方面,而且是居于第二位的方面。写作的时候,要先有内容、材料、想法,然后才是语言表达问题。传统写作教学,不在思想、内容的生成上下功夫,却孜孜以求字词训练,很可能是本末倒置。古人强调"意在笔先",主题定了以后,才能动笔。"意在笔先,故得举止闲暇",而"意在笔后,故致手忙脚乱"(刘熙载《艺概·文概》),就是这个道理。

这一点,从优秀写作者和新手写作者的实证研究中也得到了充分证明:优秀写作者往往对文章先有很多大的构想,联想文章的内容,而不是先考虑哪一个词或句子。从字词句层面去开始写作,恰恰是新手作者的表现。

2. 写作中的语言:是静态语言还是动态运用

20世纪有两个重要的语言学流派:结构主义语言学和功能主义语言学。前者以索绪尔的"结构语言学"为代表,强调语言是一套客观的为社会成员共同使用的文字符号系统,重视研究语言的形式规律性知识,把这种观念应用于写作就是注重语法和文章规范;后者以韩礼德等人的"功能语言学"为代表,强调言语内容、意义以及社会交往因素对于语言的影响,研究的是语境(语场、语旨、语式)、功能、语篇交际的应用规律,把这种原理应用于写作教学,就是要重视写作的交际语境功能。

传统写作教学的语言学基础是"结构语言学",其理论假设是:写作是"积词成句、积句成段、积段成篇"的语言制作。这是典型的机械唯物主义的观念。我们已经知道,写作最重要的是先要生成内容,而不是组织语言。遣词造句只是写作的低级阶段,写作若停留在这样的层面,就会陷入"无物之阵"。从写作行为过程来说,结构主义语言学容易忽视语言和写作的交际语境功能,仅仅从语言学、文章学出发容易导致错误的写作观,模糊我们对写作本质的认识。

随着现当代语言学的发展,认知语言学、功能语言学、语篇语言学、语体学、文体学、语用学、语境学等相关学科发展起来,它们对于写作教学具有更重要的指导作用。当代语言学的发展,经历着从结构语言学向语用学,由内部语言要素(形态、句法、语义)到外部语用(语境、交际、功能、语体、语篇)的转变。语文教育培养的不是静态语言符号的把握和文本制作能力,而是不同任务情境下真实复杂的语文应用。具体到写作教育领域,我们培养的不是去情境的通用写作能力,而是真实任务情境下的面对不同读者、不同目的、不同文体的复杂多样的表达能力。日本提出语文表达的五种"语言意识":"对谁"、"抱什么目的"、"在什么场合"、"如何"(说写)、自己的话语是"如何传递的"五种意识,以提高学生表达的针对性、得体性、有效性。① 日本学者提出的这五种语言意识,正是交际型语言观或者语用型语言观的体现。

写作的本质是个人情感、意志、心灵生成的意义及其交流活动。传统的写作教学基本属于一种"文字制作"活动,它基本上不考虑写作者的心理过程、意义和动机,也不考虑写作的语境和交际功能,容易堕落为一种虚拟的、不真实的、无意义的为写作而写作的所谓"码字"行为。而基于功能语言学的"交际语言观",自然更重视写作的交际功能,其相应的课程内容和教学路径也就截然不同。

第四节 我国百年写作教学文体演变

文体知识是写作课程的核心内容。考察我国百年写作教学文体的发展,有助于了解其发展嬗变规律,对写作课程内容建设具有重要意义。

---

① 马正平.中学写作教学新思维[M].北京:中国人民大学出版社,2003:32.

一、旧文体衰落与清末新文体雏形

我国文体划分历史悠久且分类细密。曹丕在《典论·论文》中提出"奏议、书论、铭诔、诗赋"等四科八体并概括其文体规律等;陆机的《文赋》提到"诗、赋、碑、诔、铭、箴、颂、论、奏、说"等十体;刘勰在《文心雕龙》中"论文叙笔",对 16 类"文"、18 种"笔"、24 种文体进行分析,其分类之细,前所未有。① 明代吴讷的《文章辨体》、徐师曾的《文体明辨》,清代姚鼐的《古文辞类纂》都对文体做过分类研究。

清末民初,"作文"又叫"缀字""缀语""词章""缀法"等②,一般只有简单文体、语言和字数要求,还没有文章"规格""要素"的具体规定。1902 年颁布的《钦定小学堂章程》③对作文的要求是:高等小学第 1—3 年分别"作记事文短篇""作日记、浅短书札""作说理文短篇"。同年颁布的中学堂章程中的"词章"科第 1—4 年分别是:作记事文、作说理文、学章奏传记诸体文、学词赋诗歌诸体文。从该"章程"中提到的"文体"可以看出,它已经具备后来所说的"记叙文""议论文""应用文""文艺文"的雏形。

二、"五四"前后:借鉴西方进行中国写作教学文体创造

我国现代最早的写作"教学文体"分类,是从清末"新学制"实施开始的。"五四"前后一些知识分子,鉴于"白话文运动"现实需要,急需新的文法、句法、章法来推行语体变革和文学革命,这些新派人物从西方引进了新的文体知识。

从现有资料看,最早引进西方文体知识的是 1905 年出版的龙伯纯的

---

① 林杉. 文心雕龙文体论今疏[M]. 呼和浩特:内蒙古教育出版社,2000.
② 张鸿苓,李桐华. 黎锦熙论语文教育[M]. 郑州:河南教育出版社,1990:155-156.据黎锦熙先生的《国语的作文教学法》考证,在小学校国语科,作文向来称"缀法",是"缀辑字句以成文"的含义,后为了避免误会,才改称"作法""作文"的。
③ 即"壬寅学制",分小学、中学两部分。虽经正式公布,但并未实行。

《文字发凡》，书中吸收日本和西方文体理论，将文体总分为"主观的文体"和"客观的文体"两大类。"客观文体"分为基于思想之文体与基于言语之文体两大类。其中"基于思想之文体包括实用文体（记录文、说明文等），美文体（诗歌、小说、戏文等），实用的美文（议论文、劝诫文、庆吊文等）"。① 1918 年胡适指出："中国文学的方法实在不完备，不够作我们的模范"，而"西洋的文学方法，比我们的文学，实在完备得多，高明得多，不可不取例"。② 这个时期文化教育界学习西方成为潮流。1919 年傅斯年在《怎样做白话文》中提出移植"西洋文的款式、文法、词法、句法、词枝（figure of speech）"来作白话文，用西方语言学、语法学、修辞学知识改良白话文写作，"成就一种欧化用语的文学"③。为此目的，讨论了散文中"比较紧要"的四种文体，即"解论（Exposition）、辩议（Argumentation）、记叙（Narration）、形状（Description）"四类。这一系统几乎得到当时语文界的一致认同，陈望道、黎锦熙、夏丏尊、叶圣陶、马国英、朱梦祁等人纷纷响应。因为这种分类从国内看是对南宋《文章正宗》中文体分类法的沿袭，从国外看是对西方写作教学文体知识的移植，所以容易为大家接受，这套知识几乎主导了整个民国前期写作教学文体知识的研究与开发。

夏丏尊、刘薰宇（1926）在其《文章作法》绪言说道：古代文人认定"文无定法"，只有"神而明之"，而刘勰的《文心雕龙》和唐彪的《读书作文谱》之类也往往"陈义过高，流于玄妙"。这时"为应教学上的需要"，他们"参考他国现行关于这一类的书籍"④编写而成。可见，那个时期引进移植西方的文章作法和文体分类，如记事文、叙事文、说明文、小品文等"作文文体"一开始就具有鲜明的西方写作教学文体知识的特质。

---

① 李金苓. 我国现代修辞学萌芽期的著作——《文字发凡·修辞》卷[J]. 当代修辞学,1983(11).
② 胡适. 建设的文学革命论[J]. 新青年,1918,4(04).
③ 欧阳哲生. 傅斯年全集[M]. 长沙：湖南教育出版社,2003：126. 原载：傅斯年. 怎样做白话文[J]. 新潮,1919,1(01).
④ 夏丏尊,刘薰宇. 文章作法[M]. 上海：开明书店,1926：1.

下面我们用一个表格列出各家观点。

表 2-1　民国诸家写作教学文体划分

	清末	傅斯年 1919	夏丏尊 刘薰宇 1922	陈望道 1922	梁启超 1922	马国英 1925	夏丏尊 叶圣陶 1935	胡云翼 谢秋萍 1933	朱梦祁 1938	表达方式
普通文	记事文	形状 (Description) 记叙 (Narration)	记事文 叙事文	记载文 纪叙文	记载文 (分静态 和动态)	记载文 叙述文	记述文 叙述文	写景文 叙事文	记事文 叙事文	描写 记叙
	说理文	解论 (Exposition)	说明文	解释文		说明文	说明文	说明文	解说文	说明
		辩议 (Argumentation)	议论文	论辩文 诱导文	论辩文	论辩文	议论文	论辩文	议论文	议论
实用文：书札等										
文学体裁：诗词、歌赋或者诗歌、小说、戏剧等										

由上表可以看出：上述先贤大都将写作教学文体分为四类，即描写文、记叙文、说明文、议论文，其定义也大同小异。记叙文、描写文、说明文、议论文，这是民国初期普通文的主流形式。从此前日本菊池大麓在《修辞及华文》(1872)中将文体分为记文、叙文、证明文、说文；高田早苗的《美辞学》(1889)分为记事文、叙事文、解释文、诱说文；武岛又次郎《修辞学》(1898)分为记事文、叙事文、解释文、议论文、诱说文；佐佐政一《修辞法》(1901)分为记述文、说话文、说明文、议论文、劝诱文等，可以明显看出这种五分法或四分法无疑都直接或间接来自日本和西方的基本文体分类，即描写文（Description）、记叙文（Narration）、说明文（Exposition）、议论文（Argument）、诱说文（Persuasion）等。①

---

① 陆胤. 清末西洋修辞学的引进与近代文章学的翻新[J]. 文学遗产,2015(03).

国外这种文类划分大多是从表达方式（形式）上着眼的，大致相当于国外目前仍用的写作教学文体即"记叙类写作（narrative writing）、说明类写作（expository writing）、描写类写作（descriptive writing）、劝说类写作（persuasive writing）"。可是，到民国时期慢慢简化为"通用文"中的三种。梳理这种文体演化会发现，在文体知识引进和创生过程中，既有当时师承日本和西方的成分，也有本土阐释、各自理解并自主改造的因素。当然写作教学文体知识开发的社会需要和文化传统密切相关。从民国时期那些文章学先驱的文体理论阐释看，很多文体例子，不可避免地用的都是本土文章甚至是古文。这种用西化文体解释并改造中国写作教学文体的做法是那个时代写作知识创制的主流，带有明显的西化痕迹。

不过，国外的文体由于受古希腊罗马修辞学、演讲学的影响，写作的交际语境意识比较强，属于"交际任务型"。我国的文体由于受文言写作和"八股文"的影响，不大考虑写作的交际功能，更倾向于辞章制作，属于"应制文章型"，"读者""文章的应用"等交际要素被忽视。这种文化传统的差异，就使得原本交际特色鲜明、具有极强交际功能的"写作任务"，到了我国就变成了失去"读者""作文目的"规约的、纯粹的"文章体式分类"，这造成了中西"写作教学文体"名同实异。中西方写作教学文体知识开发取向的不同，造成了我国文体知识的开发有脱离现实、偏向抽象的作文形式训练的倾向，务"实"不足，重"文"有余。[①] 我国的文体分类就由于这种"文章写作"传统，抛弃了文体背后本该承担的交际功能，后来演化为一种虚拟性的、几乎纯粹的文章仿制和操练性"教学文体"，从而遗留下文体僵化的病根。

三、民国时期的"三类文体"与"三大文体"

民国初年，我国迎来文章学知识建设的一个高峰，出版了大量的文章

---

① 魏小娜.语文科真实写作教学研究[D].重庆：西南大学,2009：125.

学(作文学)著作,这些学术界的最新成果很快应用于写作课程之中。

1923年由吴研因起草的《新学制课程标准纲要小学国语课程纲要》对毕业生最低限度的标准是"能作语体的简单记叙文,实用文,(包含书信日记等)而令人了解大意"。第五、六学年提到"实用文,记叙文,说明文,议论文的作法研究,练习,设计"。这就是我们后来的"三大文体+应用文"知识框架的雏形。

同年,由叶圣陶起草的《新学制课程标准纲要初级中学国语课程纲要》将作文分为"作文和笔记、文法讨论、演说辩论",同时规定各个学段具体的作文训练体式和要求。同时期,胡适起草的《新学制课程标准纲要高级中学公共必修的国语课程纲要》提到作文"应注重内容的实质和文学的技术。精读名著的报告或研究,可代作文"的规定。与小学作文注重后来所谓的"普通文"不同,叶圣陶和胡适在开发课程知识时,没有采取小学标准中那种类型化、抽象化、简单化的文体分类方法,更多采用了学习、生活以及将来工作中文章的真实样态的列举方式,这既可以避免文体抽象化,也是中学阶段培养真实写作能力的需要。

虽然"三大文体+应用文"的模式早在1923年时就已经萌芽,但正式提出是在1929年的《小学课程暂行标准小学国语》中的"附注",提出"普通文"的概念且解释为:普通文为记叙文、说明文、议论文的总称,或称"通用文";实用文为书信条告的总称,或称"特用文"。① 1936年初级中学国文课程标准精读选材有记叙文(包括描写文),说明文,抒情文(包括韵文),议论文,小说诗歌及戏剧、应用文、文章法则,其中的"小说诗歌及戏剧"即"文艺文"。这样"普通文""实用文""文艺文"开始形成"三类文体"格局。这三类文体并列,也许不合逻辑,因为"普通文"具有基础性、虚拟性,并不像后两者是真实存在的文体,但可能便于教学,"普通文"作为阅读和写作的"教学

---

① 课程教材研究所.20世纪中国中小学课程标准·教学大纲汇编:语文卷[Z].北京:人民教育出版社,2001:18.

文体"，在之后的课程标准和教学大纲中几乎固定下来。本来在 1929、1932、1936、1941、1948 年的课程标准中，教学文体先是定型为"普通文、应用文、文艺文"三大类并列。可是，"普通文"中的"记叙文、说明文、议论文"后来扩张成为所谓的"三大文体"，开始出现诸多问题。

在"普通文"下分列"记叙文、说明文、议论文"很难说出道理。它很可能就是叶圣陶在实用文与艺术文之外，主张增加的"习作文"。这种"习作文"从文章和文学中抽取出来，为的是简化概念和方便教学。然而后世不清楚这种转换关系，动辄让学生写生活中并不真实存在的所谓记叙文、议论文和说明文，这就造成后来写作教学的混乱。

四、对"描写文""抒情文"的放逐

如果从"表达方式"上说，普通文应该包括"记叙文、说明文、议论文、描写文、抒情文"五种。从民国初期我国、1923 年迄今我国和现今我国港澳台地区，以及国外的文体知识状况看（见表 2－2），基本仍然如此。

表 2－2　我国及国外的文体知识状况

表达方式	民国初期我国	1923 年迄今我国	现今我国台湾地区	现今我国香港地区	现今我国澳门地区	国外
记叙	记叙文	记叙文	记叙文	记叙文	记叙文	记叙文
描写	描写文（记述文）			描写文	描写文	阐释文
说明	说明文	说明文	说明文	说明文	说明文	说明文
议论	议论文	议论文	议论文	议论文	议论文	议论文
抒情	抒情文		抒情文	抒情文	抒情文	

可是在民国后期的课程标准和中华人民共和国成立后的教学大纲中，"描写文""抒情文"基本上就被遗弃了，变成了记叙文、说明文、议论文三大

文体。为什么要将"描写文、抒情文"抛弃呢？这在我国文体知识演化过程中是一个很有趣的现象。

"普通文"原本是吸纳西方文体知识并进行教学简化的结果。在这个过程中，也许当时的实用主义教育观产生了影响。从当时中国受教育者的状况看，社会所需要的不再是文人士大夫的诗歌词赋或者富有文采的抒情文章，而是现代社会一般民众需要的"应付世用"的一般写作能力。在这样一种观念驱动下，应用文就更为重要，"文学写作"和"才情写作"自然受到贬抑，这从胡适的《文学改良刍议》中也可以看出来。而后大家基本一致认为实用文写作一般只需要简洁明了、准确地表意即可，不必显示过多的文采。作文教学首先应该培养基本的书面语言表达能力，中小学作文教学不以培养作家为目的。这应该是描写文、抒情文被放逐的主要原因。

然而，百年写作教学文体对描写文和抒情文的贬抑并没有在我国真实的写作教学中产生太大影响。我国的作文评价上"泛文采"倾向一直存在。这大概是与中华文化中的"抒情传统"和重视"文采"的社会审美因素相关。我国的学生写作一直有一种文采主义的倾向，讲求辞采华丽却空洞无物的小文人语篇写作盛行，很可能是一种更强大的文化传统在起作用。

描写文的缺失，一有可能导致记叙类写作内容的空泛与不具体，再加上学生缺乏对社会和生活的仔细体察，形象思维训练缺失，导致学生的写作产生政策上要求的"实用写作"和事实上大家推崇的"文采写作"分裂，甚至很多时候无所适从。二有可能带来表达方式的"错位"，因为写作离不开基本的描写和抒情，如果只关注记叙、说明、议论，久而久之，会降低学生的文字敏感力、情感感悟力和语言表达力。不过，如今我们开始重视"文学写作"或"创意写作"，可能会使"描写文"重新取得某种"合法地位"。

五、20 世纪中后期"三大文体"知识定型与危机

1963 年中小学语文教学大纲凸显"工具性"定位，重视"基础知识和基

本技能",导致原有"三大文体＋应用文"知识体系明确、定型。1963 年《全日制小学语文教学大纲(草案)》,从文体上提出"会写一般的记叙文和应用文"。同年颁布的《全日制中学语文大纲(草案)》提出,"初中阶段,要求能写记叙文、应用文和简单的说明文、议论文。高中阶段,要求能写比较复杂的记叙文、应用文和一般的说明文、议论文"。这在以后的 1978、1980、1986、1988 年的大纲中沿用下来。1978 年《全日制十年制学校中学语文教学大纲(试行草案)》在"各年级读写训练要求"中规定,初一"着重培养记叙能力",初二"继续培养记叙能力,着重培养说明能力",初三"继续培养记叙和说明能力","着重培养议论能力"。这基本奠定了后来"三大文体""双级循环"的读写教学内容格局。依据这个思路,20 世纪 80 年代,我国语文教育界逐步建立起一套基于"三大文体"特征的读写知识体系。

1957 年的《中学作文教学初步方案(草稿)》曾经把作文类别分为三种:阐述课文的、表现生活的、处理日常工作和事务的。1986 年提出"作文的方式是多种多样的,有命题作文、选题作文、看图作文、根据文字材料作文,自拟题目作文,还有缩写、改写、扩写等作文练习,教学时可根据具体情况选用"。这些分类有助于从写作学习角度解决"没东西"写的问题;从实际应用出发开展写作教学,但仍很难撼动"三大文体＋应用文"写作教学文体格局。

2001 年版《全日制义务教育语文课程标准(实验稿)》要求"写记叙文,做到内容具体;写简单的说明文,做到明白清楚;写简单的议论文,努力做到有理有据;根据生活需要,写日常应用文"。2011 年和 2022 年版《义务教育语文课程标准》中这些文体的要求基本没变,只是修改为"记叙性文章""说明性文章""议论性文章"。由过去的"某某文"转变为"某某性文章"了,这有淡化文体的意味,但是"三大文体"的根深蒂固很难改变。

从上述文体知识演进历程,我们可以感受到教育现代化进程中知识科学化、简化到异化的过程。当知识脱离开它客观实存的现实母体,走向简约化、固定化、抽象化、去情境化后,其恶果也就不可避免。

第五节　写作课程的文章学知识反思

　　文章学①是语文学科知识的重要来源,甚至可以说是语文读写知识的主体。下面我们就考察现代作文课程中文章知识的产生、发展、定型与危机。

一、"写作即文章制作"反思

　　"写作"最为原始和普遍的含义就是写文章。至今,在大多数人心目中,包括教师、家长和学生甚至很多学者专家,仍然认为写作就是"写文章",作文即"写成的文章"。刘锡庆先生说:"所谓写作,即文章之制作。"②对学生来说是一篇篇"作文",对于作家来说是一篇篇(一部部)"作品"。曾祥芹先生认为文章学是语文知识的主体,他一直致力于"文章学"研究,撰写了《文章本体学》《文章学与语文教育》等著作。

　　中外语文教学中,"文章教学"都是语文课程的主要内容。"学语文就是学文章。"什么是"文章",如何看待它的特点和功能,成为语文教育的一

---

① "文章"这一概念,涉及"作文(学)""文章学""写作学"多学科的内容,由于学科发展演变的关系,它们之间内容有交叉重叠。"作文学"在 20 世纪初用得较多,20 世纪中期多用"文章学",20 世纪 80 年代后,"写作学"建立了起来,于是文章学中关于"阅读鉴赏批评"的理论研究主要由"阅读学""读解学""鉴赏学""文艺理论"来承担,而写作学专注于研究"写作"的本质、特点、原理以及应用的科学规律。我们本文所说的"作文知识供给"应该说包含上述三种学科理论知识的来源。在这里我们采用"文章学"一词,是因为我们这节讨论的内容主要涉及文章学领域的知识。尽管从名称上看,大致先是"作文(学)"领域,后涉及"文章学"领域,再涉及"写作学"领域,但我们认为这是一个学科领域在不同历史阶段发展的不同表现形态,是由于研究视域、认识水平以及研究方法的不同,学科面貌、内容、特点发生变化所致。

② 刘锡庆.基础写作学[M].北京:人民教育出版社,2007:1.

个重要问题。

　　刘锡庆认为"所谓写作,即文章之制作";"所谓文章,是以文字为媒介,或宣明事理或表情达意的有篇章组织形态的信息载体"。① 柳斌等认为文章指"独立成篇的、有组织的、能表情达意的文字"②。传统的文章被认为由字、词、句、段、篇五个层次构成。在我们看来,文章是为达成一定交际功能的语篇。它应该长短不拘,只要表达出完整的意义、情感、思想,达到交际目标就可以了。文章不一定是600字的作文,这是文章取向的写作和后面所论述的交际功能写作的最大区别。

　　从文章学角度看,写作有一套术语,这就是基于文章学的知识体系。这些知识包括主题、素材与题材、构思、思路、结构、线索、开头与结尾、过渡与照应、层次与段落等形式要素;包括铺垫、衬托、含蓄、渲染、象征、比兴、灵感、悬念、联想、意境等艺术手法;包括记叙、说明、议论、描写、抒情等表达方式;包括小说、诗歌、散文、戏剧等具体文体或类型。曾祥芹主编的《文章本体学》,将文章知识分为五编30个章节,是迄今最为全面的文章学汇编,蔚为大观,内容丰富繁复。③ 从语文课程和教学角度出发,一般将这些知识概括为"八大块"知识。

　　传统作文教学以为通过上述一项项的知识灌输和分解训练,就可以教会学生写作。这很可能是一种极大的误区,因为它只看到了文章最后的成品形式,严重忽略写作的过程以及写作过程中蕴含的意义建构、思维运作以及表达交流功能,这一点我们在后面的章节中会详细展开论述。

　　有一点要说明的是,我们探讨的文章写作与文章学的知识系统是不同的,我们着眼于写作教学知识范畴。这是一种为了教师教和学生学而简

---

① 刘锡庆. 基础写作学[M].北京:人民教育出版社,2007:3.
② 姚麟园. 中学教学全书(语文卷)[M].上海:上海教育出版社,1996:553.
③ 曾祥芹.文章本体学[M].郑州:文心出版社,2007.包括文章的本源、思维、特质、功能、规律、用心、意旨、情感、事理、境界、媒体、形体、语体、类体、型体、变体、章法、思路、技法、语法、修辞、逻辑、声韵、气势、神采、作风、风格、美质、伦理等。

化、加工特别创造的一种教学知识。

二、民国"模范文章"的标准

清末的语文教育对"作文"教学只有文体、语言和字数方面的简单要求，还没有"文章规格"或"文章要素"的具体规定。

到了民国时期，尤其是二十世纪二三十年代开始的课程标准，对于文章的规范开始有要求。1923年颁布的由叶圣陶起草的《新学制课程标准纲要初级中学国语课程纲要》将毕业生作文的最低限度规定为"作普通应用文，能清楚达意，于文法上无重大错误"。1929年《小学课程暂行标准小学国语》提到："作文的研究材料，须以可做模范（思想无误，层次清楚，格式恰合，……）的实用文、普通文为主。"1932年的《小学课程标准国语》提到："使儿童对于普通文实用文的格式、结构、文法、修辞、标点等，能理解和运用。""作文的范例，须以模范（思想无误、层次清楚、格式恰合，……）的实用文、普通文为主。"之后的1936、1941年《小学国语课程标准》均沿用了这一"模范文章"的表述。1936年《小学国语课程标准》目标中要求"指导儿童体会字句的用法，篇章的结构，实用文的格式，习作普通文和实用文，养成其发表情意的能力"。由上述课程标准可见，当时作文课程对于文章要素的要求已经基本包含后来的"思想内容、层次结构、语言表达"等一些内容。

由于20世纪50年代后文章学的发展，基本的文章要素知识，比如"主题（中心、立意）、材料（题材、内容）、结构、表达、语言"等文章学知识已经完善起来，它们自然作为重要的写作知识进入教学内容中。1950年的《小学语文课程暂行标准（草案）》中对"段落和章法"内容的要求包括："课文篇章，必须层次分明、条理清楚、线索一贯、结构完整，（语言）不杂乱、不颠倒、不割裂、不吊脚。"1963年《全日制小学语文教学大纲（草案）》首次提出作文是用词、造句、篇章结构的综合训练。作文教学要求"会写一般的记叙文和应用文，语句通顺，注意不写错别字，会用标点符号"。这基本奠定了后来写作教学文章知识的基本内容。

　　这之后逐渐定型为一般文体类型和"好的文章"的写作要求。其中混杂着"文章学""语言学"以及"写作学"的内容,仍倾向于对好文章的静态描述以及篇章模仿和制作的要求。其知识表述不外乎是"会写简短的记叙文和常用的应用文,做到思想健康,中心明确,内容具体,条理清楚,语句通顺,书写工整,注意不写错别字,会用常用的标点符号"等干巴巴的几条。关于写作过程、写作思维训练以及真实写作的社会语境的要求,因为相关知识研究极度匮乏,自然是很少提及的。

三、文章要素构成分析

　　下面我们将运用文献调查的方法,来考察近百年来我国文章的构成要素。这些资料的来源涉及了我国的作文学、文章学、写作学著作以及有关章节目录中的内容。[①] 列表如下:

表 2-3　我国写作学著作中的内容和要素

版本	书名·作者(编者)	要素
1918	《应用文之教授》刘半农	内容、形式
1922	《作文法讲义》陈望道	思想、文字
1924	《作文论》叶绍钧	文风、组织、文体、叙述、议论、抒情、描写、修辞
1924	《作文入门》梁启超	有思想(言之有物)、有系统(言之有序)

① 章熊的《中学生写作能力的目标定位》一文曾用此方法,笔者在此基础上做了大量增补,尤其是1989—2020 年之间的资料。在选择资料时,本着全面、重要、有代表性的原则,凡是搜集到的几乎全部列出来了,也有意排除了实用写作、文学写作、英语写作以及非相关写作学著作,主要着眼于一般文章学基础知识范畴。另外,有些著作,尤其是 20 世纪 90 年代以来的一些写作学著作中关于写作能力、写作主体、写作客体、写作过程、写作载体等章节回目的内容,因为属于另一种研究范式和话语体系,故没有涉及。

（续表）

版本	书名·作者（编者）	要素
1925	《中学以上作文教学法》梁启超	内容、系统
1926	《文章作法》夏丏尊、刘薰宇	内容、形式
1927	《作文研究》胡怀琛	实质、形式
1929	《作文基础》周服	材料、组织
1933	《文章作法》胡云翼、谢秋萍	选题、立意、取材、布局
1938	《阅读与写作》叶圣陶、夏丏尊	写什么、怎样写作
1951	《作文指导》朱德熙	主题、结构、表现、词汇、句子、标点
1958	《作文基础知识讲话》何家槐	概说、主题、题材（或材料）、组织结构、语言风格
1959	《作文基础知识》徐辉难	主题、体裁、结构、表现
1960	《写作基础知识》胡文淑、翁世荣等	主题、题材、组织结构、语言
1964	《写作知识》北大中文系汉语教研室	主题、结构、叙述、描写、说明、议论
1980	《文章原理初探》啸马、游友基	题目、立意、篇章、表达、语言、风格
1982	《写作教程》路德庆	立意、选材、结构、语言、文风
1983	《文章学概论》张寿康	主旨、质料、结构、语言、表达方式、文体
1983	《写作概论》朱伯石	主题、题材、组织结构、表达方式、选词、炼句、文风
1983	《写作通论》刘锡庆、朱金顺	材料、主题、结构、语言、叙述、描写、对话、议论、说明、文风
1983	《写作》王凯符等	主题、材料、结构、表达方式、语言、文风
1984	《写作大要》刘孟宇、诸孝正	主题、题材、结构、表达方式、语言、文风
1985	《大学写作》胡裕树	中心、材料、布局、语言
1986	《现代写作学》朱伯石	语言、主旨、资料、结构

（续表）

版本	书名·作者（编者）	要素
1986	《文章学》孙移山	资料、思想、表达方式
1986	《文章写作原理》管金麟	主旨、质料、结构、表达方式、语言、文风、风格、修改
1987	《写作原理》吴亦农	材料、主题、结构、表达方式、语言
1987	《文章学基础》程福宁	思想、材料、体式、交际、主题题材、篇章结构、作法技巧、语言文风、修辞逻辑、各文体
1987	《普通文章写作》敖忠	材料、主题、结构、语言、风格
1989	《基础写作》刘孟宇、诸孝正	选材、立意、布局谋篇、表达方式、语言运用
1990	《写作通论》刘锡庆、朱金顺	材料、主题、结构、语言、表达方式、修改、文风
1990	《写作学基础》张会恩、范湘其	主旨、材料、结构、表达方式、语言
1990	《写作通论》刘锡庆、朱金顺	材料、主题、结构、语言、表达方式、修改、文风
1990	《写作概论》甘肃老年大学	主题、题材、结构、语言
1991	《现代文章学资料汇编》张寿康	主旨、质料、结构、语言、表达方式、文体、其他
1991	《应用写作学教程》路德庆	主旨、材料、结构、语言、表达
1992	《新编写作学》贺鸿凤、滕西奇、宋家庚、杨杰	主题、材料、布局、表达、语言、修改、文面
1992	《写作大辞典》庄涛、胡敦骅、梁冠群	作者素养，写作过程，写作技巧，文章要素，文章体裁，文学基本理论，文风风格，文学思潮、流派、社团，写作文论，写作掌故，写作教学，写作学科建设，常见文体写作等
1992	《阅读与写作》老舍、谢冰心、张志公等	观点、材料、结构、表达（徐仲玉）
1993	《高校写作学教程》董小玉、任遂虎、王朝彦	四体（客体、主体、载体、受体）、材料、立意、结构、语言、表达方式、文体
1993	《写作学引论》郑怀仁、张耀辉等	取材、立意、谋篇、表述、文采、文风、修改

（续表）

版本	书名·作者(编者)	要素
1993	《基础写作新论》师公有、杨雅芝、王景丹	材料、主题、结构、语言、文风、修改、文面
1994	《新编简明写作教程》吴为、杨政	材料、主题、结构、语言、表达、修改
1994	《写作基础》赵鹤龄、胡静波	立意、构思、结构、表达
1995	《写作学教程》刘玉学	主题、材料、结构、语言、表达、文风、风格
1995	《现代写作原理》陈果安	聚材、构思、表达、文体
1995	《写作学教程》刘玉学	主题、材料、结构、语言、表达、文风
1995	《写作技巧教程》洪威雷、柳有青	选材、主题、结构、表现手法、语言、修改
1995	《公共写作课教程》路德庆	材料、主题、结构、语言、表达
1995	《中国当代写作与阅读测试》章熊	内容、语言、结构
1996	《现代写作学基本原理》金长民	写作的基石——外物篇,写作的主导——作者篇,写作的起点——感知篇,写作的关键——运思篇,写作的实施——行文篇,写作的结晶——成品篇,写作成品的流通——读者篇
1997	《写作基础教程》傅德岷、王远舟、刘苏	储材和选材,中心和主题,思路和结构,语言表达,修改
1998	《应用写作教程》(第4版)张达芝	主题、材料、结构、表达方式、文风
1998	《通用写作新编》欧阳周、欧阳友权	主题、材料、结构、语言、表达、文风
1999	《基础写作》吕清温、任文贵	立意、选材、布局、表达、炼句、行文
1999	《应用写作学》闵庚尧	主旨、材料、结构、语言
2000	《写作基础与应用》黄新荣	立意与选材,思路与结构,表达方式,提纲与修改,语体

（续表）

版本	书名·作者（编者）	要素
2000	《写作与欣赏》张果红、于群、朱建童	主题和题材、组织结构、表达方式、语言文风
2000	《现代写作论稿》周淼龙	写作行为、表达空间、写作主体、思维机制、写作策划、写作发现、写作感知、写作生发、写作整合、写作传达
2001	《写作概论》干天全	主题、材料、结构、表达
2002	《语言艺术与写作》司红霞	立意和选材，构思与布局，表达与修改
2002	《写作学教程》刘爱英、安文军	材料、主题、结构、语言
2002	《新编写作学教程》粟宗祥	材料、主题、结构、语言、文面与修改
2002	《写作基础教程》陆建华、郑忠	材料、主题、结构、语言、表达
2003	《当代写作教程》曾焕鹏	立意、选材、结构、表达
2003	《现代文章写作教程》徐基儒	材料、主题、结构、表达、文体、语言
2004	《新编应用写作教程》陈利加	主题、材料、结构、语言
2004	《新编大学写作》徐中玉	材料、主题、结构、语言、标题、标点、修改
2004	《写作大要新编》陈子典	主题和立意，题材和选材，结构与思路，语言，表达方式
2005	《基础写作教程》任志勇	主题、材料、结构、语言
2005	《写作学基础》（第2版）胡欣	内容（材料、主题），形式（结构、语言、表达方式）
2006	《现代写作教程》李丽芳、纳张元	主题、材料、结构、表达方式、语言
2007	《实用文体写作》陈海燕	主旨、材料、结构、语言
2007	《大学基础写作》郭建勋	主题、材料、语言、结构
2008	《大学写作实用教程》魏成春	内容（主题、材料），形式（结构、语言）
2008	《现代写作学引论》（第2版）陈果安	写作行为论、写作主体论、文章目标论、写作聚材论、写作构思论等

（续表）

版本	书名·作者（编者）	要素
2009	《当代写作教程》邬乾湖	写作主体、写作客体、写作思维、写作过程（材料、主题、结构、表达、语言、修改）、分文体
2009	《写作》张杰、萧映	言之有物、言之有序、言之有文、言之有体、分文体
2009	《新编大学基础写作》王景科	绪论、写作主体论、写作过程论、写作方法论、数字化时代的写作、文体与写作（文学文体、评论文体、新闻文体说明文体）
2013	《写作》於可训、乔以钢	上编理论与方法（绪论、写作的材料与准备、写作内容的构思与表达、文学文体写作、新闻文体写作、理论文体写作），下编文体与分类
2014	《大学基础写作教程》何纯、王洁群、赵成林	上编为理论篇，包括写作概论、聚材论、构思论和表达论四章；下编为文体篇，含文体导论、文学文体、公务文体、公务文体、实用文体、学术文体五章，分别讲解了近30种文体的概念、特点，写作要求和案例分析，包括应考所需的"申论"与时下流行的"微博""短信"等

对上面关于作文学、文章学、写作学的80多部著作中"文章要素"出现先后次序进行分析、统计，我们发现——

1."主题"是文章的第一要素。绝大多数著作把主题放在写作要素的第一位，占到2/3左右。

2."材料"是文章的第二要素。在同样涉及"主题、材料"两个因素时，"材料"多数排在第二位。

3."结构"是文章的第三要素。将结构（包括组织、布局谋篇、篇章、思路）放在第三位的占3/4左右，明显地被置于"主题、材料"之后，可见大家比较集中地将结构视为文章写作的第三要素。

4."语言"一般列为文章的第四要素。

5."表达方式"(一般指叙述、描写、抒情、议论、说明)也是文章一个重要因素。

6. 一般著作不把"文体"列为文章的要素,而是将其作为特殊样式的文章的写作专门论述,尤其是实用写作的著作。

上述结论是基于 1918—2014 年近百年的文章学和写作学著作得出来的,可以很明显看出文章学知识体系的主体特征。通过 2020 年中国写作学会成立 40 周年所评选的 40 部优秀写作教材和优秀写作学术专著中 2008 年后的教材和著作①分析发现:"文学写作""写作思维学""写作观察论""法学论文写作""时评写作""国际报告文学"等专著开始占有一定比例。另外还有叶黎明的《写作教学内容新论》(2012)和笔者的《交际语境写作》(2016),这两部"中小学写作课程教学"领域的专著也获得优秀学术著作奖,在某种程度上体现了中国写作学界对于"写作教学研究"的认可和接纳。

四、文章学写作知识分析

从上述文章学相关著作的内容项目看:"五四"时期直到二十世纪五六十年代的研究者往往将文章的要素笼统地分为"内容"和"形式"两个部分。

比如陈望道的《作文法讲义》从思想、文字两方面论述;梁启超的《作文入门》将文章的标准定位于有思想(言之有物)、有系统(言之有序)两方面;夏丏尊、刘薰宇的《文章作法》将文章要素分为内容、形式两项。这大概是当时文章研究还不够深入、细致的缘故。

这一时期比较深入地研究文章写作理论的是叶圣陶(叶绍钧)的《作文论》,它将文章分为文风、组织、文体、叙述、议论、抒情、描写、修辞等八个项目,尤其是关于表达方式的论述开后世先河。1933 年胡云翼、谢秋萍的《文

---

① 中国写作学会成立 40 周年 40 部优秀教材获奖名单[DB/OL]. http://writing.whu.edu.cn/info/1020/1191.html.

章作法》中也提到"好文章的要素"。

二十世纪五六十年代以前的文章学著作多称"作文",80 年代起绝大多数的"文章学"著作被冠以"写作(学)"之名,而且在文章要素的内容上,大家基本达成了共识,就是将"主题、材料、结构、语言"列为一般文章写作的四大要素。也有相当一部分著作把五种表达方式列为重要论述章节。这些都直接影响着当时作文教学的知识状况。

随着 1980 年我国写作学的诞生,作文教学知识研发也进入一个快速发展期。统计 1982—2014 年间写作学或作文教学著作发现:传统的文章学知识体系日益走向完善定型,尤其体现在"八大块"文章知识方面。

"八大块"知识究竟指哪些项目,至今仍有争议。① 一般认为包括主题、材料、结构、表达、语言、体裁、文风、修改,也有人认为是"总论、主题、题材、结构、表达、语言、文风、修改",还有的说法是"内容、材料、主题、结构、语言、说明、记叙、议论"。不过大家都认可的是"主题(中心)、材料(内容)、结构、语言"四个核心要素,这也是写作课程知识较多采纳的要素。

选取这四个要素的原因也很明显:一是重要程度高,起着核心和关键作用;二是能够自成体系,凭借它们可以指导写作实践;三是体现着知识选择"精要、好懂、实用"的原则。

此后,写作知识生产进入一个崭新的时期。文章学开始被写作学代替,写作知识开发从静态的文章要素向过程写作、写作主体、写作能力(素养)以及实用写作转变,写作教学也迎来一个新阶段。

20 世纪 80 年代起,"八大块"知识逐渐简化为"四要素"作文教学知识,即"主题、材料、结构、语言"。这四项也成为作文教学的基本内容和衡量标准,影响着今天的中高考作文评价标准。

张志公先生将"思想内容、结构组织、遣词造句"认定为文章的三个主

---

① 马正平.非构思写作学宣言——后现代主义写作学观念、原理与方法(上)[J].海南师范学院学报(人文社会科学版),2002(02).

要因素。国际上普遍认同的文章的三项要素是：内容(contents)、结构(structure)、语言技巧(machincs)。章熊在《中学生写作能力的目标定位》一文中，通过问卷和访问、座谈等方式，从有经验的教师中归纳出 18 种变量，包括：体裁、中心、材料、分析、思想、首尾、层次、过渡、连贯、详略、叙述、议论、描写、修辞、词汇、语句、文字标点、卷面等，然后通过量化分析测算验证与结论完全一致。再与学生最后学期语文成绩、所有作文练习平均成绩、教师"印象评定"分数比较，考察其相关性，相关系数达到显著相关水平。在此基础上，他把作文要素分为语言表达、层次结构、思想内容三个部分。[①] 其统摄变量和要求如下：

表 2－4　作文要素统摄变量和要求

项目名称	统摄变量	要求
语言表达	句子、词汇、文字标点、议论、卷面、修辞	用词恰当，语句流畅，标点正确，无错别字，修辞方法、表达方式合理条理
层次结构	条理、层次	分段恰当、条理清晰、过渡顺畅
思想内容	分析、中心、详略、材料	中心突出、材料典型、分析合理、透彻

目前大家比较公认的写作能力测评要素是"中心(明确)、内容(丰富)、结构(完整)、语言(通顺)"。这套来源于文章学"四要素"的作文评价指标体系，仍然是作文评价的基本框架。该框架着眼于一般文章基础的、通用的特征，往往不考虑写作任务的具体文体，用同一指标评判会造成整个作文评价体系的粗疏和混乱。

评价一篇文章的好坏优劣，过去主要依照的是文章学的四指标：中心、内容、结构、语言。一般作文评价的基本标准是：中心突出、内容充实、结构完整、语言通顺。这些指标实质就是三个：内容、结构、语言。这三个要素，

① 章熊. 中学生写作能力的目标定位[J]. 课程·教材·教法，2000(05).

我们知道来自文章学。

至于这篇文章为什么是这样一个中心？为什么要选取这样的材料？为什么要采用这样的结构、文体形式？为什么要采用这样的语言风格（语体）？文章学理论是不去回答，也不好回答的。

文章学的标准是经验性的、约定俗成的，似乎不言而喻地决定了"好文章的样子"。学写作就是"依葫芦画瓢"，写出这样"好"的文章。这种思路之下，我们采取的语文教学方法就是：多读多写多模仿。在这样的思想支配下，我们的写作能力其实是一种机械的、初级的写作能力。而高级的写作能力是适合不同交际情境的、完成不同交际任务的灵活的写作能力。

目前我国的写作教育总体上来说还是不大考虑语言的交际功能的，诸如语言使用的读者、目的、场合；我们要求的只是简单地读懂、说出或者写出来，并不关注对谁说写、为什么说写，说的、写的得体不得体，合适不合适，效果好不好。生活、工作、学习中面临不同的写作交际任务，这些交际任务对象不同、目的不同。写文章，要分析其交际对象，要自觉不自觉地分析交际的目的（叙述、说明、娱乐、抒情、辩论、感动、审美、号召行动等）。这些目的有着语体、文体上的不同。这种不同任务情境下的得体高效写作能力，才是我们写作教育的真正目标。

第六节　我国百年写作课程内容审议

了解写作课程知识状况，最便捷可靠的途径是考察百年来的学科章程、课程标准或教学大纲等政策文本中关于写作教学（或作文教学）的规定、建议、要求等，[1]然后对其科学性和有效性进行分析审议。其审议标准有三：一是教育目标达成度；二是写作知识或内容状况；三是社会需要、课程目标、学科原理、重要结论和相关实验证据。

本节所述涉及从 1902 年清政府颁布《钦定蒙学堂章程》至 2003 年《普通高中语文课程标准（实验）》一百多年。大致分清末（1902—1911）、民国（1912—1949）、中华人民共和国成立以来（1949—）三个阶段。

一、清末：从"应制"到"应用"，现代写作课程萌芽

清末语文教育中，"作文"又称"缀字""缀语""词章"等[2]，一般只有简单的文体、语言和字数要求，还没有关于文章"规格"或"要素"的具体内容。

1901 年清政府下令禁八股取士后，写作教育中"表达思想"和"追求实用"的理念开始出现。1904 年颁布的《奏定学堂章程》（"癸卯学制"）、《奏定学务纲要》中开始明显讲求"应用"以及"谋生应世之要需"。《奏定初等小学堂章程》规定"使之以俗语叙事，及日用简短书信，以开他日自己作文之先路，供谋生应世之要需"，从语言（俗语）、文体（书信）及功能（谋生应世）上，对写作教育的内容和价值取向作出了新的选择。这种写作观上的重大变革，标志着我国古代写作开始向现代写作转型。这种转型与当时的社会剧变有关，而之前的洋务运动，兴办新学，西学东渐，也在人才、知识、体制上为写作课程转型做了一些准备。

二、民国：写作课程内容正规化的初步探索

（一）"自由发表思想"的写作观

1912 年的《小学校教则及课程表》"国文要旨"指出"在使儿童学习普通

---

① 本节主要参考课程教材研究所编《20 世纪中国中小学课程标准·教学大纲汇编：语文卷》（人民教育出版社 2001 年版）。评述主要限于"文本课程"或"制度课程"层面，少量涉及语文教材中的写作知识状况。

② 张鸿苓、李桐华.黎锦熙论语文教育[M].郑州：河南教育出版社，1990：155 - 156.

语言文字,养成发表思想之能力,兼以启发其智德"。1913 年公布的《中学校课程标准》,1916 年《国民学校令施行细则》均沿用此宗旨。此后经"五四运动"洗礼,"自由发表思想"的宗旨比较完整地贯串下来。

1923 年的《新学制课程标准纲要小学国语课程纲要》,是民国时期第一个正规的课程纲要,影响深远。该纲要将国语教育的目标定位于"练习运用通常的语言文字,引起读书趣味,养成发表能力,并涵养性情,启发想象力及思想力"。同年,由叶圣陶起草的《新学制课程标准纲要初级中学国语课程纲要》也将目的表述为"使学生有自由发表思想的能力"。同时由胡适起草的《新学制课程标准纲要高级中学公共必修的国语课程纲要》中把"能自由运用语体文体发表思想"规定为语文课程的"最低限度"目标,都是这一宗旨的承续。

之后的 1929 年《小学课程暂行标准小学国语》目标"练习运用本国的标准语,以为表情达意的工具",开始"重表达"。值得一提的是,这时期颁行的初中、高中目标中,还将写作表达目标置于阅读和鉴赏之前,显示了对于写作教学的重视。

这种"表达和发表"为取向的写作课程观,反映了当时中国新兴阶级的政治诉求,也抓住了"写作即表达与交流"的实质。这之后包括 1932、1936、1941 年的小学、初中、高中课程标准,虽由于政局需要加强了"抵御外侮""党国教育"等意识形态教育的内容,有弱化技能训练的倾向,但整体上看,民国时期"自由发表思想"与当时的"白话文运动"及"培养现代公民"的教育宗旨是一致的,也是值得肯定的。

(二)内容和类型的多样化

1929 年《初级中学国文暂行课程标准》中的作文练习种类丰富,具体分为命题、记录、笔记、应用文件四类。1929 年《高级中学普通科国文暂行课程标准》中作文练习的类型和样式除了命题作文、翻译、读书笔记、游览参观的记载之外,还提到专题研究和文学作品"可令学生试作"。1932、1936、

1940、1941、1948 年的语文课程标准的作文练习样式基本延续并不断得以完善丰富。

值得注意的是上述写作的文本的类型,大多与学生的学习生活息息相关,普遍具有写作类型多样化、真实化、实用化的特征,其中包括绝大部分笔记、记录和应用文。这些写作练习体式是真实的、实用的,与后来虚拟的"三大文体"文章不同。这种做法与当今很多国家倡导的"在学习中写作""在写作中学习""生活写作""实用写作"有异曲同工之妙。

(三)民国时期写作课程内容的序列

民国时期的写作课程内容一般分为一二学年、三四学年、五六学年三个学段。作文内容具有一定的序列。大致是:

1. 小学一二年级,练习的是简单的图画、实物、生活事件的口述和笔述,以及简易记叙文、实用文写作。这符合小学低年级学生已经能够熟练地进行口语表达,由口语向书写迁移,并且以具象思维为主的特点。

2. 小学三四年级,除对图片、模型、实物、生活、游戏动作、偶发事项等的笔述外,还有普通文、实用文,注重寻常书信的练习。集会、故事、时事、读书要点等的记述增加,还开始涉及家庭、学校、社会的建设改进计划或感想的发表。

3. 小学五六年级,除了日常事项和偶发事项的笔述和讨论、读书笔记之外,还有书信、演讲、报告以及应用文、普通文,甚至还有"文艺文(诗歌、故事、剧本等)的试作"。

民国时期的写作课程内容在序列化方面有如下经验:内容上以写作项目或文类为主线,随着年级递升难度、项目逐渐增加。文类丰富多样,且与生活学习联系紧密。既有教学训练型,又有真实生活和学习应用类写作,甚至还有文学创作的尝试。这些内容尽管还比较笼统,但大致是切合实际需要的,对课程内容建设仍有一定借鉴作用。

（四）民国时期写作教学方法的科学性

民国时期的作文教学方法尽管以"讲授"为主,但有些做法还是有一定科学道理的,开启了后来写作教学方法革新的先河,奠定了写作教学的科学原则。

1. 口述笔述并重。1929 年的《小学课程暂行标准小学国语》中"教学方法要点"多次提到"口述和笔述并重"原则,相当于后来的口头作文和书面作文结合。"口语笔述"从语言形态上看是当时白话文代替文言文的时代产物;从今天的写作心理学研究看,口语、书面语虽由不同脑区负责,但二者协同运作,口语与书面语结合训练是有科学依据的。

2. 精读与作文结合。1940 年《修正高级中学国文课程标准》对作文指导提出了较为具体的要求:"教授作文方法,应时有变化,但以与精读文、略读文及文章法则联络为主要原则。"1948 年《修订高级中学国文课程标准》对于作文教学的实施方法提出如下要求:"精读与作文练习,应注意密切配合,务使每一精读教材之教学结果,即可应用于作文练习,或由每次作文练习,引入精读教材教学。"这是我国读写结合传统的承续。阅读和写作拥有共享知识域,二者关系密切,可以相互促进。

3. 关注儿童兴趣。1929 年《小学课程暂行标准小学国语》规定:"命题:一应取有趣味的,二应多出题目,以备选择,三应常由儿童自己命题。"1932 年《小学课程标准国语》还提到"开始练习作文时,就应指导儿童练习日记"。这与当时教育界学习应用西方教育学、心理学理论有关,杜威来华为中国儿童中心教育运动起了直接推动作用,开启"学生主体性"先声。

4. 教学方法多样,提倡学科综合。1923 年《新学制课程标准纲要小学国语课程纲要》提到:"前三年读文与作文写字合并教学;并与他科联络设计。后三年注重自学辅导。"另如 1929 年《小学课程暂行标准小学国语》提到:"口述应和笔述常相联络,例如同一题材,先演讲(口述),继以记述(笔述),再继以讨论(研究);或先演讲,继以记述;或先记述,继以讨论。"又提到:"低年级作文的指导可多用'助作法',中年级可多用'共作法'。"1936 年《小学国语课程标准》增加了跨学科写作和生活写作的要求。诸如:作文须与各科(如笔记各科的讲述等)联络,并须与课外活动(如学校新闻、学级刊物的拟稿等)联络。

上述"与他科联络设计""共作""共批"及"自学辅导"的思想,至今仍然有效。它与当今欧美倡导的"跨学科写作""综合性学习"有共通之处。上述教学建议所提及的"范文教学""读写结合""口语书面语互借""跨学科写作"以及"要关注儿童兴趣"等做法,包含了人们熟知的一些教育学原理,是民国写作课程知识开发中的精华。

综上所述,二十世纪上半叶我国写作课程处于崭新的探索期。当时的语文教育工作者大胆引进西方新思想、新学术、新知识,初步构建了一套适合中国实际的写作课程知识体系、内容框架和写作教学方法体系。这个知识和方法体系奠定了我国后来作文教学的基本格局。尽管当时的写作教学仍以"知识传授"为主,比较简单随意,且具有旧时代的浓厚痕迹,但不可否认其写作课程内容实用化、序列化、多样化、科学化的可贵探索。潘新和说这一时期"现代写作教育的基本格局和教学规范大致形成"[1]。可惜的是,后来许多好的做法没有保留下来,甚至被抛弃掉了。

三、中华人民共和国成立后写作课程内容发展审议

中华人民共和国成立后,我国颁布了多个语文教学大纲或课程标准,对写作课程内容进行了不断的探索。50 年代初,随着政权稳定,各科课程文件陆续出台。1950 年《小学语文暂行课程标准(草案)》还有着明显的民国痕迹,真正的"新中国"的语文课标应该是 1954 年出台的《改进小学语文教学的初步意见》,其中提到"作文教学的目的在培养儿童能够在说话上写

---

[1] 洪宗礼,柳士镇,倪文锦. 母语教材研究(第一卷):中国百年语文课程教材的演进[M].南京:江苏教育出版社,2007:263.

作上正确地自由地表达自己的思想感情",这个文件是原则性的。此后具有实质内容且较为完善的课程文件是 1955、1956 年出台的《小学语文教学大纲(草案)》《初级中学汉语教学大纲(草案)》《初级中学文学教学大纲(草案)》和《高级中学文学教学大纲(草案)》,另外还有一份卓有价值但很可惜未曾颁布施行的 1957 年《中学作文教学初步方案(草稿)》。不过最重要的还是 1963 年的《全日制小学语文教学大纲(草案)》《全日制中学语文教学大纲(草案)》,它对语文教学性质、目标和内容进行了新的筹划设计,对后来 1978、1980、1986、1988、1992、1996、2000 年的教学大纲,以及 2001、2011、2022 年课程标准都有着重要影响。

通观这些语文教学大纲或课程标准的写作内容,大致可以看出三次大的变化:即二十世纪五六十年代强调"基础写作",八九十年代更加注重思维和文体写作技能,此后进入 21 世纪的比较重视写作主体的兴趣、动机和创意性表达的"人文写作"。下面予以具体介绍。

(一)20 世纪 50 年代大纲:重视基础,革故鼎新

1. 1955(1956)年小学教学大纲中的写作教学内容

1955(1956)年《小学语文教学大纲(草案)》,是在学习借鉴苏联教学大纲的背景下出台的,在写作内容序列化、科学化、确定化方面作出了新的探索。大纲分一、二、三、四年级及五六年级,具体规定了每阶段的写作内容,其详尽程度在我国前所未有。具体表现为:

(1)层级细密、前后连贯。如"看图说话"的内容,从提问问题的数量、画幅数量以及句子的数量都逐渐增加。"列提纲"也由低年级"在教师所列提纲下的叙述"逐渐过渡到"自己拟定提纲"进行叙述。作文训练类型由一二年级以看图说话造句为主,到三年级的写话、书信和提纲的写作,四年级开始写短文和日常应用习作,五六年级增加的发言、写稿、摘要以及剧情介绍等有一定难度的内容,体现了一定的层级和内容序列的要求。

(2)文类多样,由易到难。写作样式包括看图说话、实物描述、联句成

段、回答问题、提纲叙述、书面叙述、简单记录、写信、观察记录、参观作文、列提纲、发言稿、墙报稿、日常应用文件的习作、阅读摘记和简要的介绍辞以及观后介绍等十几种之多,体现对文类丰富性和实用性的要求。

(3)口头书语并重,说写、读写结合。其在作文教学上的另一个重要的突破是提出"作文教学要按从说到写、从述到作的顺序来进行"。同时也提出"作文教学应当跟阅读教学紧密地联系"的观点。这些在后来都得到了继承。

2. 1955 年《小学语文教学大纲草案(初稿)》对写作内容来源和语言表达的探索

1955 年《小学语文教学大纲草案(初稿)》对"写"的具体目标是"能够写短篇的文章,能够写工作和生活需要用的文件,都写得有内容,有条理"。此处将"有内容,有条理(有逻辑、连贯性)"作为衡量学生文章的基本要求。另外这个大纲很有价值的两点是:

(1)强调了"写作内容的两个来源"。我们知道,学生写作最大的困难之一是没有内容可写,即素材缺乏。1955 年的《小学语文教学大纲草案(初稿)》抓住了这个问题的关键。该大纲指出:"内容不是凭空来的……必须在儿童实践活动的基础上,在儿童生活经验的基础上,在儿童阅读文学作品和科学知识的文章所得到的认识的基础上进行。"指出了写作内容的两个来源:a. 儿童实践活动和经验。b. 儿童阅读文章所得到的认识。这应该说是解决学生写作内容贫乏的有力举措。

(2)重视作文语言的连贯性问题。1955、1956 年教学大纲都提到"作文教学要求说的话和写的文章要有合乎逻辑的连贯性"。逻辑性和连贯性是一篇好文章最基本的要求,在解决了"内容来源"之后,"如何写得合乎逻辑并连贯"是学生语文水平的重要指标。1955 年《小学语文教学大纲草案(初稿)》给出的建议是:a. 由教师向儿童提出逻辑上有联系的几个问题,让学生在教师的引导下"用完整的句子来回答","这几个回答的句子连起来说或者连写下来,就是逻辑上完整的一篇短文",这是降低写作难度切实有效的办法。b. 列提纲。先"在教师领导下集体拟定提纲",然后学着"独立作提纲",这样"培养儿童组织语言的能力,用连贯性的语言表达思想的能力"。这两种做法现在看来仍是极有效的。

(二) 1957 年"作文方案":对写作类型的开创性探索

1957 年未颁布的《中学作文教学初步方案(草稿)》①(以下简称"作文方案")应该是我国迄今为止内容最为详尽、序列最为明晰、相对科学合理的作文课程方案。"作文方案"从学理上看具有如下价值:

1. 体现了语文课写作教学的独立意识。在我国百年语文教育发展史上,作文教学从未拥有过独立地位。1957 年这个"作文方案",本来是为弥补汉语、文学独立设科带来的作文课弱化问题。但这种看似"亡羊补牢"行动,却是"作文课"寻求独立的有益尝试,是我国写作课程意识觉醒的标志。

2. 作文类型"三分法"。1957 年"作文方案"把作文类别分为三种:一是阐述课文的,二是表现生活的,三是处理日常工作和事务的。这种分类的主要突破在于:在写作内容上有利于解决"没东西"写的问题;从写作功能角度看,有利于培养学生写作的交际意识、目的意识;兼顾到了阅读与写作的结合。这种分类与"三大文体+应用文"教学文体相比,是一个极大的进步,甚至可以说是根本性的颠覆,对重构作文类型意义重大。

3. 作文样式多样化的探索。1957 年"作文方案"中作文训练方式是多种多样的。包括听写、看图作文、改写、缩写、扩写、书面复述课文、评述课文或课文中的人物、评述作家、叙述一件事、描述一个人物、描写自然景物、

---

① 1953 年 12 月,当时的语文教学问题委员会向中央提交了《关于改进中小学语文教学的报告》,提出"应当把中小学语文一门课程分为语言和文学两种独立的学科进行教学"。1954 年 2 月中央批准该报告。随后,由人民教育出版社编出了《汉语》《文学》课本。这样原来的语文科一分为二,开始自成体系。开始试验后,人们发现作文教学被忽视了,于是由人教社中学语文编辑室制定了《中学作文教学初步方案(草稿)》。尽管由于种种原因,这个方案一直没有公开发表,但它和"语文分科"实验一样是我国语文教育发展史上学科科学化的一次创举。

练习文艺写作、评论社会生活、评论国内外时事、评论电影和戏剧，写书信、建议、新闻稿、演讲词、自传、工作和学习计划、汇报、总结等。这些写作样式，有的是现实生活中有实际用途的文体，有的是学写作的练习，既适应学校课堂写作训练的需要，又能照顾到工作学习中真实写作的要求，是一种比较科学合理的做法。可惜的是，今天的作文类型太过于单一，以至于提出"时事微写作"就可以看作"创新"了。

4. 作文教学内容序列性的探索。1957年"作文方案"指出"作文教学是个循序渐进、逐步提高的过程"，它的内容设计具有独特的层级序列：

（1）能级递升。初一主要练习叙述的文章，初二逐渐增加练习描写的文章，初三再逐渐增加练习评论的文章；到了高中，叙述、描写、评论的文章要普遍练习，体现了由浅入深、由易到难、反复练习、逐步提高的原则。

（2）要求递升。如初中学生写文章，主要是要求写得有内容，有条理，明白通顺；到了高中，应该进一步要求内容充实，重点突出，结构严密，并有一定的说服力和感染力。

（3）类型循环。"作文方案"规定初中高中各年级每学期的作文，都要包括"阐述课文的作文，表现生活的作文，处理日常工作和事务的作文"三个方面逐渐循环。

（4）科目衔接。"作文方案"还要求中学作文教学必须有同文学课和汉语课的教学内容呼应的原则。

（5）内容具体，结合学生生活实际，便于教学。"作文方案"对初中、高中六年每次写作的项目、内容、要求和时间都规定得清清楚楚，操作性和实用性很强，不但可以为教材编撰提供依据，也可为教师进行作文教学提供切实的指导。可惜"作文方案"由于种种原因没有颁布。尽管如此，它开创的思路和做法仍值得我们学习借鉴。

（三）1963年《全日制小学语文教学大纲（草案）》：延续传统，凝聚共识

1963年《全日制小学语文教学大纲（草案）》确立了语文学科的工具性

地位,指出"语文是学好各门知识和从事各种工作的基本工具"。小学语文教学的目的"是教学生正确地理解和运用祖国的语言文字,使他们具有初步的阅读能力和写作能力"。[①]

1963年《全日制小学语文教学大纲(草案)》强调"作文是用词,造句,篇章结构的综合训练",提倡作文"从写话入手",强调说和写结合;在文体上要求"教学生学写记叙文""初步学会常见的应用文的写法""在高年级还要教学生学写简单的论说文"。关于记叙文的写作方法,提到"观察事物,确定中心,选取材料,组织材料等等,要通过课文的讲读和作文的指导讲评,分别年级,陆续教给学生"。[②] 关于应用文的写法,提出"要教给学生应用文的格式,用途和习用的词语。课本里编入一些应用文范例,教师还可以根据实际需要酌量补充"。这些都是实践中教师教学经验的总结。这个大纲对于传统的"多读多练",提出"(多读)自己写作的时候,用词造句就能得心应手","要提高写作能力,非多练不可"。[③] 但研究发现,多读有效,多练有时未必有效。但"多读多写"一直影响着后来的语文教学。

整体来看,二十世纪五六十年代比较注重基础写作和应用写作。民国到中华人民共和国成立之初很长一段时间,写作教学的重要任务是教给学生应付日常生活所需的基础写作能力。首先表现在对句篇层面的写作比较重视。最典型的表述是1963年《全日制小学语文教学大纲(草案)》中提到"作文是用词,造句,篇章结构的综合训练""用词造句是作文的基础,在这个基础上进而学习篇章结构,懂得怎样选择材料,组织材料,才能够写出条理清楚的文章"。通过造句、片段写作训练以及语法、句式等知识教学融

---

① 课程教材研究所.20世纪中国中小学课程标准·教学大纲汇编:语文卷[S].北京:人民教育出版社,2001:153.
② 课程教材研究所.20世纪中国中小学课程标准·教学大纲汇编:语文卷[S].北京:人民教育出版社,2001:155.
③ 课程教材研究所.20世纪中国中小学课程标准·教学大纲汇编:语文卷[S].北京:人民教育出版社,2001:157.

合,进而进行文章基本技能的训练,这在各国语言教育中大都是共同的做法。其次表现为对学习性写作、短篇文章、书信、便条、通知等简单实用文的重视。如 1955 年《小学语文教学大纲草案(初稿)》中有很多"学习性写作"的样式,如看图说话、实物描述、联句成段、回答问题、提纲叙述、书面叙述、简单记录、写信、观察记录、参观作文、列提纲、发言稿、墙报稿、日常应用文件的习作、阅读摘记和简要的介绍辞以及观后介绍等十几种。1956 年《小学语文教学大纲(草案)》提出"培养儿童写的能力。能够写短篇的文章,能够写工作和生活需要用的文件,都写得有内容,有条理"①的目标,并指出"在作文教学中,教师要注意培养儿童未来生活上和工作上需要的语言技能"。② 同一时期的中学语文教学大纲提出"作文的方式是多种多样的,听写、缩写、改写、写局部、写片断等等,教师要根据教学需要,灵活运用"。这一时期重视学习性写作和实用文写作,符合当时我国文盲率较高和生产力水平较低的实际情况,也符合当时学生日常学习和社会生活的需要。

这种写作观也是当时语文教育界一些专家的共识。叶圣陶认为"宜以最经济之时间练成其最能切实应用之作文能力"③。张志公在《学作文是为了用》中指出:"教作文是要教给学生实际应用的能力和不断自行提高实际应用的能力,或者用个时髦的说法,教给他们在写作方面的'应变'能力,也是适应今后会产生的各种新的需要的能力。"④民国时期朱自清曾提出把写作看作"基本的训练",是生活技术的训练,强调应当以报纸、杂志上的文章

---

① 课程教材研究所.20 世纪中国中小学课程标准·教学大纲汇编:语文卷[S].北京:人民教育出版社,2001:117.
② 课程教材研究所.20 世纪中国中小学课程标准·教学大纲汇编:语文卷[S].北京:人民教育出版社,2001:135.
③ 叶圣陶.叶圣陶语文教育论集[M].北京:教育科学出版社,2015:250.
④ 孙移山.张志公先生对作文教学的贡献[J].中学语文教学,1998(05).

为写作训练的目标,这样对学生将来的应用和发展有帮助。[①] 这一时期中小学写作教学的目标在于使学生能够习得满足生活需要、服务个人发展的应用文。这一经验也被后来的语文课标所吸收。如 1963 年《全日制小学语文教学大纲(草案)》"要教学生学写应用文,初步学会常见的应用文的写法。要教给学生应用文的格式,用途和习用的词语"。《义务教育语文课程标准(2011 年版)》对实用文写作也做出了要求:"能用简短的书信、便条进行交流;学写读书笔记和常见应用文;根据生活需要,写常见应用文。"《义务教育语文课程标准(2022 年版)》则在任务群写作中独立设置"实用性阅读与交流",为实用写作提供了广阔的空间。

(四)改革开放后:细化内容,按能力分条表述

从 1978 到 2000 年的 20 多年间,我国共颁布了 1978、1980、1986、1992、1996、2000 年六版中小学语文教学大纲,基本恢复了语文"工具性"的地位。

在作文教学领域,1978 年的作文教学内容有较大革新,提出"作文是学生思想水平和文字表达能力的具体体现",并在写作内容来源、写作能力构成、写作教学顺序以及各学年的写作训练方面有新要求。

1. 提出生活对写作内容的重要性。生活是写作内容的直接来源,提出"学生的生活越丰富,写的内容就越充实。教师要结合教学,有计划地组织学生进行参观、访问等活动,接触实际,指导学生观察和分析"。

2. 提出作文能力观。"作文教学既要培养学生用词造句、布局谋篇的能力,又要培养学生观察事物、分析事物的能力。"这对写作技能训练会有直接的指导作用。

3. 提出作文的分阶段要求。如:"小学阶段的作文要求,各个年级要有所侧重。一年级要求说完整的话,写完整的句子;二年级进一步加强句子的训练,要求说话、写话时语句通顺,前后连贯;三年级要求段落分明,条理

---

① 李山林,羊婷.百年写作教学价值取向的学术演变与发展[J].基础教育研究,2013(20).

清楚;四年级要求中心明确;五年级达到全面要求。整个五年,都必须要求思想健康,内容具体,注意不写错别字。"这是非常可贵的写作课程内容层级化、序列化、确定化的探索,可惜后来有时候并没有坚持。

4. 提出了文风或文章评价标准。1978 年的《全日制十年制学校中学语文教学大纲(试行草案)》提出"培养学生有一个好的文风,懂得写文章要从实际出发,有的放矢,言之有物,实事求是,不说空话"[①]。其他如"要有具体内容","要实事求是","要看对象"(作文时要想到,文章是写给谁看的。例如请假条是写给老师看的,板报稿是写给同学看的等),"要注意选词用语"等,体现了非常可贵的交际写作意识、读者意识、语境意识。

5. 在作文指导上提出"首先是观点、态度方面的指导,也要在方法方面给以指导。要指导学生观察事物,搜集材料,启发他们在下笔之前考虑清楚为什么写,写什么和怎样写"[②]。这些是很重要的写作教学经验,可惜的是没有深入展开。

作文批改提倡学生自己"领悟"。批改方法多样(如普遍改或重点改,书面改或当面改,指导学生自己修改或组织学生互相修改,和对于共同性问题的全班讲评)。

这个大纲还特别提出:"为了有效地提高学生的作文能力,要研究中学生作文能力发展提高的一般过程及其规律,研究作文训练的途径、步骤和方法,使作文更有科学性和计划性。中学生作文能力达到什么水平,应该有标准。要开展切实的科学研究,使这些问题逐步得到解决。"[③]这种对写作科学性、规律性、标准化的认识十分可贵。事实上,那时提出的问题和建

---

① 课程教材研究所.20 世纪中国中小学课程标准·教学大纲汇编:语文卷[S].北京:人民教育出版社,2001:439.

② 课程教材研究所.20 世纪中国中小学课程标准·教学大纲汇编:语文卷[S].北京:人民教育出版社,2001:440.

③ 课程教材研究所.20 世纪中国中小学课程标准·教学大纲汇编:语文卷[S].北京:人民教育出版社,2001:440.

议至今还没有得到重视。

上述这些要求在 1986、1992 年的大纲中基本保留了下来，并不断完善。1986 年《全日制中学语文教学大纲》提出"要注意指导学生观察事物、搜集积累材料。要启发他们下笔前思考为什么写、写什么和怎么写"。1992 年《九年义务教育全日制小学语文教学大纲（试用）》提出："作文要做到观察、思维、表达密切结合。作文教学既要培养学生用词造句、连句成段、连段成篇的能力，又要培养学生观察事物、分析事物的能力。这两方面的能力从一年级起就要注意培养。"在这里对于"写作和思维"关系的强调很有价值。同时提出一个新八条：（1）有具体内容。（2）有真情实感。（3）有中心。（4）有条理。（5）有重点。（6）展开想象。（7）注意选词用语。（8）写完以后要修改。然后对于各个年级的作文要求予以具体表述，这就更加细化了。不过，我们注意到这个新八条作文评价标准中的"真情实感"和"展开想象"，显然是针对记叙文来说的，对于议论文、实用文并不适用。

这些要求到了 2000 年的《九年义务教育全日制小学语文教学大纲（试用修订版）》中，提出"做到说真话，表达真情实感，不说假话空话；要鼓励学生写想象中的事物，激发他们展开想象和幻想，发挥自己的创造性"。当然，这对于写记叙文和文学性的作文是对的，对于鼓励"学生开阔思路，自由表达"也是对的，但是不问文体、语境、情境一概的"真情实感"和"想象"，容易对写作造成误导，以为一切文章都是如此，不免会导致文体意识错乱。加上中高考作文评价标准"有文采"要求，容易导致"泛文采写作"。

二十世纪八九十年代，写作思维训练成为写作教学新内容。写作与思维关系密切，写作是思维的外在表现形式。写作是一种高强度的心智活动过程，写的过程其实是思维的发生与运行过程。写作训练的核心是思维训练。从审题立意、选材构篇到语言表达，都离不开思维的参与，中学的议论文写作尤其如此。

早在 1955 年《小学语文教学大纲草案（初稿）》中提到："凭借观察教作

文，……这种训练的最大优点，是能够把客观事物、思维、语言三者紧密结合在一起。这三者的紧密结合是小学作文教学的原则。""语言和思维是分不开的。不应该离开思维方法是否合乎逻辑孤立地只问语言是否合乎规则。在作文教学中，除了语言规则之外，……不把在逻辑上不能联系的概念联系起来；积极地要求儿童每说一句话都有事实根据，都有充分理由。"这是极具学理和实践经验的提示。不过真正注重写作思维，以及关注作文与观察、思维、分析等能力之间的关系，是在 20 世纪 80 年代。

1986 年《全日制小学语文教学大纲》总目标中提道："要在训练语言能力和获得知识的过程中，发展学生的智力，特别是发展学生的思维能力。"1980 年《全日制十年制学校中学语文教学大纲(试行草案)》中明确提出："学习逻辑思维的基本规律，用之于读写。"①1988 年《九年制义务教育全日制小学语文教学大纲(初审稿)》再次提道："作文要做到观察、思维、表达密切结合。""指导学生留心观察和分析周围的事物，养成观察和思考的习惯。""作文要做到观察、思维、表达密切结合。"②同时还做了具体要求。有些表述在 1992 年《九年义务教育全日制小学语文教学大纲(试用)》中沿袭下来。1996 年《全日制普通高级中学语文教学大纲(供试验用)》提到"观察，积累，思考，养成习惯"。2000 年《九年义务教育全日制初级中学语文教学大纲(试用修订版)》提到"要重视学生思维能力的发展。在语文教学的过程中，指导学生运用比较、分析、归纳等方法，发展他们的观察、记忆、思考、联想和想象的能力，尤其要重视培养学生的创造性思维"。这是表述很具体丰富的一次。重视思维训练是当时语文教育的总的原则，同时也是对那时写作学成果和一线优秀教师经验的吸纳。

---

① 课程教材研究所.20 世纪中国中小学课程标准·教学大纲汇编：语文卷[S].北京：人民教育出版社,2001：472.
② 课程教材研究所.20 世纪中国中小学课程标准·教学大纲汇编：语文卷[S].北京：人民教育出版社,2001：229.

（五）新世纪：注重新理念，但知识研发滞后

21世纪初的语文课程改革具有鲜明的新理念驱动特征，但令人遗憾的是，课程内容和课程知识研发严重滞后。这就导致大部分课程内容和知识基本上还是原来"教学大纲"的时代内容，把1992年和2000年语文教学大纲中的作文教学内容与2001版《全日制义务教育语文课程标准（实验稿）》中6—9年级的作文教学内容比较，就会发现几乎没有什么实质革新和进步。

2001年版《全日制义务教育语文课程标准（实验稿）》中的写作教学内容框架主要有三点变化：一是明确提出"写作时考虑不同的目的和对象"，这是交际写作理念在我国课程中的正式发布；二是提倡"感情真挚""真实表达""有创意的表达"（这看似没错，但不看文体、不问语境的"有创意表达"，其实是不严谨的）；三是"过程写作"内容首次正式进入写作标准。虽然比国际上晚了很多年，而且很多是对写作外在过程的强调，而非对写作主体和思维过程的关注，但毕竟还是迈出了一小步。由于上述所谓的"新理念"，缺乏相应写作课程知识支撑，所以新理念也就很难落实。

2003年的《普通高中语文课程标准（实验）》指出"写作教学应着重培养学生的观察能力、想象能力和表达能力，重视发展学生的思维能力，发展创造性思维"，将写作中的思维训练提到了很高的位置。

统览中华人民共和国成立后从"基础写作"到"思维写作"再到"人文写作"的发展轨迹，可以看出我国写作课程内容探索往往与当时的主流教育思想和价值观念显著相关，而对写作教学自身的科学性、专业性、有效性的探索严重不足，这大概与我们国家的教育政策制定体制有关，即政策性往往压倒专业性，成为"谁的知识最有价值"的一个印证。

四、百年写作课程内容科学性有效性审议

（一）传统经验有效吗——以"多读多写"为例

我国传统语文教育最重要的经验之一是强调"多读多写"，大家都对它

深信不疑。1978 年《全日制十年制学校小学语文教学大纲（试行草案）》就说"作文教学还要让学生多练"。大纲还引用鲁迅先生"多看和练习"的观点说"多看，指的是多读书报，还指的是多观察事物"，"多练，不仅要求增加作文练习的次数，还要求每次作文练习有一定的质量"。这种观点在 1980、1986、1988、1992 年大纲中多次提到。语言学习自然需要训练，但简单的数量增加真能有效提升学生的写作能力吗？

美国学者斯蒂芬·克拉什（Stephen D. Krashen）著《写作研究的理论和应用》(*Writing: Research, Theory and Applications*) 一书①综合国外大量读写实验和调查得出一些有价值的结论：

1. 阅读和写作：乐读、多读有助于提高学生的作文能力

克拉什综合大量文献进行"荟萃分析"②发现："写作能力高"的学生在各个年龄阶段都比较喜欢阅读，尤其是在高中阶段。那些"善写者"比"不善写者"，更具有日常读报的习惯。调查实验结果是：多读和写作能力之间有密切关系，乐读、多读有助于提高学生的作文能力。

2. 写作频度和写作：多写对提高写作能力稍有作用，但有时效果并不明显

洛克和魏可夫（Lokke & Wykoff，1948）比较普渡大学新生发现：一周两篇作文比一周一篇作文在质量上只是稍微好一点而已。德雷斯尔、施米德和金凯德（Dressel，Schmid & Kincaid，1952）比较了在课外做了大量写作练习（一年平均 131 小时）的学生和做了极少量课外写作练习（一年平均 4 个小时）的学生，他们发现两组成绩都有提高，可在经常写作和不经常

---

① Stephen D. Krashen. Writing：Research，Theory and Applications［M］. Englewood，NJ：Laredo Publishing，1984：7 - 8.

② 荟萃分析(meta-analysis)，又翻译为"元分析""萃分析""后设分析"，这是一种对文献进行定量化综述和分析的研究方法。研究者对某一议题的所有相关研究结果进行定量的整合，考察单个研究的有效性，然后运用公式来确定这些研究是否能形成一致的结论。这是一种克服单个研究不精确解释的有效手段。

写作之间没有明显不同。阿诺德（Arnold,1964）比较了十年级学生,一组是经常写（一周至少一次）,一组是不经常写（一学期只写了三次）,他们的写作能力在学年结束时没有什么显著差别。

3. 对提高写作能力而言,阅读比写作训练更有效

有三个旨在比较阅读和写作对于提高学生写作技能的实验研究（见下表）,每个实验中,一组学生进行经常性的写作训练,另一组写得较少（其中一组根本就一篇没写）,却用了更多的时间来阅读,结果显示:"阅读班"比"写作班"在作文内容、组织、技巧、措辞和修辞方面有更突出的表现并且获得较高评级。

表 2-5 阅读和写作训练效果的实验比较

研究者	研究对象	研究发现
海斯（Heys, 1962）	高中生	一周写一篇作文并不如三周写一篇＋阅读更有效
德弗里斯（De Vries, 1970）	五年级学生	一周写两篇还不如光阅读却一篇不写的有效
克里斯蒂安森（Christiansen, 1965）	大学新生	一学期写 8 篇作文和一学期写 24 篇作文效果一样
以上三个实验	大中小学生	阅读似乎比写作更有效

由上述实验看出:"多读多写"这条我们深信不疑的传统"经验",经不起严格的科学检验,它只说对了一半,却沿袭多年,进入写作课程文件,谬见流传,贻害匪浅。

（二）"知识教学"可行吗

从 1978 年到 1988 年的十年间,我国共颁布了 1978、1980、1986、1988 年四个语文教学大纲。它们恢复了语文"工具性"的"本质",汲取了中华人民共和国成立以来尤其是 1963 年大纲中好的经验,建立了一套"基本知

识、基础技能"的"双基"训练体系。而二十世纪八十年代从国外引进的标准化考试又强化了语文教育中的"双基"训练趋向。而这种"基础训练"在二十世纪八九十年代逐渐发展成一个涵盖读写的严密的知识体系。

这套"双基"训练的知识基本是以"三大文体知识"为主体的。十多年间它吸收了语言、文章学、文学等方面新的知识，构建了一个内容全面、结构明晰的语文知识技能系统，并将这个系统分解、细化为"知识点""能力点""训练点"从而进行步步为营、逐"点"训练的线性教学序列。这个教学知识系统再加上标准化考试的影响，在多种因素推动下，语文教育变得刻板、烦琐、僵化，引发了1997年语文教育界"限制科学主义，弘扬人文精神"的大讨论，导致2001年《全日制义务教育语文课程标准（实验稿）》重视"人文性""淡化知识"的倾向。

关于语文教育要不要知识、训练，现在可以明确地说：语文（作文教学）需要知识，但关键是需要"什么样的知识"，即知识的形态问题。语文需要陈述性知识，也需要程序性知识和策略性知识，这才是我们常说的"能力、习惯、素养"等，我们需要加大这类知识的开发研制。

（三）新理念管用吗

每当课程标准颁布或者修订，我们总是去宣传那些新的课程理念。如果作文课程知识和内容不更新，光有一些基本理念，其实是很难有实际进步的。如1978年《全日制十年制学校中学语文教学大纲（试行草案）》"作文教学"中有"有的放矢"的表述，《全日制十年制学校小学语文教学大纲（试行草案）》提出"（作文）要看对象"等，这样强调写作交际语境的理念在实际教学中多被忽视和落空。2001年《全日制义务教育语文课程标准（实验稿）》关于写作内容的三点重要变化——"写作时考虑不同的目的和对象""有创意的表达""过程写作"，这些新理念由于没有相应写作知识的支撑，至今仍停留在"理念"层面而无从实施。这就是说，我国向来的以"新理念驱动"的课程改革，如果没有细致的、科学的、有效的课程内容和知识支撑,很可能会变成虚幻美丽的泡影。

20世纪至今我国的写作课程内容经历了知识初创、知识完善、知识定型并僵化,最后发展为社会各界对写作教学的强烈不满和改革呼声。如果抛开写作课程建设的外在因素影响(如政治等),百年来我国写作课程内容发展主要状况是:

1. 摆脱了千百年的经义教育传统,基本建立了一套以"文章学"为主的读写知识体系。这套知识体系表现为"三大文体+应用文"模式,它大致反映了工业化时代的社会需求,但现在看来这套写作知识不但陈旧而且僵化,已经严重不适合当代社会培养高素质创造性人才的需求。在写作知识更新方面,除了早就已经有的三大文体(记叙文、说明文、议论文)以及简单的文章学知识,基本没有新的内容。

2. 20世纪我国语文教育基本走的是一条"经验主义"道路。这种经验主义和直觉主义写作课程内容,多以某些专家的主观意见为主,缺乏科学有效的实践论证和大规模的实证研究支持,因而很不科学,也不可靠,更没效果。百年间我国课程内容研制,缺乏科学意识和专业研究,整体状况比较落后。

3. 缺乏序列性和系统性。我国的写作课程内容体系向来比较随意,专业化不强,一直没有形成科学严谨的知识体系、能力体系和内容序列。如关于写作需要有哪些能力;如何审题、立意、构思、行文、修改等,在一线教师那里可能有一些有益的探索,可这些并没有得到有效的检验和整理。

百年写作课程内容的考察再次说明:写作教育是一项宏大的系统工程,需要高度的理论自觉和扎扎实实的科学研究与循证实践。科学、有效、系统的课程内容开发是新式教育的根基。看不到这一点,我国写作教育就很难步入科学健康的发展轨道。

过程写作论

> 凡未操笔,当凝神著思,豫在目前。所以意在笔先,然后以格法推之,可谓得之于心,应之于手也。
>
> ——韩拙《山水纯全集》

【阅读提示】

二十世纪七八十年代后,国外写作教学领域发生了重大的"范式转型",即由"结果写作"(product writing,也作"成品写作")向"过程写作"(process writing)转换。八十年代我国作文教学模式在某种程度上也发生了类似转变。本章将对"过程写作"的本质、写作思维、写作能力、写作模型、专家作者和新手作者研究以及过程写作策略等进行论述。

第一节　过程写作概述

在欧美,传统"结果(成品)写作法"由于无法解决写作过程中的一些实际问题而遭到批判。20 世纪 70 年代初期,随着信息论、系统论、控制论的发展以及信息加工心理学的兴起,人们看待写作的视角开始有了新的变化。关于写作流程以及写作的认知信息加工过程的一些写作模型不断出现,基于这些科学成熟的写作理论的写作教学新实践开始了——这就是欧美二十世纪六七十年代以来的"过程写作运动"。

所谓"过程写作",指以"怎么写"的过程和方法、策略为关注重心,以研究写作者的思维和信息加工以及写作者的行为表现为主要内容的写作课程范式。过程写作研究的主要贡献在于"过程写作模型""专家作者和新手作者的特征"以及"写作策略"等。本章所述侧重写作课程原理和学科知识层面。

一、欧美"过程写作运动"

早在二十世纪六七十年代,针对结果教学法的不足,欧美一些语言学家和写作课教师认为传统的写作教学是基于"现时—传统修辞学"(current-traditional rhetoric)基础上的"结果写作",主要是教人"学文学"而不是"学写作"。教师在教学和评价时,关心的是学生正确的语法、字词、句子等,根本不考虑学生实际的写作过程发生了什么,不能为学生提供帮助,不能提高他们的写作技能。于是他们开始倡导从"写作过程"①角度研究写作。

1964年,罗曼(D. G. Rohman)率先将写作分为写前(prewriting)、写作(writing)、改写(rewriting)三个阶段。这种写作阶段划分的模型,后来比较广泛地运用于教学实践,影响很大,这可以看作"过程写作"研究的开始。

---

① 严格地说,"过程写作"(process writing)和"写作过程"(writing process)不是一个概念。"过程写作"(process writing)一开始是一种教学方法(approach),后来其实已经成为一种课程和教学理论。而"写作过程"指的是把写作看作一个从思想观念产生到作品发布的连续的、递归的系列过程。这个过程一般遵循一套给定的程序。它大致遵循着"预写(prewriting)、起草(drafting)、修改(revising)、编辑(editing)和发布(publishing)"的行为(act)和步骤(stages)。

1971 年,珍妮特·埃米格(Janet Emig)首次用"个案法"、"记录分析法"(protocol analysis approach)、"有声思考(think aloud)过程法"来研究美国 8 个中学生的写作过程。她发现:写作过程并非像传统范式提出的那样是一个由写前准备阶段、正式写作阶段和修改阶段等组成的完整的线性过程,而是一种循环往复的过程。这一发现从认知角度阐明了写作行为的特征,奠定了过程写作法的重要地位。同一年,珍妮特·埃米格出版的《十二年级学生的写作过程》(*The Composing Processes of Twelfth Graders*)一书中开始正式出现"写作过程"(writing process)一词,这被认为是从"写作结果"向"写作过程"转型的标志。①

1972 年,著名写作教育专家唐纳德·默里(Donald Murray)发表《教写作:要作为过程,而不是作为产品》(Teach Writing as a Process Not Product)②,这句话随之成为一个响亮的写作教育口号。默里在这篇论文中严厉地批评了"产品导向"的传统写作教学法就像是"尸体解剖的盛大表演"。他认为写作是一个"发现的过程(process of discovery)",一种沟通的工具,一种学生认识和了解世界的方式。他呼吁重视学生的潜能(potential),让学生认识到写作是一个过程,知道自己"可以做什么""能够做什么"。他强烈要求引入"过程教学法","让学生的语言复活"(to make language live)。唐纳德·默里的这篇论文可以看作"过程写作运动"的宣言。从 20 世纪 70 年代起,"过程写作"开始在美国、澳大利亚、新西兰的写作教育中流行。

1981 年,弗劳尔和海斯提出著名的写作认知过程模型。随后 20 世纪 80 年代初至 90 年代初,一大批研究者和写作教师纷纷加入"过程写作"的研究中来。除了弗劳尔和海斯(1981)外,还有伯林(Berlin,1982),汉普顿

---

① Gerald Nelms. Reassessing Janet Emig's *The Composing Processes of Twelfth Graders*:An Historical Perspective[J]. Rhetoric Review,Vol. 13,No. 1,Fall 1994.

② Donald M. Murray. Teach Writing as a Process Not Product[J]. The Leaflet,Fall 1972.

里昂(Hamp-Lyons，1986)，霍若维茨(Horowits，1986)，博瑞特和斯卡德玛利亚(Bereiter & Scardamalia，1987)，葛(Keh，1990)，克拉什(Krashen，1984)，利布曼-克莱恩(Liebman-Kleine，1986)，米勒(Miller，1992)，里德(Reid，1982，1994)，斯坦利(Stanley，1992)，西尔瓦(Silva，1990)等学者相继论证了"过程写作法"的理论意义和实践价值。这些专家大都从信息加工心理学角度研究"写作过程"。他们认为写作不是"准确地记录思想"，而是"发现和探索思想"的过程；写作是一种"信息加工"和"问题解决"的过程；写作是一个高度的"自我发现"的过程，伴随着复杂的认知技能、自我思考以及提高学生自我意识和有效策略的过程。这些学者相继论证并丰富了"过程写作"理论。

此时，过程写作法的首创者、美国西北大学教授华莱士·道格拉斯(Wallace Douglas)旗帜鲜明地指出："写作是一个过程，写作课应该教授的是构成写作过程的一步步的操作方法。"①在美国、欧洲等地，尤其是经过"美国写作协会"(National Writing Projects)的大力推广，"过程写作法"(process approach)成为一种非常有影响的写作教学方法，风靡大中小学写作课程和教学领域。这就是后来所说的"过程写作运动"(the writing process movement)。

其实，"过程写作"(process writing)和"写作过程"(writing process)截然不同。"过程写作"(process writing)一开始是一种教学方法(approach)，后来成为一种写作教学理论。而"写作过程"指的是把写作看作一个从思想产生到作品发布的、连续的过程、环节或步骤。

经过"过程写作运动"的洗礼，欧美一些国家的写作课程和教学知识得以全面地更新换代。目前欧美一些主要国家的写作课程和教学中，"过程写作"(尤其以怀特的五步骤写作法为代表)成为主流写作教学法。从这个

---

① 邓鹂鸣，刘红，陈芃，等.过程写作法的系统研究及其对大学英语写作教学改革的启示[J].外语教学，2003(06).

意义上讲,他们已经成功地实施了由"结果写作"到"过程写作"的"范式革命"(revolutionary paradigm shift)。

二、"结果写作"与"过程写作"比较

库恩认为范式之间最主要的特征是它们的"不可通约性","结果写作"和"过程写作"就存在着这种范式间的"不可通约性"。"结果写作"和"过程写作"之间几乎采用两种完全不同的研究视角、概念、原理、研究方法,课程理念、教材内容和教学方法也几乎全然不同。

传统的"结果(成品)写作",把写作看作"写文章",重点关注"写成的文章",即文章的中心、材料、结构、语言等要素,并以此进行写作课程教学设计。这种"结果写作法"以静态语言学、文章学以及行为主义心理学为依据,把写作看作已有思想的"准确表达",因而特别关注语法、句子、词汇的使用和写作的基本格式等;写作中的任何错误都要及时纠正,并给予正确的范例以供学习者效仿。可是实践证明,这种语法教学并不能有效地提高学生的写作能力,因而受到人们的诟病。在结果写作教学范式中,教师是整个写作过程的主宰,既是写作任务的发出者(布置题目),又是学生作品的主要读者,还是作品的主要反馈者和评判者。由于整个写作过程是以学生写出成品为主要目的,学生在这一写作过程中时常处于被动状态。这种写作教学很难培养学生真正的写作技能和创造性思考的能力,教学效率也非常低。

"过程写作"范式与此截然不同。它把写作看作一个复杂的"认知过程",一个思想和探究的过程,是"问题解决""信息加工"过程。写作由一系列步骤组成;各个步骤之间形成一个复杂的、循环交互的思维和认识发生过程。在这个过程中,教师鼓励学生通过一些步骤或者写作策略去形成思想、发现意义、搜索素材、组织文字、形成篇章。过程教学法的优点在于将教学重点放在学生的写作过程上,强调教师在学生写

作过程中要帮助学生发现、分析和解决问题①；写作过程的及时反馈有助于作者把想表达的意思精确地表达出来，"学员既是读者，也是作者；既是审稿者，又是被审稿者；既是反馈者，又是被反馈者"。② 这种写作范式，改变了传统写作教学片面强调字词句段篇章结构、语法修辞和范文模仿的做法，注重写作思想内容的挖掘和表达，注重写作者的思维发生机制，注重作者的主体意识和能动作用，强调重视写作过程中师生合作与交流，注重写作"发现意义和创造意义"的作用。这样，写作就不再是个体的、被动的、机械的"文本制作"，而是作者积极主动的思考和探索。

在过程写作中，写作意味着思考，写作意味着探究，写作意味着问题解决。写作成为学生学习和自我发现的工具，而不再仅仅是一种展示已知的手段[艾米格（Emig），1977；梅耶斯（Meyers），1983；瑞姆斯（Raimes），1986]。学生从写作之前的构思准备到写作之后的发表交流的整个写作过程，都处于一种主动思考、积极探究、合作交流的状态。教师不再是课堂的主宰者和唯一评判者，而是写作教学中的组织者、协调者和信息提供者。学生的主动性、积极性和创造性被调动了起来，学生成为写作的真正主人。这样的写作就迸发出以往"产品写作"所不具有的神奇的力量。

美国著名的写作学专家唐纳德·默里曾在《教写作：要作为过程，而不是作为产品》（Teach Writing as a Process Not Product）③一文中几乎用诗一样的语言赞美"过程写作"：

---

① 祁寿华. 西方写作理论、教学与实践[M]. 上海：上海外语教育出版社，2000：66.

② Heather Kay, Tony Dudley-Evans. Genre：What Teachers Think［J］. ELT Journal, 1998(10).

③ Donald M. Murray. Teach Writing as a Process Not Product[J]. The Leaflet, Fall 1972.

　　这是一个通过语言发现的过程。这是一个通过语言探索我们应该知道什么,我们感受到什么,以及我们已经知道了什么的过程。这是一个通过我们的语言了解世界的过程,这是一个评价我们对于世界的认识的过程,这是一个交流我们对于世界认识的过程。

　　我们在运用语言工作。我们与学生一起不断分享遣词造句的激动和快乐。这不是一个用词正确错误的问题,这关乎习俗和礼仪。这是一个重要得多的问题。作者写作时在进行德性选择。他不是依照语法规则来验证某个词是否合适,而是在用生命写作。他在运用语言揭示自己发现的真理,并告诉他人。这是一个多么令人兴奋的过程。

　　关于"结果写作"与"过程写作"的区别,很多专家都发表过见解。詹姆斯·麦克里蒙(James McCrimmon)认为两者的不同在于:一个是求知的方式(process),一个是告知的方式(product)。唐纳德·默里将二者的区别视作内在修订和外在修订的不同(一个是为了自己澄清意义,一个是为了读者而澄清意义)。琳达·弗劳尔(Linda Flower)将两者的区别视作"作品中心"的写作和"作者中心"的写作。努南(Nunan,2001)指出二者的不同在于:产品法的写作任务是学习者模仿、复制和转换教师提供的范文;过程法着眼于创作作品的一系列步骤。产品法的主要任务是写出一篇无差错的文本;过程法承认任何文本都不可能是完美的,但作者可以通过写作过程使之趋向完美。①

　　下面,我们用表3-1将结果写作和过程写作进行对比:

---

① Chunling Sun, Guoping Feng. Process Approach to Teaching Writing Applied in Different Teaching Models[J]. English Language Teaching, 2009(03).

表 3-1　结果写作和过程写作比较

结果写作	过程写作
• 模仿示范文本 • 注重思想组织 • 一次成稿 • 关注最终产品 • 教师作为读者 • 教师作为权威 • 教师批改作文很重要	• 示范文本作为参照资源 • 强调思想和想法产生 • 多次草案 • 注重过程 • 不同类型的写作有不同的对象 • 同侪反馈作为有价值的工具 • 会商和互动反馈很重要

然而,过程教学法的实施也有很多缺点。比如:它需要教师较高的教学技能和教育机智;它需要学生具备相应的条件,学生应有良好的语言基础、有良好的写作的常规知识和互动习惯,以及有充分的写作教学时间;耗时费力,如果写作教学没有充分的时间就无法实施;①它还需要比较充分的课程资源;它也不利于培养学生限制性写作的能力,等等,这些情况都可能为"过程写作"的实施设置了较高的台阶。

三、我国的过程写作思想

我国古人对写作过程的论述,较多集中在"言意"转换生成方面。如我国古代从《易经》《老子》到三国魏晋时王弼、欧阳建等的"言意转换"理论,关注的就是作者由自己的思想到语言的转化过程。后经历代文人发展完善为"立意—谋篇—文辞"的写作过程理论体系。

我国古代文论中也有过一些过程写作思想的论述。比如:西晋陆机的《文赋》中提到"意不称物,文不逮意"的构思之难,就含有"物—意—文"的

---

① 罗明礼. 国外外语写作教学法之回顾[J]. 国外理论动态,2008(11).

写作阶段区分和"语言和思想转换"的思想①。刘勰在《文心雕龙·神思》中也很精彩地描摹出写作构思的情形②。其他古代文论也对构思有一些精彩论述。③ 另外,如苏轼、郑燮对于艺术的论述中也有关于写作过程原理的重要启示。但它们又大都处于直觉感悟和经验描述的层面,非常零碎,很不系统,难以对写作教学起到较大的指导作用。我国古代作文教学整体上是以"熏陶—自悟"为主,可以称为"熏陶式"作文教学;现代则以"模仿—创造"为主,可以称为"模仿式"作文教学。

民国时期有一些学者开始关注写作思维和写作过程问题。1929年《小学课程暂行标准小学国语》提到"养成思想贯注和起腹稿的习惯";同年的《高级中学普通科国文暂行课程标准》中提到"须注重观察的能力,材料采集的能力,判断的能力,与描写的能力"。其间有些零星的关于写作过程的论述,比如1933年胡云翼、谢秋萍的《文章作法》提到了"作文的准备""作文的次序"等内容。1954年《改进小学语文教学的初步意见》提道:"写作之前,材料的选择,次序的安排,词语的运用,教师要给儿童帮助;写作之后,发现优点和缺点,教师要跟儿童一起研究,告诉儿童怎样订正缺点。"1978年《全日制十年制学校小学语文教学大纲(试行草案)》提道:"要重视作文

---

① 陆机《文赋》:"每自属文,尤见其情,恒患意不称物,文不逮意。盖非知之难,能之难也。""其始也,皆收视反听,耽思旁讯,精骛八极,心游万仞。""观古今于须臾,抚四海于一瞬。""恢万里而无阂,通亿载而为津。"描写了构思(创造想象)不受时间与空间限制,千载以上和万里以外的事物,都可以想象得到。

② 刘勰《文心雕龙·神思》提道:"文之思也,其神远矣。故寂然凝虑,思接千载;悄焉动容,貌通万里。吟咏之间,吐纳珠玉之声;眉睫之前,卷舒风云之色,其思理之致乎!"他认为"感物吟志,莫非自然","物"是创作的对象,是"情""思""辞"的根基,所谓"诗人感物,联类不穷","岁有其物,物有其容;情以物迁,辞以情发",把"感物"与"咏志"结合起来。

③ 《南齐书·文学传论》:"属文之道,事出神思,感召无象,变化不穷。俱五声之音响,而出言异句;等万物之情状,而下笔殊形。"王昌龄《诗格》:"诗有三格:一曰生思,二曰感思,三曰取思。生思一:久用精思,未契意象,力疲智竭,放安神思,心偶照境,率然而生。感思二:寻味前言,吟讽古制,感而生思。取思三:搜求于象,心入于境,神会于物,因心而得。"韩拙《山水纯全集》:"凡未操笔,当凝神著思,豫在目前。所以意在笔先,然后以格法推之,可谓得之于心,应于手也。"

的指导、批改和讲评。作文前的指导,主要是启发学生写作的兴趣,明确作文的要求,开展作文的思路,指导学生选择材料、组织材料。"①

但真正关注写作过程是20世纪80年代。当时我国的"文章学"演变为"写作学",我国的一些写作学著作开始突破过去的要素主义表述,转向对于写作过程的研究。中央教科所教改实验小组1981年编的初中《作文》教材将写作过程分为酝酿、动笔写、修改三个阶段。刘锡庆的《基础写作学》(1985)下编论述了"写作过程",将写作过程分为"准备阶段""行文阶段""完善阶段",并提出了"物→意→文"的双重转化理论,对写作实践活动的本质和过程有新的论述。② 80年代一些著名的作文教学模式,如刘朏朏、高原的"观察—分析—表达"三级训练体系,章熊的"语言—思维"训练教学法,周蕴玉、于漪的"文体为经、过程为纬"作文教学体系,欧阳代娜的"构思—表达—修改"三阶段作文教学法,中央教科所的"文体/过程双轨训练体系"等都大都是这种"过程写作"的产物。

1988年,马正平就当时写作界有人提出只研究"写作过程"的观点提出异议,认为作者萌生"写作意图"之前,已经在头脑中形成了"文章图式",提出不仅要研究"写作过程",还要研究形成"文章图式"的特殊认知结构,研究产生"写作动力"的心灵建构的认知活动,以及产生"写作动力"的规律,倡导"过程—动力"的研究思路。这可以看作写作阶段模式研究向"认知过程模式"研究在我国当代转型的开始,由写作客体向写作主体(作者)研究的转型。

马正平对"写作的概念"做了狭义、中义、广义的区分,分别称为"狭义写作""亚写作""广义写作"③。"狭义写作"指"写文章",即"用书面语言表

---

① 课程教材研究所.20世纪中国中小学课程标准·教学大纲汇编:语文卷[M].北京:人民教育出版社,2001.

② 刘锡庆.基础写作学[M].北京:人民教育出版社,2007:61-299.

③ 马正平.高等写作学引论[M].北京:中国人民大学出版社,2002:51-57.

达信息和功能目的的书面语言制成品";"亚写作"指"不完全的文章写作活动、行为",包括翻译写作和编辑写作。"广义写作"除上述外,还包括音乐、绘画、电影、雕塑等艺术创作活动。他还将广义写作分为"前写作、写作、后写作"三个系统,构成如下"广义写作行为过程"。

1992 年,周庆元归纳过中华人民共和国成立以来三种写作教学模式:(1) 命题—指导—批改—讲评;(2) 观察、思考—构思、表达—修改(学生写作过程影子);(3) 作前指导—作中指导—作后指导。这三种模式,其中第一、第三种属于"写作教学过程研究",只有第二种"观察、思考—构思、表达—修改"模式中有一些学生写作过程的影子。①

"过程写作"思想在 2001 年《全日制义务教育语文课程标准(实验稿)》中开始出现了一些转机。在其 7—9 年级的写作要求中,有如下条款:"注重写作过程中搜集素材、构思立意、列纲起草、修改加工等环节。"这可以看作"过程写作"思想正式进入我国语文课程的开始。但这一天的到来,已经和国外有了近 30 年的差距。不过,这种"过程写作",基本属于国外 20 世纪 60 年代写作过程的"直线加工"模式,还没有深入作者的认知和思维加工层面。不过,写作与思维的关系研究也成为我国写作学研究的一个热点。马正平的《中学写作教学新思维》《高等写作思维训练教程》,朱行能的《写作思维学》等可以算是这方面的代表。

综上所述,我国"文章写作"观念十分强大,"过程写作"意识比较薄弱。在我国写作课程和教学领域,至今没有国外那样的"过程写作运动"发生。尽管欧美的"过程写作"有着它们独特的文化、政治、科技背景的影响,但国外写作理论蕴含的重视思维、自由探究、合作交流的思想与我们的教育目标也是一致的。国外几十年的写作教学实践和大量研究报告,已经对"过程写作"的科学性、有效性做出了肯定回答,我们没有理由不采取"拿来主

---

① 周庆元. 关于写作教学过程的思考[J]. 课程·教材·教法,1992(11).

义"的态度,积极尝试这种过程写作理论并实现写作课程理论的范式转型。目前很多一线教师正在积极实践"过程写作"理念,坚持写作的过程指导、支架设计、活动和流程设计,自觉运用各种思维导图和创意写作策略改革传统的教学方法,取得了明显的效果。

第二节　过程写作原理

"过程写作"(process writing)把写作看作从思想观念产生到作品发布的过程。"过程写作"一开始是一种教学方法(approach),后来成为一种写作理论。有人将杜威教育思想和维果斯基的社会互动学习理论看作"过程写作"的哲学依据。① 但我们认为它们并非一回事。过程写作受"信息加工心理学"影响最大,它主要着眼于个体写作过程中的信息加工,而非社会互动,所以先从认知心理学等角度予以阐释。

一、来自认知心理学的阐释

从信息加工心理学看,写作是一个信息的收集、加工、输出过程。在这个过程中,写作内容的采集(如作者观察生活、经验积累以及阅读等)相当于信息输入过程;作者的构思(计划)、选材、起草、修改、发布等环节,相当于对记忆中信息的选择、加工、处理、转化与输出过程,同时作者还要对整个过程进行监控。显然,认知写作模型是信息加工理论的直接应用。

从认知心理学看,"过程写作"即"问题解决"过程。纽厄尔和西蒙

---

① 张莹. 成品写作法向过程写作法的嬗变[J]. 外语研究,2006(06).

(Newell & Simon,1972)认为认知就是人们选择、抽取、操纵环境和人本身内部贮存的信息来解决问题的活动方式。① 心理学家认为"问题"即"给定的信息和目标之间有某些障碍需要加以克服的情境"。问题解决就是以"目标定向的搜索问题空间的认知过程"。② 格雷夫斯(Graves，1983)认为,写作过程是"导向问题解决的一系列操作"。③ 梅耶(Mayer,1994)等人把问题解决过程分为"表征问题、确定解题计划、执行解题计划、监控与调节"四个主要阶段。皮连生将写作过程分为"构思、表达以及复看和修改"三个阶段。④ 写作是一个"包含一系列的目标设定、思想产生、组织、起草、修改和编辑的策略的问题解决过程"。⑤ 写作活动的顺利展开需要学生具备相应的知识和程序。问题能否被清晰、正确地表征,主要取决于学习者认知结构中是否储存了相应的问题类型知识。⑥ 写作过程就是作者依据写作任务要求(题目、问题),调动自己储存的各种知识信息,构造适合的语篇的过程,这就是问题解决过程。

二、思维与语言教学

"过程写作"主要表现为对写作与思维关系的重视,而写作与思维的关系根源在于语言和思维的关系。

关于语言和思维的关系,向来争论不休。古希腊哲学家柏拉图曾提出思维即无声的语言,思维和语言不可分离的观点。亚里士多德提出,语言是思想的符号,思维不能等同于语言。德国语言学家洪堡特说,语言是形

---

① A. Newell，H. A. Simon. Human Problem Solving[M]. Englewood Cliffs，NJ：Prentice-Hall,1972：787－868.
② 邵瑞珍. 教育心理学[M]. 上海：上海教育出版社,1997：126,128.
③ 倪文锦,欧阳汝颖. 语文教育展望[M]. 上海：华东师范大学出版社,2002：318.
④ 皮连生. 学与教的心理学[M]. 3版. 上海：华东师范大学出版社,2003：150－152.
⑤ Keither Johnson & Helen Johnson. 应用语言学百科词典：语言教学手册[Z]. 北京：外语教育与研究出版社,2001：335－346.
⑥ 朱晓斌. 论中学生写作创造力的培养[J]. 上海师范大学学报(教育版),2000(11).

成思想的工具,思维无法在没有语言的情况下存在,思维和语言活动不可割断。美国行为主义心理学家华生(J. Watson)认为语言是有声的思维,思维是无声的语言,离开语言就无所谓思维。美国人类语言学家萨丕尔和沃尔夫甚至提出"语言决定论",认为语言决定思维,一个人的思维完全由母语决定并造就了各民族思维、文化习俗和文明的差异。苏联学者维果斯基提出了"思维决定论",认为思维的发展形成并促进了语言的发展。他把言语分为三类:外部言语、自我中心言语、内部言语。马克思指出语言是思想的直接体现。从发生学角度看,人类很可能是先有思维而后才有语言。上述观点,无论是"等同论""决定论"还是"相对论""相互影响论",都承认思维和语言存在密切关系。

目前各国都把思维训练作为学校教育最重要的内容,高度重视。二十世纪七八十年代以来,美国在恢复基础教改中提出"语言训练和思维训练并重"的原则。1982年制定的《英语教学大纲》就曾把思维技巧分为"创造性思维、逻辑性思维和批判性思维"三方面的训练。苏联非常注重对学生的思维训练,它在作文教学中占有重要地位。著名教育家苏霍姆林斯基重视写作教学中观察能力和思维能力的培养,认为"鲜活的思想""活生生的语言"和"创造精神"是科学作文教学的三个支柱。

三、思维与写作的关系

思维是语言教育的关键,也是写作教学核心。美国写作学专家约翰·宾(John C. Bean)曾指出,写作即"为积极地思考和学习而设计的任务",应该将"指导学生成为学习者、思考者和写作者"作为写作课程目标。[①] 美国南卡罗来纳州2007年《语言艺术标准》十条原则中的第七条强调:"写作是思想。当学生写作时,他们实际进入一个批判、分析和反思的循环往复的

[①] 约翰·宾.研究性学习[M].张仁铎,译.南京:江苏教育出版社,2004:87.

进程之中。"加拿大阿尔伯塔省中小学《英语语言艺术课程标准》指出:"写作使学生探索、形成并理清思路,与他人交流这些思想。通过运用有效写作策略,他们能够熟练、自信地形成并完善观点,写出这些观点并进行修改。"乔治·希洛克(George Hillocks)认为写作应该成为一种"探究的形式"。与其他教学方式相比,写作课程伴随着一系列探究的策略,这些策略是学生今后走出学校,走向真实生活世界从事学术、职业和作为社会公民的核心技能。①

　　美国英语教师协会(NCTE)写作研究小组 2004 年发布的《写作教学的基本理念》(*Beliefs about the Teaching of Writing*)指出:"写作是思考的工具。作者写作,其实是在思考他们写之前没有仔细思考的东西。写作的过程就是一个思想的过程。我们通常认为的写作是把在他们头脑中已有的东西写下来,其实不是这么一回事。写作是一种思想的工具。这种观念很重要。它表明写作有如下许多重要用途:找出问题,提出问题,解决问题,去重新考虑某人已经指出的问题,深入思考某些尚不成熟的问题。这种写作是一种思考的工具的认识,可以帮助我们理解起草和修订进程,其实是一个探索和发现的过程。"②

　　过程写作法的首创者华莱士·道格拉斯(Wallace Douglas)指出:"写作意味着表达思想,阐述意义,写作的过程就意味着思考的过程。"③有研究发现,作文过程可以培养学生高层次的思维技巧,如:分析、综合、评估和阐释。④ 唐纳德·姆奎德和罗伯特·爱特温(Donald McQuade & Robert

---

①　National Writing Project and Carl Nagin. Because Writing Matters:Improving Student Writing in Our Schools[M]. San Francisco, CA:Jossey-Bass,2003:22－23.

②　NCTE. Beliefs about the Teaching of Writing[DB/OL]. http://www. ncte. org/positions/statements/writingbeliefs.

③　张莹. 成品写作法向过程写作法的嬗变[J]. 外语研究,2006(06).

④　National Writing Project and Carl Nagin. Because Writing Matters:Improving Student Writing in Our Schools[M]. San Francisco, CA:Jossey-Bass, 2003:22.

Atwen)在《写作中的思考》中说："过去大家认为思维是一种内在的准备活动,而写作是外在的语言表达,这自然是不错的。但事实上,……在整个写作过程中,写作和思考是同时发生的,写作的过程也就是思考的过程。"威廉·W. 韦斯特(William W. West)在《提高写作技能》中说:"写作过程能帮你把零乱的思想条理化,使你的想法经过提炼而清晰起来,并且进一步发展你的思想。"①

写作固然与一个人的生活经历、百科知识、语言积累有关,但同时也与一个人的思维能力、思维品质密切相关。著名特级教师洪宗礼先生说过,"会想才能会写","只有想明白,才能写清楚;只有想充分,才能写具体;只有想周密,才能写严谨;只有想透彻,才能写深刻","想,是一个总开关"。②一个人思维的深度、广度、敏捷程度、创新程度,就有可能是他写作的深度、广度、敏捷程度、创新程度。学生不想写,是因为不会分析写作任务的要求,不会由写作任务展开一系列的思维过程,即不会想。不知道写什么,是因为不会打开自己的思路,不会运用自己的思维能力。任何人都会浮想联翩胡思乱想,那么他把自己的所想写下来就是文章,只不过一般的文章需要将思想整理得更有规范(章法)、有逻辑、有条理而已。

从本质上讲,写作就是作者针对某个话题进行思维的过程,是他观察、分析、想象、联想、推理、概括、综合、评价的过程。写作反过来又可以促进学生思维能力的成长。写作和思维是一个互惠互动、互益共生的过程。写的过程就是想的过程。写作与思维就像相互驱动的两个轮子,写作中的构思、头脑风暴、列提纲、分段、起草、修改都离不开思维。

下面是美国教师描绘的"写作过程"和"思维过程"之间的关系图(见图

① 教育部基础教育司语文课程标准研制组. 全日制义务教育语文课程标准解读[M]. 武汉:湖北教育出版社,2002:73-74.
② 洪宗礼. "想"是一个总开关——在写作教学中发展学生思维能力[J]. 扬州师院学报(社会科学版),1986(04).

3-1)。从图中可以看出,"思维过程"即认知、理解、应用、分析、综合、评价等,它与"写作过程"(即预写、写作、分享、修改、编辑、评价等)之间是相互驱动的关系。①

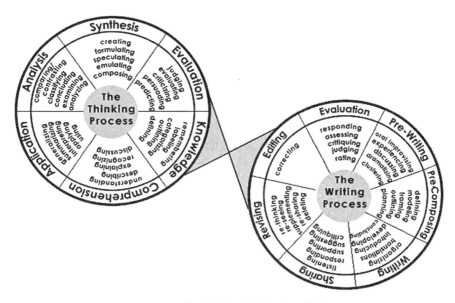

图 3-1 思维过程和写作过程的互动关系

学生的作文问题,表面上看是文字、表达、内容、逻辑上的问题。其实,从深层次看,大多是思维能力、思维方法、思维路径、思维品质上的问题。

我们曾经对 1—9 年级的专家教师和教研员进行问卷访谈,发现学生写作存在如下共性问题:

1. 低年级语句不通、表达不清。这主要是学生没有想清楚造成的,然后才是书面语言表达、词句积累、阅读贫乏等原因造成的。

2. 思路不清、逻辑混乱、结构混乱是学生作文共有的问题。这需要进

---

① The Thinking and Writing Process〔EB/OL〕. http://artsedge. kennedy-center. org/irish/share/storytelling/workshop/materials/quote. html.

行专门的思维方法训练、章法训练和逻辑思维训练。

3. 高年级审题不清。审题即写作任务分析,也就是根据题面提供的材料展开思考。

4. 材料缺乏、材料单一、生搬硬套、内容失真的问题很普遍。原因很多,如生活匮乏、不会思考、不善于观察、不懂材料选择与运用技巧。

5. 缺乏基本技法,如中心明确、重点突出、详略得当等。学生不是不知道这些名词,而是不知道如何化成基本的程序、方法、流程。原因在于:缺乏程序性知识和策略性知识,以及基于它们的过程性训练。

可见,上述这些问题大都是思维的问题。如"审题不清""思路不清、逻辑混乱"等,不用多说;有的是间接表现,如"表达不清""材料缺乏"和"缺乏基本技法",解决这些问题都离不开对学生进行写作思维方法的训练。

写作表面上看似是字、词、句、段的排列组合,实质上是作者思维、情感运行的结果。语言与思维关系密切,打开学生的思维是写作教学成功的关键。很多写作教学实践都证明了这一点。章熊的"语言—思维"训练教学法,洪宗礼的"写就是想"等思想,以及当今盛行的"思辨作文""批判性写作",其实就是通过作文培养学生的分析思辨、批判性思维和高阶思维等能力。

写作对高阶思维培养很重要,它会帮助作者澄清概念,学会分析推理,做出正确判断,开展批判性思维。写作能够激活我们大脑中冰封的记忆、经验、瞬间的感受,想象一个美好的画面和景象,帮助我们产生新的想法和思想,无论是学术的、艺术的、身体的、情感的还是社会的。写作的过程是运用书面语言思考、分析、联想、想象、探究、创造的过程。

第三节 过程写作模式

关于写作过程模型,刘淼在其《作文心理学》中提出作文心理转换、作文心理加工、作文心理维度操作三大类。[①] 马正平在《高等写作学引论》中将写作过程分为"表层"写作行为过程、"转化"写作行为过程、"生长"写作行为过程、"非构思"写作行为过程四类。[②] 朱晓斌在《写作教学心理学》中对国外写作心理模型也有介绍。[③]

国外倾向于将过程写作模型分为四类:一、阶段模式,又叫"线性加工模式";二、认知模式,又叫"信息加工模式";三、转译模式,又叫"思维和语言转换"模式;四、维度操作模式。另外,还有关注写作的社会因素的"交流模式"。下面集中讨论前四类写作过程模式。

一、阶段模式:关注外在写作流程

(一)中外"写作阶段"的划分[④]

写作过程的"阶段模式"是依据写作行为的外部特征与文稿完成进度,将写作过程分成写前、写中、写后等显而易见的几个阶段。下面依据相关资料,采用表格的形式梳理呈现如下:

---

① 刘淼. 作文心理学[M]. 北京:高等教育出版社,2001:39 - 68.
② 马正平. 高等写作学引论[M]. 北京:中国人民大学出版社,2002:187 - 221.
③ 朱晓斌. 写作教学心理学[M]. 杭州:浙江大学出版社,2007:24 - 35.
④ 来源包括刘淼的《作文心理学》(北京:高等教育出版社,2001:50 - 69), Legum, S. E., & Krashen, S. D. (1972). Conceptual Framework for the Design of a Composition Program. ED108239. 等其他相关资料。

表 3－2　写作阶段模式

序号	人物、年代、模式名称	阶段划分和含义
1	罗曼(D. G. Rohman，1964)	分为写前、写作、改写三个阶段。认为最重要的阶段是"写前阶段"。
2	埃米格(J. Emig，1971)	写作是心理加工过程。这一过程由三个方面的因素构成：写作的环境因素、必要时间的思考因素、作文过程。而作文过程又由三个次加工阶段组成，即计划、作文与修改。
3	唐纳德·默里（Donald Murray，1972)	将写作分为预写、写作、修改三部分。
4	莱格曼和克拉什（Legum & Krashen，1972)	将写作过程分为形成概念、计划、写作、修订四个环节。
5	埃博(Elbow，1974)	将写作过程分成两个主要阶段：1. 勾绘心中意念；2.将意念转换成文字。
6	阿普尔比(Applebee，1979)	三阶段划分：写前、写作、修订。
7	德雷珀(Draper，1979) 五阶段写作模式	提出五阶段写作模式：1. 写作前；2. 构思；3. 起草为文；4. 再构思；5. 修改。
8	古尔德(Gould，1980)模式	将写作划分为计划、产出、回顾和完善四个过程。
9	诺德(Nold，1981)模式	将写作分为计划、翻译和回顾三个主要过程。
10	布鲁斯等人（Bruce，Collins，Rubin & Gentner，1982) 模式	将写作划分为产生观念、产生下文和校订三阶段。产生观念指考虑文章的内容和主题；产生下文指把内容用语言文字写下来；校订指对文章进行检查与修订。
11	马特路(Martlew，1983)模式	将写作划分为计划、写作及评价、诊断、修订四个阶段。
12	阿德斯坦因和皮凡尔（M. E. Adelstein & J. G. Pival，1984)模式	写前阶段的任务是创作主题，包括创作细节、限制和组织；写作阶段包括起草初稿；重写阶段则包括修改、编辑和校阅。

（续表）

序号	人物、年代、模式名称	阶段划分和含义
13	郝凯森和汤普金斯（Hockessin & Tompkins，1987）	过程取向教学包含写作前、草稿、修改、编辑、分享五大阶段。
14	迪普伊斯、李、巴迪亚利、阿斯科夫（Dupuis，Lee，Badiali & Askov，1989）的五阶段过程模式	五阶段过程模式包括写作前阶段、起草阶段、修改阶段、校订阶段、发表阶段。

注：笔者根据刘森（2001）、刘明松（2002）、谢锡金、岑伟宗（2000）、王万清（1997）等研究制作。

此外，我国黄建成将写作环节分为聚材、构思、外化、用语、运技、润改六个环节。[①] 戴健林、朱晓斌将写作过程分为构思、转译和修改三个阶段。[②] 上述分类无论是三段、四段，还是五段、七段，基本上有一个共同点：从写作行为的外在过程上进行切分。这也是欧美比较流行的五步骤"过程写作"模式的主要理论依据。但这样机械的外在划分，并没有揭示出写作过程的内在发生机制。

（二）"阶段模式"对我国写作教学的影响

在我国百年来语文课程标准或教学大纲中，向来缺乏"过程写作"的内容，我国将写作过程一般理解为命题（审题）、选材、立意、谋篇、写作、修改、讲评等的作文指导过程。这与国外"过程写作"理念不同。前面我们谈到周庆元先生曾把中华人民共和国成立以来的写作教学模式分为三种。[③] 其中第一、第三种属于"写作教学过程"研究，第二种有"过程写作"的影子。马正平把写作过程分为"前写作（观察、阅读、阅历）、写作（立意、行文、修改）、后写作（编辑、出版、传播）"三个系统，[④]将"观察、阅读、阅历"纳入其

---

① 黄建成.写作学教程［M］.合肥：安徽教育出版社，2002：32-87.
② 戴健林，朱晓斌.写作心理学［M］.广州：广东高等教育出版社，2003：33-37.
③ 周庆元.关于写作教学过程的思考［J］.课程·教材·教法，1992（11）.
④ 马正平.高等写作学引论［M］.北京：中国人民大学出版社，2002：51-57.

中,有泛过程写作的倾向。

我国的"八大块"文章学写作知识在二十世纪八十年代基本完成"过程化"改造,随后体现在教学大纲中。如 1986 年《全日制中学语文教学大纲》提到"发展学生的思维能力",1992 年《九年义务教育全日制小学语文教学大纲(试用)》提到"指导学生作文的过程",1996 年《全日制普通高级中学语文教学大纲(供试验用)》中提到"观察,积累,思考,养成习惯""理清思路,确定中心和写法""想清楚再写"等,这些对"写作思维"和"写作过程"的关注,可以看作我国由"文章写作"向"过程写作"转变的开始。

2001 年《全日制义务教育语文课程标准(实验稿)》正式提出"注重写作过程中搜集素材、构思立意、列纲起草、修改加工等环节"。这是一个突破,但实质仍属于"阶段模式",其中有些表述也值得商榷。这种模糊列举式表述很不严谨:"列纲起草"不应并列,因为"列纲"有时是写作策略,也可用作构思;"修改加工"也值得推敲,因为"修改"不局限于加工之意,还有思想内容甚至文章结构的调整。另外,我国课标仅有这一句简单提及写作过程,没有各学段过程写作的具体要求,也没有写作策略作支撑。

(三)"阶段模式"的问题和不足

写作的阶段模式关注的是写作者的外显行为,忽视写作者的心理认知,因而存在着明显的缺点与不足。

过程写作法提倡写作课应该教授的是构成写作过程的"一步步的操作方法",它遵循一套给定的"预写、起草、修改、编辑和发布"的行为(act)、步骤(stages)和程序。阶段模式基本上把写作视为一种线性过程,这不符合写作的实际情形。

研究表明:写作并非一个线性流程,而是一种"往复循环"的过程,甚至是类似"弹球游戏"似的随机触发过程。① 弗劳尔和海斯曾写道:"实际

---

① 坎贝尔. 讲授第二语言写作:与文本互动[M]. 北京:外语教学与研究出版社,2004:12.

上很少有写作呈现出教科书描述的那样依照搜集信息、列提纲,然后写作的自动的步骤。相反,写作中的思路总是以一系列非线性的跳跃运动,总是从一个问题和步骤跳到另一个问题和步骤上。"①"大量的优秀作者使用的是一种循环的、非线性的方法,草稿的撰写过程可能被多次的构思和修改打断,写作伴随着大量的改写以及往复过程。"(克拉什,1984)②

从哲学思想上看,这种"阶段写作"模型属于"客观反映论"。其理论假设是:作者在头脑中预先存在某些"思想内容",写作就是像"搬运东西"似地把它们搬出来。这就把写作看成了一种客观的、外在的事物(external object),而非人的思想、情感以及思维发生。这就像苏东坡那首《琴诗》所写的那样,"若言琴上有琴声,放在匣中何不鸣? 若言声在指头上,何不于君指上听?"苏轼的这首诗揭示出这样一个事实:写作是作者的内部精神世界与外部社会情境之间发生的复杂感应与交流。作品是作者与客观物质世界感应和社会生活世界之间对话交流的产物,绝不仅仅是外在的、机械的行为动作和技能。稍后的认知心理学家,纷纷批评这种只强调写作过程外在的直线顺序而忽视写作者内在认知心理过程的做法。因而"阶段模式"逐渐式微,"认知模式"应运而出。

尽管过程写作阶段论有诸多弊端,我们仍不否认它作为一个教学活动工具的价值。它可以为写作教学提供一个比较明确的工作流程,以克服教学盲目性,协调师生的教学和活动。

---

① Linda S. Flower, John R. Hayes. Problem-Solving Strategies and the Writing Process[J]. College English, Vol. 39, No. 4, Stimulating Invention in Composition Courses (Dec., 1977).

② Jack C. Richards, Willy A. Renandya. Methodology in Language Teaching: An Anthology of Current Practice[M]. Cambridge: Cambridge University Press, 2002: 315 – 318.

二、认知模式：写作的内在运行机制

（一）弗劳尔和海斯的写作过程模型

1981 年，弗劳尔和海斯借鉴当时信息认知心理学的最新研究成果，整合了阶段写作模式的合理因素，提出了著名的写作"认知加工"模式。这个模型至今仍是流布最广、影响最大的一个写作模型，如图 3-2 所示：

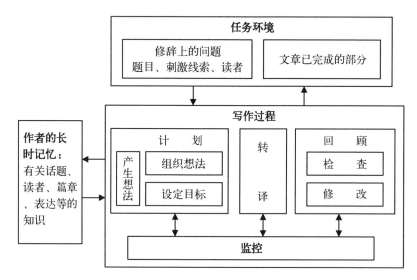

图 3-2　弗劳尔和海斯写作过程模型

该模型认为：写作是一个复杂的思维和问题解决过程。这个过程由"写作任务（writing assignment）、写作者的长期记忆（long-term memory）、写作过程"三大系统构成。写作过程又分"计划（planning）—转译（translating）—回顾（reviewing）"三个阶段。计划又由"生成想法、组织想法和设定目标"三个子过程组成。鉴于这个模型包含写作的三个系统和写作过程的三个阶段，学界将其称为"三三"模型。

1. **任务环境（task environment）**

包括学生的写作任务（writing assignment），以及可供利用的外部资料。如作文题目是什么,读者是谁,写作的目的是什么等。它们能为写作任务提供线索,确立方向。而写作事先准备的资料、素材、提纲以及已经完成的文章的内容,与"写作过程"之间不断交互作用。上述信息主要保存在学生头脑之外,所以又称"外部贮存"(external storage)。

2. 作者的长时记忆(long-term memory)

弗劳尔和海斯模型借鉴了当时记忆研究的成果,把写作中的记忆分为短时记忆和长时记忆。作者的长时记忆(long-term memory)指头脑中能保存1分钟以上甚至能够长久保持的记忆。弗劳尔和海斯认为有三类与写作有关的知识贮存在长时记忆中,它们是有关主题的知识、有关读者的知识和有关修辞的知识。这类知识主要是可用语言直接描述的"陈述性知识",对写作的优劣有重要意义。写作时,作者会根据写作环境中的任务要求,调取和使用这些知识,形成写作目标和内容。

3. 工作记忆(working memory)

工作记忆(working memory),指在头脑中暂时驻留(一般在1分钟以内)的记忆,是写作过程的核心部分。弗劳尔和海斯认为这一部分包括三个相互连续的过程:

(1) 设定写作目标并根据目标产生及组织写作内容的"计划"(planning)阶段。而此过程又可细分为三个子过程:① 产生想法(generating ideas)——从长期记忆中提取知识,进行内容构思;② 组织想法(organizing ideas)——从提取的资料中选择最有用的知识,进行文章的选材和布局;③ 设定目标(goal-setting)——判断所提取的资料是否符合目前的写作目的。

(2) "转译"(translating)阶段,指将写作构思所得的资料信息转换成句子或正文的过程。

(3) "回顾"(reviewing)阶段,指作者随时"检查"已经写出的内容,并且"修改"不满意的地方。

上述模型显然受加涅"学习和记忆的信息加工模型"中提出的"外部环境、执行控制、预期调控"三个系统的影响。系统中作者的长时记忆和短时记忆借鉴了罗本特(D. Broadbent,1958)、斯柏林(G. Sperling,1960)等人关于"工作记忆"的研究。上述模型中的"写作过程"部分,吸收借鉴并保留了"阶段加工模式"的合理内核。这些想法和当时电脑的原理以及信息论、控制论、系统论的影响有关。可以说,这样一个模型吸收了诸多学科发展的理论成果并进行了创造性整合。

弗劳尔和海斯写作过程模型的特点在于:

1. 从认知角度揭示了写作是一个动态过程。它成功突破了阶段模式直线加工的局限,揭示了写作的目标导向、动态交互、递归循环、分层级运行的特征。[①] 这是写作心理研究发展的一个重要标志,为以后写作的认知过程研究奠定了基础。

2. 这个模型基本解释了写作行为的运行状况和发生机制,揭示了写作活动要素之间的协调运作关系。该模型将复杂而神秘的写作过程阐释得清晰具体而易于理解,并提供了窥探写作心理"黑箱"和指导学生写作的科学工具。

3. 这个模型把写作视为一个多种因素交互作用的系统。作者的长时记忆、任务环境以及写作过程中的认知监控的作用,协同、定向、监督、调控着整个写作过程。

(二)写作即"信息加工"

20世纪50年代,研究信息的获得、存储、变换、产出和运用的信息加工科学诞生。70年代纽威尔和西蒙(Newell & Semen)将信息加工观念引进到心理学研究领域,将人脑与电子计算机类比,认为人脑也是一个类似计算机的信息加工系统,信息加工心理学派兴起。信息加工心理学以电脑为

---

① 张莹.成品写作法向过程写作法的嬗变[J].外语研究,2006(06).

隐喻,研究大脑信息的输入、贮存、加工、处理,为揭开大脑"黑箱"内的心理活动机制提供了新思路。

信息加工心理学的核心是信息加工系统。信息加工系统指接收、存贮、处理、传递信息的"符号操作系统"(symbol operation system),主要由感受器、加工器、记忆装置、效应器四部分组成。感受器负责接收信息;加工器负责执行目标;记忆装置负责存储信息;效应器负责输出信息。上述各部分相互关联、相互作用,形成一个协调的有机整体。

从信息加工心理学角度看,写作即"问题解决"过程。纽威尔和西蒙(Newell & Simon,1972)认为问题解决是对问题空间不断进行启发式搜索的过程。① 写作可以看成是一个"问题解决的认知活动过程,包含一系列的目标设定、思想产生、组织、起草、修改和编辑的策略"。② 著名心理学家安德森(Anderson,1990)认为,问题解决活动具有三个基本特征:目的指向性、子目标的分解和算子的选择。梅耶(Mayer,1994)等人把问题解决过程分为四个主要阶段:表征问题,确定解题计划,执行解题计划,监控与调节。皮连生将写作过程分为"构思、表达以及复看和修改"三个独特阶段,认为"有效写作"是三类知识共同作用的结果。③ 大量研究表明:写作是从"内在思维到书面语篇"的产生过程,其中包含着一系列"问题解决"和"思维"策略。格雷夫斯(Graves,1983)认为,写作过程是"导向问题解决的一系列操作,它由作者有意或无意地选择内容开始,至完成文章结束"④。

然而这种把人看作纯粹信息符号加工的观点也遭到人们的批评。有人认为人是高级生物和社会动物,一个完整的人类信息加工系统须由生物

---

① A. Newell, H. A. Simon. Human Problem Solving[M]. Englewood Cliffs, NJ: Prentice-Hall, 1972: 787 − 868.

② Keither Johnson & Helen Johnson. 应用语言学百科词典: 语言教学手册[Z]. 外语教学与研究出版社, 2001: 335 − 346.

③ 皮连生. 学与教的心理学[M]. 3 版. 上海: 华东师范大学出版社, 2003: 150 − 152.

④ 倪文锦, 欧阳汝颖. 语文教育展望[M]. 上海: 华东师范大学出版社, 2002: 318.

信号输入、认知系统、情绪系统、调节系统和输出系统组成,需强调大脑信息加工的情绪和调节功能。20 世纪 90 年代初,迪特里特(Demetriou,1993)等人提出信息加工系统应该包括五个心理维度:加工速度、加工控制、短时储存、认知和元认知。

心理学家弗拉维尔(J. H. Flavell,1976)指出元认知包括元认知知识、元认知控制、元认知策略,实质是对认知活动的自我意识和自我调节。元认知对于加工者保证快速接收、控制和储存信息,将加工过程活动本身作为意识的对象,进行积极主动的检查、评价、反馈、调节,对达成解决问题起着重要作用。[①] 这些理论对于写作心理研究提供了重要理论支持。

信息加工心理学理论为写作教学研究提供了新的思路。20 世纪 80 年代以后的写作心理学研究,都明显地带着"信息加工心理学"的痕迹。如弗劳尔和海斯的写作心理模式中提出写作过程的三个系统,即"写作者的长时记忆、任务环境和写作过程"以及它们之间的运作过程和规律,就明显地运用了"长时记忆""工作记忆"以及"系统监控"的理论。

(三)弗劳尔和海斯"写作过程模型"的教学价值

1. 营造良好的写作任务情境。写作任务情境包括可供利用的外部资料、题目、读者、角色、话题、目的等。它们的作用不仅仅是指示任务的目的和方向,还应该具有激发写作兴趣、提供行文线索、确立行文思路的作用。写作前事先准备的资料、素材、提纲以及已经完成的文章内容,对"写作过程"有着直接的辅助作用,写作是作者与环境之间不断交互作用、进行意义建构的过程。教师在布置写作题目、设定任务环境(读者、目的、功能)时,要尽可能唤起学生的内部或外部动机,要考虑这个题目是否能引起学生的兴趣,让他们有话可说、有话想说。写作任务设计有许多有效的策略和原则,如设定具体的读者,明确目的,引发其认知冲突等。

---

① 张向葵,李天鹰. 信息加工观点和信息加工系统[J]. 东北师大学报(哲学社会科学版),1996(04).

2. 关注写作的心理过程。弗劳尔和海斯模型把写作大致分为"计划""转译"和"回顾"三个主要过程。这几乎就是阶段模式合理内核的继承。"计划"环节包含"生成想法—组织想法—目标设置"三个小的环节。其中"想法创生"（idea-generation）是关键，它可以由头脑风暴、自由联想、自由讨论等方式产生。

3. 重视写作知识的作用。弗劳尔和海斯认为有三类与写作有关的知识贮存在长时记忆中。它们是有关主题的知识、有关读者的知识、有关修辞的知识等，它们对顺利开展写作有重要意义。

写作是否需要知识在我国似乎是个问题。从这个模型看，写作毫无疑问不能没有知识，包括陈述性知识、程序性知识和策略性知识（包括元认知）。作者所拥有的百科知识、语言知识、文体知识、写作技法，关于题目、读者和写作构思的知识以及认知调控知识，都是写作过程所必需的知识。"淡化"甚至取消写作知识的教学，显然不符合写作的基本原理。学生的语言表达、文体知识、思维知识、文章结构、写法知识、交际语境知识以及写作内容的百科知识等缺失，无疑会妨碍写作的正常运行。正是这些知识，可以有效解决"写什么"和"怎么写"的问题。

4. 重视学生元认知写作策略的培养。认知心理学研究发现，作者对整个写作过程的了解与监控，对写作策略的选取、执行，以及对作品不当之处的辨认与修改，都与"元认知"（meta-cognition）能力有关。该模型将整个写作过程都置于"认知监控"之下，比阶段模式更科学合理。

弗劳尔和海斯写作过程模型的不足在于：（1）它企图以理想作者为对象，寻求一种不受主体因素影响的"客观"写作规律，寻求适用于所有写作者的万能模式，忽视了写作主体的个体差异。由于写作能力、知识经验以及认知风格能力的差异，不同的写作者在写作过程中所采用的策略也不应该一样。（2）该模型更多地从认知的维度来考察写作，尽管涉及交际语境因素，但对写作中的情感和社会认知维度关注不足。

即便如此,这一模型对写作理论发展仍具有卓越贡献。格拉贝和卡普兰(1996)指出:"首先,他们引发了公众讨论的焦点话题。其次,他们使人们对写作过程的循环往复这一特征的理解又提高到了一个新的水平。再次,他们试图设计写作模型,从而为写作研究有更明确的要求、更加精确可检验的假设和更为详尽界定的试验方法开辟了道路。"①至今,认知模式理论仍然在心理学和写作研究领域产生着广泛而持久的影响。

三、转译模式:从思维向表达转换

关于写作过程中的"思维—语言"转换,古代有"言意转换"说,现今有"一级转换""双重转换""多重转换"说。

(一)从思维到语言:写作的"一级转换"

语言和思维关系密切。思维和语言是两种不同形态的事物。思维可以有多种呈现方式,不一定必然地转化为语言表达。思维和语言是人类特有的技能。平常的思维像混沌的"意义云团",它时刻处于变化之中,没有秩序、没有形体,是意识汹涌的海洋。思维只有转化为外在的声音语言或书面语言,才能被人把握和理解。

写作作为思维的书面语言表达,两者既关系密切,又有所不同。由于思维在个体的大脑之中,可以以一种自由而混乱的状态出现,可是如果需要转化为语言,就必须遵循语言、文章和文化规范,需要受到读者、语体、文体、文化等规范的制约。从"思维"到"语言",自由混乱的时空变得狭窄单一,成为书面语言的线性排列,面临遣词造句、篇章结构和信息筛选呈现的复杂策略和技巧,所以写作比"思维"面临更多的障碍,这就是写作为什么如此之难的重要原因。

写作需要从思维到书面语言转换,即用句法规则将非线性、无逻辑与

---

① 张莹. 成品写作法向过程写作法的嬗变[J]. 外语研究,2006(06).

自足的思维转换为线性、有逻辑且具交际性的语篇形态。这个从"思维"到"表达"的转换称为"一级转换"。

"一级转换"理论指出了"思维与表达"之间的关系，认识到其中有个转换问题。但它没有具体说明"思维是何发生的""思维与表达之间是如何转换的"这两个问题。因此，这种理论还没有从实质上解决问题。

（二）写作过程中的"双重转换"或"二级转换"

陆机在《文赋》中说："恒患意不称物，文不逮意"，这里涉及"物""意""文"三者之间的复杂转换。写作活动是将客观事物（生活表象）转换为思想认识，然后用语言表达出来的过程。刘勰在《文心雕龙·物色》篇里说"情以物迁，辞以情发"，提出了写作活动中"物"（事物）、"情"（感情）、"辞"（语言）之间的关系。苏东坡"画竹必先得成竹于胸中"的记述，郑板桥对"眼中之竹""胸中之竹"和"手中之竹"的区分，都涉及写作中"客观事物—思想意识—符号表达"之间的转化问题。

苏联心理学家 A. 科瓦廖夫在《文学创作心理学》中提出创作过程可分为三个阶段：构思的产生，作品的形成和作品的文学体现。[①] 它和我国古代的"物—意—文"的转换基本是一致的。在此基础上，刘锡庆提出了写作过程的"双重转化"理论：作者作为认识"主体"，能动地将现实生活、客观事物转化为自己的认识（观念和情感）。这是由事物到认识的第一重转化。然后，作者再将观念、感情转化为文字，这是由认识到表现的第二重转化。由"事物"到"认识"，再由"认识"到"表现"——这就是写作过程所必须完成的所谓"双重转化"。[②] 苏联著名神经心理学家卢利亚将该学说往前推进了一步。[③] 他指出在写作中要把思维转换为"扩展性话语"，作者至少要在思维内部进行两次转换，即由"思维"转换为"内部言语"，再由"内部言语"转

① A. 科瓦廖夫. 文学创作心理学[M]. 福州：福建人民出版社，1983：118.
② 刘锡庆. 基础写作学[M]. 北京：中央广播电视大学出版社，1985：6-11.
③ A. P. 卢利亚. 神经语言学[M]. 赵吉生，卫志强，译. 北京：北京大学出版社，1987：2.

换为"呈线性序列"的外部言语。这两次转换,都离不开作为中间环节的"内部言语",它是第一次转换的终点,又是第二次转换的起点。这就是他提出的"表述动机—语义初迹—内部言语—外部语言"的言语生成理论模型。其基本框架可以表示为:

$$\text{思维} \xrightarrow{\text{一级转换}} \text{内部言语} \xrightarrow{\text{二级转换}} \text{表达}$$

卢利亚的学说,将写作中的语言产生环节阐释得更为具体:在思维转化为语言的过程中,先呈现"表达动机",大脑激活相应的脑神经网络即"言语初迹"——这样一种前语言状态,它们好像零碎的闪烁的言语分子,或者有的就是"词块",启动、碰撞、酝酿、连缀、聚合,产生意义。而在意义转为字、词、句子的过程中,同时又必然面临着一个时间上、书面语秩序的问题。这需要大脑对最初的"意义云团"进行处理、加工、规范、转换,形成"可用的词块"。词块在语言交际时作为预制组块可以整体快速提取,可以提高语言表达的流畅性和组句成章的语篇能力。[①]

二级转换理论可以解释许多前人无法解释的问题,将写作研究大大向前推进了一步,但无法解释同为外部言语表达的口头言语和书面语言之间关系。在此基础上,国内学者刘淼提出了作文的三级转换理论模式。

(三)刘淼的写作过程"三级转换"理论

刘淼认为作文从思维到外部书面语言表达的过程要经过"三级转换"。第一级转换是从思维到内部言语的转换;第二级转换是从内部言语到外部口头言语表达的转换;第三级是内部言语到外部书面语言表达的转换。[②]在实际的作文过程中,由于书面语言表达比口头言语表达多经过一级转换(即需要经过第三级转换),因此需要更多的时间进行再加工,如推敲词语、斟酌语段、调整结构、增改内容等。同时,构思好的东西一边进入工作记

---

① 曾亚平.英语阅读与写作研究[M].上海:上海交通大学出版社,2009:83-88.
② 刘淼.作文心理学[M].北京:高等教育出版社,2001:39-44.

忆,一边进行表达。两者所需时间存在较大差异,就会导致学生原有的构思丢失。这种认知过程中的"认知过载"现象,增加了书面表达(写作)的难度。刘淼的三级转换理论,解释了写作过程中表达困难产生的原因,同时提出了写作中的"口语书语互借策略"和"不同水平加工之间区分训练策略"。①

学生语言表达能力的形成和提高策略是写作教育的重要议题。写作"转译"理论将写作中的语言表达这一个环节阐释得比较具体。此外,词块理论认为"词块语言使用中形成的惯例化""集功能和形式为一体、兼具词汇和语法特征的语言的构块",具有极高的重现率,因而引导学生大量积累词块对书面表达有促进作用。

四、维度操作模式:写作内容的转化生成

(一)博瑞特(Bereiter)等人的写作知识转换模型

博瑞特等人(Bereiter & Scardamalia,1987),根据作文过程在很大程度上依赖于作者记忆中存储的信息这一事实,提出"知识陈述模式"(structure of the knowledge-telling model)和"知识转换模式"(structure of the knowledge-transforming model)模型,这两个模型分别代表新手和专家写作时的认知过程。他们的模型强调了知识在作文过程中的重要作用。该模型把"写作构思"看成是作者根据主题和体裁的要求,从自己的长期记忆中提取出与之相适应的知识(或信息),并对这些知识进行合理组织,用以有条理地、合乎语法地表达主题思想的过程。这种模型的缺点是:只看重写作知识、写作能力以及自然和社会知识在作文过程中的作用,而忽视作者的观察事物的能力和内部心理加工能力对写作过程的决定性影响。刘淼把这种写作模型称为一维(知识维)"知识表达型"写作心理模型。②

---

① 刘淼.作文心理学[M].北京:高等教育出版社,2001:44.
② 刘淼.作文心理学[M].北京:高等教育出版社,2001:59.

（二）朱京曦的"表象操作型作文心理模型"

1997年，朱京曦在赵为华博士提出的"表象操作加工模型"的基础上，提出了"小学生作文心理过程模型"。这个模型所依据的是1995年谢帕德（Shepard）和库伯（Cooper）的"双重同构理论"，把写作过程的内部心理加工归结为"一次同构"与"二次同构"的"表象操作"（即表象的分解与组合操作）。这种模型特别强调"表象操作"在作文的内部心理加工过程中的重要作用，很大程度上弥补了博瑞特模型的缺陷，但由于这里的"表象操作"一般不涉及思维，或者只是涉及具体形象思维而绝不涉及抽象逻辑思维，是不符合写作过程事实的。即便是像记叙类、描写类这种主要依靠表象操作的作文，也不能没有逻辑思维的参与。由于该模型考虑到了"表象知识"和"操作能力"两个维度，因此被称为"准二维模型"。

（三）何克抗等人的作文的三维素质模型①

何克抗等人根据博瑞特的知识转换模型和朱京曦的表象操作型作文心理模型，结合他们的作文教改实践，综合考虑知识、能力与情操等三方面因素，提出了"思维加工型作文心理模型"。这种模型强调思维在内部心理加工过程中的重要作用（既包括具体形象思维、一般形象思维，也包括抽象逻辑思维），因此被称为"思维加工型作文心理模型"。

何克抗的"维度操作"模式，将学生作文视作一种复杂心理活动，写作过程涉及知识（包括日常生活知识、自然和社会科学知识、写作知识等）、能力（包括观察事物能力、表象操作能力、逻辑思维能力以及包括口头和书面两方面的词语表达能力等）与情操（包括情绪、情感以及和道德、审美、价值等有关的思维观念等）三个方面。知识主要决定"写什么"，能力决定"如何写"（写作知识也与"如何写"有关），情操决定"为什么写"。由于它综合考虑了知识、能力与情操三方面的因素，所以它属于"三维操作"作文心理

---

① 何克抗.儿童思维发展新论——及其在语文教学中的应用［M］.北京：北京师范大学出版社，2007：125－127.

模型。

　　该模型可取之处还在于提供了一些写作教学方法和策略。如"知识维"的教学中提到,写作知识的教学可在各个作文教学环节中体现,但最集中完成写作知识教学的是在师生共同评议批改的"协作学习"环节;生活知识可结合"情境创设"和"观察指导"进行学习。"能力维"教学(包括观察能力、想象能力、思维能力、语言表达能力四种)体现在相应的四个教学环节中。"情操维"的教学主要体现在"情境创设""观察指导""审题定中"和"协作学习"等环节,但最好能把情操维贯串在整个作文教学过程的每一个环节中。

表3-3　三种维度操作模型对比

提出者(时间)	名称(内容)
博瑞特(1987)	知识表达型作文心理模型(一维:知识)
朱京曦(1997)	表象操作型作文心理模型(准二维:知识、能力)
何克抗等(2007)	思维加工型作文心理模型(三维:知识、能力、情操)

　　上述三个维度操作模型具有明显的演进关系:博瑞特等人一维(知识维)"知识表达型"只关注到作者对于知识这个单一维度的转换问题;朱京曦的"表象操作加工过程模型"则进一步考虑"表象知识"(特别是与字、词、句、篇有关的写作知识)和"加工能力"(包括观察能力、表象加工能力和语词加工能力)这两方面因素在作文过程中的作用;而何克抗等人提出三维操作作文心理过程模型,既强调了"思维"在内部心理加工过程中的重要作用,同时综合考虑了写作多方面的因素,涉及了知识、能力、情操三个方面因素及其各自作用。这三个模型在解决了"如何转化、转化什么和为什么转化"的问题上往前迈进了一步。

　　(四)"维度操作"模式的局限

　　那么,何克抗等人的三维模型有不足吗?回答是肯定的。何克抗等人模型的问题在于,写作能力不可能是各项陈述性知识和能力指标的简单叠加,而应该是多种要素构成的一种语言表达和交流情境以及这种情境之下"策略性知识"综合作用的结果。何克抗等人的模型将"情操"融入其中是一种进步和完善,其最大贡献应该是考虑了写作的动机部分的因素,但也不仅仅简单的就是"情感、道德、价值观",因为情感人人都有,可写作为何不能人人可为、人人愿为呢? 其中应该还有别的东西在起作用——因为这些模型都是从个体认知角度解释写作的,而写作作为一种社会交流行为,交际语境的因素也至关重要。这点我们将会在下一章具体阐释。

上述过程写作的四种模式划分,只是为了研究方便,它们之间并不是截然对立的,而应该是一种交叉、结合、完善、发展的关系。如"阶段模式"中含有"认知模式"的萌芽;"认知模式"中含有"社会交流"写作的成分。弗劳尔等人著名的写作过程模型将"写作过程系统"分为"计划—转译—回顾"三部分,是对"阶段模式"合理内核的吸收和保留。从另一方面也可以理解为,"认知模式"是"阶段模式"的一个内在化运作,"阶段模式"关注的是写作者外在行为的变化,而"认知模式"则进入写作者的大脑或认知内部进行研究,初步解决了过去大家一直没有解释的写作中"大脑黑箱"运作问题。"转译模式"作为一个类别,可以看作将"阶段模式""认知模式"中的"从思维到语言"的转换环节,进行了"细部放大"的重点攻关研究,这样就把写作过程中"语言转换的秘密"给揭示出来了。"维度操作模式"重点解决了"写作内容的来源"等问题。

上述四种模式之间有一种内在的逻辑发展线索,后人总是在前人已有成果和研究的基础上不断发展,形成更加完善的理论。

第四节 专家作者与新手作者

国外学术界关于"优秀写作者"的概念，包括"优秀写作者"（excellent writer）、"写作能手"（competent writer）、"高效作者"（effective writer）、"专家作者"（expert writer）、"有经验的作者"（experienced writer）、"好作者"（good writer）、"专业作者"（professional writer）等。斯科特（Scott，1996）定义的"有能力的作者"（competent writer）指"那些已经达到一个给定的能力水平，能够有效地并且令人信服地进行交流"的作者。研究重心有两个：一是关注写作的信息加工过程，二是对专家作者和新手作者进行对比，以窥见写作者的外部行为特征，从而为学习者的正确行为塑造和有效教学提供依据。

一、从"好文章"到"好作者"：研究重心转移

"文章写作"从结果上来说关注的是"好文章"的标准，以为规定或者悬置一个"好文章"的标准，让大家仿制，就能达成提高学生写作能力的目的。在这种思路下研究写作，"中心明确、结构完整、语言优美"等好文章要素就成为关注重点。

然而事实证明，"好文章的标准"与"写出好文章"不是一回事。其间最重要的区别是，"写出好文章"需要作者在这个过程中具备良好的认知心理、有效策略和高效行为特征——这都是"好作者"的特征。从"文章写作"到"过程写作"转型的直接表现是：由关注"好文章"到关注"好作者"，从"好文章特征的静态分析"到"优秀作者特征研究"的转型。这是过程写作研究的又一个突破。

二、专家作者与新手作者：不同特征及相应教学策略①

国外对专家作者与新手作者的研究始于 20 世纪 70 年代,在二十世纪八九十年代形成热潮。国外关于"专家作者"研究比较著名的代表人物有：埃米格(1971)、弗劳尔和海斯(1981)、斯卡德玛利亚和博瑞特(Scardamalia & Bereiter, 1982, 1986)、克拉什(Krashen, 1984)、希洛克斯(Hillocks, 1986)等。

国内外在这方面研究成果比较突出的有：弗劳尔和海斯对一般作者写作的心理历程分析;斯卡德玛利亚和博瑞特(1986)的新手作者和专家作者"知识转述模式"的差别研究;美国学者克拉什对此问题的荟萃分析研究;②我国台湾学者张新仁的综述研究和报告。③ 这些研究大都以写作过程中的环节差异比较为主,揭示专家作者和新手作者的不同行为和心理特征。我们结合克拉什、张新仁的研究,参照最新资料,梳理专家作者和新手作者的不同特征。

（一）构思阶段

优秀作者比差作者构思计划时间更多。斯塔拉德(Stallard, 1974)发现,在写之前,写得好的高中生比写得一般的高中生运用更长时间来思考(前者 4.18 分钟,后者 1.2 分钟)。皮昂科(Pianko, 1979)对大学新生"传统组"和"补习组"的研究中指出,写得较好者写之前用了更多的时间("传统者"1.64 分钟,"补习组"1.0 分钟)并且在校外做了更多的写前准备。沃

---

① 本部分参考了 Alice Omaggio Hadley 的《在语境中教语言》(北京：外语教学与研究出版社,2004 年)"写作研究成果：第一语言的视角"第 310—331 页;Stephen D. Krashen 的《写作研究的理论和应用》(*Writing: Research, Theory And Applications*)一书(Englewood, NJ: Laredo Publishing, 1991: 11－19)有关内容;张新仁《写作的认知历程研究：跨教育阶段别、不同写作能力的学生在不同写作文体上的写作历程和写作表现(I)》等文献资料。由于这些资料多为综述性质,比较烦琐,恕不一一具体注明。

② Stephen D. Krashen. Writing: Research, Theory And Applications[M]. Englewood, NJ: Laredo Publishing, 1991: 11－19.

③ 张新仁. 写作的认识历程研究：跨教育阶段别、不同写作能力的学生在不同写作文体上的写作历程和写作表现(I)[R]."行政院国家科学委员会"专题研究计划报告,2004.

尔和彼得罗夫斯克(Wall & Petrovsk，1981)发现，更多的写得好的大学生在正式写之前花费了较长时间来思考，而能力较低的写作者提及开始写时"只是开始罢了"。罗斯(Rose，1980)和萨摩斯(Sommers，1980)的访谈表明：好的写作者不仅构思更多，而且拥有更灵活的方案。克拉什(1984)指出熟练的作者倾向于运用循环式的、非线性的写作方式。埃米格(1975)对专业作家的研究表明，尽管很少有人运用标准的提纲形式写作，但全部报告说在写前运用了一些内容和组织的计划。

（二）行文阶段

优秀作者在继续写下一部分之前更经常地停下来重读他们已经写出的东西。他们有时因为有了新的想法而中断写作。没经验的作者经常遵循着在作文课上学到的一些固定规则的写作。克拉什认为"回扫"有助于作者保持文章整体感并进行下一部分的构思。好的作者在写的过程中停顿回扫更多。在斯塔拉德的研究中，好的作者在写作过程中平均停下来重读 3.73 次；而写得差的学生，每个人重读平均少于一次。皮昂科的研究表明，"一般"学生停顿的次数是"补习"学生的两倍；写得好的学生回扫文章的次数是一般学生的三倍(平均 11.71 次每篇作文相比 3.7 次每篇作文)。沃尔和彼得罗夫斯克也报告：较多的高级写作者有较频繁的回读趋势。贝奇(Beach，1979)指出：所有作者都有"丢失思路"的问题，即在写的过程中失掉了对整篇文章感觉的现象。回扫很明显能帮助专家作者保持对作文的整体感觉或"框架图"，回顾整体构思计划和目标，改进并整合新的想法。

（三）修改阶段

实验表明，好的作者比差的作者修改更多。斯塔拉德发现写得好的高中生每篇文章平均修改 12.24 次，而一般学生每篇文章修改 4.26 次。更多报告发现，不同水平写作者的修改侧重点不同：好的作者着眼于内容，而较低水平的作者着眼于表面形式。好的作者理解作文是"由凌乱抵达清晰的过程"(克拉什，1984)，而差的作者常常对他们修改稿的价值没有清晰的认识。萨摩斯(1980)比较学生和资深作者(记者、学者和编辑等)后报告说：对学生作者来说，修改围绕语法规则、遣词和连贯性进行。他们假定想要表达的意思在第一稿时已经呈现，修改只是发现更好的词来表现它罢了。他还报告说：对资深作者来说，第一稿只是尝试着"界定他们的疆域"，而接下来的修改则帮助作者"发现观点"并继续创造新的含义。皮尔(Perl)从五个不成熟的作者中得到明显的"修改只是一种校对"的印象，他们有意识地对一些小的语法、拼写和标点的运用进行修改，似乎它们才是修改过程中最重要的。皮尔指出正是他们"不成熟的校对"打破了"思考和写作产生的节奏"，使得写作"失去了思路"。可见，专家作者着眼于内容的修改，而低水平作者更关注技巧、语法和拼写，这其实混淆了修改和校对的区别。

（四）读者意识

专家作者的另外一个特征是读者意识比较强。新手作者往往是"主题相关型"(tied to the topic)和"作者中心型"(writer-center)，而优秀作者往往是"读者中心型"(弗劳尔和海斯，1981；克拉什，1984)。弗劳尔和海斯(1980)指出专家作者远比新手作者更加关心读者。他们用较长的时间思考作用于读者的文章效果，比如呈现给读者的口气，读者需要什么样的背景知识等。与此不同的是，新手作者只是倾向于"与话题有关"而已，只用很少的时间来考虑读者。弗劳尔(1979)认为新手作者在把"基于作者的作文"转换到"基于读者的作文"的过程中面临着困难。以作者为中心的文章往往资料含混、含义模糊，缺乏清晰的组织，主要的观点也不清晰。好的作者，能够把"以作者为中心的文章"转化为"以读者为中心的文章"，具有一种"较少自我中心且试图敏感呼应读者需求的风格"。低效作者意识不到读者的需要，或者是他们意识到了却不愿也不能在写作中把读者考虑在内。皮尔(1979)发现：写作能力差的大学生，往往是"自我中心"(ego-centricity)的。

（五）其他方面

在写作速度上，斯塔拉德(1974)的研究发现：写作能力佳的高中生作文时间较久(平均 40.8 分钟),写作速度较慢(平均每分钟写 8.73 个字);普通的高中生则作文时间较短(平均 22.6 分钟),写作速度较快(平均每分钟写 13.47 个字)。造成两者差异的原因,可能是写作能力佳者在写作前思考较久,且在写作历程中较常回顾前文并作修改。在写作态度上,斯塔拉德(1974)的研究指出,写作能力佳的高中生较喜欢作文,写作能力普通的高中生较不喜欢作文。但两组在写日记的习惯上并无显著差异。在写作知识上,大多数学者认同里弗斯(Rivers,1975)的观点,即无论使用何种语言的优秀作者都需要熟悉本语言文化中的书面语言的常识性知识,如选择精细传达意思的同义词,选择准确表达意思的句法结构,以及采用最能传达意义和取得效果的修辞手法等。

表 3-4　专家作者与新手作者不同的行为特征及其相应教学策略①

写作过程		写作专家与优秀者	新手作者与较差者	教学策略
计划阶段	设定目标	会预先设定目标,整体规划;"有意义的沟通"	想到哪,写到哪;"避免犯错",关注字、词、句局部	⊙ 师生个别讨论 ⊙ 自选题目或根据学生知识经验命题 ⊙ 预设结尾 ⊙ 教文体结构 ⊙ 写前阅读、观看、提出引导性问题、讨论、脑力激荡等 ⊙ 鼓励多思考 ⊙ 写下想到的词句 ⊙ 口头作文 ⊙ 提供句首用语 ⊙ 组织结构分类 ⊙ 教文体结构
	产生想法	更能长篇大论、想法较多	产生的想法较少,不懂利用线索,缺乏自我调整想法的能力,内容贫乏	
	组织想法	考虑文章的组织结构	很少顾及文章结构	
	计划方式	少有要点或拟大纲方式,非线性、循环,方案自由灵活	缺少灵活的方案	
	写前时间	运用更长时间来思考,更多的写前准备	思考时间短,很少做计划或笔记,写时"只是开始罢了"	

---

① 本表借鉴了张新仁(1992)的相关研究思路和方法,参照新资料做了充实与补充。

（续表）

写作过程		写作专家与优秀者	新手作者与较差者	教学策略
转译阶段	转译模式	"知识转换模式"：除内容是否符合题意外，还同时监控评估文章的组织及文字的修饰，不断思考其适切性并修正改写	未想好之前就写作，倾向于"想到什么就写什么"	⊙ 起草初稿时，不宜过于强调字、词、文法、标点 ⊙ 口头作文 ⊙ 教文体结构
	关注点	专注于句子的结合和段落的连贯（基础已精熟）	专注于字词、文法、标点等写作基础，缺乏文体结构知识	
	暂停方面	暂停次数多寡与题目的熟悉度有关、暂停多；为内容、目标暂停；大多在写下段时暂停；句子片段较长	分心，因思索拼写、文法和标点暂停；在写句子或用字遣词时暂停；写出的句子片段较短	
修改阶段	循环方面	有经验的作者愿意采用循环的写作过程；并不总是严格地运用线性构思，而用循环式的、非线性的方法	没经验的作者，经常是遵循着一些他们在作文课上学到的固定的规则；对他们修改稿的价值没有清晰的认识	⊙ 学生同伴互改 ⊙ 提供程序上的帮助，如提示卡
	修改阶段	有经验的作者将修改看作产生和"发现意义的过程"；着眼于内容修改，倾向于整体实质性的修改；修改类型多样化；改时长、内容多；考虑读者	新手作者混淆修改和校对；瞄准技巧等形式，较少关注内容。倾向于局部和低层次的修改，如字、词、文法。修改时间较少	
读者意识		更加关心读者、作用于读者的文章效果、口气、背景知识、"基于读者的作文"	倾向于"与话题有关"而已，用很少时间考虑读者。意识不到读者或意识到也不愿考虑在内	运用自我提问方式，唤醒和强化学生对于读者的关注

（续表）

写作过程		写作专家与优秀者	新手作者与较差者	教学策略
其他方面	写作速度	作文时长，速度较慢，思考较久、顾及前文并作修改	作文时间较短，写作速度较快	给予学生充裕的时间写作和修改
	写作态度	较喜欢作文	较不喜欢作文	激发写作兴趣
	写作知识	熟悉语言文化常识、句法结构、修辞效果		词汇积累、名篇记诵、海量阅读等基本功训练

综上可见，专家作者与新手作者在写作历程中存在许多差异。写作专家往往以"有意义沟通"作为写作目标，具有较强的自我调整能力，能利用线索来推进写作，具有较好的文章组织能力与策略，具备较好的写作构思和自动化写作技能，能够释放更多的认知资源来处理句子与段落的连贯性；专家作者具有较丰富的主题知识，且能主动产生读者心像以引导写作。而新手作者则存在种种问题和不足。这些都可以成为课程与教学的目标和策略开发的依据。

三、专家作者和新手作者研究的意义

专家作者和新手作者研究，能帮助我们认识不同写作学习者的特征，为开发基于不同类型写作者的课程内容和教学策略提供科学依据。学者张新仁认为：了解专家作者和新手作者的差异，不仅有助于我们理解写作的复杂历程，亦可作为写作教学引导与程序促发的基础，帮助学生或新手作者掌握成为专家作者的写作策略。

无论中外，传统写作教学往往以一种经验主义的态度开展教学。正如埃米格所说，"美国高中大多数老师的作文教学是一种想当然的活动"，并没有按照优秀作者的典型行为去教。[1] 搞清专家作者和新手作者在写作过

---

[1] Alice Omaggio Hadley. 在语境中教语言[M]. 北京：外语教学与研究出版社，2004：314.

程中不同的心理特征和行为方式,无疑可以为研制写作课程、制定科学的写作教学方案、选择有效的教学方法和策略提供科学依据。

然而,在这个过程中要分析"科学结论"的适用性。据朱晓斌、张积家实验研究:"自由目标效应"(自由命题)和"样例效应"(提供写作要求和规范)受学生写作水平的影响。"自由目标效应"对高水平写作者有促进作用,但会降低低水平写作者的成绩;"样例效应"对低水平写作者有促进作用,但对高水平写作者的写作成绩无显著影响。[①] 这与大家的经验似乎并不太一致,我们研究发现,给学生提供或者指定范文(例文、课文)是写作教学最普遍的做法,但这种做法效果很一般。美国全美写作项目(NWP)2007 年发布的《提高中学生写作的有效教学策略》报告也证实了这一点。[②]

再如,到底是什么原因导致新手作者和专家作者的差别呢? 希洛克斯(1986)比较了 500 多项母语写作实践实验研究,告诫我们不要轻易得出结论。专家作者写作好是因为他们构思时间多并且更关注内容、组织呢,还是因为专家作者已经掌握某些技巧而不必为那些事情浪费时间? 是否写作教学应该关注构思、组织或内容而放弃关注构词法? 这些疑问都有待验证。关于是否可以通过描述"优秀写作者"的特征,找到适用于所有新手作者的解决方案,阿普尔比(Applebee,1986)警告说:如果一种方法被看作一种时尚,则有可能成为或退化为一种僵死的公式。[③]

---

① 朱晓斌,张积家. 自由目标效应与样例效应对学生写作成绩影响[J].心理科学,2005(05).

② Graham, S., & Perin, D. Writing Next: Effective Strategies to Improve Writing of Adolescents in Middle and High Schools — A Report to Carnegie Corporation of New York [R]. Washington, DC: Alliance for Excellent Education, 2007.

③ Alice Omaggio Hadley. 在语境中教语言[M].北京:外语教学与研究出版社,2004:314.

第五节　过程写作应用

正如本章开篇已经说过的，"过程写作"起初是作为一种写作教学方法出现的，可是后来随着"过程写作运动"的深入，它已经进入课程层面，成为欧美一些国家母语课程写作标准中不可或缺的内容。过程写作的课程内容、教材内容以及教学策略之间是一体化的，有时并没有实质区分，故将三者一起探讨。

一、课程标准中的"过程写作"

"过程写作"作为课程内容已被纳入欧美等国家的课程标准中。美国加利福尼亚州写作内容标准中，每个年级的"写作策略"都贯串了"过程写作"的理念：

> 学生写明白、连贯的句子和段落，形成中心观点。作品表现出读者和目的意识。学生通过以下写作步骤（如构思、打草稿、修改、编辑定稿）获得进步。

美国 2004 年新泽西州核心课程内容标准中：

> 在一个成功的写作活动中，学生应在各个阶段写作过程（包括预写、起草、修改、编辑草稿）以及其他写后环节（其中包括出版、介绍、评价和表演）中，形成和展示出流畅的写作能力。这些过程写作的要求

渗透在各年级的要求中。（笔者依据美国各州新颁布的课程标准官方网站文本翻译）

如澳大利亚维多利亚州《英语课程标准》中关于"写作的策略"①：

计划、创作、记录、编辑和发表

在学前至 4 年级的写作"课程重点"的"策略"项目中：

教师向学生介绍在写作中记录观点和信息的策略。学生观察教师所展示的构思、创作、修改、发表文本的过程。

5—8 年级涉及过程写作教学的内容：

学生熟练掌握集体讨论、做笔记、构思、运用范文、起草、校对、编辑等策略。

二、教材中的过程写作：以《作者的选择》为例

美国加利福尼亚州写作教材《作者的选择》一共有 12 册，每年级配备一本。② 教材内容分两部分，第一部分是作文，第二部分是语法和用法。作文部分一般分为七个单元，依次是个人写作、写作过程、描述性写作、叙述性写作、阐释性写作、说服性写作、写作问题和解决。每个单元前面有一篇

---

① 丛立新，章燕. 澳大利亚课程标准[S]. 北京：人民教育出版社，2005：43,52,61.
② Glencoe. Writer's Choice：Grammar and Composition [M]. New York：McGraw-Hill Education，2002.

位于《在真实世界中写作》栏目下的先导性材料,然后是一步步地进行分解性的或单项训练教学,最后是写作练习活动、文学样例和单元复习。每一册的第二单元都是专章的"写作过程"教学的内容,同时在每种文类写作中,"过程和方法"都是主要内容。这套教材的写作过程一般分为五个环节:预写—起草—修改—编辑和校对—出版和提交。(如图3-3)

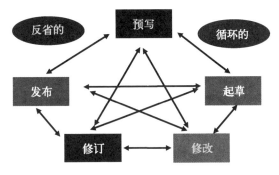

图3-3　写作过程和步骤图

下面是6年级第二单元"写作过程"内容(目录)——

在真实世界中写作:帝国缔造者:风景名胜解说指南

2.1　探索写作过程:关于写作过程

2.2　预写:寻找话题,形成话题

2.3　预写:组织想法,列一个想法清单

2.4　起草:在纸上写下来(写草稿)

2.5　修改:再检查你的观点(修改草稿)

2.6　修改:形成段落(运用好的段落)

2.7　修改:让句子流畅,使得段落流畅

2.8　编辑或校对:检查细节,编辑草稿

2.9　出版和呈现:分享你的作品

整个教材内容是结合着例文一步步教学生学会自己按照一般的写作过程步骤操练,整个单元可能需要数周的时间,每个环节的训练有具体细致的教学实践训练环节。

三、过程写作策略

过程写作法一般包括写前准备、初稿、反馈、修改和发布五个阶段。每个阶段都有相应的写作教学策略可供选择。基于过程的写作策略开发是国外写作教学研究的重要成果。

(一)写前准备策略

写前准备(Prewriting)阶段,也叫构思、审题或打腹稿。写前的这个准备阶段对随后写作活动的顺利展开至关重要。关于"写前准备"这一环节,一位写作教学专家这样说:"写作前的'预写'往往是所有学生最易忽略的一个环节。它是一个最初做出许多重要决定的环节。在这个环节,学生将决定写作的话题,不仅确定文章的读者,而且包括写作的目的。也正是在写前的这个环节,学生将收集和组织他们的最初想法,并根据文章的读者和目的,选择恰当的文体样式(汤普金斯,2000)。从本质上讲,写作前的'预写'环节不仅为学生的写作直接定向,而且作为草稿的基础,需要在随后的写作全程中始终遵循。"①

研究表明构思过程需要涉及审题、选择和组织信息,这些都需要语言文字的程序性知识、策略性知识和反省认知知识,写作构思约占总体写作时间的1/2到2/3。② 默里(Murray,1982)认为至少70%的写作时间应该应用在预写作阶段。③ 构思阶段关键是要打开思路,进行自由思考和想象,

---

① Rose Ellen Carter. Teachers as Co-authors: Internalizing the Writing Process[J]. Journal of Educational Enquiry, Vol. 7, No. 2, 2007.
② 邵瑞珍. 教育心理学[M]. 上海:上海教育出版社,1997:126,128,130,134 - 137.
③ 董蓓菲. 全景搜索:美国语文课程、教材、教法、评价[M]. 上海:华东师范大学出版社,2009:118.

不必拘泥于逻辑的束缚。美国人约翰·宾(John C. Bean)曾把法语中初稿的"brouillon"和英语单词"plan"和"outline"比较,说明法语一词所暗示的写作起草应有混乱无序状态。他甚至说英语强调的有序思维,损失了写作中创造的乐趣,"造成的社会损失是不可估量的"。①

在这个环节中有许多行之有效的写作策略。如审题策略、提纲策略、"头脑风暴"(Brainstorming)、自由写作(Free writing)、树枝分叉法(Clustering)、"5W1H"提问(Questioning)、讨论法(Discussing)、列要点(Listing)、列提纲(Outlining)、表格法(Charting)、画地图(Mapping)、访谈(Interview)、角色扮演(Role play),以及想象、联想、读书、查资料、调查、访谈、研究、观察、回忆、聊天、笔记和涂画等,这些方法和策略能有效地激发学生的发散性思维,有助于学生搜集、触发、提取写作素材。

关于写前构思策略,下面我们重点介绍几种:

1. "头脑风暴"(Brainstorming)

"头脑风暴"也称智力激励,即我们说的"集思广益""浮想联翩",这是一种产生新观念、激发新构想的思维方法。它由美国"创造学之父"奥斯本在20世纪30年代末提出,可以作为一种写作策略来使用。

它的使用方法是:选定一个话题,如"假如我中了百万大奖",让学生以个人或小组的形式思考、讨论,集思广益,务必让大家将大脑中想到的一切信息、想法、观点等随意写下来。只要与话题有关,任何稀奇古怪的想法都允许提出,并记录下来,作为下一步思考的材料。

实施"头脑风暴",要鼓励学生尽量从不同角度、不同层次、不同方向进行发散性思维,打破各种条条框框的限制,放松思想,自由想象。"头脑风暴"的目的是追求想法的数量而不是在乎它们的质量。这与我国古人讲的"心骛八极,神游万仞"的写作构思和"放胆文"思想是一致的。

---

① 约翰·宾.研究性学习[M].南京:江苏教育出版社,2004:12.

"头脑风暴"可以使很多想法、信息、物象、主意滚滚而来,作文就会有写不完的材料,"没有内容可写"的问题就可以有效地得到解决。

2. 自由写作(Free writing)

"自由写作"是皮特·埃尔伯(Peter Elbow)在《无需老师教写作》①一书中发明并首次使用的。他提出,自由写作的目的是鼓励学生把想到的内容先全部写下来,然后再提炼要写的内容。

这种自由写作的做法是:在限定的时间内(5—10 分钟)快速书写,想到什么就写什么。自由写作的唯一要求就是:往下写,不要停止! 有不会的字词绕过去,以确保有新的词句帮助念头产生;不要担心字词、标点、组织结构或风格等,因为此时自己是文字的唯一读者。一旦学生完成自由写作,最好与附近的同学分享。自由写作的优势是能够让大脑快速运转,在限定的短时间内迅速写下与主题有关的一切内容。皮特认为,自由写作看起来有点疯狂,这种状态就好像作者将想法"泼到"纸上一样,这种写作有点像"胡言乱语"或者"闲聊",实际上制造了一种简单书写的感觉。可正是这种状态打破了写作面临着的顾虑和束缚,使作者进入一种自由自在、无拘无束的表达状态中去。自由写作是帮助学生打破思路"卡壳"问题,发掘自己写作潜能的好方法。朱光潜曾谈到他写作的经验,即"自由联想"②,其实就是这种方法。

3. 分叉思维(Clustering)

分叉思维又称"集群思维法"或"树枝分叉法"。它要求作者用一种直观的发散思维的方法,针对话题进行广泛的联想和想象。这是一种让大脑围绕触发(stimulus)产生思想、形象和感觉的非线性的构思策略。教师引导学生,或者作者自己围绕一个核心,迅速地联想与之相关的词或物象,并将所有想到的事物和词汇围绕中心词进行空间或逻辑关系上的罗列。这

---

① Peter Elbow. Writing Without Teachers[M]. New York:Oxford University Press,1973.
② 朱光潜.谈文学[M].合肥:安徽教育出版社,2006:54.

种方法可以自己独立运用,也可以师生、小组或集体运用。

以上都是创生写作内容以及自由行文的"最有效的方式"。它们的共同特点是给学生充分的自由,教师不提出诸如题材、体裁、篇幅、语法、主题等具体性的写作要求,学生在写作过程中拥有更广泛的自由空间。这些方法可以以一种发散思维的方式思考问题,罗列无限丰富的材料,鼓励学生发现个人经验中有用的细节,促进想象能力、洞察能力等的发展,养成良好的写作思维习惯,从而为完整而规范的创造性写作奠定良好的基础。

(二) 起草(Drafting)的策略

"有东西不会表达"或"说得头头是道,一写就没词"也是学生写作中常见的现象,这既涉及写作思维的程序、步骤,选材、谋篇的策略技巧,也涉及字、词、句、段的表达技能。与我国注重审题、立意、谋篇布局的训练不同,国外比较注重写作思维方法的教学,如分门别类地整理信息的"簇型图"(Clustering);比较两种事物之间特征的"比较和对比图"(Compare/Contrast);展示事件发生相互影响的"环形结构图"(Cycle);展示复杂事件现象、原因和结果之间关系的"鱼骨图"(fishbone mapping);展示人与人、组织与组织之间复杂关系的"框架互动图"(interaction outline);用来组织复杂的问题和可能的解决方案类文章的"问题解决法"(Problem/Solution);用来梳理文章主题和分论点以及细节之间复杂关系的"蜘蛛图"(spider map);另外还有流程图、维恩图、故事图等。这些既是基本的思考方法和思维框架,也是一些基本的文章图式,它们对于开发写作思维和组织文章很有帮助。

国外比较注重起草中写作思维策略的开发。如"是何、为何、如何(What-Why-How)"策略,"行—感—场景(Action-Feelings-Setting)"策略,"内容、目的、读者(Content/Purpose/Audience)"策略,这些对学生打开文章思路很有帮助;又比如,"想法—细节(Idea-Details)"策略可以引导学生将某一事件或者观点具体化。再比如国外主张把写作行文看作"一个告诉和呈现的游戏(a game of show and tell)"的过程,你可以用一句话把事情说出来(tell),然后用一系列细节去丰富完善(即 show)。[1] 有了内容之后就需要有策略帮助学生将内容转译成语言文字,将散乱的物象、素材、文字建构成精美的篇章。这方面传统的仿写、扩写、缩写、摘要写作,以及海量阅读、读写结合、范文模仿等做法仍然是非常有效的。

（三）修改(Revising)的策略

中外都比较重视写作的修改,可是在修改内容和教学理念上有一些不同。比如在关注重点上,我国重视的多是文章局部字、词、句的正误通顺等"小修改";而国外更加注重宏观层面即思想内容和结构的"大修改"。在修改理念上,西方将修改"看作一个重新认识、重新发现、重新创造的过程",是"作者基于对包括题目、读者和目的等方面的修辞环境的清醒体认,是对内容和形式重新认识、发现和创造"。它不同于纠正文稿中谬误的"修改"和校正。修改被认为应该贯串写作的整个过程,他们甚至说"写作就是重写(writing is rewriting)或修改"。[2] 从交际语境写作角度看,修改的目的是更好地组织文章的内容和观点,使自己的写作意图淋漓尽致地展现在读者面前。因而,国外有一种说法,"起草是为自己的过程,修改是为读者的过程"。

（四）修订(Editing)的策略

修订是指对文字的最后整理和润色,主要是指写作者对文章中的文字、措辞、语法、标点等进行订正。在国外,"修订"(Editing)有别于"修改"(Revising),它们是两个不同的概念,是两种不同的写作策略和阶段,方法也不同。比如修订可以采用下面的方式:

1. 教师提供一份编辑清单以帮助学生编辑自己的作品。如:

（1）语句是否重复?

（2）句子是否很难理解?

---

[1] Steve Peha. The Writing Teacher's Strategy Guide[DB/OL]. http://www.ttms.org.

[2] 祁寿华.西方写作理论、教学与实践[M].上海:上海外语教育出版社,2000:176-177.

（3）词语语法是否正确？

（4）是否正确使用标点符号？

（5）行文语气是否恰当？

2. 段落之间的衔接过渡是否合理？

3. 同学之间结成对子修改。

4. 通过朗读修改，看自己作文的语言"上口不上口"，一般来说，读起来不上口，觉得别扭，那一定有毛病。

（五）发布（Publishing）策略

交流、分享和发布应该是写作的最终目的，发布是写作过程的最后一环。美国人认为"当孩子有机会与读者共享自己的作品时，他们就知道了写作的本质是交流，写作技巧变得有了意义，孩子们会因帮助自己并帮助了他人而获得控制感"。这也就是国外提倡的"让学生像作家一样写作"①。这样写作就成为一种有意义的自主发展的生活方式。

发布自己的作品，可以采取以下方法：

1. 大声朗读自己的作品。自己就是作品的读者。

2. 小组内朗读自己的作品。这既可以达到交际目的，也可以满足发表交流的欲望，还可以及时得到反馈。

3. 教室内展示。一些优秀教师在教室开辟习作发布的园地，这既可以达到激励学生的目的，也是课堂文化建设的好形式。

4. 编辑成杂志、文集和书籍。有的教师将学生的习作变成定期的或不定期的杂志，建立起一种班级学校发表的途径和机制，这使学生的作品实现流通。

5. 网络发布。在校园网、作文网以及一些论坛、博客上张贴发布自己已完成的作品。这是当今信息网络社会的可行便捷方式。

---

① 斯坦伯格，金奇洛. 学生作为研究者——创建有意义的课堂[M]. 易进，译. 北京：中国轻工业出版社，2002：122.

6. 报刊投稿。20 世纪 40 年代，朱自清先生就指出，学生的写作应以"报章化"为目标。斯皮维说，这样作品就变成"商品"，进入流通领域。作品发布能让学生真正体验到真实写作的喜悦，成就感、自我效能感、动力得到增强。

四、过程写作的意义和局限

过程写作教学理论的最大优势在于从写作的具体过程和写作者的认知心理出发研究写作，关注重心由写作产品转移到写作主体上来，这是写作理论的重大变化。过程写作的重要意义在于：

（一）实现了由关注外在写作结果向关注主体思维的转变

如果说"文章中心"的写作研究是从静态的文章要素（如"中心突出、结构完整、内容充实、语言流畅"等客观的视角）出发的，那么"过程中心"的写作研究采取的是写作流程、运行机制以及作者心理的视角。前者以文本为中心，是物本主义课程观的体现；后者以作者为中心。前者以模仿或制造出"好文章"为直接目标；后者以发现和造就"好作者"为直接目标。前者是结果中心课程的体现，后者是过程中心课程的体现。目前的过程写作已经进入对于写作者内部认知、思维、情感转换以及与外在环境之间的交流机制研究的阶段，这更加接近写作的真实本质。写作既是一种外在的活动程序，更是内在的心理运作。这些都大大推进了对写作教学本质的认识，促进了写作教育的专业化、科学化发展。

（二）实现了由教知识向设计教写活动的转变

传统的写作教学主要是向学生传授写作知识，这些概念性、陈述性、教条式的知识，所能发挥的作用十分有限。过程写作实现了教师由注重讲授写作知识到注重"学生写的活动"设计的转变。教师写作教学的一切设计、活动、过程、支架都要围绕引发学生写的动机，创设学生写的情境，引发学生写的欲望，降低学生写的困难，提供学生写的内容、素材和方法展开。在这个过程中,教师要具备丰富的写作知识、写作策略知识和写作教学知识,教师要对学生写作的学情、困难和障碍有比较透彻的了解,掌握丰富的应对措施和经验,尤其是要掌握写作支架设计的方法,平时要准备好充足的预案……这些写作学科知识、教学知识、支架知识等是教师专业素养的重要组成部分。

(三)实现了个人写作向学生合作写作的转变

过程写作主要是从写作者个体认知的角度来描述写作过程的,但并不排除个人和他人之间的合作。很多时候,教师可以充分借助课堂教学优势,让学生群体开展脑力激荡,调动学生间的合作和竞争因素,营造写作的紧张、活泼气氛,降低写作困难,增加写作乐趣。不过,一切教学方法都要把握一个限度,如果将外在的活动搞得太过,课堂充满了密集活动,几乎占用了全部时间来合作,不给学生独立思考和自主写作的机会,也会适得其反。这一切的关键就在于教师对于学情的准确把握和调度:如果写作任务过于繁难,可以采用合作写作的方式进行;一旦活动调动起学生的写作热情或创生出足够的写作素材,掌握了足够的方法后,就应该及时转入独立的写作过程中去。

总之,过程写作有着比较明显的优势。首先,它强调写作过程,使作文可教可学。有人说,"过程写作教学法最终打破了教师无法掌控学生写作过程这一魔咒"。① 其次,强调作者的主体意识和能动作用。过程写作更强调作者的作用和"内心世界",诸如作者的自我发现、作者触发或生成写作内容,调动自己的知识储备,计划、执行、监控自己的写作过程等都有许多有效的策略作保障。第三,强调写作过程中的互相激发与协作。过程写作要求师生之间以及同学之间的相互激发、配合、协作。比如建立"合作写作小组",就一共同话题或写作任务分工协作,形成一个互帮互助的"写作共

---

① 董蓓菲.全景搜索:美国语文课程、教材、教法、评价[M].上海:华东师范大学出版社,2009:124.

同体"。

然而,过程写作也存在着各种不足:由于过程法强调写作的过程,容易忽视语言基础训练和写作基本技能教学。各类文章都采用同样的过程,忽略了不同体裁文章篇章结构之间的区别,不利于限制性作文能力的培养。过程教学改变了以往写作教学片面强调写作知识和机械模仿的倾向,也不像结果教学法那样一次性地完成作文,这使得学生完成写作任务的时间拉长,效率不高。过程写作容易变成机械操作的流程,容易抑制学生的创造冲动。过程写作既需要教师具有较高的教学技能,也需要学生具备较高的写作知识和能力基础,如:良好的语言表达能力、写作知识、合作写作的习惯、充裕的写作时间以及丰富的课程资源等。[①] 过程写作对不会写作的学生或者基础差的学生是一种比较好的方法,而且过程写作有助于培养学生健康的、良好的写作观,便于学生学,也便于教师教,有利于实现写作能力的迁移。不过,如果有人想通过"过程写作"提高"应试写作能力",可能一时半会儿很难见效。

"过程写作运动"促进了西方国家写作课程教学的全面转型,可这种转型在我国并没有真正发生。很多专家和教师的写作观念还停留在文章写作范式上。可喜的是,目前写作中的"支架设计""过程指导""环节教学"已经成为优秀写作教师们的自觉行动。但在我国本土化的写作策略开发、过程指导探索、教学模式和方法研究上,还有很大发展空间。

---

① 罗明礼.国外外语写作教学法之回顾[J].国外理论动态,2008(11).

第 四 章

交际语境写作论

这是一个别人和我一样都是主体的周围世界,是一个如何把别人当成我一样去理解和交往的日常世界。

——胡塞尔

【阅读提示】

二十世纪八九十年代,随着功能语言学、建构主义、情境认知理论的兴起与发展,写作课程领域发生了新的"范式转换",即由"过程写作"(process writing)向"交际写作"(communicative writing)转变。这是一种正在形成中的范式,它的学派观点、理论基础、知识构成等还在发展中。本章研究"交际语境"写作的理论依据、要素机制、写作原理等,具有前沿写作理论探索的价值。

第一节 "交际语境写作"：形成中的范式

一、新范式来临

在我国,由于没有一个"过程写作运动","后过程写作"①就无从谈起。可是从世界范围看,一个基于"功能语言学""社会建构主义""情境认知"的"后过程写作"时代已经来临(马茨纳拉,2003)。

从 20 世纪 80 年代末 90 年代初起,"过程写作"理论体系悄悄开始发生变化。1989 年,尼斯特兰德提出写作的社会互动模型。1996 年,格拉贝和卡普兰提出"社会认知写作模型"。同年,海斯对著名的"过程写作"模型做了重大修正,强调了"社会"因素对写作的影响。

从课程知识要素看,一个关注读者、目的、体式等要素的交际语境写作范式已经到来。它与传统"过程写作"有质的不同:从关注"作者"到关注"读者";从关注"个体信息处理"到关注"社会认知建构";从关注"外在写作流程"转移到对"交际要素"的关注。这是我们的基本判断,也是本章论证"交际语境写作"的一个起点。

究竟如何命名这个新的写作课程理论范式呢?斟酌目前已有的"后过程写作""交际写作""社会互动写作""语境功能写作"等说法,我们选取"交际语境写作"这样一个说法,是因为这里的"交际语境写作",绝不仅仅限于日常意义上信函之类的交往性写作,也不仅仅是思想发布、信息

---

① 指 20 世纪 80 年代以来,西方第二语言写作教学中继"过程法"之后出现的一种从社会、文化角度研究写作教学的理论,即"后过程写作"。

交流的写作,还包括文学写作、跨媒介写作等。同时这里所说的"交际语境写作"包括真实的或拟真的言语交际语境要素,即角色、读者、目的、话题、文体、语言等,是将写作看作写作主体与外在社会语境之间,个体与外在真实生活世界、精神世界及社会文化世界之间的意义建构和交流的写作。下文由于强调的侧重点不同,名称可能有临时的变化,也可能简称为"交际写作"。

总之,在我们看来,国外的"后过程写作"具体而言就是关注写作"读者、目的、话题、功能、体裁"等要素的交际语境写作。对这些写作要素的关注,将使整个写作要素和理论机制发生根本性变化。

首先,交际语境写作理论充分关注"为什么这样写"的问题。过程写作虽然提到"读者、目的、话题、交流、发布"等,但它们仅仅是作为写作任务的环境因素考虑的。其实质是"个体信息加工",没有关注到写作中的诸多深层次问题。比如话题(主题)的选择,"产生想法"(主题)之后如何选材,为什么要写这些内容(选材的依据),写成什么样式的文章(体裁),为什么要写这样的文章,写文章的目的是什么,什么是"好"的文章,为什么这样的文章是"好"的等。这些写作的真正问题,目前过程写作理论无法给出充分阐释。

其次,"过程写作"和"结果写作"一样,都把写作看作"脱离具体语境和动机"的普泛写作。正如国外"后过程写作"学者指出的那样,过程写作最主要的局限就是"写作过程可以陈述并可以应用于所有或大部分的写作环境中去"。① 大家知道,写作总是针对特定目的、对象、问题和情境的,脱离具体交际语境的写作并不存在。

在文章写作和过程写作范式中,对写作动机、目的、内容的选择、详略的处理、文体以及语言风格等问题,要么不考虑,要么是"先验规定"。这样

---

① Thomas Kent. Post-Process Theory:Beyond the Writing-Process Paradigm[M]. Carbondale:Southern Illinois University Press,1999:7.

的处理方式不能真正解决问题,其理论也就不具备科学阐释力。

21世纪初,我国探讨"读者意识"的文章多了起来。这与国外写作课程积极倡导"为不同的读者写作"的理念是一致的。[①] 但我们发现,仅仅一个"读者意识"不能准确概括国内外写作课程理论新的变化。其实,"读者意识"只是整个"交际语境要素"的一个,或者只是其中一个较重要的方面,其他一些方面也同样不可忽视。

写作本质上是一种社会情境中的话语实践活动,这种社会实践活动发生在写作的"目的、对象(读者)、角色、文体、话题"等关系网络之中。所谓"写作目的"即写作的意图,是作者通过自己的写作所要达成的意愿,或者想要它实现的功能。叶圣陶说写作不是吃饱了没事干的无聊行为,"一切写作都是有所为的"就是这个意思。"写作对象",是指读你的文章的人——他可能是一个人、一群人或者你设想的理想读者;所谓"角色"是指写作者以什么身份、口吻对读者说话,这是一种社会交往关系的设定。所谓"文体",认知语言学和功能语言学的最新定义是"语篇图式"或者"交际事件"。正是这些要素构成的"交际语境"在写作过程中发挥着极其重要的作用。它们构成了写作课程领域正在涌动着的"交际语境写作"潮流。而这股潮流不仅遍及欧美发达国家,也正影响着亚洲、南非等一些国家。它引导着世界写作课程从"文章写作""过程写作"范式向"交际语境写作"范式的转型。

二、交际教学法

交际教学法产生于20世纪70年代初期,是在第二语言教学领域兴起的一种教学方法,在理论上受到海姆斯(Hymes)的"交际能力"(communicative competence)理论以及乔姆斯基(Chomsky)的"语言能力"(linguistic

---

[①] 林一平."读者意识"写作教学观的再认识[J].语文新圃,2002(01).

competence)和"语言运用"区分学说的影响。

20 世纪 60 年代,美国语言学家乔姆斯基对结构主义语言原理提出质疑,指出语言的独特性与多变性不是语言的结构性原理可以概括的。随后,语言学家海姆斯提出了交际能力的概念。他指出,交际能力涉及了潜在的语言知识和能力。交际能力是运用语言知识正确而有效地在各种场合中与不同的人交流的能力。一个人的语言能力不仅仅取决于他会造很多符合语法的句子,也取决于他是否能正确运用这种语言。20 世纪 70 年代,语言学和心理学的研究都有了很大的发展。在语言学研究方面,转换生成语言学已逐步开始取代结构主义语言学的主导地位,功能语言学和社会语言学的研究也有了长足的进展。在心理学研究方面,认知心理学的兴起与发展极大地动摇了行为主义心理学的统治地位。国外应用语言学界和外语教育界开始进行外语教学方法变革,大力倡导"交际型语言教学法"(communicative language teaching,简称 CLT)。该教学法从当代语言学和心理学研究的最新成果中获取营养,受到社会语言学、人类语言学、功能主义语言学、语用学、话语语言学、跨文化交际学、言语行为理论、语言变体研究甚至中介语理论的影响。

交际教学法是以语言功能项目为纲,强调在语言运用中学习语言,培养交际能力的一种教学方法体系。它并不是一种单一的、固定的教学模式,它的核心内容是"用语言去学"(using language to learn)和"学会用语言"(learning to use language)。交际法的运用需要遵循以下原则:(1) 沟通原则——实际的沟通情境会增强学习效果;(2) 任务原则——借由语言沟通来完成学习任务;(3) 意义原则——教学内容对学习者能产生意义,能增强学习效果(Richard & Rodgers,2002)。在课堂学习中,学生在多数情况下处于某种"交流""交往""交际"的场景中,通过听、说、读、写等具体的行为去获得语言知识和交际能力。

交际教学法的主要特征如下:

1. 以培养交际功能为宗旨。明确提出语言教学目标是培养运用语言进行交际的能力，不仅要求语言运用的正确性，还要求语言得体。

2. 以功能意念为纲。根据学习者的实际需要，选取真实自然的语言材料，而不是经过加工后的"教科书语言"。

3. 教学过程交际化。交际既是学习的目的，也是学习的手段，在教学中创造接近真实交际的情境并多采用小组活动的形式，通过大量言语交际活动培养运用语言交际的能力，并把课堂交际活动与课外生活中的交际结合起来。对学习者在学习过程中出现的语言错误有一定的容忍度，不影响交际的错误能不纠正就不纠正，尽量鼓励学习者发挥言语交际活动的主动性和积极性。

4. 强调以学生为中心。教学要为学生的交际需要服务，以语言功能为纲，根据学以致用的原则，针对不同专业的学习者设计"专用语言"进行教学。

5. 主张采用多种教学手段。语言教学不应仅仅是一本教科书，而应该是"教学包"，即教师用书、辅导读物、磁带、挂图、录像、电影、电视等。

让学生处于情境之中交际是交际教学的精髓。不过，交际语言教学也存在以下两大缺点。一是功能项目问题：如何确定功能项目，确定语言功能项目的标准是什么，如何科学地安排功能项目的教学顺序等，这些问题都没有很好地得到解决。二是语法知识教学问题：功能意念范畴不能完全取代传统的语法知识，强调语法教学只学使用（use）、不学用法（usage），这实际上是行不通的；语法意识会直接影响能力的培养；等等。

三、国外写作课程对"交际语境"的关注

近年来，美、英、澳、俄、日等国家纷纷重视写作的社会交际和语境功能。从世界范围看，一些先行国家在课程标准研制、写作教材编撰、写作教学实施中对读者（对象）意识、目的意识、文体意识等构成的交际语境愈加

关注。这种关注一方面与其历史传统有关，另一方面也与当代社会发展对人交际能力的需求有关。此外，还与社会认知心理学、功能语言学、建构主义、哲学发展等相关学科的知识供给有关。

美国对写作交际意识的培养是贯串整个 K–12 教育全程的，从幼儿园就开始重视写作交际意识的渗透。1996 年美国颁布的《英语语言艺术标准》总要求中提出："学生在写作时能够针对不同的对象和目的运用多种不同的策略和恰当的要素进行书面交流。"①美国各州写作标准中都含有大量交际写作的内容，明确"凸显写作的目的性和对象性"②。南卡罗来纳州 2007 年《语言艺术标准》强调学生要"为读者而写""为不同的目的写"。美国马萨诸塞州英语课程作文标准规定"针对不同读者和修辞目的写作"，每学段都有具体要求。③

英国 2007 年新修订的《语言艺术标准》指出："学生将学会富有创造性和想象力地表达自己，并与他人自信地、有效地沟通交流。"④英国母语课程大纲写作部分要求"学生应知道自己所写文章的目的，并学习给不同的读者写作"（第一阶段）；"指导学生练习为不同的读者群而写作"（第二阶段）；"提供机会指导学生针对特别读者群、广泛未知的读者等进行写作"（第三、四阶段）。⑤

澳大利亚维多利亚州《英语课程标准》在写作结果的"情境性理解"项目下有如下内容："识别自己和他人的写作目的"，"说明自己和他人的写作目的和对象"，"为特定的目的和对象选择恰当的文体类型来写作"，

① NCTE and IRA. Standards for the English Language Arts[DB/OL]. http://www. reading. org/downloads/publications/books/bk889. pdf.
② 郑国民，季雪娟. 美国威斯康辛州高中语文课程标准评介[J]. 中学语文教学，2003(01).
③ 洪宗礼，柳士镇，倪文锦. 母语教材研究（第六卷）：外国语文课程标准译介[M]. 南京：江苏教育出版社，2007：94,122.
④ QCA. The National Curriculum for English[DB/OL]. http://curriculum. qca. org. uk.
⑤ 中外母语教材比较研究课题组. 中外母语课程标准译编[M]. 南京：江苏教育出版社，2000：250,254,255,263,262,269,270.

"根据情境、目的和对象调整写作","识别特定读者的特征和期望,并在写作时顺应和对抗这些期望"。然后各年级标准又有更细致的指标和要求。①

苏联心理学家 A.K. 玛尔柯娃以维果斯基语言心理学理论为基础,认为培养语言的交际功能应成为语文学科教学的主线。②

重视对象意识培养是日本写作教学一大特色。③ 日本的《初中学习指导纲要》规定:"(低年级)一边考虑对象和目的,一边写。(中年级)对应不同的对象与目的,恰如其分地表达。(高年级)对应一定的目的和意图,把自己的思考有效地进行书面表达。"④日本国语《高中学习指导纲要》(2004年1月修订版)"国语表达"目标分级强调写作中的交际语境意识。"国语综合"的"写的事项"下也有相应要求。⑤

通过对英、美、德、澳、加等国的写作课程理念的梳理,可以发现"写作即交际"理念已经成为基本共识,并深刻地体现在其写作课程标准的方方面面。

表 4-1 国外课程标准中的"交际写作"理念

美国《共同核心州立标准》(2010)	理解写作的一个关键目的在于与一个不熟悉的读者清楚地沟通。调整写作的内容和形式以完成某一特定的任务和目的。
英国英语课程标准(2013)	优质的英语教育应该让学生能够实现流利的口语表达与书面写作,以便与他人交流自己的观点与情感,有效的写作包括构思、表达和交流思想。

① 丛立新,章燕.澳大利亚课程标准[M].北京:人民教育出版社,2005:9,10,19-20.

② 李文泉.交际功能的培养将成为国外语文教学的主线[DB/OL]. [2010-03-19]. http://www.jledu.com.cn/jyjxyj/view_content.asp? id=12&seq=1&c_seq=21.

③ 付宜红.日本语文教育研究[M].北京:北京师范大学出版社,2003:106.

④ 付宜红.日本语文教育研究[M].北京:北京师范大学出版社,2003:106.

⑤ 洪宗礼,柳士镇,倪文锦.母语教材研究(第六卷):外国语文课程标准译介[M].南京:江苏教育出版社,2007:257-258.

（续表）

德国柏林中小学德语学科教学大纲（2017—2018）	学生认为写作是对语言的一种创作型运用，以此来服务交流以及概念研究。写作的多元化形式及作用被应用到培养学生写作能力的过程中。
西班牙语言文学课程标准（2014）	在整个初等教育阶段，西班牙语言和文学领域的教学旨在培养学生的交际能力。撰写具有不同交际意图的连贯的文本。
葡萄牙语基础教育课程标准（2015）	培养在不同交流情境和特定情境的写作能力，反复使用语言的不同形式表达。使文本适应不同的受众和交流目的。
澳大利亚英语课程标准（2015）	他们使用应用的主题知识、词汇、单词和视觉知识来对文本结构和组织进行考虑和慎重的选择，以在正式和非正式的社交环境中连贯地表达和发展思想并传达信息。学生学会调整语言，以满足更一般或更专业的目的、观众和背景的需求。
欧洲语言学习、教学、评价共同参考框架	他们利用自己的能力，在各种语境、各种条件和限制下进行涉及语言过程的语言活动，生成或理解与特定领域中主题有关的语篇，运用那些最合适的策略完成任务。①
加拿大阿尔伯塔省K-9年级英语语言艺术课程标准	写作使学生探索、形成并理清思路，与他人交流这些思想。②

　　该理念突出写作的"交际"本质，强调在特定的场合为特定的目的和特定的读者写作，注重适应社会生活的实际需要，培养学生语言交际的真实能力，凸显语言作为社会的交际工具的本质。因此，在写作课程甚至整个母语课程中，特别注重语言的社会功能；注重写作者、阅读者及其互动接触；注重交际背景和环境；注重话题内容和信息的形式等。一句话，重视语言在不同社会生活情境中的交际功能和真实应用。

　　总体而言，国外写作课程理念强调写作的交际性，强调写作与思维紧

---

① 洪宗礼,柳士镇,倪文锦.母语教材研究(第六卷)：外国语文课程标准译介[M].南京：江苏教育出版社,2007：381.

② 洪宗礼,柳士镇,倪文锦.母语教材研究(第六卷)：外国语文课程标准译介[M].南京：江苏教育出版社,2007：304.

密相连、信息技术进入写作,兼顾写作表达、实用、认知的多重功能。这些均折射出背后的价值取向——真实应用和交往型的课程观。这也说明社会工作学习的现实需要是课程定位最基本的考量因素。

纵观上述各国中小学写作课程标准,它们都比较重视语言文字的实际运用,强调写作要看对象、目的,突出写作的交际功能,适应社会生活的实际需求。这是值得我们认真思考和重视的。

与国外母语课程标准对交际写作的重视不同,我国的作文教学长期以来一直缺乏这方面的意识。这既与我国文化传统有关,也与现实的写作观念落后有关。正如西方学者卡萨纳韦(Casanave,2003)指出,当前西方写作教学中的"过程"和"后过程"现状与东方国家重结果的写作教学形成了鲜明的对照。① 写作的交际语境意识与相关知识的缺失,是导致我国作文教学出现问题的重要原因之一。

尽管我国的语文课程标准中通常有这样一条"写作时考虑不同的目的和对象",但由于我国交际写作意识和知识的缺乏,基于真实交际语境的写作难以落实。因而构建"交际语境写作理论"是一项重要的学术建设工程,也是本书着意为之之事。

第二节　交际写作理论基础

写作课程理论发展,往往受到语言学、心理学、哲学、课程论等学科影响。"文本写作"受普通语言学、行为主义心理学、结构主义课程论影响,而

---

① http://www.xzedu.net.cn/ktoblog/u/181/archives/2007/5374.html.

"过程写作"受到信息加工心理学、认知语言学以及过程模式课程论的影响。同样,当代主体间性哲学、对话理论、功能语言学、言语交际学、传播学、建构主义、情境认知理论、社会改造主义课程论,对"交际写作"发挥着重要的影响。

一、写作与交际

写作和很多言语行为一样是以交流为目的,不论你是否意识到。正如陈望道先生所说:"写说本是一种社会现象,一种写说者同读听者的社会生活上情意交流的现象。从头就以传达给读听者为目的,也以影响到读听者为任务的。"①

"交际"即主体间进行的信息传递和人际交往活动,是两个或者两个以上的交际者在一定语境中进行的信息、情感、思想互相交流的过程。它最普遍的表现是对话,最重要的特点是言语发出者和言语应答者之间的语言沟通交流。写作即以书面符号为媒介进行的信息、情感、思想的传播活动。

许汉成在《交际·对话·隐含》中列举了"交际"的一些常见定义。如"交际是自我的有效表达","交际是通过文字、话语或者图像交流信息","交际是信息的共享或者通过文字、话语提供娱乐","交际是信息从一个人传送到另一个人的过程","交际是利用共同的符号系统在个体之间交流意义","交际是一个人通过某个通道将信息传送到另一个人并且取得某种效果的过程"②。

以此定义为启示,我们可以讨论交际写作的一些特征:

(一)交际写作是有目的的

人类的言语行为总是有其目的。日常生活中的许多言语行为,比如寒暄、聊天、听广播、看电视、读报、读书等,它们的交际目的和动机,有时我们

---

① 陈望道.修辞学发凡[M].上海:上海教育出版社,1997:6.
② 许汉成.交际·对话·隐含[M].哈尔滨:黑龙江人民出版社,2006:38.

能意识到,有时没有意识到。然而无论如何,一个言语行为总会受目的、任务或情感的驱动。人一般不会无缘无故去说话,也不会毫无目的地去写文章。写作也是"有所为的"(叶圣陶语)。交际语境因素会给予你的写作过程以各种线索、提示,让你回应着这些"线索"的刺激说下去。写作之所以难,很大原因在于写是与不在场的读者交流,是作者向当时不在场的对象"去说",缺乏交际语境要素所形成的"临场"刺激感,只有高水平的作者才会建立起这种写作交流的现场感、对象感,从而进行顺畅的写作。

(二)交际写作是有受众的

交际一般总是在一定的人群中发生,总是指向一定的对象。写作交际的对象可以是一个人、一群人甚至有可能是一个智能人造物(如机器人、智能媒体)。交际总是包含信息的发出者和信息的接受者双方。且不说书信、通知、报告、广告、新闻报道、产品说明、报刊投稿、学术论文等具有相对明确的交流对象、交际目的,就是小说、诗歌、散文等语篇,在作者心目中也有一个"隐在读者"①。即便是我们的自言自语、孩子的胡涂乱画、秘不示人的日记、纯粹为了自娱自乐的文章等,也有一个特殊的交际对象即自己。这个作为自我的读者,在写作过程中,会对写作产品进行评判、调整、谋划以至决定着作品的修改、完善甚至存留。

(三)交际写作是一种情境任务写作

陈望道先生指出,"修辞以适应题旨情境为第一义","语辞形成的过程,始终离不开一定社会实际生活的需要。必以实现这一定的需要,在收集材料;必以实现这一定的需要,在剪裁并配置所收集的材料;也必以实现这一定的需要,在写说发表所已经剪裁定妥、配置定妥的材料"。② 这是因为交际总是在一定时空内发生,具有交际的时间、地点、场合、渠道、对象、目的、背景等,这些情境要素影响并塑造着人们的言辞。皮特·科德指出

---

① 沃·伊瑟尔.阅读行为[M].长沙:湖南文艺出版社,1991:4.
② 陈望道.修辞学发凡[M].上海:上海教育出版社,1997:11,6.

"交际"产生"选择",而"选择体现意义"。① 维特根斯坦晚年也提出"语言即使用"②的观点,即语言的意义取决于由谁说、怎么说的和说了些什么,还取决于它是对谁说,以及要达到什么效果,不只取决于它的语言形式,还取决于它的语境。写作通常是有一定写作目的、针对特定对象、围绕一定话题、以一定的写作样式进行的交际行为。写作之所以难,一个原因就是我们仅仅去关注写作的结果——文章的长短优劣规范的要求,而没有认识到写作其实和说话一样,是一个情感、思维、意识发生和流动的过程。交际总是在一定时空内发生,具有交际的时间、地点、场合、渠道等条件。话总是要一句句说,文章总是要一句句写,话语之间会有一个语论,驱动着话语的不断产生。写作是一种书面交际活动,文章是在交际活动过程中产生的。

（四）交际写作伴随认知思维过程的展开

交际写作是一个各种思维活动充分展开的过程。这种思维是针对写作的对象、目的、话题展开的思维场域,面临一系列问题的产生并解决,它可能以"内心提问"的缄默方式,默默开启思想、情绪、思维、意识的流动。任何一个人只要有情感、有意识、会思考,他就应该有可以写的东西。写作包括写前的酝酿构思、搜集素材、确定主题、布局谋篇、行文修改、发布交流等一系列的环节,都离不开思维的作用。交际写作的思维,除了指向作者内心,还指向外部世界的需要、他人、社会各种因素的影响,交际写作思维是外向型的。

（五）交际写作要通过一定载体或形式

交际总要通过口头、书面、图像、声音、肢体语言等方式进行。从某种意义上说,写作也是言语的发出者（作者）和言语的接受者（读者）之间的交流。写作包含写作主体（作者）、写作客体（生活世界）、写作受体（读者）、写

---

① S. 皮特·科德. 应用语言学导论［M］. 上海外国语学院外国语言文学研究所,译. 上海：上海外语教育出版社,1983：19.

② 陈嘉映. 语言哲学［M］. 北京：北京大学出版社,2003：167.

作载体(纸张、电脑以及文章体式)等交际的要素。写作是信息、思想、情感的交流工具。写作通常运用书面语言符号进行,而今我们还可能有音频、视频等各种跨媒介语言方式和手段。写作总体现为一定的写作样式,采用某种载体或形式。这表现为写作文体、媒介等。

(六)交际写作是功能性言语行为

这里的功能性指交际的意图及其目的。比如,我们的交际(交流)可能是传达信息、融通感情、发布经验、唤起行动,也可能是宣泄不满,或者是为了娱乐。皮特·科德曾经提出过言语交际行为的七个要素,他指出这些因素中的每一个都能与不同的言语功能联系在一起。① 包括写作在内的言语行为本质上是功能性的。一切写作行为只有实现了当初的目的,发生了作用,达到了办事、娱情、学习、工作的目的,我们才去做、才去写。

写作的功能还体现在一切的表达都是有其独特的效果的。比如在写作时使用比喻,其功能是为了让读者更形象生动直观地理解;使用排比,是为了让语言更有气势,达到渲染的目的……可是我们目前有一种错误观念,就是"为了修辞而修辞""为了有文采而有文采",不懂得语言表达的目的为何。有时毫无节制和无目的地使用修辞和追求文采会损害文章的语体色彩,造成读者对文章表达目的的"迷惑"。比如写说明书、科学论文,应该使用客观、明确、简洁的语言,如果语言风格夸饰,反而影响了论文的真实性、客观性和科学性。我国写作教学一直没有建立起起码的语体意识、文体意识、功能意识,一味地追求所谓的"有文采",这是我国语文教育中错误的语言观念造成的。

(七)写作既是"自我表达",更是"与人交流"

"自我表达"看起来很容易理解,似乎语言或者写作确实是我们主体发出的信息,表达自己思想的行为,可是我们恰恰忽视了这个看似"自我"的

---

① S.皮特·科德.应用语言学导论[M].上海外国语学院外国语言文学研究所,译.上海:上海外语教育出版社,1983:26-28.

表达,它不是纯生物的无目的行为,而是具有一定目的、意图的对话行为。写作过程本身更像是一种自我对话,一种无声的"思维、思想"一直在潜意识或意识中运行,我们倾听它、回应它,写作、对话、交流就这样发生。

写作时不但和自己的心灵、经验、记忆在对话,也和自己生成的"文本"在对话,同时还和潜在的读者在对话。作者在表达自己情绪、理解、现状、愿望、幻想、不满、痛苦、憧憬、希望等,这个生成的文本,成为他"表达自己"或者"与人交流"的一种工具,文本也作为一种自我存在的证明,让他看到并确认了自己的价值和存在,他在实现着自己的意图或者潜在的意图,也许是某种心理的需求得到满足。他于是和自己完成了一场对话交流。就是孩子们的自言自语、涂涂画画,也蕴含着对话交流的特质。这个对话里有作者、读者和他们共有的那个世界以及在生活和大脑中无所不在的文化。

二、写作的功能语言学阐释

写作作为语言学习的一个领域,其理论发展不可避免地受到语言学理论的影响。关于写作的本质,我们需要回到它的语言学基础——语用学和功能语言学上来重新认识。

20 世纪有三种影响最大的语言学流派:以索绪尔为代表的"结构主义"语言学,以乔姆斯基为代表的"转换生成语法",以及以韩礼德为代表的"系统功能语言"学派。它们对语言课程教学的理论、内容和方法都产生了重要影响。

索绪尔的"结构主义"语言学认为语言是一个符号系统,符号由"能指"(形式)和"所指"(概念)组成,符号系统内部各语言单位之间存在"组合"和"聚合"关系。他区分了"语言"和"言语","内部语言学"(语言本身的结构)和"外部语言学"(语言与社会、民族、文化、政治等的关系),提出"历时语言学"和"共时语言学"等学说。他的观点给语言学带来了革命性的变化,形成了 20 世纪初的结构主义思潮。^① 该思潮以行为主义心理学的"刺激—反应"论为理论基础来解释语言的产生和学习过程,并把掌握语言形式规律和模仿经典范文作为学习语言的途径。

二十世纪六七十年代,乔姆斯基的"转换生成语法"强调言语认知、遗传机制对语言能力的影响。语言学领域发生了新的革命,主要表现是:由研究"语言符号空壳",转向研究"语言内部实质";由研究语言的"表层结构",转向关注语言的"深层结构";由传统的机械模仿、累积式语言学习,转向认为语言学习是语法规则在学习者大脑中的内化的认知语言观。

与乔姆斯基侧重于语言的内部认知不同,在欧洲另一种语言学派也对结构主义语言学发起挑战。以费斯(J. Firsh)和他的学生韩礼德(Halliday)为代表的"系统功能语言学派"竭力主张研究语言的内容(substance)、意义(meaning)和语境(context),重视语言的社会功能,重点研究语境(语域、语旨、语式)、功能、语篇交际的应用规律。语言学的研究由此从形式转入语义和功能领域。

韩礼德(1978)创立的系统功能语言学和以乔姆斯基为代表的形式语言学派的最大不同是从"生物体之间的角度"来研究语言,即研究语言的社会属性和交际功能。^② 维果斯基认为,儿童最初的言语是纯粹社会性的,自我中心言语不是从我向言语转化到社会言语,而是从外部言语转化到内部言语。^③ 这也就是说,语言从本质上讲是社会性的。

上述三种语言观的变化,体现在写作教学理论领域大致可以这么说:

---

① 索绪尔(Ferdinand de Saussure,1857—1913),瑞士语言学家,现代语言学奠基人,结构主义的开创者之一。其代表作《普通语言学教程》对 20 世纪的现代语言学、哲学等研究产生了深远影响。

② 唐纳德·韩礼德. 韩礼德语言学文集[M]. 周小康,李战子,译. 长沙:湖南教育出版社,2006:3-15.

③ 列维·谢苗诺维奇·维果斯基. 思维与语言[M]. 李维,译. 杭州:浙江教育出版社,1997:序言 9.

传统的形式主义语言学,影响并造就了"文章(结果)写作";认知语言学影响并指导着"过程写作"的发展;而功能语言学(语用学)将影响并塑造着"交际语境写作"理论的发展。比如 20 世纪 70 年代欧洲母语教育界重视交际语言能力的"功能意念大纲"(functional-notional syllabus)就与语言学理论的这种变化有关。这种语言观表现在写作教育领域就是对写作目的、读者(对象)和语篇交际功能的重视。语言学上的这些重大转变为交际语言教学和交际语境写作提供了理论依据。

美国语言学家海姆斯的"交际能力"(communicative competence)理论,英国功能主义语言学家韩礼德的"功能语言理论",威多森的"语言交际观"等,对交际语境写作理论都有一定启示。

海姆斯(1971)在《论交际能力》一文中认为交际能力主要包括 4 个方面:语法能力、语用能力、语篇能力、策略能力。[①] 欧洲母语语言学习的"功能意念大纲"吸收了海姆斯的语言观,指出:语言学习不在于形式,而在于内容,要求把学习者的交际能力培养放在首位。[②] 交际写作正是着眼交际语言观,以培养学生的交际能力为主要目的。

功能语言学的语言教学观认为:语言是一个意义系统;其基本功能是社会交际;语言教学应遵循"语言交流"的原则,在某种真实或模拟的"交际"场景中进行,通过具体的言语交际行为去获得交际能力,培养学生的交际能力是语言教学的最终目标。这种交际语言学理论,对目前的写作课程重建具有重要理论价值。从系统功能语言学视角看待写作,自然会有一番新的意义。

(一)写作即"意义建构"

韩礼德从语义出发解释语言,认为语言首先是一个"意义系统",其次才是形式系统(即符号),意义通过形式表现出来。

---

① 陈昌义. Hymes 交际能力理论的反思[J]. 外语学刊,2003(02).
② 陈申. 语言文化教学策略研究[M]. 北京:北京语言文化大学出版社,2001:48-59.

韩礼德曾提出"语言即意义潜势"(meaning potential)的观点。其内涵有四：(1)意义可以看作由个体语言意义行为修饰的系统资源；(2)意义可以看作可扩展的扩展能力，不断通过建立新领域来扩展其能力并不断优化已有资源的发展资源；(3)意义是众人共有的资源；(4)意义是一种活动的形式。[①] 从语言教学的角度说，"受教育者必须积累起一种资源。这是一种很特殊的资源：一种创造意义的资源。我把它称为'意义潜势'。不管你是学母语，还是学习阅读，写作……所有这些都是各种形式的意义潜势"。[②]"(儿童)在构建自己的语言意义潜势的同时也在为自己构建社会意义。"[③]学语言用语言就是在积累一种资源，一种随时随地可以取用的、很特殊的、创造意义的资源。

从功能语言学角度看，写作属于"意义建构"活动。写作是"思想的符号性传达"，它以"意义为本"，以意义生成和传达为目的。我们平时的语言学习，是在积累意义潜势，意义体现于措辞之中。遣词造句是语篇情境的产物，而绝非合乎语法的句子的集合。可以说写作应该是运用作者已经拥有的"意义潜势"，在具体的生活情境中创造意义的过程。

（二）写作即"语境下的交流"

写作应该是具体的、一定语境中发生的意义交流行为。"人与人之间的交谈或交际不是在真空中，而是在特定的时间和地点，一定的物质和时间背景中进行的。"[④]普泛的、"放之四海而皆准"的文章是不存在的。写作应该是为某种具体用途、针对具体的读者对象、达到某种交际目的的真实

① 张德禄.系统功能语言学的新发展[J].当代语言学,2004(01)：57-65.
② 唐纳德·韩礼德.韩礼德语言学文集[M].周小康,李战子,译.长沙：湖南教育出版社,2006：400.
③ 唐纳德·韩礼德.韩礼德语言学文集[M].周小康,李战子,译.长沙：湖南教育出版社,2006：288.
④ S.皮特·科德.应用语言学导论[M].上海外国语学院外国语言文学研究所,译.上海：上海外语教育出版社,1983：26.

写作。

1932 年陈望道出版的《修辞学发凡》一书中,提出过修辞情境"六何"说,即"何时、何地、何人、何事、何故、何如"。夏丏尊进而论述过"文章的六种态度":(1)为什么要做这文?(目的)(2)这文中所要述的是什么?(话题)(3)谁在做这文?(作者的身份、地位、角色、口吻)(4)在什么地方做这文?(作文的应用环境或场合)(5)在什么时候做这文?(作文的时代观念)(6)怎样做这文?(审究作文的方法)。① 陈望道先生的"六何"和夏丏尊先生的"为文六问",都是对写作语境的具体阐释。

写作的困难就在于它的"不在场",作者写的那一刻所有的语境要素是在他的大脑中,以一种"认知语境"的形式存在着。写作者必须与这个"认知语境"对话,分析其中的各种要素,找到"要说的话",并不断回应着那些要素"有目的地""去说话"。写作是依靠着语境、依循着语境、在语境中、通过语境来说话。只有回归到真实的生活情境中来,写作才变得轻松而有真实意义。

(三)在情境任务中培养写作能力

韩礼德强调:语言是一种"行为",是一个"做的形式"(a form of doing),而不是"知的形式"(a form of knowing)。② 这也就是说学习语言重要的不是知道语言是什么,而是知道使用语言可以干什么。学习语言重要的是要运用语言"做事"。同样,写作不是"知",而是"做",不是知道那些写作规范,而是运用它们来交流做事。写作教学不应该仅仅着眼于"写作知识"的传授,而应该在具体的生活实践中,在具体的应用中完成。这样来说,写作的过程就是作为个体的言语实践者的作者,进入社会文化系统的一次次尝试、探索和历险,同时写作是作者达成对于世界的认知,创造新的意义空间的过程。他积累起的意义潜势资源愈丰富,他的行为能量愈大,

---

① 潘新和.夏丏尊写作教学观初探[J].福建师范大学学报(哲学社会科学版),1994(03).

② 卫真道.篇章语言学[M].徐赳赳,译.北京:中国社会科学出版社,2002:2.

精神能量愈大,写作教育的成长意义即在于此。

三、写作的建构主义原理

建构主义起源于皮亚杰对于西方哲学中客观、孤立知识观的不满,而后形形色色的建构主义流派大多数都将主体对于世界的主动积极建构作为新的认识论的起点。建构主义认为知识不可能通过教师传授真正得到,而是学习者在一定的情境和社会文化背景下,借助其他人的帮助,通过人际的协作活动而实现的意义的主动建构。建构主义学习具有"情境""协作""会话"和"意义建构"的特征。①

建构主义写作观与文本中心的写作观不同,前者更多地将文本看作作者主观意义的动态生成,看作作者与读者之间意义的合作建构与互动对话。在这样的观念下,写作就不可能再是对世界的客观的"镜子式的"反映(即语言对于客观意义的准确传达),而成为动态的意义建构、对话和交流。这种对话,不仅在作者与社会之间展开(即"与人交流"),而且在作者与自己的心灵之间展开(即"自我表达")。这种写作观念下,意义也不再是一种客观物,而是一个展示自我、与他人乃至整个所处的现实的、历史的、社会的、文化的情境之间的对话、交流和意义生成过程。

基于社会建构主义的写作教学将更加倾向于采取"情境认知和情境学习"方式。学生须从事类似真实情境中的真正任务,而这些"真正的任务是具有凝聚性的、有意义、有目的的活动"——因为"真实性"才是具有重要的、潜在的动机资源的活动。这就有别于传统的学校情境,因为"在传统的教室中教师向学生提出的问题和任务常常与学生无关、没有意义",而"真正的任务通常是日常生活中的活动,它们具有极大的潜在动机资源。真正的任务极有可能转变为对学生具有自我参照意义的、学生参与的、有目的

---

① 高文.教学模式论[M].上海:上海教育出版社,2002:79-82.

的活动"。①

　　建构主义理论家斯皮维认为话语在本质上常常是隐喻的：浪漫主义写作理论以一种夸张的手法将写作过程喻作植物的生长，信息加工理论常常将大脑比作计算机，而关于话语过程的建构主义理论认为，"写作和理解都可以看作意义的建构、休整和形成"，"书面话语只是书写符号的组合，它为那些在心理上通过理解和组织而建构的意义提供线索"，并从"交流的社会层面，即作者与读者的关系、作者同其他的作者之间的关系以及作者与帮助他们建构意义的合作建构者的关系"的角度考察写作。就写作而言，"文本产品是作者从初稿构思到最后定稿而创作的不同版本，这些产品写在稿纸上或储存在电脑中，或者就像阅读研究一样，文本产品可能是对问题的答语，也可能是出声思维记录"。斯皮维正是基于此区分了"认知产品"和"文本产品"的概念，彻底打破了写作和阅读之间的界限。② 也就是说，文章在没写出之前就是将作者大脑内的认知产品，写出后成为一种有形的"文本产品"，而这个文本的意义还需要在读者那里与读者的经验结合、反应生成新的"认知产品"。斯皮维从"意义建构"的角度彻底打破了认知与文本、作者与读者之间的界限，读写成为一个"统一的连续体"③。

　　斯皮维还把"学会为读者而写"作为改革作文教学的突破口。从本质上说，建构主义的写作是以"读者为中心"的写作教学。正如斯皮维所说："作者（在家庭及单位工作的人、专职作家或学校里的学生）都是为读者而不是他们自己创作文本。"④写出的文本也只有像产品进入流通领域成为商品一样才具有价值，作品也只有到了读者那里，才能真正实现它的意义。

---

①　高文.教学模式论[M].上海：上海教育出版社，2002：301.
②　莱斯利·P.斯特弗，等.教育中的建构主义[M].高文，等译.上海：华东师范大学出版社，2002：241-253.
③　张英彦.建构主义写作观述评[J].皖西学院学报，2004(04).
④　高文，徐斌艳，吴刚：建构主义教育研究[M].北京：教育科学出版社，2008：243.

在建构主义写作观看来,读者是写作者的隐形伴侣,是写作活动的间接参与者和合作者。这样作品、作者、读者构成一个复杂的关系网络。在这样一个关系网络中重新审视传统的写作教学,作者就要设想读者的心理需要、考虑读者的知识背景、调适作者的文本线索。① 在这样一种观念下的写作教学就不再是客观文本的机械制作,也不是个人认知的信息加工,而是作者和读者之间以及社会文化之间的意义建构行为,这样的写作也就必然地具有了意义建构和交流互动的特征。

四、交际写作的传播学阐释

从传播学的角度来思考写作,有助于我们进一步了解写作的发生机制和交际要素。下面我们将择取几种交际模型进行阐释。

(一)亚里士多德的交际模型

亚里士多德在《修辞学》中论述如何进行有效演讲时,提到了传播的五个变量:说者(speaker)、信息(speech)、场合(occasion)、听众(audience)、效果(effect)。② 演讲人为了取得不同的效果,要在不同场合、为不同的听众,构思不同的演讲内容。他所说的演讲的五个变量,与交际语境写作的几个要素是一致的:"说者"即"作者","信息"即文章"内容","听众"即"读者","场合"即其他语境要素,"效果"即文章所产生的交际价值。其实,交际语境写作可以描述为:写作者在一定交际语境下,面向特定读者,以一定的身份(角色、口吻),围绕一定的话题(信息),采用一定的形式传递信息和建构意义的过程。亚里士多德提出好的传播者的三个要素,即可信度(ethos)、感染力(pathos)、逻辑性(logos)③,也可以表述为"诉诸权威""诉

---

① 程稀.建构主义的写作教学论[M]//高文,徐斌艳,吴刚:建构主义教育研究.北京:教育科学出版社,2008:234-235.
② 南国农,李运林.教育传播学[M].北京:高等教育出版社,2005:32.
③ 亚里斯多德.修辞学[M].罗念生,译.上海:上海人民出版社,2006:23.

诸情感""诉诸逻辑",即三诉诸原理,对于写作具有非常重要的理论价值。

（二）拉斯韦尔的"五 W 模式"

美国学者拉斯韦尔(Lasswell) 1948 年提出过"五 W"交际模式。他认为,描述传播行为的一个便捷方法,是回答下列五个问题——谁(Who)？说什么(Says what)？通过什么渠道(Through which channel)？对谁(To whom)？取得什么效果(With what effect)？据此,引申出传播的五个要素：控制者、内容、媒介、受众、效果。1958 年布雷多克(Braddock)在拉斯韦尔五 W 模式的基础上,又增加了两个 W："在什么情况下？为了什么目的?"构成"七 W 模式"。[①] 这些传播要素与写作交际要素是一致的,因为写作本身就是传播和交际的手段和方式。

（三）写作的社会互动模型

20 世纪 80 年代中后期,受传播学理论和信息论的影响,尼斯特兰德(1989)提出了写作的社会互动模型。（如图 4 - 1）

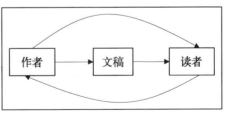

图 4 - 1　写作的社会互动模型

在这个模型中,写作被视为写作者与读者之间为了达到某种社会交流目的,通过语篇与读者进行的交流活动。依据社会互动模式,写作包括三个反复循环的过程：(1) 写作者首先要弄清与读者的共同基础才能进行思想表达,即写作者与读者之间必须建立共同的参考架构或共享的社会实体,并作为沟通的共同立足点。(2) 写作者需要介绍新信息,并检测相互关系。如果新信息影响了与读者的沟通,就成了一种干扰源,必须透过精炼或分段等手段对文稿加以修改。精炼手段包括更为详细的说明、定义、注释、图表等。分段则包括分出段落、采用段落内缩、使用高层次结

---

① 薛可,余明阳. 人际传播学[M]. 上海：同济大学出版社,2007：115.

构、各种标点符号的运用等。(3) 写作者需要对文稿进行论证,并回归到与读者共享社会实体的状态。

社会互动模式强调语言和话语的社会性,认为心理现象是人际交流的结果,是社会建构的产物。这种模式视写作为一种沟通、传达意义的历程,认为写作是一种社会性的活动,写作成品是共同分享的,因而突破了写作为个体行为的观点,把思想表达和信息沟通结合起来,使写作过程由原来的作者与文稿的个体活动扩展至作者、文稿、读者之间的互动社会活动。但不可否认的是,社会互动模式在突破个体行为和强调社会属性的同时,也忽视了认知过程的自主性和社会文化对心理过程的影响,缺乏写作过程的内在互动性层面的意义,无法全面体现写作的全部过程。① 于是写作心理学家继续探索,提出了综合信息加工和社会互动的社会认知写作模型。

格拉贝和卡普兰(1996)提出了著名的社会认知写作模型。该模型将影响写作的因素分为“外在因素”和“内在因素”两类。写作既包括一系列内在因素如认知能力、语言能力、相关知识、动机、情感以及工作记忆和长时记忆等,还包括一系列的外在因素如写作的具体环境,包括写作者、读者、任务、文本和话题等。写作是受外在因素和内在因素共同作用的交际行为。写作者根据具体环境的刺激,通过内在目标的确定,进行语言和认知加工,再通过即时加工配置,进行内在输出,同时作者还检验输出文本是否符合内在目标确定的要求。② 写作是内在因素和外在因素交互作用的过程和结果。

写作是一种典型的信息传播行为。上述交流和传播理论对写作交际的启示就是:写作不是无目的、无对象的文章制作,而是针对特定受众(读者),为达成一定的目的,在一定场合(语境)下,以某种恰当的形式(媒介或

① 王俊菊.写作过程模式比较研究[J].山东大学学报(哲学社会科学版),2005(05).
② 高芳.西方写作过程模式研究综述[J].赤峰学院学报(哲学社会科学版),2009(03).另可参考袁野.二语写作的认知—功能语言学研究[M].北京:科学出版社,2009:28-29.

文体），进行的有效信息传递和交流。信息传播是有一系列信息发出者、信源、传播媒介、信息接收者等关键要素的，写作同样需要作者、内容、读者、语言等要素，这会促进我们对交际写作的理解。

五、情境认知与交际语境写作

交际语境写作为什么注重语境要素呢？从"情境认知"（situated cognition）理论可以得到更好的阐释。

当今社会，交流技能和创新实践能力是人才的重要素养。与之相适应，"强调知识的建构性、社会性、情境性、复杂性和默会性的许多新颖的知识观正在成为创造知识生产与运用新范式的主要动因。相应地，人的学习的建构本质、社会协商本质和参与本质也越来越清晰地显现出来，而支持知识获得的传统教学的课堂隐喻和产品交付隐喻也遭受到广泛质疑"[1]。写作课程领域同样如此，面临着心理学观、知识观和学习观转型的时代诉求。

情境认知理论受维果斯基的心理学、人类学、社会学和认知科学理论的影响，于20世纪80年代产生。情境认知理论认为，知识存在于个体和群体的行动之中，是个体参与到新的情境中并在新情境中协商的结果。[2] 情境认知理论"把知识视为个体与社会或物理情境之间联系的属性以及互动的产物"[3]。基于情境认知理论的"情境学习"认为"情境学习就是在情境脉络中学习知识与技能，这种境脉反映了知识在真实生活情境中的应用方式"[4]。学

---

[1] 戴维·H. 乔纳森.学习环境的理论基础[M].郑太年，等译.上海：华东师范大学出版社，2002：序言8.
[2] 戴维·H. 乔纳森.学习环境的理论基础[M].郑太年，等译.上海：华东师范大学出版社，2002：66.
[3] 高文.情境学习与情境认知[J].教育发展研究，2001(08).
[4] Collins A. Cognitive Apprenticeship and Instructional Technology (Technical Report No. 6899)[R]. BBN Labs Inc., Cambridge, MA, 1988.

习与认知基本是情境性的。① "只有将学习镶嵌在它所进行的社会的和物理的境脉中时,有意义的学习才会发生。"②建构主义认同"情境认知"式的学习方式——学生须在类似"真实情境中的真正任务"中学习。这些"真正的任务是具有凝聚性的、有意义、有目的的活动"——它们由于其"真实性"而具有"重要的潜在的动机资源"。在传统的教室中,教师向学生提出的问题和任务常常与学生无关,没有意义。而"真正的任务通常是日常生活中的活动,它们具有极大的潜在动机资源"③。

情境认知理论是继行为主义"刺激—反应"学习理论与认知心理学的"信息加工"学习理论后,与建构主义大约同时出现的又一个重要研究取向,它试图纠正刺激反应和符号学说的失误,对交际语境写作具有重要指导意义。真实或者拟真情境中的写作所具有的写作的目的性、意义性,尤其是交际语境所具有的动机资源、信息资源和价值资源,将使传统的文本写作发生根本性的变化。

六、生态写作: 环境与话语互动建构

"生态学"一词源于希腊文,由"oikos"和"logos"两个词根组成。前者意为"生活场所的学问"。这个词最早是由博物学家索瑞(Thoreau, H. D.)于1858年提出的。20世纪初,生态学已成为一门初具理论体系的学科,但只局限于自然生态学领域。直到七八十年代以后,生态学的基本原理逐渐被人们所接受,其影响也不断扩大,逐渐向人文社会各门学科渗透,产生了很多交叉学科,如教育生态学。20世纪80年代,生态学原理和方法被引入到写作研究中。

---

① 王文静.情境认知与学习理论研究述评[J].全球教育展望,2002(01).
② 巩子坤,李森.论情境认知理论视野下的课堂情境[J].课程·教材·教法,2005(08).
③ 高文.教学模式论[M].上海:上海教育出版社,2002:301.

（一）"生态写作"的内涵

"生态写作"这个术语最早可以追溯到理查德·科（Richard M. Coe）的《作文课堂的生态逻辑》[①]和玛丽莲·库珀（Marilyn Cooper）的《写作生态学》[②]。库珀在《写作生态学》中指出，"生态写作"研究环境（自然的、建构的以及虚构的环境）与话语（说、写与思考）之间的相互关系。2002年，克里斯汀·维瑟（Christian R. Weisser）和西德尼·多布林（Sidney I. Dobrin）合著的《自然话语：走向生态写作学》（*Natural Discourse: Toward Ecocomposition*）一书出版，进一步阐释了生态写作的内涵。他们指出："写作生态吸收来自话语研究的研究成果（主要是写作方面，但也包含文学、交际、文化、语言学以及哲学研究），并与环境研究（包括生态学、环境研究、生物社会学还有其他的'硬'科学）的相关学科相结合。"[③]"写作不仅仅是一种社会意义或者修辞意义上的'适应'各种各样的情境，还是一种'再造'各种情境。写作不仅仅是我们在做某事，还是我们自身存在的一种方式。"[④]这就把写作活动和外在自然、社会环境结合起来研究，从言语与环境互动建构以及生命成长的角度使写作进一步摆脱自身的文章制作层面，而引向更广阔的社会生活。

维瑟和多布林还指出，"生态写作不能仅仅聚焦于自然世界。写作的环境不仅仅包括自然环境、课堂环境，还包括网络空间环境"。写作生态理论强调写作发生的环境，写作必须发生在某种特定的地点和位置，正如动物和植物不能脱离自己特定的生存环境一样，一个作者也不容易摆脱自己所生存的话语社区意识形态的影响。所以，生态写作环境不但包括历史、

---

① Richard M. Coe. Eco-Logic for the Composition Classroom［J］. College Composition and Communication，1975，26(03).
② Marilyn Cooper. The Ecology of Writing［J］. College English，1986，Vol. 48，No. 4.
③ Christian R. Weisser，Sidney I. Dobrin. Natural Discourse：Toward Ecocomposition［M］. Albany，NY：State University of New York Press，2002.
④ Christian R. Weisser，Sidney I. Dobrin. Ecocomposition：Theoretical and Pedagogical Approaches［M］. Albany，NY：State University of New York Press，2001：序言16.

性别、文化、种族、阶级等因素,还包括当地的自然环境,甚至还包括学生写作过程中越来越普遍使用的电子环境。事实上,写作不被视为个体过程,而是作为一个依赖于环境的实体,反过来又是影响这种环境的力量。詹姆斯·吉尼亚尔(James Guignard)在《生态写作述评》(Review Essay:Ecocomposition)①一文中强调,在生态写作过程中,学生应该从不同的环境——滑板公园、国家公园、教堂、购物中心、建筑工地、快餐店,去研究这些环境构建的方式。目的在于了解语言和环境塑造身份的作用,增加学生写作的自主权。

(二)写作生态系统构建

写作生态理论认为,写作不仅仅是一个过程,更是一个复杂的生态系统。如何建构写作生态系统也是生态写作研究讨论的一个重要议题。

玛格丽特·赛维森(Margaret A. Syverson)所著《现实的财富:作文生态学》(*The Wealth of Reality: An Ecology of Composition*)②一书,讨论了将生态系统理论对情境的定义有效运用于写作研究,不仅展示了认知科学和复杂系统的新研究如何启发写作研究,还展示了情境理论如何为认知科学研究提供卓有成效的基础。赛维森认为作家、读者、文本与环境实际上就构成了一种生态系统。这一生态系统是由相互关联的具有自适应的、自组织的、动态的、存在于有序与混乱之间的特征的复杂系统组成的“元系统”。安妮·约翰斯通(Anne Johnstone)通过个案研究,用生态系统的隐喻来描述在写作中心接受辅导的大学生、大学生写作导师及写作工坊的参与者之间的相互作用,同时揭示一系列的写作任务,以此来展示社会互动的

---

① James Guignard. Review Essay:Ecocomposition[J]. Journal of Teaching Writing,2005,22(01).

② Margaret A. Syverson, The Wealth of Reality:An Ecology of Composition[M]. Southern Illinois University Press,1999.

生态模型如何指导与辅导相联系的写作研究。① 贝丽卡·卢斯·卡普勒 (Rebecca Luce-Kapler)在《写作伴随、通过、超越文本：语言生态学》 (*Writing With, Through, and Beyond the Text: An Ecology of Language*)② 一书中将写作看成一个在各种社会构成和交互系统中与个体相关联的 生态系统，以理解和承认写作的生态特征，探讨生态写作教学方法和课 程意义。井上浅尾（Asao B. Inoue）将课堂写作评估看成一个复杂的系 统，凭借自身的教学和课堂观察，提供了一个启发式的发展和批判的写 作评价生态系统，探索写作生态评估的七个要素：权力、部分、目的、人 员、过程、产品和地点。③ 正如玛丽莲·库珀所言，"写作是我们通过将 自己定位于由各个系统构成的社会世界的一种活动。它不仅仅是一种 思维方式，更是一种行动方式，是让我们成为最真实的人的活动。通过 对生态写作的理解，我们能更好地理解写作的重要性和写作教学的 难度"。④

（三）生态写作教学策略与方法

玛丽莲·库珀在《写作生态学》中试图回应各种基于过程的写作方法，提出写作教师应采用"生态写作模式"教学。基于此，她构想了一种生态写作模型。该模型的基本原则是：写作是一个人不断参与各种社会构成系统的活动。此外，克里斯汀·皮尔韦（Christian J. Pulver）在其博士学位论文《代谢资本：写作、信息和生物物理世界》中分析了当前的唯物主义写作方法，以理论分析 Web 2.0 技术的有用性，以及它们所带来的写作劳动如何

---

① Anne Johnstone. The Writing Tutorial as Ecology：A Case Study[J]. Writing Center Journal，1989，Vol. 9，No. 2.

② Rebecca Luce-Kapler. Writing With，Through，and Beyond the Text：An Ecology of Language[M]. New York：Routledge，2004.

③ Asao B. Inoue. Antiracist Writing Assessment Ecologies：Teaching and Assessing Writing for a Socially Just Future[M]. Anderson，SC：Parlor Press，2005.

④ Marilyn Cooper. The Ecology of Writing[J]. College English，1986，Vol. 48，No. 4.

成为资本主义生产、消费文化生产的必要手段,①旨在帮助学生培养思辨性、生态性文学,这将使他们准备好应对社会和生态问题。

维瑟和多布林在《自然话语:走向生态写作学》中提出了两种生态写作教学法——生态素养法和生态话语法。生态素养法提倡学生用"批判意识"反映他们日常生活中接触的政治和社会领域范围内出现的问题和想法。生态话语法在写作教学中表现为一种环境文本、环境问题的教学和分析。维瑟和多布林认为,理想的写作教学方法是将二者结合起来,以便让学生更全面地看待书面语篇、学生的写作、环境及影响学生生活的环境问题之间的关系。布莱恩·科普(Brian D. Cope)在《生态学认识:可持续性素养教学路径》一文中,通过认识和定义一种被称为"生态认识论"的方法来回应以下问题:在写作的历史中,什么样的课程或思维链和写作能够让英语专业人士在写作课程中定位生态学和可持续性的概念? 如何在写作课程中体现生态思维? 生态思维在写作和写作研究中的意义是什么?② 马克·龙(Mark C. Long)在《教育与环境素养:基恩州立学院环境院生态写作思考》中引入理论与实践,提出了生态写作的两种方法:环境素养和生态语篇。他将两个方法结合起来,让他的学生从大学校园开始实践。③

在国内,一线教师尝试建立生态写作训练序列,进行生态化写作教学。陈友中老师是国内"生态作文教学"较早的提出者和实践者之一,撰有写作教材《生态写作》和《小学生态写作教与学》。蔡明在《生态语文》一文中,罗列了生态写作训练序列简表,他将生态写作分为自然写作和规范写作两种

① Christian J. Pulver. Metabolizing Capital: Writing, Information, and the Biophysical World [D]. University of Massachusetts Amherst, 2014.

② Brian D. Cope. The Ecological Episteme: A Pathway to a Literacy of Sustainability[D]. Indiana University of Pennsylvania, 2013.

③ Christian R. Weisser, Sidney I. Dobrin. Ecocomposition: Theoretical and Pedagogical Approaches[M]. Albany, NY: State University of New York Press, 2001.

类型。① 自然写作主要包括:天天日记系列,堂堂课 3 分钟演讲系列,周周辩论、报告会系列,小报、投稿、参赛、网络写作等系列。规范写作主要包括:文体系列,题型写作训练系列,基本写作能力系列,考场写作能力系列。荀文彬老师在《构建中学生写作良好的生态系统》中提出要构建一个比较完整的、健康的写作教学生态系统。他认为,写作教师既要注重一堂课的设计,更要注重一个系统的建设。这个系统,他命名为"师生共同成长的写作场"。②

这些作文教学实践大都能将写作行为与真实的生活联系起来,开展常态化、系列化、生活化的写作活动,虽然有一些具有明显的局限性,但总的来说,"生态写作"强调环境与话语的互动建构,这一理论对交际语境写作具有重要的启示意义:

一、写作是环境影响并塑造的结果。写作不仅仅是写作主体的文章制作,也是与自然的、社会的、学校的、心理的环境互动影响的产物。陆彩萍从两个方面阐释作文教学的"生态环境":"一是广义的,就是指作文教学的环境、氛围等;一是狭义的,也就是教学情境。教师要创设一个能够激发学生情绪、情感和思想的情境。"③李红针对当前写作教学中的一些突出问题,选取了生态写作的"小环境"——学校环境和课堂环境,提倡"自然性写作""开放性写作""快乐写作"。④ 教师要创设学生乐写、能写、写好的环境氛围、资源和机制,让学生在环境的刺激下写,为了更好地生活和生长而写。

二、写作教育是一个良性的、富集的学习生态环境的构建过程。在这个学习生态环境中,我们要注重生活、故事、资源、信息、情感等要素的输

---

① 蔡明. 生态语文[J]. 江苏教育,2013(09).
② 荀文彬. 构建中学生写作良好的生态系统[J]. 新作文(中学作文教学研究),2010(12).
③ 陆彩萍. 基于生态理念的小学作文教学探索[J]. 中国教育学刊,2011(11).
④ 李红. 营造写作教学的生态环境[D]. 济南:山东师范大学,2004.

入,要进行多种复杂要素影响下的资源转换和弹性调控,要创造各种与学生真实生活和情感密切联系的平台,鼓励学生写作、发表、交流,形成良性互动的"生活—观察—思考—写作—交流"或者"阅读—思考—写作"的写作循环圈,利用生活、学习和生命驱动写作的发生。通过研究生态学所强调的联系性、过程性、整体性、和谐性、发展性、多元性、共生性等,营造良好的写作学习环境,打造写作学习共同体,让写作教育走向更广阔的天地。

三、利用生态学原理,指导学生写作能力发展。基于生态学的系统、平衡、协调、进化等原理,研究学生写作与周围环境之间相互作用的规律,在更深广的层面、更大的系统和更关键的事件中看待中小学写作,突破学校写作、课堂写作、学生个体写作和"为写而写"狭隘视角,从更广阔生活和生命本质的角度看待写作。如生态学上的"物质流、能量流和信息流"可以理解为写作资源、写作动力和写作内容等的环境营造和资源共享。"富集与降衰律"对于写作的话题和兴趣培养也具有启示意义。再比如"竞争机制与协同进化"也可以借鉴指导作文教学中写作中的合作和激励机制,做到共同学习进步,良性发展提高。

第三节　交际写作要素和模型

交际语境写作有哪些要素?这些要素之间是什么关系?摸清这些要素、关系并进行模型化建构,是了解交际语境写作理论的基本前提。

一、国外交际写作三要素

国外一般将交际写作的要素称为"写作的修辞语境"。国外的修辞语境要素主要包括"三要素说"（读者、作者、信息）①，"四要素说"（题目、目的、读者、作者），"五要素说"（目的、读者、话题、场合、作者）三种。

根据"写作即语境—交流"的原理，我们可以把写作看作作者、读者围绕一定的话题，为了达成一定目的而进行的对话和交流活动。语境决定着语篇。交际语境要素如题目、读者、目的、作者等，决定着写作的内容以及表现方式。它们之间的关系，如图4-2所示：

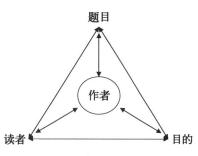

图 4-2　四要素写作修辞语境模型

（一）题目：你与读者分享或者交流什么内容和信息。

（二）作者和角色：你在文中扮演的角色，你以什么年龄、经验、性别、身份、角色来说话、表达。以专家、学生、学者、经历者、朋友、法官、记者、商人、推销者，还是其他的身份说话，这决定你文章的语气、语体、内容以及呈现方式的特征。

（三）读者的类型：你把读者看成什么样的人。可以从以下角度思考：

1. 你（作者）与读者的社会关系——亲疏、上下、远近、主客等关系的清醒把握，对于把握文体、内容、结构，甚至称呼等的得体与否都有积极意义。

2. 读者对题目的熟悉和了解程度——对说明文、解释文和议论文尤为重要。这决定着材料、基本内容的重点、详略等。

3. 读者对题目以及你（作者）所要阐述的观点的态度和立场——同意的读者、中立或犹豫不决的读者、持反对或反对立场的读者。不同的读者类型，采用的写作策略、语言风格、内容详略和艺术手法都不同。

（四）目的：你的文章要达到的效果、动机、愿望等。是传播信息、说服行动，还是诉诸感染、感动等，这决定着文章的体式、风格特征。写作的目

---

① Patrick Hartwell, Robert H. Bentley. Open to Language：A New College Rhetoric[M]. New York：Oxford University Press，1982：36-47.

的可以表现为文章的体式,如小说、自传、评论、分析、报告、求职书等。

二、我国写作四要素模型

20 世纪 80 年代,我国的写作理论界运用系统论方法,提出了一个写作四要素模型,也称写作的四个系统理论。它包括写作主体、写作客体、写作受体、写作载体等。如图 4-3:

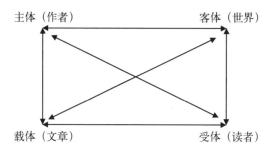

图 4-3　我国写作的四个因素关系

　　写作主体即作者,是写作活动的发出者,在写作活动中居于主导地位。写作客体是指作者所要面对的成为写作对象的人、事、景、情、物等"一切写作对象"。写作受体即读者,受接受反应文论及主体间性哲学的影响,读者在写作活动中的作用和价值正日益受到人们的重视。写作载体指"包含、运载写作内容的文章形态和传播媒介"[①],前者包含构成文章的材料、主题、结构、语言等,后者指承载文章信息的纸质媒介、电脑屏幕、广告牌、手机、PDA 等各种信息终端设备。在这个系统中,主体(作者)、客体(世界)、载体(文章)、受体(读者)分别居于一角,它们构成一个矩形交际网络。写作实际上是这四种因素相互联系、相互制约、交叉作用、多向反馈的动态过程和结果。

---

① 董小玉.现代写作教程[M].北京:高等教育出版社,2000:21-65.

三、交际写作五要素模型

威廉姆・梅辛杰和皮特・泰勒(Willian E. Messenger & Peter A. Taylor，1989)在《写作的要素》一书中提出交际写作模型。该模型包括作者(writer)、话题(topic)、读者(reader)、语言(language)、目的(purpose)五个要素。① 如图 4-4：

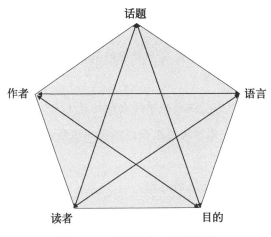

图 4-4　交际写作五要素模型

在这个写作发生模型中,五个要素中的每一个要素都和其他要素有着密切联系。它们之间构成非常复杂的关系和对话网络,这些要素之间的"对话"形成和塑造着文章可能的内容和形态。

这个模型中各要素的内涵如下：

作者：如果你是作者,那么不同的话题、目的和读者会影响着呈现内容的方式。你总是在文章中呈现你知道的东西,你总是在强调某些

① Willian E. Messenger, Peter A. Taylor. Essentials of Writing[M]. Scarborough, Ontario: Prentice-Hall Canada Inc., 1989：1.

内容或建构意义。

读者：尽量具体清晰地确定你的读者是谁可以有效地帮助写作。如果你不能具体确定你的读者,那就想象他们读你的文章时作何反应吧。试着想象你自己就是读者也可以帮助你写作。

目的：每篇文章都有一个目的——有时还不止一个。下面是一些可能的目的：

- 争辩矛盾的议题
- 描述你发现的有趣的事情
- 告诉你的读者可能会感兴趣的某些信息
- 娱乐你的读者
- 就某些你感受强烈的事情向你的读者表达

话题：话题即你所写的东西。不同的话题是针对读者的不同需求而发的,比如：

- 第二次世界大战的起因
- 如何抑制房价的过快上涨
- 微波炉烹调的利弊
- 最喜爱的风景旅游点
- 上海世界博览会

语言：语言是你写作的最主要载体,语言资源包括你根据情绪反应和表达需要选择恰当的措辞和表达方式。

根据上面的模型,在写作时可以采用"提问策略"帮助写作构思。你考虑到的要素越多越具体,写作内容、形式和风格在你心中也就越明晰地呈现。也就是说语境要素之间的"交互问题"驱动了写作的发生机制。比如我们可以从如下角度：① 作者—话题；② 作者—读者；③ 作者—目的；④ 话题—读者；⑤ 话题—目的；⑥ 读者—目的；⑦ 读者—语言；⑧ 读者—

作者;⑨ 读者—话题;⑩ 目的—语言等视角,①构建一个自我提问构思的路径,它会大大触发相应的写作材料和内容。

　　写作可以看作上述交际情境要素(话题、作者、读者、目的、语言)以及内部写作认知(技能、动机、情感、过程、策略等)的综合作用。交际语境要素之间的交互提问,为我们的写作提供了有效的思维支架,这个过程就是我们文章的构思。通过上述"语境要素之间关系的提问",原来神秘莫测的写作构思变得易于操作和实施,而写作的主体意识、读者意识、过程意识、语体(文体)意识、目的(交流)意识等也统统在其中得以应用并变成实实在在的写作能力。

第四节　语境与语篇

一、语境理论及其发展

　　语境(context)这一概念最早是由英国人类学家马林诺夫斯基(Malinowski)于 1923 年正式提出来的。语境在语言学、心理学、文艺学中已经广泛应用,将它应用到写作教学领域也具有巨大而深刻的理论和实践价值。

　　陈望道 1932 年出版的《修辞学发凡》一书中的"题旨情景"这一术语就和我们今天所说的"语境"相类似。修辞情境要素包括"六何",即何时、何地、何人、何事、何故、何如,相当于今天说的"交际语境"。不过,我国真正

---

① 荣维东.交际语境写作[M].北京:语文出版社,2016:162.

开始对语境这一理论进行深入研究是在 20 世纪 80 年代后,如张志公 (1982)语境三分说,王希杰(1996)"交际场"说,何兆熊(2000)"动态语境" 说,以及王德春(2001)、胡壮麟等人的语境语篇学研究。

马林诺夫斯基曾经区分出两类语境,一是"情景语境",一是"文化语境"。前者指表达某种特定意义时所依赖的上下文或前言后语,也叫"小语境"。后者指表达某种特定意义时所依赖的各种主客观因素,包括时间、地点、场合、话题、交际者的身份、地位、心理背景、文化背景、交际目的、交际方式、交际内容所涉及的对象等,也叫"大语境"。① 有人从写作学角度说, "语境指的是现实社会提供给写作者思想言论表达的条件,又称表达空间"②。这是从大语境上说的。每一次写作行为的发生(即写出的语篇),都是语言作为系统的一个实例。这正如天气和气候的关系一样,写作的具体情境也是整个文化语境实践的一个实例。

韩礼德 1964 年提出了一个类似"语境"的概念,即"语域"。"语域"指的是语言使用的场合或领域。韩礼德的"语域"包含语场(field)、语旨 (tenor)和语式(mode)三个层面或者叫"三个变量"。语场指交谈的情境因素,包括交谈的话题与场地;语旨指交际双方的社会关系及语言活动目的;语式指交际双方实现其语言活动的方式。三部分相互作用,相互制约,构成特定语域。语域的这三个变量中,任何一项的变化都会引起交流意义的变化。③ 这样,语域把语言形式、意义和社会环境结合了起来。

1965 年,美国社会语言学家费什曼(Fishman)提出,语域是受共同行为规则制约的社会情境,包括地点、时间、身份和主题等。④ 另一位社会语言学家海姆斯认为语境包括场景、参与者、目的、行为程序、风格、媒介、手

---

① 胡学文.论语境对意义的影响[J].池州师专学报,2000(01).
② 周森龙.写作语境功能论[J].应用写作,2007(10).
③ 赵志梅,刘立群.试论语域理论在英语作文中的应用[J].长春师范学院学报(人文社科版), 2006(05).
④ 李俭,程乐.民事诉讼调解言语分析[J].美中外语,2006(04).

段规范及体裁等八方面因素。① 我国语言学家王德春认为,"语境就是时间、地点、场合、对象等客观因素和使用语言的人、身份、思想、性格、职业、处境、心情等主观因素所构成的使用语言的环境"②。大致说来,语境是我们使用语言时所有主客观因素的总和。何兆熊(2000)从交际者的语言知识和非语言知识角度把语境分为:(1)语言知识:对所使用的语言的掌握,对语言交际上的了解;(2)非语言知识:背景知识,包括百科全书式的知识、特定文化的社会规范、特定文化的会话规范;情境知识,包括交际的时间与地点、交际的主题、交际的正式程度、交际参与者的相互关系、相互知识。熊学亮(1996)把语境分为语言语境和非语言语境,并把非语言语境分为物理语境和认知语境。王建华(2002)立足于语境同语言的关系,把语境分为"言内语境""言伴语境"和"言外语境"三类。这些都对认识语境有重要参考。

斯珀波与威尔逊(Sperber & Wilson,1986)提出了"认知语境"的概念。③ 认知语境是从认知心理学的角度把语境定义为心理构建体,是听话者对世界的假设。这些假设以概念表征的形式存在于人的大脑中,构成一个认知环境。认知环境是由一系列可以显映的事实或假设的集合构成。在言语交际中,对话语理解起主要作用的是构成听话人认知环境的一系列假设,而不是具体的情境因素,但是认知环境仅为一个人理解话语提供了一个潜在的语境。只有认知环境中交际双方互知互明的部分才能成为表达和理解话语的语境。简言之,认知语境认为交际中的语境事实上是一个心理的构建体(psychological construct),即存在于听话者大脑中的一系列假设,它并不是一个静态凝固的概念,而是动态发展的概念。

① 刘焕辉.语境是一种语义氛围[J].修辞学习,2007(02).
② 王德春.修辞学探索[M].北京:北京出版社,1983:51.
③ Dan Sperber, Deirdre Wilson. Relevance: Communication and Cognition[M]. Oxford: Basil Blackwell, 1996.

语境对读、写、听、说起着直接和间接的影响和制约。金元浦说"本文必须涉及语境,任何本文都避免不了地处于一定的语境之中"①。近年运用"语境语篇学"阐释写作教学理论有突破的迹象。熊学亮《认知语用学概论》(1999)和刘辰诞《教学篇章语言学》(1999)论及"篇章策略对写作教学的启示"。王建华的《语用学与语文教学》(2000),香港大学岑绍基的《语言功能与中文教学》(2003,2010),张良田的《语篇交际原理与语文教学》(2003),孔凡成的《语境教学研究》(2009)②等都直接间接论述了"语境"对语文教学的重要作用。

从目前语境的分类来看,学术界对语境这一概念的认识并不完全一致。有的认为所有语言运用、语言实践的条件就是语境,它包括主观语境、客观语境、语言自身语境、辅助语言语境、语体特点语境③;有的则强调语境的动态性,认为"语境是语言行为发生的环境",它包括即时语境和背景语境④;有的从语言及认知的关系角度考虑,认为对于对话的语境可作三方面的分析,即:认知环境、社会环境、文化和种族环境⑤;还有的认为语境是"知识命题激活",这些命题如果来自上下文就称为上下文语境,如果来源于交际现场就称为现场语境,如果来源于受话者的知识背景则为背景语境⑥。以上几种看法都涉及了语境的一些特点,在某种程度上都有一定的道理,只是划分的标准不一样。

一般来说,语境指语言运用的主客观环境,包括狭义语境、交际语境、文化语境、认知语境等。狭义语境指上下文;交际语境具体指读者、目的、话题、文体、角色等五个要素;文化语境指写作创作和交流活动的社会背

---

① 金元浦. 接受反应文论[M]. 济南:山东教育出版社,1998:58.
② 孔凡成. 语境教学研究[M]. 北京:人民出版社,2009:41-42.
③ 纪永祥. 简论语境及其范围[J]. 青海师专学报,1996(01).
④ 申镇. 语境选择的若干问题[J]. 外国语,1993(03).
⑤ 陈忠华,韩红. 话语的语境性[J]. 解放军外语学院学报,1997(01).
⑥ 徐默凡. 论语境科学定义的推导[J]. 语言文字应用,2001(02).

景、文化习惯、历史习俗、思维方式、行为方式和惯例等；认知语境指的是作者与读者在写作和理解一个文本时所调用的认知资源和达成的共同信息等。

从功能语言学看，语文教育培养的应该是基于特定语境的语言运用能力。语境理论应该成为语文教育的原理学科之一。语境是影响我们语篇理解和表达能力的所有重要因素的总和。语境感知、理解以及创造能力是语文教育的本质。过去的语文教育是一种"去语境"的语文教育，而今我们要建构一种基于"语境—语篇"关系的语文教育体系。

语境学以语境作为专门的研究对象，它主要研究语境的内涵、语境的分类、语境的性质、语境的功能，特别是研究语境对语言表达（言语形式和言语意义）的制约，言语表达者为适应语境而采用的手段，接受者如何依据语境理解语言等。研究语境的目的一是更好地理解语义，二是更好地表达与交流。把握各类语境的特点和作用，会对语义的正确理解和运用起到很好的导向和指归作用。运用语境学的理论解读文本能更准确地读懂文本显性和隐性的意义，并可以为写作赋能。

语境指人们运用语言进行言语交际的内外部环境，它不是人为优化和设计的教学情境，而是真实的言语运用环境本身。周明强在《现代汉语实用语境学》中将书面语用语境分为：语言环境（上下文语境）、现场语境和背景语境。① 结合书面语言活动的实际情况，可以将语境分为语篇语境（上下文）、情境语境（外在的交际语境）、认知语境（内在的心理背景）和社会历史文化语境等四个相互套叠的部分。我们用下图来表示其相互之间的复杂关系，如图 4 - 5。

在"文章写作"范式中，文章是作为孤立普泛的文字符号产物出现的。这样的写作对写作的目的、功能、文体、对象以及语言风格等问题是不太考

---

① 周明强. 现代汉语实用语境学[M]. 杭州：浙江大学出版社，2005：5.

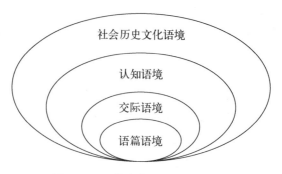

图4-5 语境分类及其关系示意图

虑的,这就造成写作的一系列问题。"交际语境写作"把语境作为重点去考量,并将它作为解决写作教学问题的突破口之一。写作时要引导学生思考"写给谁""他们已经(想)知道什么""我要跟他们讲什么""我要达到什么目的""我要采用什么文体""材料如何选择""采用直白还是华丽的语言"等交际语境因素。这些交际语境要素,对写前构思、材料选择以及写后修改起着至关重要的作用。

二、写作中的四重语境

按照语境在写作中的存在状况,我们对其作如下区分:语篇语境(即文内语境,或上下文语境)、交际语境(外在语境)、认知语境(内在语境)、文化语境(社会历史文化背景)。下面阐释四类语境。

(一)语篇语境

《符号学辞典》将语境定义为"在特定的所指单位之前的或伴随单位的语篇"①。其实,这里的语境指上下文语境,或者语篇所提供的认知语境,简称为"语篇语境"。

语篇语境,指的是"上下文语境"或"文内语境"。它是文章的内容和形

---

① 胡壮麟.语境研究的多元化[J].外语教学与研究,2002(03).

式所涉及的意义语境以及篇章形式,它决定着遣词造句的最基本含义,是文章所呈现的最基本的信息集合体。语篇语境可以从内容和形式上分为"内容语境"和"形式语境"。

内容语境即意义语境,指作者写作时头脑中所建构和呈现的意义,包括作者所要营构的事物、人物、事件、画面、场面等客观物质世界和意义世界。它是"物象世界""想象世界""意义世界",是形成文字时已经写成的文字所呈现的意义和情境,与斯皮维说的"认知产品"近似。

形式语境,也可以叫作"文章的可见形态",就是我们看见的哪一篇客观的文章,由哪几个部分组成,文章由哪些材料构成,如何开头、结尾、过渡,运用了什么表达方式和呈现形式(包括标题、小标题、字号、段落甚至分栏、色彩等),它们之间是否协调一致、呼应连贯,形成一个有机的整体。

（二）交际语境

狭义的交际语境指文本所要面对的外部交际环境,它主要有五个要素,即作者(角色)、读者、目的、话题、体式等。当然,如果我们也将背景、场合、要求、媒介等要素考虑进来,甚至将认知语境的相关要素(如阅历、记忆、情感等)考虑进来,这样的交际语境就是广义上的了。

无论是语篇阅读还是语篇写作,都会涉及交际主体(作者)、交际对象(读者)、交际目的和交际话题等构成的一个交际语境场域。它比具体的上下文语境要上位一些,是"文化语境"在写作活动中的具体化,是介乎二者之间的形态。在《欧洲语言学习、教学、评价共同参考框架》中,语境"指一系列事件和情景要素(包括物质要素和其他要素),包括人的内部和外部事件和要素,这些事件和要素中包括交际行为"[1]。这与"交际语境"近似。或者我们借鉴量子力学的理论,交际语境就是一种真空中存在的"场",言语行为就是这个场的激发态。

---

[1]　洪宗礼,柳士镇,倪文锦.母语教材研究(第六卷):外国语文课程标准译介[M].南京:江苏教育出版社,2007:381.

写作中的交际环境相当于上面说的"情境语境""修辞语境"。比如要写给谁(读者、对象),要写什么(内容、话题),要达到什么目的功能,要采用什么语言表达形式等。写作中的"交际语境"是作者写作时所要面对的内外部交际要素的总和。从写作的过程看,交际语境有如下作用①:

1. 交际语境具有引发写作动机的作用。写作的初始动机很可能是生活中的某事、某物、某人、某情、某景即外部环境,或者心理情境,它们触发了你,让你现存的心理状态、情绪和认知不再稳定,你需要调整它们以适应改变的状况。交际语境就成为你"为什么要写"那些的触发物、环境要素或者动机。

2. 文章写成之前要依据这个交际语境,进行话题选择、内容筛选、结构营造以及文体、语言、风格等的构思。交际语境是语篇赋形的依据。语篇材料、内容和表达,要根据语境要素的需要选择并"涌现",到你脑中,然后到笔端。交际语境在某种程度上是你"写什么"的来源。在写作表达或者行文过程中,这个交际语境一般是以潜隐的方式存在着的,除非作者停下来有意识地去思索,或者教师在教学时,运用一定的教学策略、手段、活动、设计来唤醒写作者(学生)的这种交际语境意识。

3. 在写作完成后的修改环节中,交际语境是衡量判断语言表达准确、得体与否的依据。我们过去一般只重视文本内的语境,不考虑文本外的语境,这就有可能损害写作者最深层、最原始也最有效的动机。因为只有具有清醒的交际语境意识的作者,才是一个真正知道并熟练运用语言文字进行表达的作者,才能进入到语言应用的自由美妙的境界中来。这个层面的写作要求的不仅仅是准确,还要求能够打动读者、吸引读者,判断写的文章是否具有应有的语言效果,是否符合体裁的要求,能否达成写前设定的意图,是否发挥了文章的表达和交际功能。

---

① 荣维东. 交际语境写作[M]. 北京:语文出版社,2016:101-102.

　　"交际语境"这个概念,意在凸显写作需要考虑的对象、目的等因素。我们认为这是"真实写作发生"的重要前提。过去的"文章写作"之所以出现写作动机缺失、文章内容虚假、文体语体不当等这样那样的问题,大都是没有考虑写作活动中的交际语境因素所致。

　　(三)认知语境

　　认知语境指的是言语主体在语言运用过程中大脑中所唤起的各种信息及其集合。它是指向个体的、内在的、动态变化着的混沌的言语心理和精神世界,来自言语主体已有的经验和基于认知的一系列假设所形成的心理表征。

　　最早从认知的角度来研究语境的是斯珀波和威尔逊,他们从人际互动角度提出了认知语境(cognitive context)的概念。他们指出:"交际时,每个人都是在特定的认知语境里发出(produce)或加工(process)刺激信号(stimulus)的,这个刺激信号就是语句。所谓认知语境,既包括了上下文这种语言意义上的语境(linguistic context,有时又叫 co-text),又包括了即时情境(situation[of utterance])这种物质语境,还有个人特定的记忆、经历和对未来的期望所构成的心理语境以及社群知识、百科知识这些在不同程度上共有的知识语境。从心理表征(mental representation)的角度看,认知语境是人所调用的定识(assumption)之集合。"①这就是说,认知语境是言语者将外部的情境语境(交际语境)信息和自己已有的知识经验联系起来,进行假设、加工、处理、推理、判断、想象、联想的过程。

　　这个过程是在大脑中发生的、具有个体性的,需要调动已有的经验信息,动用自己的认知能力。认知语境可能是由外部的事物、文本、事件、景象、任务、问题等触发的。如图 4-6 是一个"在海滩上"的著名的认知语境的示例。②它用一系列"子语境"呈现了一个人关于海滩的各种记忆、事物、

---

① 丹·斯珀波,迪埃钰·威尔逊. 关联:交际与认知[M].北京:中国社会科学出版社,2015:14.
② 魏在江.英汉语篇连贯认知对比研究[M].上海:复旦大学出版社,2007:167.

情感、故事、细节、场景等。一个人认知语境的丰富程度标志着这个人经历和精神生活的丰富程度。认知语境的丰富度应该遵循斯珀波和威尔逊语境推理的"最大关联原则",当然它的最准确认知来自言语主体的"最佳关联",即排除掉不合理信息后的语境认知。

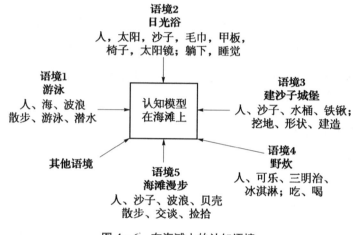

图 4-6 在海滩上的认知语境

如果语篇语境是指向语言成品的,交际语境是指向外部语言运用的物理环境和社会环境的,那么认知语境则是指向一个言语运用者的内心世界和认知心理的。认知离不开语言,语言反映着一个人的认知。比如 A 对 B 说:"我们一起去散步吧!"B 回答:"我明天有一个考试。"这其实有很多信息需要我们大脑去推理。我们知道他们两人大致的关系是比较亲密的朋友、同学;我们知道 B 要复习迎接考试,不想去散步……如果交际语境要素是可以分析的,比如言语发出者(谁)、言语接受者(对谁)、言语目的(为什么)、语言方式(用什么方式)、语言内容等可以比较明确地分析确定,那么认知语境则是语言活动的"黑箱",我们很难知道另一个人内心在想什么。

认知语境在写作活动中很重要。认知语境就是言语主体大脑中所有信息的总和,包括作者已有的知识、经验、阅历、社会人生的各种信息、情感以及万事万物的百科知识。它们会在言语理解和建构中发挥重要作用。认知语境会帮助言语主体调动已有知识经验参与语言活动。

写作的头脑风暴过程就是认知语境信息最大化的过程。审题就是认知语境经由任务推理而得到的合理的材料和信息。在写作教学中,教师需要调动学生已有的知识经验,触发学生的情感,引发认知冲突,激发表达欲望和冲动。同时,教师要想方设法丰富学生的精神世界,通过观察生活、阅读、思考、观看、讨论等活动,丰富学生的认知情境资源,让学生成为一个认知经验丰富,具有洞察力、观察力、想象力的个体。

(四)文化语境

文化语境,即宏观语境,包括社会文化、民俗习惯、价值观念、社会心态、舆论环境等诸多方面,它涵盖了意识层面(理想、信念、价值观念、世界观等)的文化心理语境和文化操作语境(习俗化场景、对象化情境、特定的日常交际规范——方式、态度、程度等外部具体情境)。廖秋忠认为,"语境包括上下文,交际双方的目的,交际双方对彼此的认识与假设,说话的现场知识,世界知识,彼此的信仰、文化背景与社会行为模式的知识等"①。从认知语用学角度看,"语言交际的基础是交际双方共有的认知环境",即"共有的知识或共有假设",否则理解和交流无法发生。②

文化语境包围着我们,它以各种形态呈现,比如著作、制度、习俗、媒体、价值观以及集体无意识等。文化影响着我们的思维、理解、感悟、观察、体验和判断的内容和方式,它制约着我们写作中的构思、立意、语感、文感等,影响着文章的风格追求等文本形态的东西。

写作从内容到形式都带着该民族文化和思维方式的深深印痕。卡普

---

① 中国社会科学院语言研究所,"汉语运用的语用原则"课题组.语用研究论集[M].北京:北京语言学院出版社,1994:2.
② 熊学亮.认知语用学概论[M].上海:上海外语教育出版社,1999:89.

兰研究发现(1963—1965):母语为英语的作文,语篇结构呈直线型;母语为东方语言(包括汉语在内)的,作文结构呈螺旋型。卡普兰认为这是一种文化现象,每种语言或文化有自己独特的篇章组织方式及修辞特征。[①] 贾玉新解释不同思维模式对于语篇结构的影响:中国受"天人合一"思想的影响,说话、写文章往往注重形象思维、曲线思维、辩证思维,把思想发散出去还要收拢回来,这就使得语篇结构呈现圆式或者聚集式(螺旋式)结构;西方人认为世界万物都是对立的,一切二分的,对待事物习惯采用分析和逻辑思维的模式,这使得他们的语篇结构呈直线型,易于向事物更深更高方向发展。因而,英语语篇具有开门见山、重点突出、结构紧凑、层次分明、逻辑严谨的特点;而汉语语篇则具有注重铺垫烘托、含蓄委婉、结构松散的特点。[②] 这种民族思维方式对语篇形式的影响,可以看作文化语境最有力的证明。之所以会有这样的差异,是因为语篇所面对的读者或受众不一样,这就像产品生产,在国内国外的造型、功能会有不同,语篇是否合适要以语境为依规。

三、认知产品和语篇产品

(一)认知产品

斯皮维区分了写作中的"认知产品"和"文本产品"。[③] 这是一种很有趣的思想。文本产品就是写出的文章,而"认知产品"的提出则别具意义。她认为"文本产品是作者从初稿构思到最后定稿而创作的不同版本,这些产品写在纸上或储存在电脑中"。文章在没写出之前就是作者大脑内的"认知产品",写出后成为一种有形的"文本产品"。斯皮维从"意义建构"的角

---

① 李美英. 高中生英语写作文献资料研究综述[DB/OL]. http://www. xzedu. net. cn/ktoblog/u/181/archives/2007/5374. html.

② 贾玉新. 跨文化交际学[M]. 上海:上海外语教育出版社,1997:390-402.

③ 莱斯利·P. 斯特弗,等. 教育中的建构主义[M]. 高文,等译. 上海:华东师范大学出版社,2002:241-253.

度彻底打破了认知与文本、作者与读者之间的界限,使得读写成为一个"统一的连续体"①。这对写作教学具有重要意义,它将引导我们更加关注"前写作",即"意义形成"和"文章构思"的环节并解决其中存在的问题——这正是学生写作出现问题最多的环节。

当写作被看作意义建构时,写之前作者心目中的想法、意图、画面、意象,作者的构思、选材、立意等在大脑中形成的关于文章的意思或者模样,就可以看作作者的认知状态。有时候我们写之前只是感觉到一个意义云团,这就是作者尚未成型的"认知产品"。

无论大学教授还是芸芸众生,无论是文章高手还是愚昧村夫,我们时时刻刻都在感知、观察、体悟、联想,甚至在梦中我们的意识都还在运行。这就是说,我们应该拥有无尽的可供写作的东西。人们写不出来,要么是他对于一个特定的话题了解不够,没有起码的相关知识和信息;要么是他已经拥有的东西,不适合向其读者表达;要么对面对的题目或者话题提不起兴趣,产生了认知上、情感上的障碍;要么是找不到那一团"意义"的合适的表达方式,缺乏一种让它成形的线索或模具;还有可能是因为缺乏基本的表达技能,"心里知道,但表达不出来"。认知产品转化为文本产品时,的确面临着一系列技术的、情感的、交际环境的许许多多的条件和环节。

建构主义写作观认为写作是意义建构,这就可以摆脱狭隘的物质主义的写作观,后者以为只有写出来的东西才称得上作品。其实,写作之前的想法、念头一旦发生,就已经是文本作品产生的前奏。写作的内容,在没写出来之前,它原来就储存在我们的大脑中。写作是思考的流程、认知的发生、对话的展开、问题的解决、意义的形成。认知产品可以表现为意念、构思、文章的模糊意义的云团。它是写作的重要环节。这个"认知产品"的孕育,是写作最关键的一环。我们向来重视"写后关注"或者"写中指导",现

---

① 张英彦.建构主义写作观述评[J].皖西学院学报,2004(04).

在看来应该将这一切提到"写作之前"即"认知产品"的酝酿、发生阶段。事实上,这才是写作最艰苦、最重要的阶段。可以说,写作源于交际语境,文章是语境生养的孩子。

(二)语篇产品

将"认知产品"说出来、写出来,就成了"语篇产品"。如果将语言活动生成之前的、那个在大脑中未成形的认知存在物称为"认知产品",那么我们就可以将说出来、写出来、呈现的东西,称作"语篇产品"。

什么是语篇?卫真道在《篇章语言学》中,用通俗的语言解释了语篇的含义:"篇章就是我参与了一次人际交流行动,也就是我和别人交流了自己的思想,交流了我自己的世界观,交流了我自己对生活经历的看法。"①张良田则给出了比较规范的定义:"语篇,包括话语(discourse)和篇章(text),指的是语言交际的基本单位。话语,即为了完成交际任务而说出来的话;篇章,即为了完成交际任务而写出来的文章。"②《欧洲语言学习、教学、评价共同参考框架》认为:"语篇是与特定领域有关的片段或口头/书面表达……是语言活动的成果或过程。"③语篇指具有任意长度,意思相对完整,能完成交际任务的各类言语作品,分为口头语篇、书面语篇、媒介语篇。一句话、几句话、一句口号、一支歌曲、一次对话、一场口角、一次长达两三小时的演讲等可以叫作"口语语篇"。一个词(如"火"),一个短句(如"此路不通"),短信息,一副对联,一首小诗,一篇散文,一则日记,一部小说(三部曲或其中的章节)等用书面文字符号呈现,就叫作"书面语篇"。而语音留言、微视频、电视剧、电影、戏剧、舞台剧以及各种数字化媒介和跨媒介产品,即"媒介语篇"。这样,用"语篇"这个概念,就可以表述生活中、工作中、语文教育

---

① 卫真道. 篇章语言学[M]. 徐赳赳,译. 北京:中国社会科学出版社,2002:2.

② 张良田. 语篇交际原理与语文教学[M]. 长沙:湖南师范大学出版社,2003:1.

③ 洪宗礼,柳士镇,倪文锦. 母语教材研究(第六卷):外国语文课程标准译介[M]. 南京:江苏教育出版社,2007:381.

中的各式各样媒介,各种不同长度、不同类型的篇章样态。

从上述观点可以看出,语篇(text)可以是一句话、几句话、段落以及成篇的文章等。语篇既可以是文本(text),也可以是语段(paragraph),也可以是话语(discourse),还可以是文章(article)。语篇有大有小,有长有短,有口头的、书面的、数字化的,只要它们在一定的情境中表达一个相对完整的意思,达成一定的交际意图,而且获得自己的形态,这样的语言运用单位就叫作语篇。

语篇产品是交际的产物,存在于交际活动的"场"中,参与交际活动的语篇表达者(作者系统)与接受者(读者系统)以及用于交际的语篇本身(文本系统)构成了语篇交际场中的三个基本世界,用于交际的语篇之所以能成为最终存在的状态,实际上是受到这三重世界制约的结果。①

语篇表达者的交际目的(包括直接目的与间接目的)、个性特征(包括内在心理与外在特征)与修养水平(包括人格修养水平、学识修养水平与能力修养水平)能够直接决定语篇的存在形式。

语篇接受者的心理需求(包括个体接受者的接受心理、群体接受者的接受心理与整体接受者的接受心理)、身份特征(包括个体接受者的身份特征、群体接受者的身份特征与整体接受者的身份特征)与接受能力(包括一般接受能力与特殊接受能力)也能够直接影响语篇的存在形式。

语篇产品的内容规律(包括主题规律与材料规律)与形式规律(包括信息传播途径的规律、信息承载媒介的规律与信息表述符号的规律)直接制约语篇的存在形式。

"语篇写作"不再是我们平常意义上的"作文",这是因为我们过去理解的作文仅仅关注写作结果,是"完整的""好的""有头有尾的"文章。我们认为作文教学不应该仅止步于此,它还应该包括更灵活的书面语表达行为,

---

① 张良田.语篇交际原理与语文教学[M].长沙:湖南师范大学出版社,2003:49-109.

包括片段、缩写、扩写、仿写及课堂笔记、会议记录、通知、短信、摘抄,以及各个学科领域学习中的书面作业等。只有这样理解"语篇写作",才有可能摆脱目前以应试为目的的狭窄的"作文教学",回归以真实语境交流和实际应用为目的的"真写作"。

上面,我们介绍了交际语境写作的一些要素并阐释了"语境""语篇"等一系列相关概念,目的是构建"交际语境写作"的模型,并研究它的发生机制。基于具体真实交际语境下的语篇写作,应该成为中小学写作的准确概念。

第五节 交际语境写作原理

一、交际语境写作模型

在交际语境写作模型中,"作者、读者、目的和话题"四个交际语境要素具有不可替代的作用。下面先对这四个要素在传统写作与交际写作中的变化做一点说明,这样才不至于将"先见""误解"代入进来。

传统写作一般以命题作文形式出现,"话题"这一交际要素隐含在题目之中,一般别无选择。20世纪80年代后,话题作文逐渐流行起来。写作中的"话题"要素,渐为人们所注意。话题在西方叫作"topic",是人们要谈论的事情、现象、问题、观点等。它在写作中有时是限定的,有时是隐含在材料中的,让读者去阐释解读出其中可能的议题。其中有读者的各种理解、判断、选择。

在我国传统写作中,"读者意识"缺失一直是一个大问题。所谓读者意识,指的是写作时心中存有的倾诉或交流的对象。这个对象的存在将对文章的内容、主题、材料以及语气、措辞的选择产生影响。读者意识有助于写作者在写作中模拟一种近似真实情境中面对面"对话"的表达方式。具有读者意识是成熟作者高级写作能力的体现。这一点目前正引起大家的重视。大家往往直觉地认为写作就是作者在写,与读者何干? 大家往往习惯"自我表达式"地去写,其实这是一种极大的误区。一切写作都是为读者而写的,哪怕写给自己看的日记(读者是自己)。然而真正洞悉写作奥秘的人对读者总是予以高度重视。朱自清说:"写作练习是为了应用,其实就是为了应用于这种种假想的读者。写作练习可以没有教师,可不能没有假想的读者。"①"写给谁",即读者、受众是谁,影响着你写作的话题、内容、材料的选择,甚至这个话题、内容的深浅、范围、视角如何,都要依循你心目中的读者来定。因为写作是你和读者在交流、对话,你所说的内容,很大程度上是由读者牵引并决定的。写作是作者与读者之间的信息交流,读者已有的信息、先备知识以及原来可能的理解、疑惑、问题,这些都是你的文章要去关注、回应并解决的。

交际语境之中的"作者"因素,平时也不为我们关注。我们似乎"只是去写罢了"——不问目的;不问我是谁——没有角色。但事实上,你的角色影响着你说和写的话语方式和视角。在一个社会中,角色赋予我们应该讲什么和如何讲的意识,它是社会、文化、习俗、秩序等的一部分。真实有效的写作是有一定目的、角色、情境的写作。如果学生写作时只能以学生的身份在写,写作就会损失掉绝大部分的乐趣。由于教育的"未完成性",学生完全可以扮演将来社会生活中他可能扮演的角色、身份。这样写作就像一种游戏中的角色扮演,或者一种生活的预演。

再来看"目的"因素。"目的"就是你言语表达的意图、想法。具体说

---

① 朱自清.朱自清散文:下[M].北京:中国广播电视出版社,1994:14.

来,你是为了"传达信息",还是"分享经验",还是"劝说议论",还是"审美娱乐"……不同的写作目的,会直接影响作品的内容、材料、结构和语言表达等。①

经过这样一番概念重建,传统写作中的那些不为注意的要素和内涵,已经发生了质的改变。

那么,交际语境写作是如何发生的呢?

美国写作课程专家斯迪芬·德·克拉什(Stephen D. Krashen)说:"作文时,最关键的是明确写什么,表达什么思想感情;当目标明确后,再明确读者对象,即文章是写给什么人看的。这样,写作者只需面对理想中的读者把想说的意思说清楚就够了,文章自然能写好。"②

写作时,你要揣摩写作内容的语境,设想读者的要求,他们的心理和已有知识状况,根据自己的写作目的,选择话题、文章的体式、语言风格甚至内容的详略等。这个语境(包括话题、作者、读者、目的)等决定着交际语篇的内容和形式。③ 如图4-7所示:

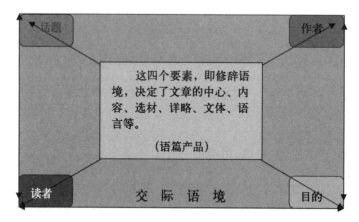

图4-7 "四要素交际语境"写作发生模型

---

① 荣维东. 交际语境写作[M]. 北京:语文出版社,2016:231.
② 张良田. 美国作文教学一瞥[J]. 语文学习,1996(09).
③ 荣维东. 交际语境写作[M]. 北京:语文出版社,2016:231.

美国迪恩·蒙莫里和福克兰·奥哈勒在《写作者的选择》中说:"学好写作的第一步是要明白写作面临着一系列互为联系的选择行为。不妨想想当你进行写作的时候到底做了些什么。有时你的写作意图是要怡悦读者,有时则是想与人争辩或说服他人,有时你想要发现你想了些什么('如果我不写出来,别人又怎能知道我有哪些想法呢')。你的读者也是多种多样的,他或许是你最亲密的朋友,或许是些不知名姓从未谋面的陌生人。这一切便形成了来自以下各方面的选择(意识的或潜意识的):你的经历,你作品中所代表的自我,以及用于传播书面信息并称之为语码的结构和语言。因此写作就是一种选择行为。"①皮特·科德将"交际和意义"连起来思考,认为"交际"产生"选择",而"选择产生意义"。② 斯皮维则认为写作即意义建构。从这样的角度看写作就是:语境要素的选择、互动、触发,导致了意义的生成,意义的生成和交流驱动了写作的发生。

写作是一种语境选择行为,或者语境探究行为。写作活动发生前,往往有一系列的问题需要"解决"。写作不是独立个体单纯的表达行为,而是其与外在情境之间复杂的对话。这个对话交流的对象就是写作中明确的或者尚不明确的交流语境。写作是一种问题解决,不是"文本制作"。文本制作只是问题解决的副产品。写作是面对一大堆未知"问题",用文字思考的过程,即问题解决过程。想清楚了,也就有东西写了,也就容易写清楚了!

如图4-7所示,一旦话题(写什么)、角色(我是谁)、对象(写给谁)、目的(为什么写)这些问题确定下来之后,写作就变得相对轻松了。写作时,之所以容易出现障碍,很大程度上是"写之前"的这些潜在问题没有解决。③

---

① 刘锡庆.外国写作教学理论辑评[M].呼和浩特:内蒙古教育出版社,1992:6.

② S.皮特·科德.应用语言学导论[M].上海:上海外语教育出版社,1983:12.

③ 荣维东.交际语境写作[M].北京:语文出版社,2016:168.

试想，为什么大多数人几乎都可以自如流畅地说话，却不能自如流畅地写作呢？为什么有的孩子写不好，说起来却头头是道，网上聊天轻松自如呢？这可能是因为：说话的时候，交流要素是相对明确的。它有相对明确的话题、听众、目的等语境，交谈时还能够基于上述要素不断生成新的信息、念头，并不断调整。如果写作也模拟一个对话交流的情境和机制：我要写什么，详略如何处理，采用何种表达方式……从这些问题（要素）出发去思考，写作思维就可以发动起来了，这样就进入了真实的有意义的写作状态中。

这样来看，写作就不仅仅是"用文字符号表达"，而首先是对情境进行审视、观察、理解、判断、探索……这是一个选择和思维的过程，是一个问题解决的过程，是一个认识和对话的过程。

至于为什么能说的人，却不能写呢？这就牵涉到书面表达方面的问题——掌握一定的字、词和句式，把上述认知产品表达出来，即形成"语篇产品"。显然一旦语篇的前身——"认知产品"慢慢发育成形，表达就是次要的事情。

语境要素对于写作内容、材料、体式、语言等都有着直接的制约作用。语篇的交际语境诸要素，如作者的角色、读者、目的等，决定着语篇的内容、体裁、详略、表达等语篇的具体形态。用一句话概括交际语境写作的原理，那就是：读者、目的、角色、话题等语境要素决定着语篇的内容和形式。①

二、写作即语境与语篇的互动建构

1989 年威廉·梅辛杰创立了一个包含作者、对象、话题、目的、语言的五要素交际写作模型。同时，尼斯特兰德（1989）的社会互动模型指出：写

---

① 荣维东. 交际语境写作[M]. 北京：语文出版社，2016：169.

作不仅仅是写文章,而是作者与读者之间在进行社会交流。1996 年格拉贝和卡普兰提出了"社会认知写作模型",该模型将影响写作的因素分为"外在因素"和"内在因素",认为写作是外在因素和内在因素共同影响、共同作用的个体活动。同年海斯对著名的写作过程模型做出重大修正,加大了"社会的"因素对写作过程的影响。

弗劳尔和海斯的写作过程模型是目前最重要也是最具有阐释力的写作理论模型,主要揭示的是写作过程中的信息加工机制,同时也涉及长时记忆、任务要求对写作过程的影响。然而,这个模型并没有具体揭示出语境要素对写作的指示、生成、制约作用。

基于"语境—语篇的互动生成"原理,我们认为任何语篇都是语境及其要素塑造的结果。交际语境要素决定着文章的主题、内容、材料、结构、问题、语言的选择与运用。这些要素分别在构思、行文、调控、修改中发挥着重要作用。如果用电脑作比喻,交际语境就相当于主机、硬盘等信息储存系统;写作过程就是 CPU 信息处理过程;文章就像是屏幕呈现的信息。如图 4-8 所示:

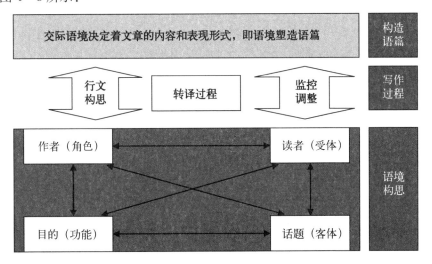

图 4-8　交际语境写作运行机制图

这个基于交际语境的写作模型分为两个部分,上部分为语篇形态,相当于电脑显示屏;下部分为交际语境,相当于电脑主机。写作发生的根本原因不在"显示屏",而在于"主机"如何运作。

写作中的交际语境要素主要包括作者(谁),读者(向谁),就什么目的,谈什么话题。写作的发生是作者基于某个话题,与读者就某种目的而进行的一场场书面对话。一旦我们在写作的时候,分析还原出写作行为的交际语境要素,为什么写的动机问题和写什么的内容问题以及怎么写的方法问题,都可以在某种程度上得到解决。

文本写作观认为文字是工具,意义是客观物。写作就是"语言和意义"对应下的词语表达。其实这只是看到了写作的一个环节,而且是最后的那个环节。在文章中心写作范式下,学生写不出来文章就以为是"显示屏"出了什么问题,这显然是不对的。

文章写作关键是写作者内在的心理过程和发生机制。认知加工心理学家部分地解决了这个问题,可是仅仅关注信息存储和加工仍然不够。至于需要调取哪些信息到工作记忆(CPU)里面进行加工,过程写作模型没有解决这个问题。

写作不是自我的无缘无故的思维发作,而是基于交流语境、文化语境、写作任务等写作动机出发的宏大语境下的一种交往臆想或者创造冲动,是"由外而内"的一个过程,而不是内在心理自动的发生。也就是说,写作实质上是一种社会交际行为。退一步讲,写作使用的语言就是一种社会符号系统。写作本身就是在利用这个社会语境资源,纵使你自己在写,为了自己写,也是在用语言写,在文化和社会语境中写。语言文化塑造了一个人的语言能力,你在用语言文化所赋予的语言能力去表达、述说。交际写作是把写作看作生物体之间(主体间)的行为。写作不可避免地被抛入语言、文化、社会、历史以及现实语境之中,你不可能超越它,就好像我们不能"提着自己的头发离开地球"一样,语言、文化、社会构成的语境就是我们思想的生物圈。写作的本质就是你与这个语言文化圈对话。这就是"文↔境"之间的双向互动。读是"由文生境",写是"由境生文",读写就是这样一个互动运作的过程。

根据写作者所面对的写作交际要素,将"语境要素"和"语篇形态"放在一起,我们就可以得到下面的模型,如图 4-9 所示。写作就是由语境要素(作者、读者、话题、目的、语言等)要素相互激发而形成的思维场域,它们互相作用,引发了一场思维的"链式反应"①,最终形成了我们写成的文章即语篇。②

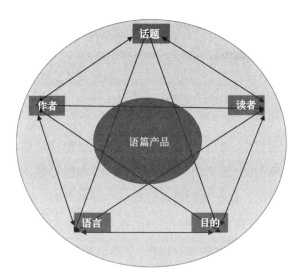

图 4-9　写作中的语境与语篇关系

上面的"双圆五边语境—语篇写作模型"是从宏观、中观层面来阐述交际语境写作原理的,宏观层面的"文化语境"因素,对母语写作者来说,一般是可以忽略的。中观层面的"语言"因素,既是文化系统的产物,也是交际

---

①　这里指交际语境写作要素之间的互相触发、联系和联想,它就像核物理中的"铀裂变"一样,会带来头脑中的一场思维风暴,这可以有效消除传统写作中的呆板、凝滞、苦涩,从而使写作进入新境界。

②　荣维东.交际语境写作[M].北京:语文出版社,2016:165-167.

语境写作的工具,交际语境运行的结果,基于这些考虑,我们将语言要素暂时抛开,这样交际语境因素就剩下四个：作者、读者、目的和话题。

"交际语境写作"模型的意义在于：

第一,它把任何写作都看作特定语境下的语篇建构。这里的语境就是我们写作时所面临的一切外在环境因素,而写成的产品即语篇。"语篇"既包括传统一切的文章类型,还有望将一些新媒介语篇产品包含进来。

第二,交际语境写作有望解决写作动机缺失、写作内容匮乏、写作体式不明、语言表达混乱等一系列重要问题。基于交际的写作找到了另外一种写作发生的动机以及内容的无穷无尽的源泉。写作完成了另一种转型,写作的发生拥有了另一种全新的机制。写作课程要培养学生的交流意识、读者意识、主体(角色)意识、文体(功能)意识,以及基于这些要素的行之有效的写作策略。这才是写作课程要关注的核心问题。

第三,它有望整合各种类型的写作流派和体式。如笔记、摘要、论述、学术小论文、实验报告、短信、书信等实用写作,也包括诗歌、散文、小说等文艺写作,以及所谓的"生活化写作、真实写作、功能写作、学术论文写作、跨学科写作"等流派。这样我们就可以形成一个跨学科、多功能、多样化写作概念——这也就是真实生活中的写作,也就是我们倡导培养社会生活学习工作需要的真实写作,这些都可以在"交际语境写作"理念和内容框架下得以阐释。

三、交际语境写作本质阐释

(一)写作即书面对话

语篇是交际语境运行的产物。语篇写作是作者针对语境要素进行思考、判断、联想、选择的行为。这些行为是在语境要素的驱动下发生的,是作者针对特定的或者潜在的读者,围绕某个话题,达成某种目的而发生的交际行为。这种交际行为是作者凭借他的意义潜势资源,与语境发生潜隐的心灵对话和思维运作,从而生成自己的"认知产品",这个认知产品再慢慢形成"语篇产品",即文章。这样看来,写作就是作者为了营构心中的意义与语境所进行的一场对话,是他的语言潜势与交际语境之间的潜势互动。

在写作时,读者或对象是谁,作为读者的他、她或他们具有什么样的知识背景、阅读兴趣、愿望需求等直接或者间接影响和塑造着我们的写作。①

《红楼梦》开篇对阅读者偏好分析的那一段文字,就是在进行交际语境分析——

> 　　石头笑答道:"……历来野史,皆蹈一辙,莫如我这不借此套者,反倒新奇别致……再者,市井俗人喜看理治之书者甚少,爱适趣闲文者特多。历来野史,或讪谤君相,或贬人妻女,奸淫凶恶,不可胜数。……至若佳人才子等书,则又千部共出一套……"

曹雪芹正是由于对阅读者的阅读状况、偏好有如此深刻透彻的了解,才有可能创造将"传统的思想和写法都打破了"(鲁迅语)的《红楼梦》。

学术写作也离不开对交际语境要素的分析和选择,正如托比·富尔韦勒(Toby Fulwiler)在其《大学写作:学术性写作指导》②中写道:"所有写作都涉及选择——无数选择——关于主题、方法、立场、主张、证据、顺序、单词、句子、段落、语气、声音、风格、标题、开头、中间、结尾,包括写什么、省略什么,等。问自己三个基本的问题:我为什么要写? 在什么条件和背景下写? 给谁写? 换句话说,你的目的、处境和读者决定了你写作的基调、风格和形式。"这就是说,学术写作同样应该先分析交际语境要素,是这些要素

---

① 荣维东. 交际语境写作[M]. 北京:语文出版社,2016:198.
② Toby Fulwiler. College Writing:A Personal Approach to Academic Writing [M]. Portsmouth, NH:Boynton/Cook Publishers,2002:3.

决定着论文写作的内容和形式。

（二）语境制约着语篇的内容和形式

语境（具体情境、目的、作者等）的客观存在塑造和规约着语篇的具体形态。比如要表达哪些内容，固然与作者自己的经验积累、生活阅历、思想认识以及掌握的资料信息有关，但这些东西之中的"哪些"用到文章中，也就是说素材如何成为题材，就需要作者对于读者群体、写作目的等进行选择、思考、判断。如果作者发现已经足够清楚地表达自我，或者足以达到目的了，他就可以动笔了。如果有些问题他还不清楚，比如"是写给谁看的"，"这篇文章要干什么（达到什么目的）"，这样的话是没法写的。写了也是无的放矢地写，是一种无意义的自我呓语或文字堆积。

作者一旦开始写作，同时就堕入了一个复杂的关系场域和交际情境之中：首先有一个世界内在于他自身，同时有一个世界外在于他自身。前者是他的精神世界，后者是外部的生活世界。任何写作行为都必须考虑：写给谁（读者），为什么写（目的），写什么（话题、内容、素材），运用什么技术手段，形成什么语篇形态（文体、语言、媒体）等问题。

写作，其实是作者不断地揣摩读者或者读者群的知识信息，试图通过假想的方式，与他们对话的过程。如前所述，在斯皮维看来，写作不是书面符号的表达，而是一种"意义建构"。作者写作是在向读者提供建构他们自己的意义。斯皮维说："书面文本只是一个蓝本，提供线索：作者在写作过程中在心里建构意义的线索，作者向读者提供意义框架时所选用的线索，读者用来在心理上建构自身意义的线索。"①而意义又是什么呢？斯皮维认为，"意义被比作社会交流行为中的一种认知活动产品。更具体地说，它通常被认为是一种'心理表征'或'意义表征'，即个体在组织和理解内容时内心生成的内容框架"，当写作的文本成为读者建构自己意义的"线索"，当写

---

① 莱斯利·P.斯特弗，等.教育中的建构主义[M].高文，等译.上海：华东师范大学出版社，2002：242.

作被看作"意义建构"和"意义交流"时,写作就成为一种社会意义上的认知产品的生产过程。

这样说来,写作即认知,即意义建构。任何写作都不是文字的堆积,而是为读者精心预设的一个由文字建构起来的"意义的城堡",或者用文字铺展开的一幅水墨,一团飘忽变换的"意义云团",意义就在其中,由读者来"建构生成"。

基于这样的思考,写作就成了作者和读者不见面的、超时空的对话交流,成为作者与想象中的读者之间进行的一种意义舞蹈——他们互相牵引,运用文字的手臂,指引着读者旋转、挪移、变化视角,意义在文字的脚步和韵律中向前发展、生成,完成"一场美妙的意义之舞"。如果从意义建构和社会交流的角度看,写作就不仅仅是过去理解的狭隘的"形式和内容"的制作,而是"语境"与"语篇"之间的互明与互动,这就是交际写作的本质。

(三)作品是语境和语篇互动运行的结果

认知语境产品只是一个粗坯,它的完善和成形,需要作者对交际语境进行缜密细致的思索,对语境中方方面面的要素做出最优化的选择,比如以什么口吻、谈什么内容,什么内容读者理解有困难、需要详细阐释,什么可以一笔带过,如何安排文章的内容和结构,如何设定文章的功能,等等。作品是否成功,就在于作者对于语境要素的思考是否深刻独特、有创意,是否缜密准确地达到交际的目的。

写作就是一场场别具风格的对话。从这个意义上说,写作就不再是你一个人在写,而是一群人在说,是你和别人或者与这个世界、社会进行意义无限神奇的对话。写作是一群人在写,或者说是作者在一个社会语义网络中用语言在建构并交流各自的思想。

一切写作都是"被写作"。因为,你总是在语境的规约束缚以及对话中写作。不是自说自话,而是动态的、生动有趣的对话或者对语。因为这个外在的语境、语言、文化以及读者和社会对你文章的功能性需求影响、限制、塑造着你的写作。你写一篇东西似乎是在发表自己的"一孔之见",其实你总是在自觉不自觉地定位自己的角色之后,在猜想明确的或者潜在的读者的情况和需求之后,在评估语境中其他的需求(这就是写作思维)之后,才能构思出大致的写作内容、形态以及决定自己的语言。因此,写其实就是"语境制约下的被写"。

皮特·科德说过,"我们在什么时间、什么地方、同谁在一起等情况可能限制我们谈话的内容和方式","我们进行交际所采用的方式会在各方面受言语环境的制约"①。这告诉我们:语篇的意义来自语境,受制于语境,通过语境形成。

美国马萨诸塞州的《英语语言艺术标准》在"写作的重要性"一节中指出——

在很多不同的场合都需要运用写作。这时,需要分析每一种情况,为特定目的和特定读者写作。例如,我们通过写信和朋友、家人一起分享感情、思想和经历。给客人的邀请信中必须写明时间、地点等要素。写给未来老板的求职信要正式,还要写清楚自己适合某个职位的条件。在市政议会上,我们试图通过发表准备好的演讲说服别人同意关于某个问题的观点。我们给出版社的编辑寄去表达感悟的小说或诗歌。以上每个写作例子都出现在一定情境中,需要考虑特定目的和读者。……(写作的)风格、语调、体裁、写作细节、文章结构和用词,以及标准写作惯例等,都是我们在与他人交流时必须考虑的写作要素。②

---

① S. 皮特·科德. 应用语言学导论[M].上海:上海外语教育出版社,1983:26-28.
② 洪宗礼,柳士镇,倪文锦. 母语教材研究(第六卷):外国语文课程标准译介[M].南京:江苏教育出版社,2007:119.

我们平时写作时,好像是自己一个人在思考、在写。其实不是这么一回事。通过上述模型,我们就会发现:我们总是针对读者、话题和写作目的在想、在写、在表达。

基于行为主义心理"文本制作"的作文教学,是目前写作教学出问题的重要原因之一。如果我们从认知心理学和建构主义原理来看待写作,写作实质上就是一种运用书面语言,针对明确或假想的读者进行的有目的、有意义的建构和交流活动。这样的写作,既是一种"问题解决"、一种"思维过程"、一种"信息处理",更关键的还是一种"意义建构",一种"有意义的生命建构和交流",这显然深刻和有趣得多。基于社会交流语境的作文课程就具有这种鲜明的真实交流功能。

写作教学中强调和关注交际语境的作用就是:摆脱过去文章制作式的写作带来的被动和无意义感,找回写作作为表达和交流工具的真正价值。功能语言学将语言的功能分为概念功能、人际功能和语篇功能,其实,这些功能才是写作的情感和动机的直接源泉。我们在设计写作任务时,一旦考虑到或者营造好真实的或者拟真的交际语境,那么学生不想写、厌恶写的问题就有可能得到根本解决。

第六节　交际语境写作应用

一、交际语境写作的内在特征

交际语境写作凸显写作的读者意识、目的意识、文体意识、意义建构和功能价值,因而具有以下特征:

（一）交际语境写作是有目的的写作

"写东西，全都有所为。如果无所为，就不会有写东西这回事。"①叶圣陶说的"有所为"就是交际语境写作目的意识。他具体说："譬如写总结，是有所为，为的是指出过去工作的经验教训和今后工作的正确途径，借此推进今后的工作，提高今后的工作。譬如写通讯报道，是有所为，为的是使广大群众知道各方面的实况，或者是思想战线方面的，或者是生产战线方面的，借此提高大家的觉悟，鼓动大家的干劲。譬如写文艺作品，诗歌也好，小说故事也好，戏剧曲艺也好，都是有所为，为的是通过形象把一些值得表现的人和事表现出来，不仅使人家知道而已，还能使人家受到感染，不知不觉中增添了前进的活力。"②

目的就是你做事的方向、理由，是你的文章要达到的效果、动机愿望等。你是传播信息、是说服行动，还是诉诸某种感染、感动等，这决定着文章的体式、风格特征。

写作要达到的目的，有直接的和间接的，有实用的和审美的。写作是为了传播知识信息，唤起别人行动？还是给人情绪的感染，产生审美愉悦？抑或是为了生活、工作、学习的需要？每篇文章都有目的——有时还不止一个。比如"争辩矛盾的议题""描述你发现的有趣的事情""告诉你的读者可能会感兴趣的信息""就某些你感受强烈的事情向读者表达"等。

可如今学生的写作似乎失去了真实的目的，或者作文的目的已经异化为"争取高分"，这就太可悲了。如果一个学生冲着考分这样庸俗功利的目标，往往会失去真正的写作的乐趣和实际的目的，而且这种应试的写作目的无论达成与否，都是很短暂而且狭隘的。写作可以为了消遣、为了游戏、为了炫耀、为了成名，但人是有着高级追求的动物。写作只有回到真实生活的需要，关乎心灵的需要，才会唤起人的深层次欲求和动机。

---

① 叶圣陶. 怎样写作[M]. 中华书局，2007：120.
② 叶圣陶. 怎样写作[M]. 中华书局，2007：120.

（二）交际语境写作是读者导向的写作

一切写作都是为着读者而进行的。这个读者有时候是明确的一个人，或者是一群人，或者是我们假想的一群人。正是这些形形色色的读者牵引、塑造着我们的作品。接受美学家伊瑟尔提出："写作过程中，作者头脑里始终有一个隐在的读者。而写作过程便是向这个隐在的读者叙述故事并进行对话的过程。"①即使纯粹写给自己看的、秘不示人的日记或者作品，我们也可以看作自己与自己的心灵对话或者记录。写作或者大部分的写作，总是面向别人、公众和社会的，是有着潜在的交流动机的。

任何写作都是写给潜在的或者具体明确的读者的。这一点在传统的写作教学中并不很明确。我们似乎不用考虑文章是写给谁的，而只是一味地去写一篇文章罢了。这种写作的无对象感是很可怕的。它就像要求你对着虚空的大厅说话，你会堕入一种无比荒谬的状态中。

很多人会说，写作不需要考虑读者，写的文章不就是把自己想说的话说出来吗？其实，这是一种极大的误解。很多文学大师都关注过这个问题，对此有过深刻的见解。

朱光潜先生在《作者与读者》一文中写道，"（虽然我说过）最上乘的文章是自言自语"，但是"用文字传达出来的文艺作品没有完全是'自言自语'的。它们在表面上尽管有时像是向虚空说话，实际上都在对着读者说话，希望读者和作者自己同样受某一种情趣感动，或是悦服某一点真理。这种希冀克罗齐称之为'实用目的'"。② 这里朱先生说的"自言自语"是高级作者的一种状态，即作者与读者合一的状态，也就是作者"一分为二"——自我对话的状态。可是，不擅写作的人，往往是"自说自话"——自顾自地说话，而忘了读者。

朱先生还写道："语言有说者就必有听者，而说者之所以要说，就存心

---

① 伊瑟尔语，转引自章国锋. 文学与读者[N]. 文艺报，1987–09–19.
② 朱光潜. 谈美　谈文学[M]. 北京：人民文学出版社，1988：232.

要得到人听。作者之于读者,正如说者之于听者,要话说得中听,眼睛不得不望着听众。说的目的本在于作者读者之中成立一种情感思想上的交流默契;这目的能否达到,就看作者之所给予是否为读者之所能接受或所愿接受。写作的成功与失败一方面固然要看所传达的情感思想本身的价值,一方面也要看传达技巧的好坏。传达技巧的好坏大半要靠作者对于读者所取的态度是否适宜。"①可见,写作尽管看起来是作者在排列出一行行的文字,其实是作者与读者之间以文字为媒介,与读者进行的信息情感的书面对话和交流。

读者不仅仅是你交流的对象,还是写作的一个重要的、潜在的合作者。托尔斯泰说过,"我写的作品的应力和质量,都取决于我心目中最先提出来的这个关于读者的概念","读者就是我的想象、经验和知识所理解的一个普通人,他是与我的作品的主题同时产生的","读者的性格和对读者的态度,就决定着艺术家创作的形式和比重"。② 读者是作者写作中无形的协作者,作者总是通过想象的方式,感知着读者的知识、经验、愿望、疑惑等状况,从而决定写什么和如何写。

朱自清也从写作教学的角度讨论过这个问题。他在《论教本与写作》中对此有过精彩独到的论述:

> 训练学生写作而不给他们指示一个切近的目标,他们往往不知道是为了给谁读的。当然,他们知道写了是要给教师读的;实际也许只有教师读,或再加上一些同学和自己的父兄。但如果每回写作真都是为了这几个人,那么写作确是没有多大趣味。学生中大约不少真会这样想,于是乎不免敷衍塞责、潦草塞责的弊病,可是学生写作的实际的

---

① 朱光潜.朱光潜全集:第四卷[M].合肥:安徽教育出版社,1996:255-256.
② 山东师范学院中文系文艺理论教研室.外国作家谈创作经验:下[M].济南:山东人民出版社,1980:467.

　　读者虽然常只是这几个人,假想的读者却可以很多。写作练习大部分
是拿假想的读者作对象,并非拿实际的读者作对象。只有在"暑假回
家写给教师的信""给父亲的信""给张同学的信"一类题目里,这些实
际的读者同时成为假想的读者。假想的读者除了父兄、教师、亲近的
同学或朋友外,还有全体同学、全体中学生、一般青年人、本地人士、各
社团、政府、政府领袖、一般社会,以及其他没数到的。①

朱自清在这里提到的"假想的读者",实在是具有深刻洞察力的写作大师的
经验之谈。因为当我们进行写作教学任务设计的时候,有了读者的具体规
定,交际情境才会具体清晰,才会使你的写作产生了说话一般的自如感、真
实感、情境感。这是我们作文教学没有关注到,可实在是有可能解决写作
动机问题的一个关键要素。
　　我们设计教学任务或者启发学生构思文章的时候,读者意识不但可以
帮助我们进入表达的情境,还有可能帮助我们生成并选择材料,即形成写
作的内容。比如郑桂华老师就改造并设计过这样的作文题:

　　◎ 有几个正在读小学的孩子,他们立志几年后报考我们古美
中学,很想了解一些学校的情况,请大家为他们介绍一下我们的
学校。
　　◎ 以前毕业的几位老校友,对学校近年来的发展情况很关心,请
你写一篇文章向他们做些介绍。②

　　大家知道《我们的学校》这样泛泛的作文题是很难写的,就像老虎吃天
无从下口,不知道说什么好。但一旦读者决定了,内容按照你拟想的对象

① 朱自清.朱自清散文:下[M].北京:中国广播电视出版社,1994:3-14.
② 郑桂华."写作要有读者意识"教学案例与分析[J].语文学习,2013(03).

说就行了。

可见读者意识不仅仅可以触发写作的兴趣情境,还能决定写作的内容和材料。这就是读者意识的魅力。所谓读者意识,指写作时心中存有的倾诉或交流的对象。这个对象的存在将对文章的内容、主题、材料以及语气、措辞的选择产生影响。读者意识有助于在写作中模拟一种近似真实情境中面对面"对话"的表达方式。读者意识是一种成熟作者高级写作能力的体现。

读者不但是写作的协作者,还是作品好坏的最终评判者。夏丏尊、刘薰宇说:"所谓好文章,就是达意表情,使读者读了以后能明了作者的本意,感到作者的心情的文章"①,"所谓好的文字就是使读者容易领略,感动,乐于阅读的文字。诸君当执笔为文的时候,第一,不要忘记有读者;第二,需努力以求适合读者的心情"②。这两句关于"好文章"和"好文字"的标准,其高明之处就在于:衡量文章好坏的指标,不是内在的客观的不变的指标,而是它最有发言权的消费者——读者。

(三)交际语境写作是文体导向的写作

在我们很多人的思维里,包括很多老师甚至专家学者都这样认为,学生只需要写出所谓的"三大文体"(记叙文、说明文、议论文)就可以了,不必考虑具体真实的文体。其实这是一种误解。

文体是写成的文章的一种约定俗成的规范和惯例,就像房子、器物大都有一定的样式。文体的存在主要是为了方便大家传递信息和情感,因为大家都熟悉这样的交流样式,就很容易找到相应的信息。其实文体存在还有更深层的原因和机制,就是它会使得读写共同体的脑海里在遇到相应的文章样式时,激活相应的情境模式——包括文体规则、场景、一定的思维方式和情感发生方式等。从这个意义上说,文体也是一种交际语境要素,甚

---

① 夏丏尊,刘薰宇.文章作法[M].杭州:浙江文艺出版社,1983:3.
② 夏丏尊.夏丏尊论语文教育[M].郑州:河南教育出版社,1987:48.

至就是一种情境。

"三大文体"是为了教学方便而提出来的,它是真实文体的一种高度简单化的概括,是真实文体写作的一种过渡,最终学生是需要学会真实生活中所需要的那些文体和文章的,也就是真实的小说、诗歌、散文、戏剧、新闻、报告、总结、论文、申请、倡议书等。

诗人威廉·卡洛斯·威廉斯有一首诗叫《便条》,关于这首诗据说有一个故事:作为医生的威廉斯做了一夜手术回家找吃的,看到冰箱里的一盘梅子就吃掉了,但忽然想起也许是自己妻子留着吃的,就以诗的形式写了一个便条贴在冰箱上。他的妻子回来看到丈夫写的情诗很感动,也写了一首贴在冰箱上,这成就了一段文坛佳话。我们从这个故事中可以看到阅读或写作中文体的选择和呈现形式的重要性。因为不同的呈现形式会唤起人们不同的情感反应机制:如果是实用的便条,我们读的时候是不带感情的,读完就会扔掉或忘掉;但是情诗就不一样了,它唤起人们阅读诗歌时的美好情愫,这才有了他妻子的和诗诞生。

学生写作文的时候,也要有文体意识,遵循文体的规范和规律,否则就会"四不像",影响表达和交流。我国作文教学领域一直盛行着一种"泛文艺化"的应试作文。不论什么时候都去运用比喻、排比、拟人、夸张,进行滥情式的表达,这会造成很荒唐的结果。如果一篇通知,你运用比喻、夸张可能就误事;如果写科学论文,夸张就可能是学术不端;如果议论说理,就不能太主观情绪化,否则会造成事实的扭曲,导致人们不能信服。文体意识和语言表达的功能目的是有联系的。就是写一小段文字,记叙、说明、议论、抒情文体不同,所取得的效果也各不相同。

交际语境写作强调文体意识,就是为了使表达更具有篇章规范,实现恰当的写作目的。

（四）交际语境写作是建构主义写作

建构主义学习理论强调学习者主动建构意义,认为学习的实质就是主动地建构对信息的解释并从中作出推论。学习是学习者作为意义建构的主体,在一定的情境下,比如社会文化背景下,与他人、环境、生活、文化之间进行的一场场有对象、有目的、有意图的对话。

交际语境写作作为一种主动的意义建构活动,是在作者、读者和话题之间进行的,是这些语境要素之间的对话交流行为。交际写作是以多元复杂对话的方式进行的,是作者与读者之间书面的拟想的"对话",或者是在作者与整个社会文化语境之间进行的广泛的宏观意义上的对话。这种对话是信息的交换、情感的交流、目的的达成以及意义的建构。写作的过程就是一个意义建构的过程。

交际语境写作是一种主动写作还体现在:作者写的过程就是一个主动对情境中丰富多彩的交际语境要素进行丰富的联想、想象、选择、定向的过程,这个被确定下来的交际语境要素之间,可以进行交互的、自动的、链式反应式的、爆炸式的思维和想象激发。这是一个"自生长"的过程,交际语境写作看起来是一种外部导向的写作,其主要过程最终还需要写作者自己的内部运作。作者在这个过程中,可以享受自我选择、自我定位、自我创造的乐趣,其主动性能得到最大限度的发挥。

(五)交际语境写作是功能性写作

交际语境写作是具有一定目的、实现一定功能和意图的写作。我们写作总是怀有明确的或者隐秘的目的,比如要么告知信息,要么分享经验,要么宣传鼓动,要么唤起行动,要么审美感染,要么是完成某种"办事"的目的等。正是这些目的和动机,构成了写作的功能。

关于写作的功能,叶圣陶曾经说过下面的话——

> 现在我要告诉读者,文章不是吃饱了没事做,写来作为消遣的。也不是恐怕被别人认作呆子痴汉,不得不找几句话来说说,然后勉强动笔的。凡是好的文章必然有不得不写的缘故。自己有一种经验,一

个意思,觉得它跟寻常的经验和意思有些不同,……必须把经验和意思向他们倾诉,为了这个缘故,作者就提起笔来写文章。前者为的是自己,后者为的是他人,总之都不是笔墨的游戏。①

写东西,全都有所为。如果无所为,就不会有写东西这回事。②

叶圣陶提出的写作"有所为"的思想是交际语境写作的通俗注脚。

交际语境写作还强调写作是要达到某种交际目的,或者实现某种功能的。如短信、留言、摘要、笔记、备忘录等是为了信息记录与传达。实用写作如此,其实文学写作也是如此。文学的交际功能一般需要通过读者感受到的作品的主题思想、艺术效果、写作风格等体现出来。

综上可见,我们认为所谓"交际语境写作",指以写作的目的和对象(读者)作为关注中心的写作范式。它主要解决"为什么写""写给谁看""写什么样的合适""写了有什么用"等问题。它主要关注写作的交际语境、意图功能以及写作过程中的社会、文化因素,将写作看作社会交际和达成意图的工具,是一种将写作看作面向读者、具有很强目的性的意义建构和交际行为的写作范式。我们目前写作理论发展的突破口就是"交际语境"写作理论,它融合了情境认知心理学、功能语言学、写作表达的交际原理以及语篇交际原理,可以最大程度地克服目前写作课程和教学理论中的一些迷障,使我们突出重围,走向理论创新的新天地。

二、"交际语境写作"与相关流派

(一)"交际语境写作"与"真实写作"

一切写作都是真实具体语境下的"真实"写作,关键在于你重视还是无视它。我们讨论的"文章写作"和"过程写作"范式,从某种程度上讲,也是

---

① 叶圣陶.文章例话[M].沈阳:辽宁教育出版社,2005:前言.
② 叶圣陶.叶圣陶语文教育论集[M].北京:教育科学出版社,1980:466-472.

一定语境下的写作，由于我们无视语境的存在，才导致了"虚假写作"的产生。

我们倡导的"真实写作"实质应该是"面向具体交流语境的写作"，也就是说要以完成真实具体的言语交际任务为目的。这种真实，一方面表现为写作任务来自生活、学习、工作的实际需要；另一方面，为了教学的需要，我们可以模拟生活工作的真实语境，进行拟真的、具体语境下的写作。这种真实的、具体的语境表现为读者是真实具体的、目的是具体明确的，这才能保证写成品也可能是真实有用的。这种写作任务和具体语境的真实，才是写作教学最可能实现的真实。

李海林先生曾经在与笔者关于写作课程的对谈中提到他的《论真实的写作》本意，他说："我是强调写作行为的真实性，即写作任务、写作环境、写作成果、写作对象（即读者）的真实性。"李老师这句话非常简洁清楚地揭示出"真实写作"的本质，真实写作就是基于"交际语境"的写作。李海林还提到真实写作的三个真实：（1）真实的言语任务；（2）真实的言语环境；（3）真实的言语成果——他说的三个"真实"大致就是笔者说的"交际语境写作"。

李老师指出当前写作教学的主要问题包括三个方面："为什么写"，关键是写作任务、写作环境、写作成果和读者的确定四个问题；"写什么"，从写作任务、写作环境、写作成果和写给谁看四个问题出发来考虑和选择，包括写作题材、写作角度和写作层次等问题；"怎么写"，从写什么出发来考虑和选择，主要包括言语风格选择和结构安排。……写作的核心问题是"真实的写作"。[①]

我们认为"真实的写作"的"真实"是"有限的真实"，不是只有客观的可见的"真实"才是"真实"。文学想象、科学幻想、文化产品等也是真实生活

---

① 李海林，荣维东.关于"写作"和"写作教学"问题[J].中学语文教学，2009(09).

世界的一部分。在这个信息资讯高度发达的时代,模拟的生活与真实生活已经很难区分。电视新闻这样的间接生活已经是"真实生活"的一部分。

因此,"写作教学"的核心就在于交际语境的真实。在课堂写作教学中关键要模拟出那个"交际任务场景",也就是要形成"具有具体的交际语境要素的写作任务",即写作话题、写作者的身份、读者以及写作目的等交际要素的明确化、具体化,这才是"真实写作"的真正含义。

这种基于交际语境的写作模型可以解决很多问题,如写作动机的缺失问题,写作内容贫乏问题,写作的材料、详略、体式、语言的选择问题等。比如,关于"写什么"的问题,我们大都以为是"生活贫乏"造成的,其实不尽然,学生时时刻刻在生活之中——学习生活、学校生活、家庭生活、街头见闻、电视网络、读书生活、想象世界等,他的五官在感受、思维在运转、情绪在波动,只要人活着,就不缺乏生活,怎么会缺乏生活呢? 有人说"关键是缺乏观察生活的眼睛和感悟生活的心灵",这就比较接近问题的实质,其实还有一个环节就是,是什么遮蔽了他观察生活的眼睛和感悟生活的心灵呢? 是错误的简单僵化的写作知识或者学校教育、社会以及各种生活的"遮蔽"。我们无法改变我们不能改变的东西,但我们可以创造崭新的知识工具,去尽可能解决这个问题。新的写作模型的意义就在于改变我们的思维方式,关注我们不曾关注的要素,以新的方式思考,让学生学会用这种理论框架思考——这就是交际语境写作理论的真正意义和重大价值。

交际语境写作由单纯关注写作者的心理认知过程,转到关注社会交际语境中的真实营构上来,由关注信息处理扩大到关注真实生活、写作语境、读者、文体、语域和真实的交际目的和真实功用上来,于是交际语境写作倡导在"真实世界中写作""在真实学习中写作""跨课程写作""探究写作""创造写作""合作写作""基于内容的写作",强调写作任务的真实性、写作行为的目的性,主张写作教学要尽可能还原或者营造真实或拟真的语境。这样的写作会成为真实学习和生活的一部分,成为最有用有效的写作模式,因而应该成为我们的写作教学理念，成为课程标准、教材和教学的主流形态。

（二）"交际语境写作"与"情境作文"

情境作文训练是江苏特级教师李吉林老师创立的。其核心思想是观察情境教作文，即在观察情境的基础上指导学生写作。其操作过程大致可分为四步：（1）创设情境（生活再现、实物演示、图画再现、音乐渲染、角色表现、语言描述等）；（2）观察情境（指导学生选取观察目标、安排观察顺序、启发学生想象等）；（3）审美体验（感知美的表象、领悟美的实质）；（4）开拓思路（启发学生拟题、拟好作文提纲、抓住重点指导）。情境作文训练的特色，一是创设情境，适应学生形象思维的特点；二是重视情境体验，激发学生的表达欲望。这种训练可以把学生认知活动和情意活动有机统一起来，使审美教育与提高学生的作文能力有机结合起来。从操作来看，"交际语境写作"与"情境作文"有很大不同。

李吉林老师以中国语言文字为基石，结合王国维的"境界说"，综合哲学、美学、语言学、教育学、心理学等相关学科，开创了中国特色的"情境教育"流派，注重教学的美感，认知活动与情感活动相结合，教育教学环境优化整合，以"美""情""思""活动""周围世界"为核心要素，独具中国文化内涵。在具体分类上，有教学情境、人际情境、活动情境、校园情境，后面又衍生出学科情境课程、大单元情境课程、野外情境课程等。但是"情境"不等于"语境"，"情境"相当于语言活动的场景；而"语境"的含义要大于"情境"，包括语言应用真实的、虚拟的、认知的（学习的）、职业的（工作的）等一切情境，具有更大的包容性。真实的情境无须举例；认知的情境即学校中大量的"学术类写作"；虚拟的情境，就是指于永正老师说的"教师力图安排一种假设性情境，激发学生表达思想和抒发感情的强烈欲望，从而培养学生写作某类文章的能力。让作文训练与学生实际生活尽可能接近"的主张。"假设性情境"就属于一种虚拟语境。

我国对写作情境的系统关注在 2000 年后，这与新课程改革中的建构主义教育思潮有关。秦春较早地对写作情境教学进行系统梳理,在中国古代文论和情境认知理论、脑科学研究成果、教育学、心理学等学科基础上,提出了写作情境教学的特征和功用,首次提出写作情境教学过程,特别是重视现代教育技术条件下写作情境的创设。① 魏小娜将"情境"分类为自然生活情境、物理情境、文化实践情境。对写作教学而言,第一类和第三类最为常见。第一类作文情境一般不是人为创设的,"而是'发现'和'利用'现实生活中'现成'的写作课程资源"。第三类情境是写作教学中经常需要的,要注意三大要点:"创设逼真的写作背景、运用真实的写作材料和对象、创设真实的写作任务"。② 笔者从写作的交际本质出发提出"交际语境写作"。这里的"交际语境"(相当于"情境语境""修辞语境")有三大作用:(1) 引发写作动机;(2) 文章写作之前要依据这个交际语境,进行话题选择、内容筛选、结构营造以及文体、语言、风格等的构思;(3) 在写作后的修改环节中,交际语境和文内语境一样是衡量判断语言表达准确、得体与否的依据。③ 邓彤认为,"写作行为的启动与维持,需要'写作语境'参与,这是写作活动启动、推进、完成的最根本动力","在真实写作情境中,情境本身可以激发写作者积极主动地调动、组织自身的知识储备"。④ 周子房借助"活动理论"等学习理论提出"写作学习内容要融汇于特定的任务情境中","试图从理论上构建一种有目标和情境支持、有多种中介工具和教师支持、有学习共同体支持的写作学习环境",此外在写作任务情境设计上,初步提出了"情境设置的基本路径和基本方式",主张"基于主体情境设计写作学习任务"。⑤

　　近年来,对于写作情境的内涵、意义等的讨论逐渐成为热点。代顺丽

① 秦春.写作情境教学研究[D].上海:华东师范大学,2002.
② 魏小娜.语文科真实写作教学研究[D].重庆:西南大学,2009.
③ 荣维东.写作课程范式研究[D].上海:华东师范大学,2010.
④ 邓彤.微型化写作教学研究[M].上海:上海教育出版社,2018:38-39.
⑤ 周子房.写作学习环境的建构——活动理论的视角[D].上海:华东师范大学,2012.

提出"以情境为抓手教写作",根据罗日叶的整合教学法理论,情境由背景、信息、功能和任务四个要素构成;同理可得,一个写作情境也是由创设写作背景、整理写作信息、定位写作功能和明晰写作任务四个过程构成。①

蔡明对写作情境进行了定位。"首先,它不同于一般意义上的情境,它是为了实现某种写作意义而出现的情境,它是能够满足某种情况下的写作教学活动的顺利展开所选择和创设的情境,它又是能够影响和推动写作任务编制与写作支架提供的情境。简单来说,就是指向任务写作的情境,是写作任务所以发生的环境、背景、前提、原因等文字。"②

李海林从写作与生活的关系入手分析,指出写作是生活中现实的交流任务。"这种情景设计可以在课堂上完成,条件是能通过课堂呈现,包括用实物、语言、网络等方式。如果条件不具备,则需要将学生带入真实的情境中去观察与体验,其教学成果是'交流情境获得'。"③

上述研究大大拓宽了"情境"的理解,而且在"情境任务设计"方面基本达成了共识,相关的写作情境任务设计策略和方法研究,借助中高考大量推行"情境任务写作",正在不断深入推进中。

(三)"交际语境写作"与"任务驱动作文"

从2015年起,几乎每年的高考作文新课标卷,都采用了"交际语境写作"的命题方式。当然,多数采用的是"任务驱动型材料作文"④的概念。其实,两者名异实同,同中有异,各异其趣,标志着我国高考作文命题技术的进步。

"任务驱动作文"和"交际语境写作"有着共同的写作理念、价值追求和范型特征,比如两者都借鉴了英美的经验,都强调写作的工具性、情境性、

① 代顺丽.以情境为抓手教写作[J].语文建设,2015(34).
② 蔡明.写作情境:任务写作必须研究的命题[J].中学语文教学,2019(03).
③ 李海林.写作课堂教学应该是跨课堂的[J].中学语文教学参考,2019(07).
④ 张开.注重题型设计、强化教育功能——2015年高考作文的特点及相关问题的解读[J].语文学习,2015(7-8).

交际性,都重视写作的应用功能,将写作看作发现问题、分析问题、解决问题的过程,都宣称可以解决写作命题的宿构、套作问题,都追求考查真实的写作能力等。

张开在 2015 年将作文题型划分为阐释型作文和任务驱动型作文两种类型。他指出:"标题作文和话题作文都是阐释型作文的代表。这类试题由于设计和作答具有封闭性特点,一旦命制不当,则会在一定程度上限制学生的思考⋯⋯在材料型作文中增加任务驱动型指令则较好地解决了材料型作文的泛角度与阐释型作文收缩性之间的矛盾,这类作文在英美等国的作文考试中比较常见。试题往往是给学生创作出一个情境,出现对立性的问题,让考生通过写作,提出解决处理问题的想法和方案。"[1]张开在早前的另一篇文章中把作文考查的能力指向归结为"阐释能力型、发现问题能力型和解决问题能力型"。[2] 我们发现其定义的"任务驱动作文",其实就是"解决问题型"作文。即提出一种正反对立的问题情境,让考生选择自己的观点,然后对自己的观点进行分析思辨。这种任务驱动型材料作文,其实应该叫作"基于二元对立问题解决的思辨类议论文写作"。这种题型至今在美国大学入学考试 SAT、ACT 以及我国的四六级英语写作中仍很常见。

这里要指出的是所谓"任务驱动型作文"与上述"思辨性议论文"有很大不同,严格来说它应该叫作"交际语境写作"题型。这种考题明显地融入了"交际语境写作"的要素,即在设计一个写作情境任务的时候,明确规定这个写作任务的话题、读者、作者、目的、文体等指示信息,让写作任务语境场景化、具体化、明确化,从而更像一个现实生活中真实的写作任务。这是笔者博士论文中提出的"交际语境写作"最鲜明的特征。[3] 2018 年张开再

[1] 张开.注重题型设计、强化教育功能——2015 年高考作文的特点及相关问题的解读[J].语文学习,2015(7-8).
[2] 张开.高考语文作文的类型及评价标准[J].上海教育评估研究,2012(03).
[3] 荣维东.写作课程范式研究[D].上海:华东师范大学,2010.

次撰文指出"任务驱动作文"属于"情境化的试题设计",是符合新课标语文课程"在真实的语言运用情境中"学用语文的课程性质的,也符合"未来考试改革重视情境化设计的发展方向"。① 可见,这类所谓的"任务驱动型作文"即"情境性作文命题",实质上应该叫作"交际语境写作"命题。

2019 年教育部考试中心发布《中国高考评价体系说明》,其中着重把情境作为考查载体,综合考查学生能力。其中,情境主要分为两类:第一类是"生活实践情境"。这类情境与日常生活以及生产实践密切相关,考查学生运用所学知识解释生活中的现象、解决生产实践中的问题的能力。第二类是"学习探索情境"。这类情境源于真实的研究过程或实际的探索过程,涵盖学习探索与科学探究过程中所涉及的问题。学生在解决这类情境中的问题时,必须启动已有知识开展智力活动,同时在解决问题的过程中运用创新的思维方式。②

其实,这类情境性作文题在我国高考中早就存在。如 1965 年的高考题《给越南人民的一封信》,1985 年《给〈光明日报〉编辑部的信》,1989 年《给立志报考某重点大学历史系的高三学生的一封信》,只不过这类考题是从 2015 年起才被命名并有意识地提倡而已。从某种程度上说,"交际语境写作"比"任务驱动作文"更准确严谨、更具学理,也更有操作应用价值。

(四)"交际语境写作"与"生态作文"

随着现代化进程中生态危机日趋严重,生态学在 20 世纪 80 年代发展起来。而应用生态学理论的教育生态学也在世纪之交兴起。教育生态学主张既要研究外部环境,包括教育在内的自然、社会和精神的因素组成的系统,还要研究包括个体的生理和心理等在内的环境因素。教育的生态环境是"指以教育为中心,对教育的产生、存在和发展起着制约和调控作用的

---

① 张开.深化考试内容改革　助推素质教育提升——2018 年全国高考语文试题评析[J].中学语文教学,2018(07).
② 教育部考试中心.中国高考评价体系说明[M].北京:人民教育出版社,2019:36-37.

n 维空间和多元的环境系统"①。将教育生态学理念应用于写作教育的"生态写作",先是在文学创作领域倡导通过文学叙事回应生态思考,"生态写作"这一概念随即进入了人们的视线。

前已有述,国外"生态写作"这个术语最早可以追溯到理查德·科的《作文课堂的生态逻辑》和玛丽莲·库珀的《写作生态学》,将写作看作话语与环境互动的产物。国内生态写作的概念出现在 2000 年左右,但开始不叫生态写作,而是叫"原生态散文"写作。自 2003 年以来浙江绍兴、富阳、萧山,江苏常州等地以"生态作文"或"原生态作文"为主题,作为课题在中小学开展了探索研究。顾振彪站在生命和谐的高度倡导生态写作,认为"教师必须尊重学生对社会、自然和人生的独特感受和体验,尊重学生富于个性的表达"。② 赵谦翔认为学生作文受污染严重,即"灰色作文",要呼唤"绿色作文"即一种健康和谐、可持续发展的写作教学。关于"生态写作",蔡明及其团队主要着眼于:(1)在写作教育中出现的整体的充满活力、思想、情感、个性、创造的师生(以学生为主)的生命样态(外在的姿态,内在的意态);(2)表达上常常会使用原始生态(原生态)、仿生态和真生态等概念加以区分或指代。③ 这就更接近于生态写作的本意。

有学者指出:"写作教学就是一个复杂的生态系统。""环境所提供的生态资源和学生的体验在写作中相辅相成,互利互生,通过生态系统的综合效应实现对学生人格建构和能力形成的影响。"④我国的"生态作文"看重的是作文教育内在的心理因素和外在系统之间所产生的写作观、写作心理、写作中的师生关系,写作中的情绪、态度和评价等议题。

① 吴鼎福,诸文蔚.教育生态学[M].南京:江苏教育出版社,1990:20.
② 顾振彪.学作文和学做人同步——新课标指引下的作文教学改革[J].教育实践与研究,2005(01).
③ 蔡明.生态写作:一片希望的田野[J].中学语文教学,2013(06).
④ 曹明海,潘庆玉.语文教育思想论[M].青岛:青岛海洋大学出版社,2002:163,165.

"交际语境写作"与"生态作文"有相通之处。它们都把写作看作外部世界(生活、环境、社会等)之间意义建构的活动,都注重写作与环境之间的关系,尤其是写作行为与社会交际环境之间的互动生成关系,都是一种整合取向、交际取向、建构主义取向的写作。

"生态作文"的方向无疑是正确的,就是要研究写作者与外部生活、内心生活之间的互动影响关系。写作任务设计,写作情境创设,写作共同体构建,以及写作情绪和心理调节,写作中灵感激发,写作激励和写作发表、反馈、干预生活等都可以从生态学上得到解释。但是,理念高玄、难于操作、实践性不强,这是"生态作文"没有大规模推广的一个原因。

"交际语境写作"虽然也强调作者与环境(语境)之间的关系和影响,但可以将环境要素具化为"读者、角色、目的、话题、文体"等交际语境。这样对命题、审题、构思、行文、修改都具有一定的操作性,这也是近年交际语境写作引起大家关注的一个原因。

三、"交际语境写作"的理论意义和实践价值

"交际语境写作"从功能语言学、建构主义、传播学、西方文论等多学科融合的视角,构建了一个基于"交际语境"崭新的写作理论体系。它突破了沿袭千百年的"文章学"话语系统,创建了一个包含读者、作者、话题、目的、语言等新的写作要素系统,研究与阐释了该视域中语篇写作的机制和原理,具有原创性、开拓性和较高的学术价值。对解决写作教学中存在着的"不愿写、没得写、不会写"等问题,具有重要的理论和实际意义。[①]

1. 它能赋予写作活动充分而具体真实的言语动机,有效解决"学生不愿写"的问题。语境要素(如话题、读者、目的)的交互作用就是最重要的动机源泉。

---

① 荣维东. 交际语境写作[M]. 北京:语文出版社,2016:57.

2. 它能有效解决写作过程中的思维和内容创生问题,有效解决"没得写"的问题。因为语境要素之间的对话过程就是内容的生成过程。我们总是针对读者需要的信息,与他(她)对话交流。这种对话交流过程就是写作内容、材料产生的过程。

3. 它可以有效解决"怎么表达"的问题。因为只有符合具体语境的表达才是对的、好的、得体的。这就可以克服滥用文采的虚假表达现象。

4. 它对"生活写作""跨课程写作""探究写作""创造写作""基于内容的写作"具有理论指导意义。因为这些写作都是在具体交际语境中的写作。

5. 它可以解决困扰我们的应试写作问题。在命题时,只要加入具体的交际语境条件的限制,就基本可以克服"宿构作文""假话作文""文艺腔作文""小文人语篇"等作文的问题。

基于交际语境的写作有利于培养学生真实多样的语言运用能力和交流技能。这种写作教学尽可能还原或营造真实、具体的语境,倡导"在真实世界中写作""在真实学习中写作""在具体的应用中写作"。它无疑是培养真实写作能力的正确途径。"交际语境写作"所需要和所培养的正是当代全球化、信息化、联通化时代工作生活学习所必需的传播交流技能。

基于此,我们可以说,"交际语境写作"是解决我国写作教学问题的科学理论,是我国写作教育理论与实践的一个重要发展方向。

写作课程内容重构

> 课程规划是一种高难度的编织艺术，它既编织了学生当下的生活，也创造了各种可能的未来。
>
> ——万伟《课程的力量》

【阅读提示】

写作课程在经历了由 20 世纪 70 年代以来"结果写作"向"过程写作"的成功转型，又经历了二十世纪八九十年代的"交际写作"之后，现在面临一个整合的趋势。如何基于三种写作范式，构造新的写作课程内容体系，从写作核心素养、能力和文体等方面重构写作课程内容体系是本研究的最终目的之一。本章提出基于三范式的"三维内容标准框架"的构想，同时借鉴国外经验，对研制我国的写作课程内容标准提出了可行方案。

第一节 写作课程内容整合

一、写作课程内容三维度

当我们的写作课程理论之旅接近终点的时候，一个问题必然浮现在各位读者的脑海里，即：文章写作、过程写作、交际语境写作，到底哪种理论最有效？我们如何处理这三种范式之间的关系呢？

前面已经说过，三种写作范式各有利弊，都不能独立承担课程内容重建的责任。文章写作重结果，轻过程和功能；过程写作重过程，便于教学，但也要关注写作动机和文本写作环节；交际语境写作范式似乎更具阐释力，但也面临整合重构的问题。这就是说，单一范式不可能解决写作过程中的所有问题。每一种写作范式，都基于前一种写作范式中出现的问题或者理论盲点补充、突破并引入新的要素，从而使得写作理论不断趋于完善。

米歇尔·库齐恩（Michel Couzijn）研究了"结果写作"和"过程写作"的有效性；史碧瓦克和弗莱姆（Spvik & Flem）研究了写作动机激发、写作中的认知活动以及"文章写作特征"等有效性。[①] 在写作教学研究上，既"存在着一种认知方法和社会方法之间的张力（一定程度上的对立）"，同时也存在着某种程度的联系，写作认知因素涉及社会因素，写作过程受真实交流背景中任务的影响，写作中的"认知方法和社会方法相互沟通是可能的"[②]，可以共同指向真实环境中的写作。

---

① 朱晓斌.写作教学心理学[M].杭州：浙江大学出版社,2007：53.
② 朱晓斌.写作教学心理学[M].杭州：浙江大学出版社,2007：53.

通过分析会发现：三者似乎既存在着库恩所说的"不可通约性"，同时又存在着更高维度上的统一性。交际语境写作可以解决学生写作动机缺失问题，过程写作可以解决怎么写的问题，最终需要生成一个看得见的"物质文本"即"文章"或"语篇"。如果将"文章写作"看作写作的最终环节，那么"过程写作"应该是文章产生过程，"交际语境写作"则是文章写作的动力系统和保障系统。沿着这个思路，可以进行一种基于三种范式整合的写作模型建构。

三种范式之间并非不可调和，而恰恰存在着内在逻辑关联。三种范式之所以内容迥异，只是看待问题的视角不同而已。若将三者整体关照，会发现它们之间存在着一种互补拓展的关系，三者应该是同一事物的三个不同维度（如图 5-1 所示）。

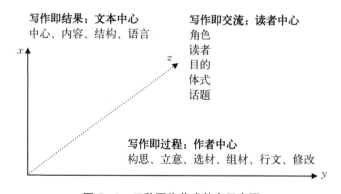

图 5-1　三种写作范式整合示意图

基于这样一种思路，三种写作范式应该可以在一个更高视域下实现整合，即应该同时关注"交际语境写作""过程写作""语篇写作"三种范式，在写作观转变的大前提下实现整合：基于任务语境分析，重视写作过程和思维运作，建构合宜的语篇，满足不同应用场景下语篇交流的需要。同时关注在交际语境中、写作过程中和写成的文章，是我国写作课程最科学、合理、有效的重建路径。

从课程内容整合思路出发,我们可以将"文章写作""过程写作""交际语境写作"分别看作一个立方体的三个维度 x、y、z 轴,即分别关注"写成什么样子的文章""如何去写""为什么去写"等,进而我们将它构造成一个"三维立体结构",每个维度择取最核心的知识要素如下:

从写作"结果—文章"的视角看,写作核心知识要素是:中心(主题)、内容(材料)、结构、语言;从"过程—作者"维度看,写作核心知识要素是:构思、立意、选材、组材、起草、修改、修订、发布等;从"交际—语境"的视角看,写作核心知识要素是:话题、角色、读者、目的、体式等。

"文章写作"主要是从"写作结果"角度进行写作成品的描述,主要选用传统的文章学知识术语。这套术语已经成为语文教师、专家学者以及一般公众的既有"常识知识"和"工作概念",抛弃是不可能的,现在要做的是如何基于语篇学、功能语言学、语用学更新换代。"过程写作"维度的知识,传统作文教学中有一些,一线教师那里也有一些,更多的是西方国家经过"过程写作运动"已经形成的丰厚积累,可以借鉴。关于"交际语境写作"的知识,我们国家比较稀缺,其他国家有一些,但还不够丰富,研究如何基于不同的情境任务去开发系统完备的交际写作知识是必要的工作。

上述三个维度的写作知识,在三个层面上发挥着各自的效用:文章知识主要解决"写成什么样的文章";过程写作主要关注"如何写"这样的文章;"交际写作"重点关注"为何写""为谁写""写了有什么用"等更深层次的问题。

这就像一个立方体,或者"玩具魔方"。假如我们将每一个小的写作任务,都看作有"语篇结果—过程方法—交际语境"三个面的话,我们日常的写作教学甚至包括课程标准都应该描述这三个维度不同的知识能力目标的要求。这样,写作课程和教学内容缺失的问题,就可以有一个科学的、合理可行的描述解决框架。

二、整合取向的过程写作模型

根据瑞姆斯(Raimes,2001)的圆形写作知识要素模型①,将上述三种范式——文章写作、过程写作和交际语境写作的知识要素整合,建立一种包含上述三种取向的写作课程知识模型,如图5-2所示:

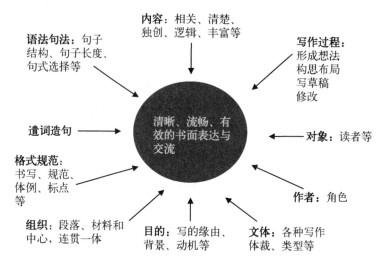

图5-2　三范式写作知识要素整合图

这三种范式的整合不是一个平均的"三三三"简单配比,而是根据实际情况调整。比如,对于小学生来说,可以主要以"过程写作""文章写作"为主;初中生已经具备了一定的文章写作知识,写作策略意识增强,可以重点进行"交际语境写作"训练。从国外的课程实践看,应该从幼儿园起就培养"交际语境写作"的观念,进行写作中的目的意识、对象意识等训练,这有国情、文化背景、人才培养目标和社会需要等的不同。

上述要素作用下的写作运行机制大致是:交际语境要素(包括作者、读

---

① Keith Johnson, Helen Johnson. Encyclopedic Dictionary of Applied Linguistics：A Handbook for Language Teaching[M]. Oxford：Blackwell, 1999：344.

者、话题、目的等)驱动了"写作过程"(构思、行文、修改、发布)的发生,写作过程的运行,产生"语篇作品"。这三个系统之间是一个前后包孕、互动运行的关系。

　　写作语境诸要素所构成的问题空间是过去的写作理论所忽视的部分,我们主要运用自我提问策略和RAFT策略①(比如作者采用自我提问策略思考:我以什么角色来写?我的读者是谁?我们谈什么话题?要达到什么目的?)去解决写作动机、写作内容、文章体裁和语言表达等深层次的写作问题。在这种深层次问题的驱动下,基于真实交流语境的写作才可能发生,并结合过程写作的策略和文章写作的要求,形成一个良性循环的新的写作发生系统。沿着这个思路,当整合"交际语境"各种要素知识与前两种范式下的知识,我们会发现,它们不但不会发生冲突,反而形成了一个更加完善的、系统的、整合取向的写作过程发生模型,而且具有很强的解释力。如图5-3所示。

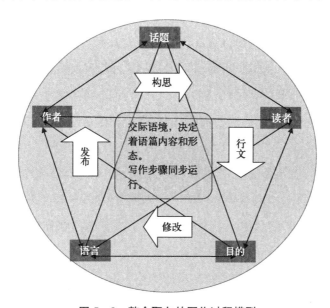

图 5-3　整合取向的写作过程模型

---

① RAFT 是 Role(角色)、Audience(受众)、Form(形式)、Topic(话题)四个英语单词的缩写,它通常是指一种常见的读写策略中的四个要素。

在这三个范式的结合中，有可能产生一些新的写作知识形态甚至术语，比如："主题"可以变成"立意"，材料（内容）可以说成是"选材"，篇章布局、结构可以与上述一起说成是"计划"（构思），等等；可以开发出相应的写作策略，如自我提问、RAFT策略、读者分析表、文体图式导引策略等。而在新的写作模型中，传统的文章写作的知识，也由静态的陈述性概念，变成了程序性的、行为化的过程术语，进而变成复杂的写作元认知策略性知识。

在这个整合的模型中，交际语境写作的内容居于外部，它构成写作的整个文化环境和具体的写作交际语境。然后，作者可以依循过程写作的基本步骤和四个环节（构思、行文、修改、发布），按照"语境—语篇"的生成机制和原理，一步步进行写作的思考和表达，这样在一系列复杂的运行过程中，最终产生语篇，即文章。然而，这个文章的产生过程，已经不是单纯的结果写作中的那个文章了。

我们过去的写作之所以存在困难，之所以"假"，就在于忽视了交际语境的存在和功能。我们只看到了"文本结果"，即上面的语篇形态这个显性可见的客观物质系统，没有看到写作文本产生的潜在而宏大的外部语境。很多时候，作文教学是因为没有考虑外部写作语境，才导致了一系列问题的出现。

文章是作者与外部语境之间一系列的思维、情感运作出来的产品。我们过去以为写作是"客观世界（物）→主观想法（意）→语言文章（言）"的简单转化过程，后来信息加工心理学家提出了很多写作认知加工模型，可这些都基本没有考虑外部语境因素的运作过程，没有从社会认知和个体心理相互作用的角度去进一步研究文本的产生机制。而众多的写作认知心理模型只是解开了写作过程之中那一环节的秘密，对"为什么写""写了有什么用"以及"为什么这样写"的问题，只有从基于交际的要素中考量，才会得到圆满解决。

文章写作更是只看到写作的结果,不问过程;过程写作主要考虑写作过程本身,没有考虑整个写作活动发生的环境;而交际语境写作则大有不同,它先思考为什么写、为谁写,然后思考写什么、怎么写,最后才是写出什么样的东西来,这样才会理顺整个写作从发生到过程再到结果的全程,这样的写作才是根本的过程写作和真实的文章写作。

前述交际语境写作模型解释了写作发生的社会认知因素,也就是作者大脑内真实的或者模拟的写作交流的发生机制。写作的发生是作者基于某个话题,与读者就某种目的而进行的一场场对话。这其实是一个思维、情感和话语共同发挥作用的过程。

基于交际语境写作的模型的意义在于:它既有可能真正解决学生的写作欲望缺失问题、写作内容缺乏问题、文章体式语言等问题,又可以解决怎么写的方法、步骤问题,可以解决写成什么样的文章等问题。基于交际整合的写作找到了解决写作动机启动、写作内容产生以及如何写的方法和写成什么样的文章的一整套解决方案。

三、范式整合可行性分析

(一)"文章—过程写作"的整合实践

从大的方面看,"过程写作"模式和"结果写作"模式之间并不是对立的关系,而是可以结合在一起使用的。阿普尔比(1986)建议重建过程写作教学,将其看作与结果文本以及特定写作目的相联系的过程写作。这样,作者用来达成不同目的的不同策略可以在不同的时间教学:一些写作任务只是要求完成"初稿和定稿之间的例行公事的产品",而其他的则要求运用复杂的问题解决策略。这样写作能力的发展将逐步涉及在更广阔的情形和范围内广泛的写作策略的培养。① 事实也证明确实如此。

---

① Alice Omaggio Hadley. 在语境中教语言[M]. 北京:外语教学与研究出版社,2004:314.

我国 20 世纪 80 年代的一些有影响的写作教学模式,有的就是在这种思路下进行的。比如中央教科所编写的初中实验课本《写作》采用"文本—过程"双轨训练体系,以"记叙、说明、议论"写作训练为主线,同时又按照"作文过程——列提纲、写初稿、修改、打开思路、收集和积累作文材料、语言和文风、审题和构思"等训练项目来组成另一条线索,构成一个科学严密的作文训练体系。① 周蕴玉、于漪的"文体为纬,过程为经"的作文训练体系开始走出"结果写作"的机械模仿,而走向写作过程的指导。② 当然,"结果—文章"写作范式和"过程—作者"写作范式之间的结合,还有多种形式和教学模式,抓住写作过程中的一个环节突破,也能取得较好的效果。比如刘定成的"集体作文教学法",上海育才中学语文教师发明的"广义发表作文法",中央教科所的兴趣作文教学法,以及现在很多特级教师的做法,如管建刚用"班级周报"来激发学生的发表欲望。

(二)基于交际语境写作原理,改造传统写作的弊端

我们先看中美关于《写作感谢信》的两个课例:

美国《写作感谢信》课例中,老师往往用五天时间:

第一天(情境):讨论、头脑风暴,确定自己要感谢的人和事情。

第二天(预写):交流汇报写信的对象,具体事情,写信的动机、目的。接触感谢信的格式。

第三天(起草):了解感谢信的框架格式和要求。

第四天(修改):对照检查单,修改。

第五天(发表与呈现)。③

---

① 中央教育科学研究所教改实验小组.作文(1—6 册)[M].北京:教育科学出版社,1981.

② 马正平.中学写作教学新思维[M].北京:中国人民大学出版社,2003:89 - 92.

③ 吴忠豪.外国小学语文课程与教学研究[M].上海:上海教育出版社,2009:221 - 222.

中国老师一般教学步骤如下：

第 1 课时

1. 谈话导入，复习旧课（以前学写过哪些不同类型的信），呈现范文。

2. 讨论并归纳：感谢信的特点、用途、格式以及注意事项。

3. 明确习作任务要求。

4. 指导试写：指名汇报交流。

第 2 课时

5. 评议并修改习作。确定评议重点：a. 格式是否正确；b. 感谢原因是否清楚、合理；c. 感谢之情是否真切充分。

6. 誊抄作文，提交老师。

对比中美写感谢信教学可发现：美国的感谢信写作教学整个过程是真实的，从感谢对象的选择，到感谢信的内容，再到写感谢信的人心中的情感都是真实的，而且要求真实发布，递交给你要感谢的那个人。这样教学感谢信写作，就不再是虚假的文章写作，而是学生一个真实的生活事件，是他学习生活和社会生活的一部分。这样的写作是基于真实生活的、有具体目的和对象的真实言语交流。我国主要还停留在文本写作阶段，教学内容主要是感谢信的定义、特征、格式要求等。我们写感谢信仅仅从外在的形式学习模仿，有可能脱离真实情境，学生感谢的情感也自然不是真的，于是虚情假意，乱说一通，这不仅对写作，还会对学生人格造成不良影响。

传统的文章结果写作范式下，写不出东西就好像电脑不显示只怪显示屏一样，显然这是荒谬的。有时候没有图像并非显示屏的问题，而是主机的问题——这就是我们后来关注的写作者内在的心理过程和发生机制。

更进一步分析,电脑的图像信息是来自电脑存储或互联网连接的广阔世界。基于整合交流的写作模型,就好像将作者这台电脑与整个世界联上了网。读者、话题以及生活世界的信息、资源,源源不断地进入并与这台"主机"交流,这就好像使得写作找到了"源头活水"。作者与社会、生活、世界的联通,使得原来仅仅靠表面终端解决问题的方式,上溯到它的上游和源头。就像互联网对于当今信息时代的意义一样,这种解决问题的思路和方式的变化是根本的和革命性的。

（三）统整视野下的"语境—语篇"写作

交际语境写作理论不仅仅适用于"实用文"写作。很多人以为只有实用文具有特定的读者、目的、场合、文体、角色等,才是符合交际语境写作理论的,其他诸如文学写作、创意写作、学术性写作、思辨类写作是不适合交际语境理论的。其实,这是一个大误区。我们说,文学写作是有着"潜在读者群"的写作,它体现为一个时期或者时代的审美爱好和需求。比如讽喻诗、汉赋、唐诗、浪漫主义文学、19 世纪现实主义文学、朦胧诗等,都是那个时代文化语境和交际语境对语篇影响塑造的结果。

学术写作的交际语境要素包括读者、话题、目的、形式。学术写作的读者是专业人士、教师或者专家;学术写作的目的是探索新知,交流信息;学术写作类型多样,但大致有其不变的要求和惯例;学术写作总是围绕具体论题展开的。这些读者、目的、话题等决定着写作的内容和形式。

因此,我们倡导整合视野下的"语境—语篇写作",它认为所有文体类型的写作都是特定语境下的语篇建构和书面交流。只不过文体类型不同,其交际语境要素有所不同罢了。实用文读者更直接,文艺文读者更隐蔽;实用文目的是传递信息去做事,文艺文的目的是审美娱乐。甚至可以说,文体属于交际语境和语篇要素交叉区域的范畴。

基于上述整合交际写作原理,我们要将写作的交流意识、读者意识、主体(角色)意识、文体(功能)意识、语篇意识、过程写作意识综合起来一体化培养,进行基于不同情境任务下语篇内容和形式以及基于这些要素的行之有效的写作策略的动态分析。——这就是我说的"语境—语篇"转换生成原理。①

综上所述,任何单一写作范式都不可能完全解决写作中的所有问题,写作教学的实际状态应该是上述各种要素的协同作用。在"清晰、流畅、有效的思想交流"理念下,对上述三种范式三向度知识要素进行整合重构,可能是从根本上解决写作教学问题的一个比较可行的方案。

第二节　写作核心素养发展

写作教学的真正问题,其实在认识论、知识论、课程论层面。比如我们要让学生形成什么样的写作核心素养,进而选择哪些核心知识、技能,作为课程内容和教学内容的主体,这些问题不解决,"写作教学教什么"就无从谈起。因此,"写作核心素养"问题,应该是写作课程教学的原点问题。②

"核心素养"又称"关键能力""关键技能""核心胜任力"等(key competences, key skills, key abilities, core competencies),在我国,核心素养一般被定义为"学生应具备的适应终身发展和社会发展需要的必备品格和关键能力",自然"写作核心素养"可以定义为"在写作领域学生应具备的关键知识、能力和品格"。下面,我们主要从核心素养要素和写作能力角

---

① 荣维东.交际语境写作[M].北京:语文出版社,2016:136.
② 荣维东.写作核心素养范式发展与框架构建[J].语文建设,2020(05).

度梳理。

一、写作核心素养转型

基于这种范式理论,考察写作核心素养(观念、知识、技能、原理和方法策略)的发展历程,它大致经历了从传统的"语篇要素范式",到二十世纪六七十年代后的"能力要素范式",再到当今的"多维立体范式"这样一个过程。

(一) 文章素养范式

从文章结果角度来静态地描述写作核心素养,在国内外都有着悠久的历史和共性特征。

在我国,二十世纪二三十年代,陈望道、刘半农、梁启超、夏丏尊、刘薰宇等大都从"内容、形式"两方面讨论写作。① 到了五六十年代何家槐(1958)编写的《作文基础知识讲话》和胡文淑、翁世荣等(1960)编写的《写作基础知识》主要包括"主题、题材、组织结构、语言"四项。再到80年代以后,在路德庆(1982)、张寿康(1983)、祝新华(1991)、徐中玉(2013),以及田澜、张大均(2014)等人那里,要素开始多起来,一般包括主题(主旨、中心)、材料、结构、语言、文体、表达、修改、文面等所谓的"八要素",但要素太多就不"关键"了。张志公(1986)、章熊(1994,2000)等从教学出发将其简化为"内容、结构、语言"三点。目前我国中高考作文评价标准一般采用"主题、材料、结构、语言"四项,趋于稳定。

这种文章指标要素在西方也有。如迪德里希(Diederich,1974)提出过"思想、用法、组织结构、字词择用、格调、标点符号、拼写、书写"八个要点。英国斯科内尔提出写作三方面十个要点:思想内容和词汇;结构;语言表达

---

① 如1924年梁启超的《作文入门》,1926年夏丏尊、刘薰宇的《文章作法》将作文分为"有思想(言之有物)、有系统(言之有序)"两方面。但也有不同的,1924年叶圣陶的《作文论》除了几种表达方式外,还主要涉及文风、组织、文体、修辞。

的准确度。美国沙普勒斯(Sharples,1985)提出三个要点两个层次:词语水平;句子水平;篇章水平。每个水平分"成熟"和"不成熟"两个层次。[1] 当代欧美流行的作文"6+1指标"评价体系包括思想、结构、遣词、流畅、惯例、口吻和呈现等指标。[2]

可是,这种通过文章结果要素衡量写作素养水平的做法是有问题的。首先这种机械僵化的文章要素没办法展示不同类型文章的特征。如"主题深刻""内容丰富""有真情实感""有文采"等,可能适合于文学类写作,但不适合于讲究"简明、连贯、得体"的实用文本以及讲究"观点、论证、逻辑"的议论文。第二,这种文章结果描述,基本上只看到了文章结果,而没有真正去关注学生的写作能力。郭家海曾经指出过在这种关注"线性语篇"特征之后,中外学者在20世纪80年代开始引入"阶段""水平"维度,实现由点到面的转变。[3] 其实,这是整个写作教学理论界由"文章—结果"范式,向"作者—能力"范式转型的体现。[4]

（二）能力素养范式

随着西方语篇结果教学法式微,20世纪70年代"过程写作运动"兴起,基于认知心理和信息加工的写作能力描述逐渐成为主流。俄罗斯的拉德任斯卡雅提出写作七要点:审题;表现中心思想;搜集材料;系统地整理材料;修改文章;语言表达;选择文章体裁。[5] 美国有著名的"五步骤过程写作法":写前准备;独立起草;修改草稿;修订字词;发布。在国内,朱作仁、祝新华等人提出写作能力的若干要点,包括:审题能力;确定中心的能力;搜集材料能力;整理材料能力;选择体裁能力;语言表达能力;修改能力。刘

[1] 郭家海.基于语篇写作视角的写作核心素养"点"[J].中学语文,2017(01).
[2] 荣维东.构建基于科学标准的作文评价指标体系——从美国"6+1要素"作文评价指标说起[J].语文教学通讯,2008(29).
[3] 郭家海.基于语篇写作视角的写作核心素养"点"[J].中学语文,2017(01).
[4] 荣维东.谈写作课程的三大范式[J].课程·教材·教法,2010(05).
[5] 郭家海.基于语篇写作视角的写作核心素养"点"[J].中学语文,2017(01).

荣才(1986)、张鸿苓(1984)、叶苍岑(1984)、吴立岗(1984)等人整合为六点：审题（命题）能力；立意能力；搜集材料能力；选材和组材（谋篇布局）能力；语言表达能力；修改文章能力。后来余应源将写作能力分为"基本能力和专门能力"，再将它们与"心理过程"与"写作过程"联系起来，揭示写作能力要素间的内在关系。[①] 何文胜将"文章要素"和"写作过程或心理能力"要素结合，构建起一个纵横交织的写作能力结构序列。[②]

这些认知主义的写作能力观，不仅将过去"文章要素动词化"，如"审题、立意、选材、组材"，还把作者的观察能力、联想能力、想象能力、分析能力等作为写作核心素养指标，形成一种"文章要素＋写作技能"的双线结构。这一时期西方开发出大量的写作（教学）策略，这对丰富写作课程内容显然是一种巨大的贡献。但这种"文章＋技能"的描述框架仍然存在局限，那就是对写作态度、情感、动机等因素关注不够。

（三）多维立体范式

当今写作素养描述更加多元而且完善，不仅关注文章层面、写作技能层面，还关注写作的动机、情感、交际语境等多维指标。我国古典文论对作者的胆识才力、情操修养、人格气质等向来重视。美国威尔金森（Wilkinson，1980）提出写作素养的四维十二点框架：认知领域：例证—具体—抽象；情感领域：自我—他人—现实—想象；道德领域：自治—他治；风格领域：结构—衔接—读者意识；似乎有布卢姆教育目标分类学的影子。我国香港谢锡金（1987）等根据博瑞特（1984）的研究，将写作能力分为六种：写作思维过程能力、传意能力（写作目的、读者、场合、问题等要素）、表达能力、创意能力、评鉴能力、解决写作困难的能力，多有新意，但比较凌乱。何克抗（2001）教授曾提出"思维加工型作文心理模型"，试图回答"写什么、怎么写、为什么写"的问题，建构了一个包括写作知识、能力与情操态度的三维

---

① 余应源.语文教育学[M].南昌：江西教育出版社，1996：148.
② 何文胜.中国初中语文教科书编选体系的比较研究[M].香港：文思出版社，2005：29.

框架。何更生(2004)运用广义知识论,提出写作能力由内容知识(写作陈述性知识)、写作技能(程序性知识)和策略性知识等三类知识构成,算是一种新思路。郭家海(2017)提出写作能力的"三维15点立体结构":一是能力维度,包括"中心""材料""结构""表达方式""语言"五个要点;二是情感维度,包括"兴趣""信心""意志""审美""价值观"五个要点;三是阶段维度,包括"语句""段落""篇章初级""篇章中级""篇章高级"五个要点。① 吴勇(2017)的"三维四层"结构包括:第一维是写作态度,包括动机、兴趣、意志、习惯;第二维是精准写作知识;第三维是写作思维,这是贯串于取材(观察)、立意、构思、表达、评改全过程的写作能力的关键。② 这些方案都体现出一种多元要素整合的趋向,尽管比较全面,可是这些知识、技能、技法、策略、态度之间的维度归属与结构关系仍有待商榷。

二、关于写作核心素养的思考

(一)影响写作核心素养的因素是什么

从写作教育目标看,1912年的《小学校教则及课程表》和1923年叶圣陶起草的《新学制课程标准纲要初级中学国语课程纲要》都强调"使学生有自由发表思想的能力"。③ 这固然是当时现代社会公民教育和启迪民智的时代需求的反映,同时彼时的课标对"通用文"和"实用文"教学比较看重,主张"学有余力"才可教授"文艺文",这种选择无疑是符合当时的需要的。中华人民共和国成立后至20世纪80年代的"语文教学大纲"普遍重视的是"三大文体"和常用的"应用文"写作,这既是普及义务教育的现实要求,也显然与当时的"三大文体"语文知识供给有关。80年代开始重视"发展学生

---

① 郭家海.小学习作核心素养教学模型的构建[J].语文教学通讯,2016(Z3).
② 吴勇."文心":儿童写作核心素养的校本表达——核心素养视域下的"童化作文"教学[J].语文教学通讯,2017(Z3).
③ 课程教材研究所.20世纪中国中小学课程标准·教学大纲汇编:语文卷[Z].北京:人民教育出版社,2001:11,274.

的智力,特别是发展学生的思维能力"与当时社会对"双力型"(智力、能力)人才需求有关。可见,写作核心素养要素与一个时代的社会需求、教育目标、人才素养要求以及知识状况密切相关。

当今时代,我们需要学生具备什么样的写作能力呢？这就要分析当今和未来社会的需要。当今信息社会对人的书面沟通能力、交往能力和创造性实践能力倍加重视。传统的"自我表达"小文人写作,就应该让位于"交际取向"的写作了。从写作理论发展看,交际语境写作、文体写作、读者取向的写作、后过程写作等更注重写作中的读者意识、交际意识、目的意识、文体意识等,更注重写作的社会交际和实际应用功能。正是基于这些新的需求,笔者提出"交际语境写作"理论,指出写作是作者在特定语境(读者、目的、话题、场合等)下进行的语篇建构与交流活动。① 过去那种不问场合的文章观已经不再适应时代发展要求了,尤其是那些应试作文技法、"泛文艺"作文观、"小文人语篇"教学,都需要清理检讨。基于新的要求,我们还需研究"用写作来学习"(学习性写作)、"用写作来沟通"(交际写作)、"用写作来创造"(创意写作)、"运用数字媒体技术和多媒体写作"(新媒体写作)等新的写作样态。而这些新写作样态,必然需要与之相应的新知识、概念、理论、原理、策略作为内容支撑。因此,新的写作教育有哪些文体类型,每种类型有哪些核心素养是一个亟待研究的课题。

(二)"写作核心素养"可从"语文核心素养"演绎吗

一些学者试图基于"语文核心素养"框架的四个维度,来确立新的写作核心素养指标,这种思路可以吗？我觉得不可以。因为"语文核心素养"这个上位概念推演出来的"写作核心素养"会大而无当,不能落实。这正如不能从"水果"来推论出苹果、香蕉、橘子等具体水果的特征一样,一个上位概

---

① 荣维东.交际语境写作:我国写作教学的发展方向[J].语文教学通讯,2013(12).

念往往会"抽象掉""这一个"事物的"独特性"。写作核心素养应该关注那些属于"写作的""关键的""要素指标"。虽然"语言建构与运用、思维发展与提升、审美鉴赏与创造、文化传承与理解"等可以提供参考,但机械地套搬、演绎有些不合适。

（三）"写作核心素养"的本质特征是什么

所谓"核心素养教育",强调的是在真实具体的任务情境中灵活运用知识技能并加以反思实践的能力,即知识、技能、策略、元认知在具体任务情境下的运用。我们可以表述为：核心素养＝(知识＋技能＋态度)×情境×反思。过去的语文知识、技能基本上是去情境的、静态的、抽象的、机械的,而今核心素养教育背景下,知识技能有了新的形态、发生机制和功能表现形式。

简单地说,素养就是知识的有效迁移或情境化应用。如过去学习"我是××"句式,要讲"主语＋系动词＋表语"等语法知识和句型结构,然后进行替换训练,以达到掌握知识并练成技能的目的。而基于核心素养的教育,不是说不要知识和技能了,而是要有一种新的知识形态,比如除了上述"陈述性知识"(术语、概念)外,还要有"程序性知识"和"策略性知识",甚至还要包括观念、概念、主题、理论、假设、问题、原则等"大概念"。[①] 我们说的"写作核心素养"很可能就是那些写作课程领域的"大概念"及其情境化应用的能力。

基于核心素养教育的教学路径应该是通过创设一个任务场景,让学生在这个情境任务驱动下生成学习动机,同样需要依据这个写作任务情境,唤醒其大脑中的先备知识,或探究归纳新的知识。比如我们可以通过"结识新朋友"的场景来教学"我是××"的知识。再比如我们上一节作文课"暖人心的说明书",不是机械地告诉学生"说明书"的定义,而是让学生分

---

① 格兰特·威金斯,杰伊·麦克泰格. 追求理解的教学设计[M]. 2 版. 闫寒冰,宋雪莲,赖平,译. 上海：华东师范大学出版社,2017：6.

析写作任务：读者(家里的老年人)；目的(教会他/她使用微信/滴滴打车等)；语篇产品(一页图文并茂的说明书)。让学生讨论发现这样的说明书具有的特点：(1)条款呈现；(2)程序说明；(3)图文结合；(4)语言温馨简洁。这其实就是特定任务的写作知识。写作教学策略则包括：分组合作、讨论、任务分配、配文插画、设计字号、排版布局、展示发布等。又比如过去教写申请书、感谢信、春联，制定活动方案，仿写儿童诗，学写微小说、课本剧，劝说不要闯红灯，等等，大都是先教相应的"文体知识"，然后揣摩范文，而今可能要基于任务语境，去寻找相应的语料和范文，发现和归纳知识，或唤醒一些相关知识、概念、原理，作为支架去帮助完成写作任务。这样看来，这些写作知识已经是具体的、情境化的，具有一定"活性"和"黏性"了。这体现了建构主义和后现代背景下的课程知识具有的个体性、建构性、协商性、情境性等特征。

第三节　写作教学文体重构

教学文体是写作课程内容的重要因素之一。本节将在第二章对传统"三大文体"梳理的基础上，着眼于批判，辨明"教学文体"的功能与本质，进而基于功能文体学研究提出"多功能性语篇类型"的新构想。

一、对"三大文体"的反思

文体向来是语文教育的重要问题。从百年前我国教学文体创立，到民国时期"三类文体"(通用文、实用文、文艺文)提出，再到20世纪60年代"三大文体"(记叙文、说明文、议论文)确立，又到2001年《全日制义务教育语文课程标准(实验稿)》事实上导致的"淡化文体"倾向,文体始终是绕不过去的议题。

　　我国传统的以记叙文、说明文、议论文为代表的"三大文体"分类,已经不适合当今工作、生活、学习中广泛的真实写作能力培养的需要,当今的写作教学呼唤新的教学文体。进入新世纪以来,我国写作教学领域涌现的诸如真实写作、交际语境写作、功能写作、过程写作、支架写作、活动式作文、任务驱动作文、思辨写作、创意写作等都显示出多元、蓬勃发展的态势。但上述提法大都着眼于单一视角,而缺乏一种统整视野。如何凝聚共识,统一专业术语或"大概念",提出一种更具阐释力的写作教学文体方案,进而重建我国的写作课程教学体系是当务之急。

　　21世纪,很多学者对传统"三大文体"进行了批判。郑国民指出"语文教学不是为了掌握三大文体特点或文体知识,而是为了体会各种表达方式的多样性"①。魏小娜指出我国作文文体源自西方,由于文化差异导致中西方作文文体内涵"名同实异":西方偏重文章形式,但自20世纪中后期以来,强化交际目的、重视现实功用;而我国在经历20世纪初的强调充盈和实用之后,于1963年遭遇"突变",强化"文章"本位,剥离"实用目的"和"读者意识",作文文体知识走向凝固和简单。② 其实这种东西方文体差异既有文化的原因(西方外向文明重视与人交际,东方黄土文明倾向于自我表达),也有上世纪我国普及基础教育的现实因素。叶黎明指出在我国中小学,写作长期以来是"文类三分"(实用文、普通文、文学作品)、"双轨并行"(实用文、普通文写作纳入课程内容),而由于种种原因,实用写作这一轨形同虚设,课堂所教的,是既非实用又非文学、既像实用又像文学的中间文体——"普通文"。③ 作为写作核心知识的"三大文体知识",本质上属于抽

---

① 郑国民.关于新课标中阅读教学改革的对话(三)[J].语文建设,2003(02).
② 魏小娜.中西方作文文体知识开发的比较研究[J].课程・教材・教法,2009(01).
③ 叶黎明.写作教学内容新论[M].上海:上海教育出版社,2012:15.

象简化的伪写作知识，目前已经不能适应新时代的要求了，必须重构。

"文体"即文本的体裁，指的是为大家所公认的相对固定的语篇类型。它甚至已经发展成为一门专门学问即文体学。"文体"一词源于拉丁语的genus词根，在中外文献中名称很不统一。如文体（genre）、风格（style）、类型（mode）、种类（kind或sort）等，含义也有差异。在文章学、写作学、修辞学、文体学中，它是与文章内容、写作目的、功能、材料、结构、思维、惯例等密切相关的，是人们对真实复杂文章的特性高度概括而形成的一种公共知识或认知图式的体认与共同规范的认知和遵循。从这个意义上说，文体具有客观性和建构性的特征。

"教学文体"指学校教学情境中的语篇类型或文章样式，主要是为开展阅读和写作教学活动而形成的文章体式，是为了教学方便而产生的，因而叫作"教学文体"。教学文体属于一种典型的工具性知识或学科知识。不过这种知识是一柄双刃剑，既可以带来教学便利，也可以带来不良后果。比如我们熟知的"三大文体"既简化了知识，也造成了知识的去情境化和去真实性。很多学者批判其为"假文体"和"伪知识"就是此意。可怕的是这套知识甚至反过来限制并阻隔我们对真实文体的认知，以至于造成全体国民头脑中真实文体知识的僵化和异化。这造成了我们全体国民言必称"三大文体"，可事实上"三大文体"在学校教育之外的现实生活中并不存在的尴尬。

章熊曾指出"记叙文""说明文""议论文"的出现是西学东渐的结果。①西方的文体论中只有"记叙（narration）""描写（description）""说明（exposition）"等"表现形式"，文章"表现形式"进入我国变成了"文体"，且双轨并行，这固然有文化传统因素，更直接的原因是普及教育的需要。这三种文体的使用范围，通常只限于学校语文教学这个特定阶段。刘国正先

---

① 章熊.关于中学写作教学的几点思考[J].中学语文教学,2006(10).

生称:"记叙、说明、议论三种主要表达方式,只是为了教学之便才称之为'文体'。"①其实其可以理解为各种"文体的胚胎"状态。因此章熊先生将"三大教学文体"与按功能分类的"文学性写作"和"应用性写作"之间关系图示如下:

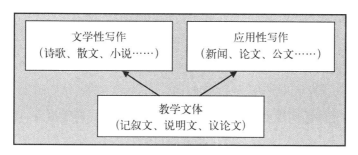

图5-4　"教学文体"与其他文体关系示意图②

章熊这样处理基本呈现了"教学文体"的本来面目和实际功能。可见"三大文体"是一个过渡,最终目的是培养文学性和应用性写作等真实文体写作能力。

那么,我们是否需要这种"三大文体"向真实文体写作的过渡? 或者说"三大文体"写作是否有利于培养真实的写作文体能力? 我们持否定态度。因为"三大文体"实质上在生活中并不存在。学生用十几年的时间学会的所谓"记叙文""说明文""议论文"作为另外一套简化的文章体式,是扭曲的虚假知识。

我们不能因为前人有过这些知识,就让学生学下去。我们要搞清这些知识背后的目的,尽管它可能没人说得清。比如"六要素"知识的本质是叙述一件事的几个重要元素:人们了解了这几个要素才能大致明白这件事是怎么回事。再比如"说明的四要素"(对象、特点、顺序、方法),"议论文三要

---

① 刘国正.关于"实用文体"的通信(致甘其勋)[J].语文学习,1991(12).
② 章熊.关于中学写作教学的几点思考[J].中学语文教学,2006(10).

素"等,都是一种真实文体知识的提纯与简化。这种提纯和简化,虽便于记忆和教学,但是恰恰丢掉了它们的本质:文体知识的真实功能在于帮助人形成真实的读写能力。

二、写作教学文体分类

(一)文学与实用"两分法"

文类的两分法在国外非常流行。常见的是将所有的文章分为两大类即"文学类"和"非文学类",前者如小说、诗歌、散文等,允许想象、虚构、夸张、变形,是为了实现审美的目的;后者如书信、新闻、调查报告、评论等,要求真实、客观、实用,是为了达到办事的目的。当然,在实用文和文艺文之间,也存在一些"混合文体",如杂文、报告文学、传记文学、短信、广告、演讲、解说词等,它们有时候是需要混合使用不同的表达方式、思维方式甚至打破文体规范的,这就表明,两分法会存在一些问题。

(二)教学文体"三分"

德国母语大纲要求学生熟悉多种写作形式。德国完全中学 10 年级语文课程标准把写作分为"表达性写作、交际性写作、塑造性写作"。① 英美将写作分为"规范性写作""塑造性写作"和"创造性写作"三类。② 规范性写作指"教以符合语篇规则要求的写作行为",这些写作也可以叫作基础性写作。塑造性写作指基于一定的材料"进行的延续性、扩展性和补充性写作训练",包括缩写、扩写、改写、续写、学术评论等,这些我们可以称为"学习性写作"。此外,英美等国还有一类创造性写作,从二十世纪五六十年代就有了。进入 21 世纪,我国引进借鉴国外的"创意写作"理论,在中小学作文教学领域,形成了一股创意写作教学的热潮。尤其是在《普通高中语文课

---

① 洪宗礼,柳士镇,倪文锦. 母语教材研究(第六卷):外国语文课程标准译介[M].南京:江苏教育出版社,2007:223.

② 倪文锦,欧阳汝颖.语文教育展望[M].上海:华东师范大学出版社,2002:329-346.

程标准(2017年版2020年修订)》提出"文学阅读与写作"任务群和《义务教育语文课程标准(2022年版)》中提出"文学阅读与创意表达"任务群之后,这种创造性写作似乎拥有了法定的地位。日本教育家野村分为文学文章、实用文章、学问文章三类。① 它们大致与我国《义务教育语文课程标准(2022年版)》中的"创意写作、实用写作、学习性写作"类型一致。

(三)其他教学文体划分

在国际上,一种很常见的做法是将教学文体按照表达方式分四大类,即:记叙类写作(narrative writing)、说明类写作(expository writing)、描写类写作(descriptive writing)、劝说类写作(persuasive writing)。这种从表达方式着眼的划分,在美国的英语课程标准、教材和考试测评中比较常见。美国加利福尼亚州语文课程标准中关于"写作应用:体裁及其特点"的内容提到学生应能够运用流畅标准的英语写作"记叙的、说明的、说服性、描述性的"语篇(text)。PISA将文本类型划分为"表达性的、信息性的、劝说性的、文学性的"大致属于同样的思路。美国现行的《共同核心州立标准:英语语言艺术与历史/社会、科学、技术学科中的读写标准》(以下简称《共同核心州立标准》),基于2011NAEP框架分为"为了说服的写作,为了信息或说明的写作,为了表达真实或想象经历的写作"三种类型并以此描述相应的写作能力要求。这种划分,似乎与我们的"三大文体"类似,但其课程标准中对于每类文本的具体要求的描述非常具体明细。在《澳大利亚维多利亚州课程和标准框架》中,其《英语学科课程标准》把文本类型分为文学作品、日常文本、媒体文本和工作文本。② 每一种范畴之下列出了大量的具体的文体,这有利于与真实文体的接轨。

在这里,我们需要讨论几个问题:

第一,写作教学文体的划分有无必要?从课程研发的角度看,毫无疑

---

① 方明生.日本生活作文教育研究[M].上海:上海教育出版社,2002:103.
② 丛立新,章燕.澳大利亚课程标准[M].北京:人民教育出版社,2005:12.

问是应该有写作教学文体这样一种语文课程知识的。国内外的一些课程标准和教学实践也证明了它存在着,确实有存在的必要。因为,我们不可能将所有文体的文章教给学生去读去写,我们只能筛选归纳一些重要的、关键的类型来教学。

第二,写作教学文体和真实文体的关系是什么?我们认为它是学生学习运用真实文体的一个基础、一个过渡,就像是孩子学游泳,我们不可能一下子让他们到大江大海里去游,而是需要建造游泳池,需要一些游泳教学的设施和器械帮助学生学会相应的知识和技能。

第三,划分写作教学文体的依据是什么?我们认为是教育目标、课程目标和教学目标等。当然这些目标会受到时代的影响。比如在民国时期,之所以不关注"描写文""抒情文",这就可能与当时培养的是一种"应付世用"的实用写作能力和注重基础的"普通文"写作能力有关。而今我们为什么重视"创意写作""思辨写作",这也与我们重视创造性人才和具有批判性思维的人才的培养有关。这就是说,教学文体的划分需要综合考虑社会需要、学生认知水平和学科知识的发展状况。因为前两者比较明确,下面我们着重从学科知识即功能文体写作的角度,探讨教学文体划分的新的可能。

三、写作的功能与功能性文体

(一)写作的功能

什么是功能?功能即事物的目的、意图、作用。其实,"三大文体"不过是训练学生学会写简单的"叙述性语篇""说明性语篇""议论性语篇"而已,我们完全没有必要上升到"文体"高度,将其固化甚至系统化为核心知识,只需要回到其叙述、说明、议论的功能上来即可。"三大文体"的核心是让学生学会三种主要的语篇功能:为了叙述经验,为了说明事物,为了劝说、论述和证明。

这样说来,语篇写作可以有很多种功能:除了上述三种叙述功能、说明功能、议论功能之外,还有为了让人感到形象诉诸感官的描写功能,为了别人接受自己观点的劝说功能,为了激发人情感的抒情感染功能,为了别人深入理解的阐释功能,为了警告或温馨提示的指示功能等。文体的实质只是基于不同功能而逐渐形成的读写共同体的言语应用规范而已。

功能语言学家们曾提出过语言的诸多功能,有的提出了三、五、七种,多的甚至有十多种。有学者认为主要有两种功能:表义功能和交际功能。表义功能指语言能对客观对象进行基本的描述,交际功能则指交际者在表义功能的基础上进行社会交际。[①] 韩礼德的语言元功能理论认为语言具有七种主要功能:工具功能、控制功能、交往功能、个人功能、启发功能、想象功能、信息功能。按照这种思路,写作作为言语运用行为,也具有七种功能:[②]

1. 写作的工具功能:指的是学习、生活、工作的工具,通过写作来办事、学习、完成任务。如申请书、邀请函、摘要、笔记、会议记录、备忘录等。

2. 写作的控制功能:指的是作品可以影响、支配甚至控制别人的行为。比如法律、规范、准则等具有规范、限制人们行为的作用。

3. 写作的交往功能:指的是写作可以达到与他人交际的目的。比如书信、博客、微信等。

4. 写作的个人功能:指的是写作可以表达自己内心的感受和对生活的理解。比如自叙文、自传、个人简历、日记等。

5. 写作的启发功能:指的是写作是一个思考、探究的过程。写作可以帮助我们整理自己的思想、研究和思考一些问题。写作即思维,即问题解

---

① 胡壮麟. 语言系统与功能[M]. 北京:北京大学出版社,1990:21.
② 胡壮麟,等. 系统功能语言学概论[M]. 3版. 北京:北京大学出版社,2017:377.

决。比如一些探究性的写作,诸如论文、思想录、启示录等。

6. 写作的想象功能:人类可以用写作来创造属于自己的世界,与周围环境毫无关系的精神的、文化的、文学的、审美的世界。这就是诗歌、散文、小说、戏剧等文学性的写作。

7. 写作的信息功能:写作可以用来传递信息,表达命题,进行判断等。比如新闻、论文、科研报告、说明书、广告等。

后来,韩礼德将语言的元功能简化为三种:经验功能、交际功能、语篇功能。[①] 那么,写作相应的也具有三种基本功能样式:

1. 写作的经验功能。这和语言的元功能中的经验功能是一致的。写作是写作者对于客观物质世界和内心的主观世界的反映。这些反映有的是以内容、素材、题材的形式体现的,有的蕴含在字里行间。写作总是在反映生活,记录或者传达我们的经验和认识。这就是写作的经验功能。经验功能的写作,表现为自叙性的文章、小说、诗歌、散文以及其他文体。

2. 写作的交际功能。指的是通过写作反映自己的观点、态度、情绪,并通过语篇的形式传达出来、影响他人,达到自己办事或者社会交往的目的。比如劝说文、演讲、书信、报告、倡议书等。

3. 写作的语篇功能。韩礼德认为,说出既有内容又有效力的话,使之形成一个连贯的内在结构,并与语域发生联系的功能,这叫作"篇章功能"。韩礼德认为实际使用中的语言的基本单位不是词或句这样的语法单位,而是"语篇",它表达一个相对完整的思想,完成一次交际任务。语篇可长可短,目的文体不一,表现手法和功能价值多样。写作是在构建一种结构化的文本,起到相应的思想信息交流的作用。这些语篇作为一种客观存在物,拥有了自己的规律和功能。

---

① 胡壮麟.语言系统与功能[M].北京:北京大学出版社,1990:47.

（二）功能写作

写作是一种语言应用行为,必然地发挥着语言的一些元功能。从这个意义上说,写作尤其是写成的语篇必然会承担某种任务的需要、完成作者自觉不自觉地赋予的交际目的或意图,因此,任何写作实际上都是某种"功能写作"。

何谓"功能写作"? 指一切写作都是作者自觉或不自觉地在某种特定的交际目的或意图驱使下进行的书面语篇构造行为。任何写作都自觉不自觉地承担着作者的某种交际目的和意图,在写作的时候要从特定的目的、角色、读者、话题等交际语境要素出发,去考虑写作的内容、结构、语言和表达。写作的内容和形式要最终服务于写作的功能目的。写作总是从一定的意念、想法出发,人一般不会无缘无故地去写某种东西,除非有比较强烈的"需要"。这种外在的或者内在的需要,会变成作者的某种"念头""想法""思想",它有可能进一步转化为文章的"主题"或者"中心"。这种用语篇来达到交际目的、实现个人意图、完成某种任务的写作,就是功能性写作。

需要说明的是上述功能不是单一的,而是可以互相交叉重叠的。比如书信,既具有经验的功能,也具有信息、交往、控制、影响的功能,尤其是一些家书、情书等。一种文体可以承担多种写作功能。这也就是文体的交叉、变异的体现。如报告文学就是兼具信息传达、经验传递以及审美功能的写作样式。

（三）功能文体

写作是具有特定目的和形态的功能性表达与书面语篇建构。一切写作都必然会承担某种交际任务的需要。

比如你的写作意图可能是为了传递经验,你需要将自己经历的故事、场景、阅历传递给读者,以达到感动别人、分享人生经验的目的,这可能需要你采用叙述类、小说、散文等文体样式;如果你的写作意图是传递信息,即将客观的、真实的信息传达给读者,而这个信息的目的只是告知而不是感动,就需要采用说明类,如说明书、学术论文等文体样式。如果你写作的目的是说服别人,让读者接受你的观点,采取你希望的行动,那么你的文体样式就是劝说类,比如议论文、广告、演讲等。当然,还有的时候,你想描绘一个画面,你想让读者大脑中呈现一个场景、氛围、意境,你可能采用描写、刻画细节等方法,让读者产生一种身临其境的感觉。我们可以看出,平常我们说的所谓表达方式——叙述、描写、说明、抒情、议论都是有其功能目的的。表达方式的不同背后是功能目的的不同。

篇章分类应该以其目的和功能为主要标准。功能语言学认为语篇具有三种元功能:表达发话人经验的"概念功能",表达发话人态度及交际角色间关系的"人际功能",以及组句成篇的"语篇功能"。这对文体的功能分类可以提供某种启示。

文体是语言功能类型分化和定型的结果。篇章类型和篇章目的功能紧密相关。如果你的写作目的是说服,就应该使用劝说型语篇类型;如果是介绍解释,就采用说明性语篇类型;如果你的写作含有多种混合目的或功能,就采用诸如报告文学、科学小品、诗化小说、手机短信、电视广告等混合文体。这些文体之所以混合(或混乱、不纯粹),是因为它们包含了多种不同的目的和功能。

韩礼德认为"文体即选择"①,文体是语篇营造过程中人们所做的系统选择的结果。韩礼德(1973)将文体说成是"有动因的突出"(motivated prominence)。② 这里的"动因"指某种目的或动机,"突出"指的是"语言的特征"。"有动因的突出"就是指在某种特定目的驱动下使用语言所呈现的特征。使用语言(总有)不同的动因和目的,(总会)呈现不同的语言特征和

---

① 吴显友. 文体学中的几个基本问题[J]. 重庆师院学报(哲学社会科学版),2002(02).

② 张德禄. 功能文体学[M]. 济南:山东教育出版社,1998:40.

功能,从而造就了不同的文体。① 这样说来,我们总会在写作的时候,突出表现某种特征,从而引起读者对于我们意图的感知。

巴迪亚(Bhatia,1993)这样概括语类的特征:(1)语类是一种可辨认的交际事件;(2)语类是一种内部结构特征鲜明、高度约定俗成的交际事件;(3)在建构语篇时,人们必须遵循每个语类所具有的常规;(4)尽管语类有其规律性和制约性,人们仍可在语类规定的框架内传达个人意图,实现交际目的。② 这就是著名的巴迪亚的体裁(genre)理论。③ 应用语言学家斯维尔斯(Swales,1990)指出,语类(文体)是"具有共同交际目的的一组交际事件"。交际事件是"按照特定目的和特定程式在特定的生活环境中运用语言办事的实例。每个交际事件都涉及多种因素,如话语活动参与者和文化背景等"。④ 这都告诉我们写作作为一种交际方式,我们需要在与他人的复杂的连接关系中写作。这种复杂连接是以"认知图式"或"认知语境"的状态呈现的。

作为一种"公共认知图式",文体是人类大脑内固有的,还是人类在学习应用交流过程中形成的呢? 这是认知文体观与功能文体观的分野。认知文体观,即图式文体观,实质上是对个体或群体大脑内认知的科学描述。但是,这种大脑内的文体图式的形成,不是哪一天才完成的,也不是人脑中固有的,而是言语社团在不断地言语实践(比如阅读和写作活动)中协商、建构、调适而形成的。这正是功能语言学的文体观,即"功能文体学"的观点。

从上述观点看,功能文体学将文体看作"具有一定交际目的被社会言

---

① 孙慧.功能文体学理论及其应用原则[J].山东教育学院学报,2006(06).
② 胡壮麟,朱永生,张德禄,等.系统功能语言学概论[M].北京:北京大学出版社,2008:285 - 290.
③ 吉恩・埃里克.成功写作入门[M].北京:北京大学出版社,2008:2.
④ 李美霞.话语类型研究[M].北京:科学出版社,2007:42.

语社团认同下来的语言交际事件或模式"。在这里,我们应该看到:是一定交际目的、交际场景和交际功能的需要塑造了文体,而不是相反。当然,文体一旦定型,也只能承担它能够承担的那些特定的目的和功能。

基于社会交际的文体观,我们"下笔写作时,头脑中必然会出现作为交际对象的一个或者一群篇章接受者,必然会使产品体现自己的交际意图,达到交际目的,于是我们可以根据这些来确定语篇类型,比如生产者的目的是说服接受者,那就根据接受者的能力和世界知识,或选择叙事性或选择论辩性语篇类型"①。这就是说,写作的时候先要进行写作任务的交际对象(读者)、目的、话题、角色等场景要素的分析,然后确定要写的内容和表现形式(体裁、材料、结构、语言、风格等)。我们不能将文体看作对固有规范的盲目遵循,而应该看作一种共同的交际样式规约。

文体从表面上看是文章所遵循的秩序与规范,其实是人们思维表达、话语方式和话语交际功能的体现。话语表达具有功能性、意向性,这种功能趋于固定、规范、模式化,这造就了文体。换句话说,人们在文章读写实践中,因为表达交流快捷方便的需要,文章逐渐固定成型,形成了"文章图式"。文章图式源于人们的思维方式和话语方式的规范化,这种规范反过来又规范着文章自身。文体从本质上看就是语言交际范型,体现着语言表达的规律、意图、功能。如叙述的作用是呈现事件的状况和概貌;描写的作用就是呈现事物的具体状况;说明就是简单客观地传达信息;抒情是表达一种主观情绪;议论就是想说服别人并让别人认同。每种表达方式对应着一种主要的表达意图,实现着一种交际功能。一篇文章里可以有多种表达方式,但它们所形成的交际功能有主次强弱之分。如议论文里面有大量的叙述,但这里的叙述的主要功能可能是为议论服务的;在叙述类的文章中,也可能有大段的议论,可那议论是对叙述起升华或深化作用的。一句话,

---

① 刘辰诞.教学篇章语言学[M].上海:上海外语教育出版社,2004:156.

文体与语言的交际功能有着本质联系。

一些学者基于功能语言学的文体观,依据"社会交际过程"将文类(Genres)分为这样几种:描述/组织:对人文或科学的事物做出分类和描写;说明/解释:把事物或现象按照时间或空间关系做出解释和说明;指引:按逻辑把行为或动作排次、做出指引;论辩:游说读者接受经逻辑推论的观点或见解;叙述:按时空把人物经历或事件始末记叙出来。基于这种语言功能取向,重新整合文体类型和读写能力,展开教学实践,是语文教育的应有之义。

鉴于上述思考,我们认为写作是基于特定目的和功能的书面交流行为。这是写作不变的本质。而目前现存的文体,不是客观存在的一成不变的东西,它来自人类读写实践中各种不同的功能需要,因此我们不能从既有的文体分类机械地理解其"内在的规范":这种样式为什么是这个样子,而是要了解每一种文体背后所承载的交际目的、话语模式和应用场景。当然,由于思维方式、文化传统、心理习惯不一样,各民族的文体分类有一些不同,但也大体会呈现某些共同的规律。基于这种共同的规律,我们可以提供一些功能性的文体分类方案。

四、写作教学文体重构方案

曾祥芹、李乾明等主张用"二分法"将文章写作和文学写作分开,并呼吁从文学化写作向实用文章写作转向。[①] 国际上一般按语篇目的进行写作语篇功能类型划分。王荣生、郑桂华主张分为写实、虚构、阐释、论证、抒情五类。[②] 我在 2010 年的博士论文中提出"功能性文类写作"构想,即先分"虚构和非虚构"两大类,然后基于表达方式和功能类型分为信息类语篇、

---

① 叶黎明. 新世纪以来写作教学理论研究取得的进展[J]. 语文教学通讯,2013(33).
② 王荣生,倪文尖. 国家课程标准高中语文实验课本(试编本)[M]. 上海:上海教育出版社,2007.

阐释类语篇、劝说类语篇、研究类语篇、叙述类语篇等。[①] 这与郑国民说的"根据社会生活的不同需要,能运用恰切的表达形式,写出社会生活常用的文章"[②]的精神基本一致。[③] 可见,基于多功能类型的语篇写作可以成为大家的共识。

第一,将所有语篇分为文学类和非文学两类。或者叫作"虚构类"和"非虚构类","文学类"和"实用类(信息类)"。前者着眼于主观、情感、审美、虚构;后者着眼于真实、客观、实用、简明。基于写作学、文章学、交际学、传播学,需要学生掌握现实生活世界的真实文体,让学生通过例文、语篇大致了解两类不同文类的特征、功能等。

第二,从功能文体学出发,基于写作目的和不同的功能划分"多功能文类",倡导"功能性语篇写作"。我们知道写作任务情境包括写作目的、对象、话题、角色等交际语境要素,以及写作的内容和形式之间的对应关系。目前来看,我们可以借鉴五种表达手法与功能性文类具有的亲缘关系,进行基于现有的五种表达方式衍生的四种文类写作,即"叙述类、描写类、阐释类、议论类"语篇写作,作为向功能性写作的过渡性训练,然后借鉴西方现有经验,将作文训练的类型分为叙述性语篇写作(如记人叙事、散文写作),信息性语篇写作(如报道、说明、描述),劝说类语篇写作(如议论、评论、呼吁和号召性的广告词、演讲),研究性语篇(如学术小论文、阅读分析、作品阐释),实用类写作,创意性写作,等等,以此作为语文学科教育的教学文体划分的基础方案。

文体是写作教学的重要范畴。从学校教学知识开发的角度讲,文体知识是有必要存在的,但是有一个原则就是它的存在必须是"长"在真实生活滋养的真实文体的土壤上。写作知识的开发不是哪一个人拍脑袋就可以

---

① 荣维东.写作课程范式研究[D].上海:华东师范大学,2010.
② 郑国民.关于我国九年义务教育语文课程改革的思考[J].课程·教材·教法,2010(10).
③ 荣维东,陈磊.新中国70年写作课程政策回顾、思考与展望[J].语文教学通讯,2019(10).

解决的,它应该从社会需要、学科发展和人才培养角度综合考虑,我们提出的"多功能语篇写作"在某种程度上具有写作观、写作理论和写作文化上的变革意义。

随着《普通高中语文课程标准(2017年版2020年修订)》和《义务教育语文课程标准(2022年版)》的出台,我们发现尽管在义务教育阶段的学段目标中仍然有"记叙性、议论性、说明性""应用文"等说法,也有"缩写""扩写""改写"等学习性写作,还有"诗歌""小小说"等真实文体。但在学习任务群中的写作文类划分有了一个根本性的变革,这就是:传统的"三大文体"基本上由"三类文体"代替,它们分别是:学习性写作、应用性写作(包括思辨类)和创意性写作。这种划分基本上摆脱了过去虚假文体的问题,将写作教学文体引向学生真实的学习活动、未来的生活应用以及当今社会所需要的创造性写作能力的培养。当然,在"思辨性阅读与表达"中,也可以有一个叫作"思辨写作"的类型,不过它也可以笼统地放在"学习性写作"和"应用性写作"之中。而且这三类写作,在课程标准中基本上"学习性写作"最多,包括笔记、摘要、学术小论文等。应用文、创意写作次之,这也基本符合实际。

中小学写作教学知识往往具有学术性、工具性和实用性的特征,它的出现是为了有效组织和呈现课程内容并有利于教学。教学文体具有学校知识生产的功能和特征。换句话说,我们建构的教学文体知识体系应该是便于教学且有利于提高写作教学,更要有利于促进学生写作水平不断提升的。

基于学生的语言发展水平和写作能力发展,在文章学、写作学、交际学、功能语言学、语境学知识背景下,以真实写作为目的的写作课程与教学知识体系,可以作如下"功能性写作教学文体"重建的设想:

第一,初级阶段开展基础性功能写作训练。我们可以遵循写作课程教学规律,结合学生的可接受水平,进行基础性功能写作训练。如小学低年级阶段,主要培养学生运用书面语言通顺、连贯、得体的表达能力。在小学中高年级和初中年级,可以从记叙、描写、抒情、议论、说明等五种表达方式入手,进行不同类型的功能性语篇训练。它与过去的不同在于,一定要强调各种训练的功能指向、写作目的、表达效果等。

第二,强化各类"功能性语篇类型写作"。其中实用类语篇和文学类语篇两种类型语篇最为重要,它们两者有着不同的文体规律,具有两种不同的语言风格、思维方式和功能指向。其中文学类语篇常常需要虚构、渲染和审美;实用文则更强调目的性、客观性,文字更需要表意的准确和简洁。然后根据教学需要,进一步强化"思辨类""创意类""学术类""媒介类"等各种功能性语篇的学习。

第三,基于现实需要,开展真实文体写作。在这个层面,我们就要将现实生活中各种真实的文体纳入写作教学视野中来。如小说、诗歌、散文、戏剧等文学作品;广告、信函、留言、说明书、标签、电子邮件、网页、短信、倡议书、演讲稿等生活文本;网页、超链接、报纸、杂志、电视、电影、短视频等媒介文本;此外还有大量的摘要、笔记、PPT、学术小论文等学业性文本。

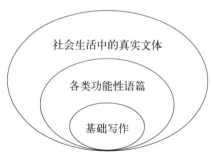

图 5-5 写作教学文体重构示意图

之所以这样设计,是因为:第一,对于学校环境中的学生写作来说,基础性写作有其存在的必要,虽然这类基于表达方式的语篇是简单化的,但有利于基础性的学习和训练,也便于学生掌握;第二,各类功能性语篇因其文体特征具有相对明显的内在特征的规定性和明确的功能性,它的提出有利于学生把握各类语篇的独特规律,进而开展各种目的性明确的写作训练,同时也有利于向真实写作迁移;第三,让学生学会社会生活中的真实文体写作,具有真实写作能力,才是写作教学的最终目的。

目前我们需要做的是：如何基于语文课程标准、教材与学生需要，基于功能文体学理论，筛选提炼适合中小学语文教学的各种功能类文体，界定它们各自的内涵、特征、价值、功能等，并以此作为基础，构建出一套新的功能性写作教学文体体系。对于教材编写和修订者来说，应该在设计各种语文学习活动和写作活动的时候，将这些课程标准中要求的文体落实下去。对于一线教师来说，就要根据课程标准的理念和教材内容的要求，从学习运用出发，设计应明确各种写作活动，明确各种文体的写作要求，让学生认识并学会使用各种文体类型，进而培养学生的文体意识、文体规范和基于各种文章体裁的写作能力。

从中小学最新版语文课程标准看，语文学习任务群的提出已经为这种功能性写作文体体系的构建奠定了比较坚实的根基，提供了新教学文体重建的广阔空间。比如在《义务教育语文课程标准（2022 年版）》的六大任务群中，所涉及的重要文体其实有很多。如在"实用性阅读与交流"中涉及日常应用文、日记、观察手记等，人物故事、写人和记事文、笔记、大纲、脚本、思维导图等，以及多种媒介文本。在"文学阅读与创意表达"任务群中涉及儿童诗、有趣的故事、诗歌、小小说等文体。在"跨学科学习"中涉及日常观察和记录、研究报告、活动方案、问卷、访谈、调查报告、发言提纲、策划方案、海报等。这些丰富多样的文体类型，是过去历次课程标准所不曾具备的。

这样的写作就不再是过去的单一文体写作，也不再是过去僵化的"三大文体"写作，而是在学习任务完成过程中的真实写作，是嵌入具体情境且功能明确的写作，是生活、学习、工作中的真实写作。毫无疑问，这样的写作教学文体真正实现了它与社会生活的接轨，完成了它走向真实写作的课程与教学的使命。

第四节　写作课程知识重建

钟启泉先生指出，"人类社会积累着丰富多样的信息、知识、文化，从中选择出极有价值的有限的信息、知识、文化，作为学校教育的内容，这就是'学校知识'"。① 写作课程知识开发无疑是学校知识开发的一部分。美国课程学家泰勒(R. W. Tyler)认为学校课程知识有"三个来源"：一是对学习者本身的研究，二是对当代社会生活的研究，三是学科的知识供给，还要经过"两种筛子"——教育哲学和学习理论的即科学理论和社会价值观的筛选。② 我们的写作课程知识开发也离不开对于学生身心发展的研究，离不开相关学科的知识供给，离不开对当代社会生活和时代发展需求的研究等。下面针对我国写作课程现状，提出写作课程知识重建的一些路径——

一、用新知识观建构写作课程内容体系

皮连生从认知心理学广义的知识观把知识分为三类：陈述性知识、程序性知识和策略性知识。基于这种广义知识论，写作知识的类型应该既包含一般意义的中心、主题、结构、写法等文章知识，又包括如何审题、如何立意、如何选材、如何结构、如何起草、如何修改文章的写作过程知识，还包括写作过程中的兴趣激发，自我情绪调控，写作过程中问题的解决技巧，写作策略的运用等元认知知识等。皮连生认为"有效写作"是陈述性知识、程序

① 钟启泉. 教育的挑战[M]. 上海：华东师范大学出版社，2008：57.
② 拉尔夫·泰勒. 课程与教学的基本原理[M]. 施良方，译. 北京：人民教育出版社，1994：1-4.

性知识和策略性知识这三类知识共同作用的结果。① 上述这些都可以转为策略性知识去应用和实践。从广义知识的角度看,写作知识、技能、素养都具有一种广义知识的本质。

我国科学有效的写作课程知识开发也应该作为一项重要工作来实施,要科学地筹划。笔者曾经在一篇文章中描述过我国写作课程知识的状况:陈述性知识仍是一堆语言学、文章学和文学等陈旧知识的残垣断壁。程序性知识长期滞留在"应试训练"范畴以及一些优秀语文教师的课程实践经验的层面。它们要么因为"名不正言不顺"而不便推广,要么因为"可意会不可言传"的特征而成为少数优秀教师的"缄默知识",没法推广。而策略性知识几乎暂付阙如,还没有引起语文教育专家和学者们的重视。②

这三种知识应该合理均衡地分布在写作课程知识体系中,但是我们的语文教材历来注重安排大量的以学生记忆为主的陈述性知识,而对程序性知识却很少安排。借鉴波兰尼的显性知识和隐性知识的概念,有人分析区分了"语感"和"语识"两种写作课程知识;基于加涅知识的分类体系可以把写作课程知识分为"现象知识""概念知识"和"原理知识";基于语文课程与实践可以把知识分为语文本体知识、语文个体知识、语文实践知识;基于社会和个人维度的公共知识和个人知识的区分,这些分类可以从不同视角、不同途径和目的,建构写作课程知识的多样形态,从而为真实情境下的写作课程知识建构提供思路和依据。

简单地讲,"写作观"就是对写作的看法。将写作看作一种结果即文本,无疑会将文本作为关注的中心;将写作视作写作者认知思维的一个过程,无疑会对作者投入比较多的关注;然而,文本不仅仅是一个客观的结果或者产品,也不仅仅是作者一个人为所欲为的行为。写作作为一种符号表

---

① 皮连生.学与教的心理学[M].上海:华东师范大学出版社,2003:150-152.
② 荣维东.开发科学有效的语文知识体系——以加利福尼亚语文教材《文学:读者的选择》为例[J].语文建设,2008(09).

达和社会交际行为,始终和社会、他人、文化、生活发生着密切的联系。考察人类关于写作的认识发展过程会发现,写作也经历了一种由关注文本,到关注作者,再到目前关注读者(受体)的演变过程。

写作属于技能型课程,尽管知识一般不是课程的终极目标,但知识始终是写作课程内容的核心。写作课程改革关键是"写作知识重构"。① 课程的核心是知识,选择哪些知识进入课标,是课标研制的重点。写作课程作为一门技能实践型课程,既需要陈述性知识(知识、原理、原则等),更需要程序性、策略性的知识(即怎么写的知识、策略、方法)。纵观中国大陆的语文课程标准(或教学大纲),多是以"八大块"为代表的陈述性知识,且多文体和文章知识,较少涉及方法、策略、过程知识。这与中国大陆写作教学知识体系陈旧有关,也与当年"淡化知识"思潮有关。

通过百年作文文体知识审议,我们发现目前写作教学所依据的理论基本还停留在 20 世纪初的语言学和文章学阶段,随着当今语用学、写作学、文体学、语境学、功能语言学、篇章语言学、传播学等相关学科知识的急剧更新,相关写作知识也亟待引进。为此需要增加交际语境知识(关于读者、目的、话题等任务情境要素),语篇知识、文体知识、写作过程策略(观察、构思、行文、修改和发表)以及新媒体、元认知等知识的准入。我们需要在"文体写作"和"文章写作"知识体系之上,加入交际语境写作以及过程写作的相关知识。需要增加诸如头脑风暴、思维导图、自由写作、过程五步骤、各种思维导图、提纲、RAFT 策略、读写结合、基于文献和网络资源等写作策略知识;增加程序支架、概念支架、策略支架、元认知支架等写作教学知识。总之,更新写作知识是目前我国写作课程重建的头等大事,应该达成共识。

二、吸纳学科新成果,充实和更新写作课程知识

写作学、功能语言学等为写作知识重建提供了理论支持。写作学无疑

---

① 李海林,荣维东.作文教学改革的突破口:写作知识重建[J].中学语文教学,2009(07).

是写作课程知识的主体学科之一。自 20 世纪 80 年代我国提出"写作学"以来，已经积累了大量的系统的写作学科知识，包括关于写作本质、写作思维、写作系统、写作过程、写作主体、写作受体以及各种应用写作等都具有了相当的学术积累。这些写作理论与中小学写作教学（作文教学）领域之间的沟通、吸收、转换、改造工作，尽管已经有一些成果，但做得很不够。[①] 写作学可以看作写作课程知识开发的上游资源，但需要转化为中小学写作教学所能用的精要、好懂、实用的知识内容。

写作课程知识开发有一个便利条件，就是它有一个直系学科（discipline）——写作学。写作学虽然不可能成为作文课程知识的全部来源，但至少可以提供较为可用的理论资源。另外，写作心理学、功能语言学、语用学、篇章学、语境学、传播学、交际学、传播学甚至电脑网络信息技术也在为写作课程提供营养。当今的写作课程重建，已经和哲学、心理学、传播学、媒介学、教育学等相关学科密不可分了，这些学科的知识和理论知识也会为写作课程知识开发提供资源。

三、借鉴国外写作课程和教学的研究成果

西方国家从二十世纪六七十年代迄今，通过科学实证和实验研究已经积累了大量科学有效的写作教学成果，它既表现为开发并颁布了内容完备并严谨有序的写作内容标准，也包括系统完善的写作教材，更有大量伴随过程写作的教学策略和方法。研究表明："单纯地多写并不能显著地提高学生的写作能力"，"多读比简单的多写更能有效地提高写作成绩"，"教师的批改效果极其有限"，这些都是经过严谨的实证研究得出的结论。[②] 与我

[①] 这方面有韦志成主编的《作文教学论》(广西教育出版社 1998 年版)，刘淼的《作文心理学》(高等教育出版社 2001 年版)，高志华主编的《中学生作文学》(陕西师范大学出版社 2006 年版)，马正平编著的《中学写作教学新思维》(中国人民大学出版社 2003 年版)等可资借鉴。

[②] 荣维东，朱建军. 国外作文教学实验结果综述[J]. 语文建设，2009(05).

国写作课程知识严重荒芜不同,西方中小学写作课程开发有不少可以借鉴的地方。如欧美一些国家已经具备比较明确、系统、科学的写作内容标准,写作教材开发也具有鲜明的操作性、序列性、生活性、情境性,注重过程写作、思维训练、实用写作的特点。大量的文体知识、写作策略、评价知识和评价量表都可借鉴。撇开语言、文化、地域、历史、制度的差别,从写作教学的一般规律来说,大致是相通的可资借鉴的。我国由于学术研究传统上的实证研究缺乏,现有写作课程知识、教材和教学基本上还处于前科学阶段。加之空泛的人文思潮和缺乏最基本的专业化工作方式和研究方式,更加剧着我国写作教学的非专业化状况。二十世纪三四十年代和八十年代我国一度进行过作文教学科学化的探索,可惜都没坚持下来。写作领域规范的、科学的、专业化的研究是绕不过去的一项工作。纵使现在强调"课程整合",倡导"任务群教学",具体写作专项领域研究的模糊和去专业化现象是掩盖不了的。学科课程层面相对清晰的知识点、技能点或者大概念系统是必需的。课程整合应该是基于清楚了解学科知识后的新综合。

四、写作课程知识的协商共建

国外的课程知识开发,是一个典型的知识的筛选、引入、改造和创造的过程。这个过程往往是一项由众多学者专家、教师以及家长、学校、教育管理部门和科研机构参与的严肃的学术工程建设。如 2002 年《澳大利亚维多利亚州课程和标准框架》第二版的修订,动员了超过 15 000 名维多利亚州的教师,与许多教育工作者、学科专家、研究人员、专业协会和社会团体,历时两年才完成,经过了大量的调查问卷、实地调研、听课和访谈等方式,听取一线教师的意见。可见,这项工作本身就是一个交流、协商、对话的过程,这符合当代知识生产所具有的多元主体参与、共同协商建构的特点。写作课程内容(知识)具有学科性(学科核心知识的客观性)、规定性(政策性)、建构性(学科专家、教材编者、教师、评估者的不同理解和自主开发)的特点。这项工程注定不是一两个人能够完成的,而需要成千上万人参与研制、咨询、实验、论证、修改和完善。

对于写作课程知识的开发途径,笔者曾经提出过四点:一是我国传统的和过去教材中有效的文章知识要继承;二是国外课程和教材中有用的写作知识要引进;三是一线教师一些零散的、经验的、缄默的、还没有进入我们自觉自为状态的写作课程知识要整理;四是教育哲学、心理学、写作学、功能语言学、语篇学等相关学科的最新知识要吸收转化。经过这样的继承、引进、整理和转化,相信崭新的适合社会发展需要和学生个体精神发展的写作课程知识体系,会渐渐丰富、系统、完善起来,它需要我们大家方方面面的努力。① 关于目前课程知识生产,笔者曾经做过这样的设想:"基于现有国家课程标准的省市课程内容实施指标的研制和开发,基于学科课程领域最新发展的课程内容研制与更新,基于各个地区、学校和具体学生的教学内容创生等。"②

总之,写作课程的发展离不开知识。从世界写作课程的发展看,它经历了由"文章写作"到"过程写作"再到"交际语境写作"的三大范式转换。从中国语文设科百年来的历史看,它经历了从无到有,由"暗中摸索"到"明里探讨",由零散到系统,由既有知识体系的批判到新的知识系统的重建的曲折历程。中国写作知识的发展其实是对陈旧僵化的"学校知识的批判"③,是"驱除这一种学校知识而呼唤另一种学校知识的举动",本质上是对"什么知识最有价值"的永恒探寻。④

写作课程知识开发是一个多元主体参与、多个层面实施的宏大系统工

① 荣维东.开发科学有效的语文知识体系——以加利福尼亚语文教材《文学:读者的选择》为例[J].语文建设,2008(09).
② 荣维东,于龙."理性反思、科学实践":语文课改走在路上——近五年来语文课程研究热点综述与趋势分析[J].课程·教材·教法,2009(06).
③ 钟启泉."学校知识"与课程标准[J].教育研究,2000(11).
④ 傅丹萍.语文学科的知识取向[J].现代语文(教学研究版),2007(12).

程。中国的写作课程知识需要新的整合与重建。这种重建,不是简单的推倒重来,不是拍脑袋的主观决策,它涉及领域极广,需解决的问题很多。它需要千千万万教育专家、学科专家、课程专家、教学专家、心理学家、写作学家、教师以及社会各界的广泛参与;需要我们立足本土、高瞻世界、远瞩未来、脚踏实地、融汇中西、贯通古今的创造;需要我们对当代的、传统的、国外的写作知识进行鉴别、审议、吸收、借鉴与重建。

这注定是一场筚路蓝缕的浩大学术工程,任何一个教育工作者和有志之士,都应该以科学的精神和扎实的努力,从点滴做起。相信有千千万万专家、学者、教师以及社会各界人士的参与,我国的写作课程建设定会面貌一新。

目前写作知识更新的思路应该是:基于新写作观和广义知识观,确立新写作知识类型,梳理并整合文章写作、过程写作、交际语境写作等知识体系,研发一个包括文章知识、写作程序性知识和策略性知识的完整写作知识系统;从教学实践角度重视提炼每一次写作任务需要的核心写作知识与技能;从写作知识呈现形态上看,不应该以僵化的术语出现,而要镶嵌于任务情境之中,以情境化、活动化、案例式、支架式等方式呈现,为完成具体的写作任务服务。

五、面向特定写作任务开发写作知识

（一）写作任务知识的特征

当我们面对一个特定的写作任务的时候,要进行基于特定任务的写作教学知识的开发。基于特定任务的写作知识是非常复杂的。它既包括文体知识、文章知识、百科知识等,也包括面对具体写作任务情境和学生的认知状况以及教材要求等而来的知识。这就要求我们要将学科的通用的、去情境、陈述性知识转向基于具体写作任务的特定场域下的知识,关注写作任务知识的情境性、过程性、实践性特征。

1. 情境性。指的是这些知识是面向特定的写作任务的,是具体的,指向特定情境的,具有特定文体形式的。比如我们撰写一条"新闻",它是政治新闻还是财经新闻、体育新闻,就具有一定的场域性。一般新闻是按照倒三角的形式呈现的,有标题、导语、主体、背景、结语等,但是具体到某一条特定新闻的写作,它的呈现形式和要求是不一样的。新闻的一般要求是客观、真实、及时,但是有的新闻具有一定的宣传功能,具有特定的立场。新闻的一般要求是客观、中立、不带感情,但是有的新闻则带有强烈的感情色彩,如《奥斯维辛没有什么新闻》。再比如让学生撰写"暖人心的说明书",则既具有说明书的特点,又具有"温馨提示"的特征,它是由两种或者多种文体特征混合成的。另外,如"笔记小说""散文诗""报告文学""短信"等也都是这样。大量的新文体、新媒介写作、非连续文本都具有这样的特征。学校的写作教学文体,既需要与社会真实的文体样式接轨,又要考虑到学生语言学习、文学训练、写作训练的需要,教学文体有时候具有一定的混合性,比如所谓的"四不像"的学生应试作文,往往既不像散文,又不像议论文,看似演讲,还像政论,甚至就是"小文人语篇"。这种"四不像"的文体,虽然说是一个问题,但是又与我们应试教育、写作文化和教学评价的惯习有关。我们提情境性,就是指要基于具体的写作任务的要求,以完成写作任务情境所需要的功能为目标,分析具体的写作任务的要求,选择相应的写作知识、文体知识、篇章知识等。

2. 过程性。面向特定的写作任务,写作知识往往是过程性的、程序化的、具体可操作的,它不再仅仅以概念、原理的方式出现,而是以一步步活动程序的方式出现。比如撰写读后感,有人总结为"引议联结"这样的结构模式,其实就可以看作一种程序化知识。又比如很多实用写作都有具体文体规范和写作程式的要求,如"鉴赏性的小论文""实验报告""会议记录""计划""总结"等,都具有这样的特征。

3. 实践性。指的是它最好以如何做的方式,以活动、游戏的方式出现。

学生的写作能力是在一系列写的活动中形成的。写作教学活动应指向不同的任务解决。比如撰写人物传记，我们需要设计采访提纲，采访问题，如何访谈、对话、记录等一系列活动。如果是写新闻，也需要设计阅读新闻的活动，比较不同媒介的新闻的不同表达方式，开展采访、记录、撰写、发布等一系列活动。

（二）写作任务知识转化

从学科知识，到教学知识，再到学生的写作策略或者活动知识，需要面临几重知识形态和内容的转化。优秀教师要善于将写作学科知识转化为教学知识，进一步转化为学生的写作知识。这可能涉及写作知识的活动化、案例式、经验式、程序化呈现。

（三）面向特定写作任务的写作知识运用要遵循如下原则：

- 知识具有情境化、任务化、程序化的特征
- 知识有多种类型（语篇的、过程的、策略的、反思的）
- 知识要转化为活动化设计
- 要在活动中掌握知识
- 运用知识完成任务
- 通过活动了解知识运用的条件
- 在活动中增强对知识的体验、个体内化

我们曾经开发一个小学三年级《国宝大熊猫》的单元习作案例。虽然教材没有说明，但是教师研究确定所需要的写作知识是"写中心句和支撑句"，这属于写作学科知识，它是写作知识的第一次转化。为了让学生学会运用这个知识，教师设计了"找一找、连一连、读一读、写一写、说一说"活动，实现了学科知识的第二次转化。这已经很不错了，但是我们能不能进一步活动化设计呢？我是这样指导老师的：

1. 把关于国宝大熊猫的资料用大字印出来，制成资料袋。

2. 让学生找出资料袋的疑问句，比如"大熊猫的名字怎么来的"

"大熊猫住在哪里""大熊猫能活多大年龄""大熊猫为什么被称为国宝",作为中心句。然后小组合作,找出相应的句子。

3. 小组成员每人拿一个句子,相应的句子如果可以连起来,就"拉拉手",排排序,以这样活动游戏的方式,动态呈现学习结果。

4. 最后,大家看看是不是一家人,组长和组员组合成一个家庭,回答一个问题。

我们认为在这个案例中,教师基本实现了由"学科写作知识"到"策略性写作知识",再到学生喜闻乐见,积极参与,且具有自身认知特色的"写作学习活动"的转化。

第五节　写作课程标准的国际经验

当今世界各国写作课程标准,尽管其价值取向不同、国情不同、文化背景不同、技术路线不同,看起来各具特色,但仔细研究其文本,会发现还是有很多共同的理念、内容和规律。本节基于最新翻译整理的十国现行母语课程标准的写作课程标准[1],通过综合比较分析,力求为我国语文课程标准研制提供借鉴和建议。

一、国外写作课程标准框架概览

课程标准是国家对学生某一学科应知应会的核心知识、关键技能和态

---

[1] 义务教育语文课程标准修订组. 国际语文课程标准译介[M]. 义务教育语文课程标准修订资料,2019 年 12 月内部印刷.

度等的期望和要求。应该明确规定学生需要掌握的知识、技能、态度、策略、活动、经验等,以此作为课程内容的重要体现。国际上规范的课程标准一般包括"内容标准"(学什么)、"表现标准"(做到什么程度)和"机会标准"(或"教学标准",即需要哪些资源、活动、条件等),三者共同构成一个严密的课程内容体系。^① 这样的课程标准对于教/学哪些内容,教/学到什么程度,甚至如何教学都有明确具体的规定,这样的课程标准才能对教学评价起到应有的指导作用。

经鉴别梳理,十国母语课程标准中的写作内容框架如表5-1所示。

表5-1 十国写作课程标准内容框架

国别	写作课程内容组成部分
美国	文本类型和写作目的,作品的创作与分享,为建构和展现知识而进行的研究,写作范围
英国	书写,写作,词汇、语法与标点
法国	写作功能,写作策略和方式,读写结合,修改
德国	写作能力运用,拼写(正字法),写作技巧运用
西班牙	多文类写作,写作过程,读写结合,语法,文学写作
葡萄牙	适应不同交流情境,多类型写作,写作过程,文学写作
荷兰	实用写作,文学写作,凝聚力,目的,读者,语法,可读性
澳大利亚	多文类写作,目的,受众,文本结构,语法,文学写作
新西兰	流程和策略,目的和观众,思想,语言特征,结构
日本	多文类写作,对象,目的,文本结构,修改

通过总结提炼,我们发现十国母语写作课程知识基本上包含12种核心要素,如表5-2所示。

---

① Patricia Freitag Ericsson. Raising the Standards for Standards:A Call for Definitions[J]. English Education, Vol. 37, No. 3(Apr., 2005).

表 5‐2　十国写作课程标准核心要素统计

国别	文类多样	任务情境	写作目的	读者对象	写作过程	修改校对	写作策略	文学写作	语法知识	多媒介写作	标准细化	层级序列
美国	√	√	√	√	√	√	√	√	√	√	√	√
英国	√	√	√	√	√	√	√	√	√		√	√
法国	√	√	√	√	√	√	√	√		√		√
德国	√	√	√	√	√	√	√	√		√		√
西班牙	√	√	√	√	√	√	√	√			√	√
葡萄牙	√	√	√	√	√	√	√	√		√		√
荷兰	√	√				√	√				√	
澳大利亚	√	√	√	√	√	√	√		√	√		√
新西兰	√	√	√	√	√	√	√				√	√
日本	√	√	√	√	√	√	√	√				√

二、十国写作课程标准核心要素分析

（一）内容层面

1. 文类多样。十国均涵盖了非常丰富的文类，而且大多是学习、工作和生活中真实存在的文类。例如，美国将文本类型分为议论文、信息类/说明性文本、记叙文三种，并在附录中列出了很多亚类。英国第三学段规定"为广泛的目的和受众写作"，包括结构良好的正式说明文和记叙文，故事、剧本、诗歌和其他富有想象力的写作，演讲和演示文稿的注释和润色脚本，一系列其他叙事性和非叙事性的文本，包括论点、私人信件和正式信件。荷兰从广义上将写作的类型分为实用文和文艺文两大类。

2. 任务情境。交际语境写作理论认为,写作应当被置于真实或拟真的社会情境、任务场景或具体语境中,强调写作的读者意识、目的意识、功能意识、语境意识、语体意识、文体意识等。十国无疑均符合这一写作理论。例如,美国要求写出清晰连贯的作品,其结构和风格要与写作任务、目的及读者相适应。英国第一、第二学段要求根据特定的语境、目的与受众,调整语言与表达风格。葡萄牙则规定,培养在不同交流情境和特定情境的写作能力,熟练使用语言的不同表达形式。

3. 写作目的。十国均认为,写作目的是写作最重要的要素之一。例如,美国将写作目的列为写作课程内容的首要组成部分,与文本类型并提,同时指出要为上大学和就业做好准备,学生必须仔细考虑任务、目的和对象。荷兰将目的作为写作任务的六大指标之一,要求区分询问和信息提供、提出意见等,可以适当地更改文本的结构以适应不同的文本用途。新西兰将目的和受众作为描述写作的五大方面之一。

4. 读者对象。真实发生的写作不仅强调写作目的,还重视读者对象,并且二者往往要同时连带考虑,十国都持这样的观点。例如,英国第三、第四学段要求写作清晰、准确、连贯,适应语言风格以及上下文语境、目的和受众。德国规定,学生们逐渐掌握独立的、带有目的的、根据不同语境及接收者的写作。日本第三、四学年则指出,能判断自己的表达是否符合书写对象和书写目的,从而整饬文章。

5. 写作过程。经过过程写作理论的洗礼,十国大多明确规定将写作作为一个过程来教学。例如,美国规定,通过计划、修改、编辑、改写或尝试新方法来发展和加强写作能力。法国四至六年级课程标准指出,学生写作的过程非常关键。西班牙则认为,写作过程教学旨在使学生将写作过程视为一个分为三部分的结构化的程序:在写之前,先进行文本构思,然后写作草稿,最后对草稿进行评价和修改。

6. 修改校对。写作并非一气呵成,而要经过反复的修改完善,甚至推倒重写。"写作就是重写(writing is rewriting)或修改的过程。"①十国大多明确了这方面的要求。例如,法国七至九年级课程标准规定,作文不是第一次就能写得完美的,必须经过多次的改进。德国专门就文章修改确定了7种能力水平的标准。澳大利亚十年级则要求,学生要审查、编辑和完善自己和他人的作文,控制内容、组织、句子结构、词汇和/或视觉特征,以达到特定的目的和效果。

7. 写作策略。写作策略包括传统写作知识以及心理学上的写作策略性知识,还包括元认知策略,即包括方法及其适用条件、对象性和情境性的认知与调控,是传统的、知识的、经验的、认知的、情感态度的以及社会交际等方式方法技巧及其应用情境的综合。无论就狭义还是广义而言,写作策略都是十国的主要内容。例如,美国六年级针对写出含有清晰理由和相关证据的论据来支持自己的观点提出了5条具体要求,这些要求即可视为写作策略。法国七至九年级课程标准明确规定采取有效的写作策略和方式。德国则要求,运用构思及建构文本的技巧(如构思法、集群、思维导图、提纲)。

8. 文学写作。十国大多认为,学生应该而且能够进行文学写作。例如,西班牙三至六年级专设文学教育,要求在给定的标准或例子下,使用词汇、句法、语音和节奏等资源进行文学创作(故事,诗歌,歌曲和小型戏剧作品)。葡萄牙也专门设置了文学教育,其九年级要求进行观点与批判性赏析、对文章的评价、多样性文本(对文学作品的反思)写作。澳大利亚将英语基础课程分为语言、文学、读写能力三个相互关联的学科,可见对文学教育的重视,如在七年级创作文学时规定,创建适应其他文本中遇到的风格特征的文学文本,例如叙事视角、诗节结构、对比和并列等表达技巧。

9. 语法知识。写作离不开语法知识的支持,十国在这方面也有所要

---

① 祁寿华.西方写作理论、教学与实践[M].上海:上海外语教育出版社,2000:176-177.

求。例如,英国将词汇、语法与标点作为写作的三大组成部分之一,要求选择和明智地使用词汇、语法、形式、结构和组织特征,包括修辞手段,以反映受众、目的和上下文,并在适当的情况下使用标准英语。澳大利亚不仅将语法作为英语基础课程三大学科之一,而且在写作内容中也对语法提出了具体要求,如五年级要求使用适当的语法特征,包括更复杂的句子和相关的动词时态、代词参考、副词和名词组/短语,以便有效描述。新西兰将语言特征作为描述写作的五大方面之一,如水平4要求适当地使用一系列的语言特性,以显示对它们的影响的进一步理解,并列出了6项具体指标。

10. 多媒介写作。在当今的互联网时代,媒介素养或数字素养低下的人很有可能沦为新型文盲,十国在这方面大都能够与时俱进。例如,美国要求运用技术手段(包括互联网)创作和发表作品并与他人互动交流。法国四至六年级课程标准规定,学生需要继续练习键盘和文字处理软件的用法。西班牙要求使用互联网和ICT(视频播放器、DVD播放器、计算机、CD音频播放器、数码相机和录音机等)作为完成任务的资源,编写和修改文本,创建表格和图形,等等。澳大利亚也规定,使用包括文字处理程序在内的软件构建文本。

(二)形式层面

1. 标准细化。十国写作课程标准从文本上看大多具体细化、篇幅较长,这与我国写作课程标准一贯的玄妙笼统、寥寥数语、简单几页形成鲜明对比。例如,美国将写作课程内容细分为文类和目的、创作与分享、研究、写作范围四类十项。荷兰将写作参考框架分为概念描述、相关任务、任务执行三部分。其中概念描述包括写作的定义;相关任务包括四类:信函,填写表格、消息、广告和批注,报告、摘要、文章,自由写作;任务执行则包括扣题,目的,读者意识,单词的使用情况,拼写、标点符号和语法,可读性等六项具体要求。新西兰从流程和策略、目的和观众、思想、语言特征、结构五方面来描述写作的成就目标,每一项之下再细化各类表现指标。

2. 层级序列。除德国外,十国均在每一层级上呈现表现标准,或按年级分层,或按能力水平分层,从而构成一个完整的序列。这也是很值得我国写作课程标准借鉴的地方。例如,美国一至八每个年级的写作标准都按大学和就业准备标准(CCR)锚定写作标准细化呈现,并逐级上升。英国依次分一年级、二年级、三和四年级、五和六年级、第三学段、第四学段,均按书写,写作,词汇、语法与标点三大内容确定表现标准。澳大利亚写作课程标准先是有总的写作内容说明,再从一至十年级逐年级列出水平描述、内容说明、成就标准。

三、世界各国的写作课程理念

（一）写作即交际

受历史背景、文化传统、教育发展等诸多差异影响,中外的写作课程理念也大不相同。课程理念是课程标准框架的基底,深刻地影响着课程目标、内容、评价。只有在深刻把握国外写作课程理念的基础上,我们才能更客观科学地审视中外写作课程标准。

通过对表5-1中各国课程标准的梳理,可以发现在英、美、德、澳、加等国,"写作即交流"理念已经成为一个基本共识。"写作即交流"突出写作的"交际"本质,强调在特定的场合为特定的目的和特定的读者写作,注重适应社会生活的实际需要,培养学生语言交际的真实能力,凸显语言的社会本质——交际工具。因此,在写作教学中注重语言的社会功能,注重写作者、阅读者及其互动接触,注重交际背景、环境、目的等,这也是世界上重要国家的课程标准中写作观的主流。

（二）写作即思维

写作与思维密切关联,"所有的语篇都依赖于思维和语言的相互作用",因此马萨诸塞州在写作课程中强调反思能力,"并在交流和评估各种领域的交际语篇中运用这种能力","学生可以通过针对不同目的和受众,形式不同的图表和各种写作任务等活动展示自己的理解过程"①;加拿大课程标准结构中重视通过写作探索和发展思维、观点、情感和经历,尤其强调"批判性发表个人看法"②;哥斯达黎加教学大纲中将"在口头文本和书面文本的制作中,锻炼学生的分析、综合与批评能力"③作为教学目标,还提及"让学生带着批判的态度作口头和书面的交流";南非国家课程标准中语言学科的教育目标为:"提高思维和推理的工具能力"④,强调在语言学习和创作中发展和提高批判性技能。

写作课程是一门技能型课程,如果单纯进行技能训练,纯粹的模仿、采用指定的步骤、机械式的练习,容易限制理智思维能力。我们可以清晰地发现,反省思维、元认知、批判性思维等高阶思维能力鲜明地体现在国外写作课标中,渗透在课程目标、内容、评价之中。写作可以发展学生的高阶思维能力,使他们更有意识地关注自己的思考过程和呈现结果,提高对过程和结果的控制能力,不断优化思维方式,提升思维品质。

(三)通过写作学习

美国马萨诸塞州英语语言艺术标准中规定"在阅读和写作时,用自我提问、记笔记、概写、摘要写作和写提纲等方法促进学习;运用开放式研究问题,丰富的资料来源,以及恰当的研究方式为研究项目收集资料"⑤,并提出"非正式的反思写作是探索和弄懂所思考问题的非常有用的工具⋯⋯学生可以将非正式反思写作用于任何学科的学习";纽约州语言艺术标准提及"写

---

① 洪宗礼,柳士镇,倪文锦. 母语教材研究(第六卷):外国语文课程标准译介[M].南京:江苏教育出版社,2007:95-97.

② 洪宗礼,柳士镇,倪文锦. 母语教材研究(第六卷):外国语文课程标准译介[M].南京:江苏教育出版社,2007:305.

③ 洪宗礼,柳士镇,倪文锦. 母语教材研究(第六卷):外国语文课程标准译介[M].南京:江苏教育出版社,2007:397.

④ 洪宗礼,柳士镇,倪文锦. 母语教材研究(第六卷):外国语文课程标准译介[M].南京:江苏教育出版社,2007:485.

⑤ 洪宗礼,柳士镇,倪文锦. 母语教材研究(第六卷):外国语文课程标准译介[M].南京:江苏教育出版社,2007:124.

报告时至少参考两种资料来源";美国《共同核心州立标准》总结道:"学生需要用写作来展现对其研究主题的理解……通过对研究项目和对文学类、信息资料来源的分析,发展在某一学科建构知识的能力"①;法国中小学法语教学大纲中有"练习功能性文章,以巩固和重建知识结构"②;加拿大阿尔伯塔省中小学语言艺术标准明确"语言能力的发展促进了思维和认知的发展"③;南非中小学英语标准指出"写作既是交流的形式,又是反思和学习的方式"。

写作不仅仅是表情达意的方式,更是学会学习的过程,是思考和研究的工具,是发展认知、解决问题、生活和工作的重要方式和手段。因此,在西方课程理念中,写作除了审美、语用等常规功能外,认知功能也非常显著。正如威廉姆所说,"写作作为学习的开始……写作可以帮助任何人用逻辑形式来组织和呈现他们的想法……写作可以帮助任何一门学科"④。在中小学阶段,提升学生理性思考能力,学会基于证据和逻辑的书面交流,提升真实有效应对学习与生活所需的全面写作能力,是西方写作课程理念的重要组成部分。

(四)促进信息技术与写作融合

随着电脑等信息技术对生活和学习的影响不断加深,写作的工具、形态、方式等也发生了深刻的变革。各国母语课标也及时回应了这种变革,如美国中小学语言艺术课程标准的电脑软件和写作部分要求:"电脑和帮助学生修改拼写、语法的电脑软件促进了作文教学。电脑促进学生写作、检查和修改部分或全部的作文。学生写研究报告时,多媒体提供了多种信息渠道……在研究某个主题时,学生需要学习如何评价从电子信息库中获

①　National Governors Association & Council of Chief State School Officers. Common Core State Standards for English Language Arts[S]. Washington,DC: Author, 2010: 3.

②　洪宗礼,柳士镇,倪文锦. 母语教材研究(第六卷):外国语文课程标准译介[M]. 南京:江苏教育出版社,2007: 210.

③　洪宗礼,柳士镇,倪文锦. 母语教材研究(第六卷):外国语文课程标准译介[M]. 南京:江苏教育出版社,2007: 301.

④　魏小娜. 认知写作:开发作文教学内容的新尝试[J]. 语文建设,2010(03): 12-15.

得的大量信息"①;《共同核心州立标准(英语)》也提到:"运用技术手段(包括互联网),来创作和发表作品并与他人互动合作;从大量纸质和数字化资源中收集相关信息。"②

从国际写作课程发展的基本趋势来看,强调电脑写作和信息技术运用,通过多种文本(非连续性文本、混合文本)传递信息,借助网络资源搜集写作素材,写后评改、分享、交流,写作与媒介已经紧密结合,从内容到形式都紧密相连。写作课程需要与时代接轨,适应现代社会发展需要,培养能够与时俱进、积极参与、灵活运用的写作者。

总体而言,国外写作课程理念强调写作的交际性,强调写作与思维力紧密相连、信息技术进入写作,兼顾写作表达、实用、认知的多重功能。这些均折射出背后的价值取向——实用主义课程观。这也说明社会工作学习的现实需要是课程定位最基本的考量因素。

四、世界几个大国写作课程标准的共同特征

西方各国有着基本的价值理念、社会背景和教育传统,因此在母语写作课程标准中,无论是形式还是内容,均存在着共同特点。

(1)课程框架具有层次性

表 5-3　各国写作课程内容框架

国家	课程框架
美国(《共同核心州立标准》)	核心理念＋年级标准＋领域标准＋附录
英国	学习规划与重要性＋核心概念＋关键过程＋范围和内容＋课程机会＋目标水平描述

---

① 魏小娜. 认知写作:开发作文教学内容的新尝试[J]. 语文建设,2010(03):12-15.

② National Governors Association & Council of Chief State School Officers. Common Core State Standards for English Language Arts[S]. Washington, DC:Author, 2010:3.

（续表）

国家	课程框架
澳大利亚	课程重点＋学习结果＋具体指标
俄罗斯	学习计划＋主题规划＋学习结果评价指标

　　母语课程标准框架结构指的是课程标准文本的组成部分,通过对各国课程标准及其写作部分的分析,我们发现其具有鲜明的层次性。首先,明确课程意义、原则、理念等上位概念,同时确定总目标以统摄听、说、读、写等内容领域,然后各内容领域再详细展开课程的内容标准(学生应该掌握知识、技能);课程表现标准(学生能够实现的学习结果);课程机会标准(关于教学中的活动、条件、资源、设施和教学方法的建议等);课程评价标准(测量学生是否达到符合标准的学习水平)。有的标准还附有标准说明、样文实例及评注等。

　　以《共同核心州立标准》为例,课程核心理念首先明确了一般的、共有的素养目标,然后从 K－12 年级建构分年级的具体目标,并注重设计累进的发展标准,从两方面促进课程目标的达成。在写作部分,在说明写作课程总目标后,从文本类型与目的、作品的创造与分享、为建构知识和展现知识进行研究、写作范围四个维度展开,并列出内容要点,在此基础上从各年级、各维度、各要点建构写作课程目标和内容。纵向看来,这种结构确保了总体目标与年段目标的前后关联,匹配度强,呈螺旋式上升,形成了结构化的课程标准体系。横向来看,渐进式的课程内容具有明确性和完整性,切实保障写作知识、技能的落实和增长,兼顾学科知识的层次结构和学生的认知发展规律。

　　(二)课标内容主体多为表现标准

　　课程标准的内容主体应该是明确、便于应用、便于操作的内容标准,以便供教学参考和使用。基于此,各国写作课标内容的主体多为写作能力表现标准。表现标准"是指中小学生在各门课程学习过程中表现出来的比较稳定的心理特征和行为特征,是可观察的和外显的学习质量和学习结果"①。具体到写作课程中,既有学习的写作知识、技能等,也有学习的过程和策略。加州《公立学校英语语言艺术内容标准》四年级写作标准的亚分支"组织和中心"部分有"创作多段落的文章"学习结果要求,这一结果被分解为"a. 能写一个导入性的段落。b. 在第一段的开头写一个有明确中心的主题句。c. 作文中要有支撑性的段落,这些段落中包含简单的事实描述、细节描写和解释说明。d. 结尾要有一个可以总结文章观点的段落。e. 首行空格要正确"②。某项写作能力的结果被细分为几个明确的指标,集中指向写作能力表现,即表明学生在这一阶段该项能力需要达到什么样的程度。这样的写作表现标准具有很强的可操作性,一方面它明确这一阶段的教学内容和要点,另一方面有助于建构学业质量标准要素,也有助于实现教、学、评的规范与统一。

(三)课程目标陈述精确具体

"课程标准的表述应确定适当的学习水平,并规范相应的行为动词,保证国家课程标准既具有一定的严肃性,又具有一定的清晰度。"③因此,课程目标的陈述要努力做到清楚、明确、可操作、可测量。纵观国外写作课程标准,多是表现性目标,多采用过程性、体验性动词,描述学生的学习内容、过程、结果,或添加条件、程度等成分使标准的表述更具体。表述的主要形式为"行为动词+条件+具体内容"或"行为动词+具体内容+程度",这两种表述形式使得写作标准内容外显化、目标化,易于观察和测量。"a. 通过情

---

① 刘勋达,郭元祥. 我国语文课标表现性标准的缺失——中澳语文(英语)课标对比研究[J]. 河北师范大学学报(教育科学版),2013,15(04).

② English-Language Development Standards for California Public Schools[DB/OL]. http://www.cde.ca.gov/index.asp.

③ 钟启泉,崔允漷,张华. 为了中华民族的复兴 为了每位学生的发展——《基础教育课程改革纲要(试行)》解读[M]. 上海:华东师范大学出版社,2001:179.

境的建立进行读者定位,引进一个叙述者和人物;组织一个时间序列,自然地展开。b. 用对话和描述性语言去展开经验和事件,或者展示人物对情境的回应。c. 使用多种过渡词和短语来管理事件序列。d. 用具体的单词和短语以及感官的细节准确地表达经验和事件。e. 在叙述经历或事件之后提供一个结论性话语"①,这是美国《共同核心州立标准(英语)》小学四年级记叙文写作的课程目标,对于写作学习的结果具体明确的要求,使师生有了明确的教学依据和评价目标。

(四)重视知识技能和学习策略

课程的核心在于知识,系统科学的知识体系是形成写作能力的根本保证。从各国写作课程知识的现状来看,主要是以程序性知识和策略性知识为主,陈述性知识为辅。在写作课程和教学中,静态的写作规则、原理、概念及经验并不能直接指导写作实践,一些经过课程专家、学科专家筛选的动态的步骤、过程、方法、策略才可以直接指导写作技能的练习和形成。考察英、美、澳、加等国的写作课程知识,它们大多拥有一套系统完备的知识系统和能力序列。其写作课程标准主要包括一些语法知识、拼写、语言组织、体裁形式等语言知识,交际语言背景、语篇、语境语用技能以及结构、主题、技巧、探究、评价、修改等实用策略。例如,在加拿大阿尔伯塔省语言艺术课程标准"建构语篇和语境意义"这一部分,为了理解和分析语境,呈现了"a. 识别各种不同语篇、对象和目的,进行语篇创作(例如,目的可以包括传达信息、劝说、娱乐或鼓励;印刷文本形式广告的目的是销售产品)。b. 运用语篇特点表现所创作语篇的交际语境(例如,在语篇中使用专有词汇、行话、缩写和成语、来体现语境)。c. 表现语篇和语境之间的关系(例如,对时间和空间的限制,关于性别和文化的问题,

---

① National Governors Association & Council of Chief State School Officers. Common Core State Standards for English Language Arts[S]. Washington, DC: Author, 2010: 3.

语篇对象是否在场等)"①。在各国的写作课程标准中,一般都是在课程标准内容下详尽地罗列出所需的知识、技能,切实促进课程目标的达成。

当然,由于经济文化水平、教育发展差异在国家、地区之间仍然十分突出,所以各国的写作课程标准仍有许多不同之处,突出表现在:

1. 写作课程的逻辑起点各异。由于各国的国情差异,许多国家将国家课程的顶层设计作为课程编制的逻辑起点。如澳大利亚国家课程整体从"读写素养、数学素养、信息和交流技术、思考和创造思维、个人和社会能力、伦理理解、国际文化理解"这七种"通用能力"出发,由不同学科课程共同承担。写作课程与"读写素养"关联密切,然而其他学科也有培养该项素养的责任,突出跨学科整合。美国《共同核心州立标准》以及新西兰、英格兰母语课程标准皆是如此。还有的国家从学科知识体系出发建设写作课程标准,如阿根廷;从社会发展和技能形成的角度出发建设标准体系,如马来西亚、新加坡。

2. 写作课程内容的设置不同。各国的课程内容设置形式不尽相同,主要有四种,分别是"领域＋学段"式,"学习领域＋水平式","目标领域＋年级","主体分级"。

3. 写作课程内容的要素有别。由于各国的母语教育传统千差万别,有的课程内容重视基本技能的形成,有的重视个性化的表达,还有的强调对古典文化的传承与理解。

我国的写作课程建设,必须服务于我国的社会发展目标和育人目标。这种目标体系的不同,会导致写作课程内容体系和写作策略体系的不同。同时,我国的写作课程建设还会受到文化传统、历史积淀、民族心理的影响。这就使得我们不能照抄照搬国外的课程标准和内容体系,需要分析我

---

① 洪宗礼,柳士镇,倪文锦.母语教材研究(第六卷):外国语文课程标准译介[M].南京:江苏教育出版社,2007:339.

们自己国家的需要、社会目标和学生的实际需求,独立研发适合中国特色的写作课程内容体系。但是,国外好的经验、做法、研究与探索,对我们具有重要的借鉴意义。

第六节 我国写作课程内容标准研制

一、我国现行写作课程标准存在的问题

王荣生曾指出:"为何我们的语文课几乎没有写作教学呢? 这自然可以罗列很多原因,比如教材的原因、教师的原因等等。但按我们的判断准则,在语文教学实践中长时期地、大规模地出现的问题,一定与语文课程研制、与《语文课程标准》研制有直接关系。与国外课程标准相比较,直观的印象,是我国的语文课程目标有欠具体。"[①]的确,我国目前的写作课程目标仍然没有总体摆脱"玄虚笼统""观念单一陈旧"的毛病,我们的写作目标主要表述的是文章目标,缺乏具体的过程写作要求。

可如果我们进一步追问,为什么我国没有像国外那样详细具体的课程标准呢? 为什么语文课程标准中关于写作总是那么"玄虚笼统"的几条呢? 为什么甚至有很多人公然反对写作课程内容的"知识化""系统化""序列化"呢? 是不是我国的写作教学就不需要具体的详细的序列化的课程内容呢? 其实不是的。

前些年,一些课改实验区对于写作课程标准的写作目标提出了如下

---

① 王荣生.我国的语文课为什么几乎没有写作教学? [J].语文教学通讯,2007(35).

意见：

内蒙古、广东两省提出初中阶段的写作应再分学段表述一下，明确各学段的具体任务，便于操作。四川省建议，课标对不同阶段的学生应达到的语言表达水平也应有所规定，这样才能使教师更好地把握要求，在写话和习作教学中要把三维目标有机地整合起来。同时，在习作中，建议针对不同学段学生的个性化表达的特点，增加适当的描述。青海、湖北、江苏三省提出：第四学段的写作目标中第五条关于简单说明文、简单议论文和日常应用文的表述过于笼统，建议分年级提出。……山东、海南两省认为"写作"部分有些内容繁难偏旧，或条条框框太多，或要求不明确，或训练量太小。①

这种种问题与我国语文课程标准形态有关。从实质上看，我国的语文课程标准与地理、历史、物理、化学甚至英语等学科的课程标准有一个很大不同，就是：几乎只有语文学科还是属于"能力标准"或者"素养标准"。内容目标往往较为具体、直接地涵盖着乃至规范着课程与教学内容。而"能力（素养）目标"则存在着比较复杂的关系。这种能力或素养标准，"往往并不直接、具体地规限课程与教学内容"，要达成目标该"教什么"，需要根据学生的情况来选择或研制合适的课程和教学内容。② 这就与国外大都采取的"内容标准"从技术上有着根本的不同。这造成语文学科教学中大量的问题。

现在看来，我们在写作课程目标的理念上与国外也有差距——这就是国外的写作课程目标与内容除了"文本写作"的目标之外，还有大量"过程

① 语文课程标准研制组.全日制义务教育语文课程标准（实验稿）》修订建议汇总报告[J].语文建设,2003(10).
② 王荣生.语文教学内容重构[M].上海：上海教育出版社,2007：序言1-7.

写作"的内容和要求,以及"交际写作"的目标和内容,而且它们是以一种密切融合的方式统构在一起的。我们新鲜有效的写作课程理念、内容、知识都存在全方位的实质性的匮乏。

其实上述种种问题是互相联系的一个问题的几个侧面。这也就是说:正是我国写作课程理念的落后,才造成相应写作知识的匮乏和陈旧;知识的陈旧和匮乏,才造成我国目前还没有足够的学科知识(包括写作知识)来支撑国外那样的"内容标准"诞生。所以当我们呼吁制定我国的语文课程内容标准的时候,先要俯下身去一个领域一个领域地研究、整理、梳理和创造新的语文知识,这才是解决问题的根本途径。

研究国外写作课程标准会发现:我国缺乏具体而可操作的写作课程标准。我们应该研制出一个科学、专业、高质量的写作课程标准,明确规定课程的目标、类型、指标、要求、序列、策略等,增强其教学指导功能。为改变目前写作课程"玄虚笼统"的状况,我们提出可以开发一个包含语篇写作、过程写作、交际语境任务的"三维写作内容框架",以解决"为何为谁写(交际情境任务)、如何写(过程知识)、写成什么样的文章(语篇指标)"等一系列的问题。① 2014年研制的"重庆小学写作课程实施标准"就是这方面的尝试。② 不过,课程内容研制应该是一项庞大的系统工程,需要政府、学科专家和一线教师通力协作,需要严肃的学术研究与科学缜密的设计。

二、写作课程内容标准研制基本思路

(一)课程标准研制的关键在内容

我们要根据现实需要,依据写作原理,考虑未来社会人才素养需求(如沟通交流能力、学科整合、媒介素养、数字读写能力、批判性思维、创造力),吸纳国内外最新研究成果,回应一线教师诉求,一句话,综合考虑社会需

① 荣维东,陈磊. 新中国 70 年写作课程政策回顾、思考与展望[J]. 语文教学通讯,2019(10).
② 裴海安,荣维东. 关于中小学写作教学内容标准[J]. 语文教学通讯,2018(Z3).

要、学科知识和学生认知,研发专业化程度高的写作课程内容体系。

如何遵循学科内容逻辑,基于新的课程观,研制课程内容框架体系至关重要。课程框架指课程目标内容的构成元素及其组织结构。现行课程标准采用的是"总目标内容＋学段各领域内容＋分级表达"形式,课程内容整体看来比较笼统、随意、零碎,缺乏科学性、序列性、逻辑性。无论是总目标和学段目标还是各学习领域之间的关联度、结构性、序列性、整合性都不够。目前语文课程普遍存在着项目不清、体系不明、逻辑混乱、细化不够等问题。阅读和写作分属不同学科,各有其独特"规律"。统编教材仍将写作分列在阅读单元之后,这固然有利于"读写结合",但也没法摆脱"读写双附庸"的困局。《普通高中语文课程标准(2017 年版 2020 年修订)》采用"学习任务群"的课程内容组织形式,是我国课程内容融合化建设的一大创举,但"任务群"是不是课程内容,会不会导致听、说、读、写基本技能训练的弱化,甚至会不会由于"一锅煮"而导致语文学习领域内在规律性、科学性和专业性的丧失,尚有待观察。

21 世纪 20 多年来,我国的写作教育正步入一个观念转型、理论突破和实践创新的关键期。目前大的框架和方向都已经基本确定,但在课程标准、教材、教学、评价上仍没有实质性改观。我们应尽快将一些达成共识的理论和行之有效的成果纳入到课程标准中来,为制定出经得起历史、国际和实践检验的优秀标准而努力。

受历史背景、文化传统、教育发展等诸多差异影响,中外的写作课程理念也大不相同。通过对各国课程标准及其写作部分的分析,我们发现其具有鲜明的层次性。首先,明确课程意义、原则、理念等上位概念,同时确定总目标以统摄听、说、读、写等内容领域,然后各内容领域再详细展开课程的内容标准(学生应该掌握知识、技能)、课程表现标准(学生能够实现的学习结果)、课程机会标准(学生所需的主要学习活动、条件、材料、范围以及方法建议等)、课程评价标准(测量学生是否达到符合标准的学习水平)。

有的标准还附有标准说明、样文实例及评注等。

（二）建设科学规范的"内容标准"

与我国目前的"能力标准（目标）"不同，国际上一般采取"内容标准"。笔者曾经对"内容标准"和"能力标准"做过如下区分①——

国外的课程标准多属于"内容标准"，而非"能力标准"，前者着眼于学科具体内容的设计、开发，立足于从"学什么"上做具体规定；后者着眼于学习结果的描述，回答的是"学得怎样"的状态。因而，前者比较具体科学，便于直接拿来实施；后者模糊笼统，需要进行课程内容的开发。像我们的语文学科教学内容就呈现出千差万别，这就使得课程标准失去了意义。

美国的课程标准往往具有具体性、明晰性和可操作性的特点。一线教师和学生能够"拿起来就能用"。如纽约州英语语言艺术课程标准5—6年级写作的要求，就人人能看明白要干什么。比如——

• 进一步了解写作目的，这个目的可能是为了解释、说明、叙述、说服或抒情

• 写之前确定潜在的读者

• 使用适合读者和目的的语气和语言

• 使用预写作活动（如头脑风暴、记笔记，自由书写，列提纲并分段）

• 使用写作过程法（如准备、起草、修改、校对、编辑）

• 利用教师会议和同侪审查修改书面作业

• 遵守标点符号规则、大小写和拼写，如复句里的标点符号，朋友/商业信函，简单的对话，引用语，用楷体字/强调等

---

① 荣维东. 标准的标准：美国评议课程标准的九个准则——美国教师联合会《制定优异的标准》评介与启示[J]. 全球教育展望, 2009(01).

从上述引述中可以看出,其标准对于写作的具体目的、读者、语言风格、语气,构思技巧,写作方法以至于标点符号的运用,都有比较详尽的规定。

下面就来区分这几个概念:能力标准、评价标准、内容标准、表现标准、机会标准。

"能力标准"是指保证教育质量的最低目标。它应该明确界定预期的学习内容和可观察的学习结果。简单地说就是要具体回答学校应该教什么,学生应该学什么,以及学到什么程度。

"评价标准",也叫达标标准,是指具体地陈述在阶段性学习结束时,学生应该学到什么。大体上可以将美国的"课程标准"理解为内容标准,将其"评价手册"和"学习调查与评量"理解为评价标准。英国和加拿大安大略省的课程标准里,分别有内容要求与达标要求。

这样看来,我国的语文课程标准(包括作文内容),既不属于合格的"能力标准",又不属于合格的"评价标准",而整体是一个玄虚笼统的政策性指导文件之类的东西,出现这种状况既与中国传统文化有关,也与相关学术研究滞后有关。

美国把规范或衡量学生学习内容和结果的准则或尺度称为学术标准。学术标准一般由内容标准、表现标准和机会标准构成。

所谓"内容标准",是指学生应该掌握的内容,让学生明确应该知道什么和能够做什么。它"界定了对学生知识与技能的期望,确认了在作为优质教育构成部分的各个学科中期望学生学习什么。内容标准通过说明学生应该掌握哪些思想和操作能力以及应该拥有什么知识,对更加一般的抽象的教育目标进行了具体说明"。

所谓"表现标准",是指中小学生在各门课程学习过程中表现出来的比较稳定的心理特征和行为特征,是可观察的和外显的学习质量和学习结果。①

---

① 刘勋达,郭元祥. 我国语文课标表现性标准的缺失——中澳语文(英语)课标对比研究[J]. 河北师范大学学报(教育科学版),2013,15(04).

具体到写作课程中,既有写作知识、技能等,也有过程和策略。如果"内容标准"回答了学生应该知道和能够做什么,而"表现标准"则主要回答"怎样好才算足够好"的问题,即明确学生如何展示他们的掌握程度。

目前我国只有少数科目的课程标准有关于"表现水平"的规定,而美国和英国的各科标准中,表现标准是必不可少的重要构成部分。例如,如果"内容标准"是"学生理解并对一系列媒体、图像和各种目的的文本做出反应",表现标准就可能是"幼儿园到 4 年级的学生应该每年至少阅读 25 本书,从古典和现代儿童文学中以及公开演讲,或同类的儿童杂志、报纸、教科书和媒体中选择优质的材料等"。课程标准的内容主体应该是明确的、便于应用、便于操作的内容标准,以便供教学参考和使用。基于此,各国写作课标内容的主体多为写作能力表现标准。

所谓"机会标准",是指"学校、地方和管理机构为学生学习所提供的资源、实践活动和条件等是否充分及其质量是否合格的方面的标准"。我们用来指关于学习活动、资源、条件、原则与教学方法的建议。

(三)确保课程内容标准能力进阶

课程目标和内容确定以后,要确保内容要素之间的能力进阶。以《共同核心州立标准》为例,先明确了一般的、共有的与素养目标,然后从 K-12 年级建构分年级的具体目标,设计累进的发展标准,从两方面促进课程目标的达成。

在写作部分,在说明写作课程总目标后,从文本类型与目的、作品的创造与分享、为建构知识和展现知识进行研究、写作范围四个维度展开,并列出内容要点,在此基础上从各年级、各维度、各要点建构写作课程目标和内容。

纵向看来,这种结构确保了总体目标与年段目标的前后关联,匹配度强,呈螺旋式上升,形成了结构化的课程标准体系。横向来看,渐进式的课程内容具有明确性和完整性,切实保障写作知识、技能的落实和增长,兼顾学科知识的层次结构和学生的认知发展规律。

在加州《公立学校英语语言艺术内容标准》四年级写作标准的亚分支"组织和中心"部分有"创作多段落的文章"学习结果要求,这一结果被分解为:

  a. 能写一个导入性的段落。

  b. 在第一段的开头写一个有明确中心的主题句。

  c. 作文中要有支撑性的段落,这些段落中包含简单的事实描述、细节描写和解释说明。

  d. 结尾要有一个可以总结文章观点的段落。

  e. 首行空格要正确。①

某项写作能力的结果被细分为几个明确的指标,集中指向写作能力表现,即表明学生在这一阶段该项能力需要达到什么样的程度。这样的写作表现标准具有很强的可操作性,一方面它明确这一阶段的教学内容和要点,另一方面有助于建构学业质量标准要素,也有助于实现教、学、评的规范与统一。

(四)课程标准的表述要清晰、具体、可操作

课程标准的表述应清晰、具体、可操作、可测量,明确相应的行为动词,以保证国家课程标准既具有一定的严肃性,又具有一定的清晰度。②

纵观国外写作课程标准,多是表现性目标,多采用过程性行为动词,描述学生的学生内容、过程、结果,或添加条件、程度等成分使标准的表述更

---

① English-Language Development Standards for California Public Schools[EB/OL]. https://www.cde.ca.gov/index.asp.

② 钟启泉,崔允漷,张华. 为了中华民族的复兴 为了每位学生的发展——《基础教育课程改革纲要(试行)解读》[M]. 上海:华东师范大学出版社,2001:179.

具体。表述的主要形式为"行为动词＋条件＋具体内容"或"行为动词＋具体内容＋程度",这两种表述形式使得写作标准内容外显化、目标化,易于观察和测量。比如美国《共同核心州立标准》小学五年级部分关于议论文、阐释文、记叙文写作的课程标准:

表5－4　美国《共同核心州立标准》(局部)

1. 写关于题目或文本的评论,写出观点的一个方面,并以原因和知识作为支撑。 　　a. 清晰地介绍一个主题或文本,陈述一个观点,创建一个组织结构,其中包括组织相关的观点去支持作者的写作意图。 　　b. 在细节和事实支撑的基础上,按一定的逻辑顺序排列理由。 　　c. 用词语、短语和从句(如因此、具体来说)将观点和理由连接起来。 　　d. 提供一个总结性的陈述或与呈现的观点相关的部分。
2. 写信息性或解释性文本去验证主题,明确地传达思想和信息。 　　a. 清楚地介绍一个主题,提供一个通用的观察和焦点,在段落和片段中组织相关的信息;包括格式(例如标题)、插图和多媒体用于帮助理解。 　　b. 用事实、定义、具体细节、引用或其他信息和与话题相关的例子去发展主题。 　　c. 将想法和不同类别的信息用词和短语连接起来。(例如相反、尤其) 　　d. 使用准确的语言和特定领域的词汇来传达或解释主题。 　　e. 提供一个总结性的陈述或片段呈现相关的信息或解释。
3. 写记叙文,叙述真实或想象的经验或事件,利用有效的技巧、精心挑选的细节和清晰的事件序列。 　　a. 通过情境的建立进行读者定位,引进一个叙述者和人物;组织一个时间序列,自然地展开。 　　b. 使用叙事技巧,像对话、描述和节奏去展开经验、事件或展示人物对情境的回应。 　　c. 使用多种过渡词、短语以及从句来安排事件序列。 　　d. 用具体的单词和短语以及感官的细节准确地表达经验和事件。 　　e. 在叙述经历或事件之后提供一个结论。

课程标准是一种基线标准,其作用是"兜底",即规定普通学生最基本的写作能力。注重规范性写作训练,不同的文章有不同的写作规范(尤其是产品说明书、调查报告等应用文),相对于"个性"来说,"规范"是可教的,要让学生学会写不同体式的文章;对初学作文者来说,掌握写作规范很重要;要平衡形式训练同自由写作的关系;可以从写作内容、文体、技法三个

方面构建写作教学体系。无论是规范的实用文,还是创意写作,我们要进一步研究其科学原理和实用策略,可喜的是国际上和实践界都已有很多可资借鉴的"教写作"的成功经验。

目前要改变写作不教学的状态,树立写作应教、可教、能教的观念。一要确保课程内容科学有效;二要研发各类写作及其课程内容;三要广泛借鉴国内外写作教学研究成果,尤其是古今中外有效的写作知识、原理、原则、策略等,改变混沌不明、独自摸索的状况。该教的内容应明确说明,不可教的部分也要有所提示,为一线教师提供切实的教学指导。

三、构建科学合理的写作课程内容框架

长期以来,我国写作课程内容笼统僵化是造成我国作文教学"没得教""没法教""不去教"状况的主要原因之一。在课程标准中直接规定"教学什么"的内容、程度、表现等指标,进而制定细致缜密、序列化的课程"内容标准",是解决课程内容玄虚笼统的有效途径。可是这样的做法并没有进入我国语文课程内容研制的视野。基于三范式写作课程原理、知识、策略的阐释和审议,为我国未来的写作课程建设提供一个科学、合理、有效的内容框架,是我们应该追求的目标之一。那么,这个框架是个什么样子?

基于三种写作范式的"三维"写作课程内容标准框架可以构建如下,见图 5 - 6。

图中左边的小圆大致代表目前写作教学内容"玄虚、笼统、单一、陈旧"的状况,右边的大圆大致代表"新开发后的写作课程内容状况"——它由过去单一的、静态的、陈旧的"文章写作"内容,拓展为包含"语篇写作内容""过程写作内容""交际写作内容"三方面的内容,显然从数量、质量和性质上都发生了根本改变。

大致说来,"语篇知识"解决"写什么样的文章"(项目)的问题,比如采用什么样的文体,文章的中心、材料、结构、语言等要求;"过程知识"筹划规

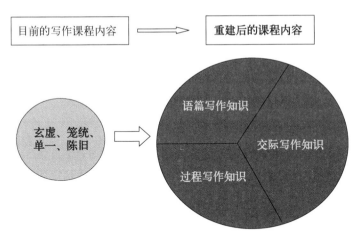

目前的写作课程内容 ⟹ 重建后的课程内容

玄虚、笼统、单一、陈旧 ⟹ 语篇写作知识 交际写作知识 过程写作知识

图 5-6 写作课程知识重建

定"如何写"的知识、方法、策略问题；交际写作知识主要解决"为什么写、为谁写、写什么、在什么情形下写，如何评价"等问题。三者并非截然分开，实际运用中，应当综合表述。

这里之所以用"语篇结果内容指标"而不用"文章写作内容指标"，是因为这是两种截然不同的写作观，即"文章写作观"和"交际语境写作观"。按一般的理解，文章是"独立成篇的、有组织的、能表情达意的文字"[①]。这是基于传统文章学的观念。我们倡导学生的写作应该以"功能语言学"为理论依据，写出来的是自由活泼、可长可短，包含丰富多彩的各种文类，以达成交际功能为宗旨的"功能性语篇"。

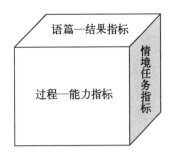

语篇—结果指标

过程—能力指标

情境任务指标

将上述写作课程内容框架立体化，就会得到一个写作课程标准指标框架，如图 5-7。

图 5-7 三维写作课程内容框架立体示意图

这个写作内容标准框架应该主要包括三

———————————

① 姚麟园.中学教学全书(语文卷)[M].上海：上海教育出版社,1996：553.

个维度:"语篇—结果"维度、"过程—能力"维度、"交际语境策略"维度。比如我们的写作课程标准,可以从语篇—结果指标、过程—能力指标、交际语境指标分三个维度去表述,如下表:

表5-5　三维写作课程内容框架

任务情境				过程策略	语篇结果	
话题	角色	读者	目的	写作任务分析 题目审题	文体类型	语篇要素
国家 亲情 社会 勇气 科技 事务 学习等	学生 普通市民 教师 家长 记者 学者等	同学 老师 普通公众 领导 组织 报刊读者 等	分享经验 阐释说明 传播信息 日常办事 劝说议论 审美娱乐 等	构思 选材 结构 表达 修改 发布 呈现等	叙述类 说明类 劝说类 实用类 文学或 创意类等	主题 材料 结构 语言 媒介等

（一）关于情境任务方面

比如:

1. 话题:即"写什么"或者"写的情境",可以设计并营造一个话题、活动、任务的场景。

2. 读者:即"写给谁",关于读者的特点、类型、爱好、需求、禁忌等。

3. 目的:即"为什么写",关于写作的传达、分享、记述、描写、劝说、审美、娱乐等。

4. 体式:关于各种实用文体、文学文体、日常应用文体及媒体文本等。

5. 发布:写完之后如何发表,呈现、交流,达成写作交流的目的。

（二）关于语篇指标方面

比如:

1. 基本概念:主题(中心、想法)、材料、内容、结构、构思、语言等。

2. 写作要求:围绕中心选择材料,详略得当、首尾呼应,突出重点、细节等。

3. **语用知识**：常用字词句的选择、遣词造句、句式选择与变化、修辞知识、语体知识、表达技巧和方法知识等。

4. **文体知识**：要突破"三大文体"，发展广泛的适用的多种功能性文体；学生需要具有依据读者和目的，选择一个适当的形式，形成、组织和表达自己的观念的能力。学生需要拥有广泛的关于文章体式的知识和经验，比如个人经历或经验叙述、自传、传记、小说中的叙述（例如短篇小说和中篇小说）、日记、流水账目、学习日志、诗（例如古典诗词、自由体诗、歌词以及其他民谣、儿歌等）、散文、研究报告、评论新闻报道、社论和意见、广告、信函（例如友好的信、邀请信、感谢信、投诉信、申请书、抗议书、贺信、道歉信）、剧本（短剧、戏剧、广播剧、电视剧）、故事、颂词、发言、备忘录和信息、指导和咨询、规则和条例、便签、小册子、简历和求职信。

5. **篇章知识**：段落知识、结构知识、逻辑知识、布局谋篇知识。

6. **范例知识**：经典范文、作文、名篇佳作等。

（三）关于写作过程方面

比如：

1. **过程知识**：构思立意策略、创生内容策略、行文策略、修改策略、发布策略。

2. **思维知识**：形象直观、意象提取、总分、概括、前后统一、求异、联想等，如写作思维操作模型：① 写作赋形思维（重复思维、对比思维）操作模型的建构训练；② 写作路径思维（因果分析、构成分析、过程分析、程度分析）操作模型的建构训练；③ 写作相似思维（自相似与他相似）操作模型的建构训练；④ 写作策略思维（协调、对抗）操作模型的建构训练。①

---

① 马正平.高等写作思维训练教程[M].2版.北京：中国人民大学出版社,2010：78-164.

（四）关于交际语境方面

比如：

1. 读者知识：关于读者的特点、类型、爱好、需求、禁忌等社会知识。

2. 目的知识：关于写作的传达、分享、记述、描写、劝说、审美、娱乐等。

3. 体式知识：关于各种实用文体、文学文体、日常应用文体及媒体文本等。

4. 发布意识：写作规范，发表常识，多媒体应用以及信息传媒知识。

（五）其他方面的知识。比如：

1. 动力知识：关于想写、爱写、认真写的知识。

2. 工具知识：笔墨纸砚、电脑手机等。

3. 内容知识：关于社会、人生、自然、家庭、艺术、科学、读书、思考等的知识。

4. 反省知识：能不断省悟、反思、调整自己的写作状态、习惯、方法、策略等的知识。

基于三范式写作课程知识整合思路，我们可以将过去单一、静态、陈旧的"文章写作"内容，拓展为包含语篇—结果指标、过程—能力指标、任务语境指标的"三维写作课程内容框架"。

我们还要强调的是：这样一个写作课程内容框架，需要对各自维度包含的指标作科学系统的统筹和规划，这是专业性很强的工作，不是一个人可以完成的，需要国家组织相关专家和机构联合攻关。各项指标的制定，不能再像过去那样靠几个人拍脑袋解决，而应该确保整个框架结构和每一条指标与要求都建立在学理基础和循证实践的基础上。这可能需要较长时间研究攻关，需要写作学、文章学、语篇学、功能语言学、课程与教学专家以及一线教师通力协作。

四、写作课程内容标准研制尝试

（一）基本思路

1. 结合《中国学生发展核心素养》和《义务教育课程方案》等国家相关政策文本，设计本学科和领域的主要课程理念、目标和宗旨。

2. 研究未来社会人才素养的新的需求，如沟通交流能力、学科整合、媒介素养、数字读写能力、批判性思维、创造力等。

3. 梳理本学科各个领域应知应会的学科知识、大概念、技能、原理、策略、方法，尤其是学科能力素养（知识技能）构成序列，能力进阶体系，形成知识技能图谱，构建知识技能框架，达成核心内容的结构化。

4. 联系现行语文课程标准实施过程中存在的各种问题，改进措施和落实内容。

5. 吸纳国内外最新研究成果。包括国际上重要国家最新课程标准的翻译、研究和借鉴工作。确保世界上最优秀的成果为我所用，让课标研制达到世界先进水平。

6. 开展需求调研，及时回应一线教师诉求，将调研得到的各种意见分门别类梳理。比如细化标准，要求可操作，要求教、学、考衔接，提供课程实施的示范性案例和先进经验。

课程标准研制要基于社会需要，依据学科知识最新进展和学生认知发展的实际水平，以及一线教师、家长和社会的呼声进行，确保课程标准研制的科学性、实用性和前瞻性。

（二）基本理念

本标准核心理念是：培养学生面向生活、学习和未来职业要求的真实有效的书面表达和交流能力。让学生的写作回归生活世界，回归交际本质，回归交际工具本位。本标准描述的不仅仅是学生写文章的能力，而且是运用写作学习、生活和工作的能力。它展示的是"一个在 21 世纪具有写作能力和素养的人"的图景。期望学生在教室和工作场所之外广阔的空间中所需要的写作知识、技能和态度,达到本标准要求的学生能够轻松运用纸质文本和电子文本满足当代日常生活、学习、工作所需要的各种写作任务要求,能够轻松自如地完成自己作为一个学生、公民而具有的书面表达和交流能力。

本标准是在广泛吸收国内外写作学、心理学、课程与教学论等的最新成果,容纳现有《义务教育语文课程标准(2022 年版)》的合理内容,借鉴民国时期的课程标准和中华人民共和国成立以来语文教学大纲中关于写作(作文)教学内容,充分吸收国外几十个国家写作内容标准的基础上,由语文课程教学专家主导,充分吸纳一线教师、学者、专业组织、家长和其他相关领域社会人士的意见和建议,经过多年潜心研究、酝酿筹备、实验验证而研制出来的系统、科学、有序的写作分科课程内容标准。

本标准建立在中小学写作课程分科教学设想之上,即认为写作教学不是阅读教学的附庸,而应该有明确的课程目标、核心知识、技能、策略、态度等。这些知识、技能、策略、态度等既要遵循学生认知发展,符合社会需要,还要遵循工程思维,形成一个严密的内容序列。唯有如此,才能改变我国千百年来关于写作(作文)教学的玄学思想、主观随意、经验主义的局面,谋求一条建立在写作学、写作心理、写作课程和教学研究已有的、可靠的研究成果之上的科学有效的专业标准。

本标准属于语篇写作学业水平参照标准,描述的是该学段(年级)大多数学生应该具备的写作水平,既非最低基准标准,也非最高水平。这种描述基于学术研究、实践经验和国内外已有文献。

本标准的读者包括:一线写作教师、教学专家、家长和教学管理人员,而非中小学生。主要供写作课程标准研制、写作教材和各级各类组织课程开发、写作水平测试评价之用。

依据国际惯例,一个好的标准应该是:(1)基于研究和实证的;(2)符合大学和职业期望的;(3)严谨的;(4)符合国际水准的。本标准将超越并突破现有语文课程标准的束缚,基于国内外相关学术研究成果而制定理想的学业标准。当然,这个理想标准是一个动态发展的过程,当有更好的研究成果和现实需求出现时,本标准将会做相应修订。

本标准致力于小学、初中、高中阶段写作课程内容的系统化、序列化、科学化设计。所有写作任务既遵循认知逻辑实现能级循环递升,又依照工程学思维,力求构成一个科学、明确、可操作、不重复、成序列的写作教学内容和活动体系,以解决写作课程"没内容可教、不教、乱教"等问题。每一个写作任务可以看作小写作微模块,也可以根据学情和教学实际,打破年级学段限制自由组合。

（三）基本内容框架

本标准包括结果标准、表现标准、教学内容标准三部分。"结果标准"概括描述某一年级或学段学习结束时学生所要达成的学业水平或程度。"表现标准"具体描述某一阶段或年级学生所应该具有的写作知识、技能和态度等的要求。"教学内容标准"是从交际语境、语篇指标、过程策略等三个维度系统规划每年级(学段)具体的写作任务、内容、类型、语篇指标、教学策略等,力求精简合并课程内容,实现课程内容的统整和结构化,精确描述课程内容的能力层级。

基本框架和构想是:

1. **任务情境**:分话题、目的、任务等。比如话题包括自我、家庭、生活、自然、想象、社会、人生、精神、文化、世界、科技、经济、历史、军事、建筑、商业、娱乐、文学、教育、科幻等,务必与真实生活结合,并考虑到未来学习、生活、工作需要。

2. **写作类型**:基于通用文(叙述类、信息类、劝说类)、实用文、文艺文三大类。具体分为叙述文(自叙文、虚构叙述)、描述文、说明文(阐释文)、劝说文、实用文、文艺文(诗、小说、故事、短剧)等。其中,通用文属于课堂情境中的、非真实的教学文体或训练文体;而实用类、文艺类应该是接近于生活中的真实文体。

3. 语篇指标:从句、段、篇,由简单到复杂,着眼于真实、实用、交际语篇写作能力指标的进阶描述。本标准面向义务教育阶段一至九年级,语篇写作能力由简单到复杂不断叠加。学段语篇形态依次分为:

第一学段(一至二年级):基础性多类型句段

第二学段(三至四年级):简单多段落语篇写作

第三学段(五至六年级):完整多类型语篇写作

第四学段(七至九年级):提升多类型语篇写作

4. 写作策略:贯串写作策略教学理念,运用对话、游戏、活动、范文、合作、探究、过程五步骤、头脑风暴、思维导图、自由写作、想象、关联、T型图、放射图、鱼骨图、列提纲、调查、采访、RAFT、阅读,基于文献和网络资源等。

5. 教学建议:本标准除了结果标准遵循认知逻辑循环递升,内容标准规定每年级每一次具体的写作任务、类型、语篇指标等要求之外,还要有机会标准,即教学实施的基本条件、时间、数量、资源、教学策略和建议的安排。所有写作任务可以看作小写作微模块,可以根据学情和教学实际自由组合。

新世纪中国写作课程重建运动

一、写作课程论的突破性进展

1. 写作课程观转向

我国当代写作课程经历了三种转向：第一种是传统观点，认为"作文是学生思想水平和文字表达能力的具体体现，是字、词、句、篇的综合训练"。① 这种观点明显受结构语言学和文章学的影响，属于"文章（结果）取向的写作观"。第二种是作者（表达）取向的写作观。这种写作观以《全日制义务教育语文课程标准（实验稿）》《义务教育语文课程标准（2011 年版）》为代表，强调写作的自我表达功能。② 它与马正平、潘新和等人提出的"写作是写者对精神秩序与书面语言符号的创建"③类似，具有鲜明的作者中心以及"向内转"的人本主义写作特征。第三种我们姑且称之为"交际（语境）取向写作观"。21 世纪以来一些新生代学者大都持类似观点，对写作的交际功能和语境要素（如读者、目的、文体、话题等）予以高度关注。如郑国民指出："在大多数情况下，书面表达是为了交际，而一定的交际目的和对象决

---

① 这是 1978 年《全日制十年制学校小学语文教学大纲（试行草案）》中的表述，它是从 1963 年《全日制小学语文教学大纲（草案）》中"作文是用词，造句，篇章结构的综合训练"来的，20 世纪 80 年代基本沿用，90 年代又增加了观察、思维等内容。

② 中华人民共和国教育部. 全日制义务教育语文课程标准（实验稿）[S]. 北京：北京师范大学出版社,2001.

③ 马正平. 中学写作教学新思维[M]. 北京：中国人民大学出版社,2003：2.

定着表达的内容和方式。"①荣维东、魏小娜、周子房等相继提出"交际语境写作""功能写作""真实写作""认知写作"等,他们重视写作的交际情境和实用功能,重视新的知识形态,重视写作过程指导与支架活动设计等,具有"向外转"的新特征。

2. 写作课程理论重构

21 世纪以来,以何更生、叶黎明、魏小娜、荣维东、周子房、邓彤为代表的一批语文课程与教学论博士,以重建中国写作课程为使命,直面中国写作的老大难问题,大胆进行理论革新,取得了一些重大突破。

何更生基于广义知识观,将写作能力分为内容知识(陈述性知识)、技能(程序性知识)、策略性知识(认知策略)等三类,认为写作能力实质上是这三类知识学习迁移的结果,基于此提出依据三类知识习得与转化规律培养学生写作能力的途径和方法。② 这种新研究路线显示了一种良好开端。

叶黎明以常见写作类型(实用文、普通文、文学作品)为线索,对其文体知识和教学内容进行了批判、反思、建构。③ 魏小娜从"真实写作"入手,深入探讨了真实写作的本质以及中小学写作课程中真实的目标、真实的情境、真实写作任务和开展认知写作、多元统整课程形态的必要性。④ 其课程论视角和鲜明批判姿态展示出破旧立新的勇气。

荣维东从写作课程史角度,梳理了从"文章写作"到"过程写作"再到"交际写作"的发展轨迹,提出了"交际语境写作"理论。他认为"写作即特定语境中的语篇建构",话题、读者、角色、目的等交际语境要素决定着语篇的内容和形式。⑤ 这种"语境—语篇互动生成论"是基于功能语言学、语境

① 郑国民. 对于第四学段写作教学改革的认识[J]. 中学语文教学参考,2003(12).
② 何更生. 知识分类学习论和教学论在作文教学中的应用研究[D]. 上海:华东师范大学,2001.
③ 叶黎明. 语文科写作教学内容研究[D]. 上海:上海师范大学,2007.
④ 魏小娜. 语文科真实写作教学研究[D]. 重庆:西南大学,2009.
⑤ 荣维东. 写作课程范式研究[D]. 上海:华东师范大学,2010.

学、语篇学等相关学科交叉融合提出的,在其专著《交际语境写作》中得以更系统深入地阐释,也得到学术界和实践界的一致认同,被誉为"将我国的课程重建向前推进了一大步"(王荣生语)。

周子房则以活动理论为依据,探讨写作学习的实践本质,试图构建一个包括目标和情境、中介工具、学习共同体支持的写作学习环境。① 这项研究及其后续的写作支架研究凸显了写作教学的实践品格。邓彤提出"微型化写作课程"的观点,认为写作课程不应从知识出发,而应基于学生遇到的问题与困难,确定教学目标与教学内容,设置学习支架等具体策略方法,从实施层面实现我国写作课程教学的转型。②

这几位博士大都有着一线语文教学的丰富经验,同时具有课程理论的扎实学养,以迥异于过去的学术话语和研究范式,从写作观、写作理论、写作课程内容以及教学实践等方面,对我国写作课程教学进行了全新的理论创新和科学有效的实践探索。

二、写作课程重建的核心议题

1. 文体分类与重构

文体向来是语文教育的重要问题。从百年前我国教学文体创立,到民国"三类文体"(通用文、实用文、文艺文)提出,再到 20 世纪 60 年代"三大文体"(记叙文、说明文、议论文)确立,后来的课标提出"淡化文体",文体始终是绕不过去的议题。

新世纪很多学者对传统"三大文体"进行了批判。郑国民指出"语文教学不是为了掌握三大文体特点或文体知识,而是为了体会各种表达方式的多样性"。③ 魏小娜指出我国作文文体源自西方,由于文化差异导致中西方

---

①　周子房. 写作学习环境的建构——活动理论的视角[D]. 上海:华东师范大学,2012.

②　邓彤. 微型化写作课程研究[D]. 上海:上海师范大学,2014.

③　郑国民. 关于新课标中阅读教学改革的对话(三)[J]. 语文建设,2003(02).

作文文体内涵"名同实异"：西方偏重文章形式，但自 20 世纪中后期以来，强化交际目的、重视现实功用；而我国在经历 20 世纪初的重视实用之后，于 1963 年"突变"，强化"文章"本位，剥离"实用目的"和"读者意识"，作文文体知识走向凝固和简单。① 其实东西方文体差异既有文化的原因（西方外向文明重视对外交际，东方黄土文明倾向于自我表达），也有 20 世纪我国普及基础教育现实的因素。叶黎明指出我国写作教学低效的一个重要原因在于：从不恰当的文体分类出发构建写作课程体系。写作教学长期致力于实用文和文学体裁之外的三大文体，直接导致既不实用也不文艺，两头落空。② 可以说，作为写作核心知识的"三大文体知识"，本质上属于抽象简化的伪写作知识，目前已经不能适合新时代的要求了，必须重构。

如何重构？曾祥芹、李乾明等主张用"二分法"将文章写作和文学写作分开，并呼吁从文学化写作向实用文章写作转向。③ 国际上一般按语篇目的划分写作语篇功能类型。王荣生、郑桂华主张分为写实、虚构、阐释、论证、抒情五类。④ 荣维东在 2010 年的博士论文中提出"功能性文类写作"构想，即先分"虚构和非虚构"两大类，然后基于表达方式和功能类型分为信息类语篇、阐释类语篇、劝说类语篇、研究类语篇、叙述类语篇等。⑤ 这与郑国民说的"根据社会生活的不同需要，能运用恰切的表达形式，写出社会生活常用的文章"⑥的精神基本一致。⑦ 可见，基于多功能类型的语篇写作有望成为大家的共识。

---

① 魏小娜. 中西方作文文体知识开发的比较研究[J]. 课程·教材·教法,2009,29(01).
② 叶黎明. 写作教学内容新论[M]. 上海：上海教育出版社,2012.
③ 叶黎明. 新世纪以来写作教学理论研究取得的进展[J]. 语文教学通讯,2013(11).
④ 王荣生、倪文尖. 国家课程标准高中语文实验课本（试编本）[M]. 上海：上海教育出版社，2007.
⑤ 荣维东. 写作课程范式研究[D]. 上海：华东师范大学,2010.
⑥ 郑国民. 关于我国九年义务教育语文课程改革的思考[J]. 课程·教材·教法,2000(10).
⑦ 荣维东,陈磊. 新中国 70 年写作课程政策回顾、思考与展望[J]. 语文教学通讯,2019(10).

2. 关于"写作知识"的讨论

写作属于技能型课程,尽管知识一般不是课程的终极目标,但知识始终是写作课程内容的核心。有鉴于此,笔者提出写作课程改革关键是"写作知识重构"。[①]

传统的"三大文体""八大块"知识是在20世纪前半叶普及初等教育背景下开发出来的,已经不能适应当今时代对真实情境下多样态写作的需求。写作课程要开发研制新知识,以实现其在类型、要素、功能价值上的全面革新。叶黎明指出我国写作知识从"学科化"到"科学化"再到"教学化""学本化"的发展转向。靳彤指出语文课程知识建设的重点应当是"构建语文课程的方法性知识体系"。[②] 荣维东指出我国百年作文文体知识所依据的大多是传统的语言学和文章学知识,随着"文体学""语体学""功能语言学""篇章语言学"的发展,写作知识亟待吐故纳新。

目前写作知识更新的思路应该是:基于新写作观和广义知识观,确立新写作知识类型,梳理并整合文章写作、过程写作、交际写作、学业写作等知识体系,研发一个包括文章知识、写作程序性知识和策略性知识的完整写作知识系统;从教学实践角度重视提炼每一次写作任务需要的核心写作知识与技能;从写作知识呈现形态上看,不应该以僵化的术语出现,而要镶嵌于任务情境之中,以情境化、活动化、案例式、支架式等方式呈现,为完成具体的写作任务服务。

3. 写作课程内容的序列

优质的写作课程标准是开展高效写作教育的基础和前提。合格的课程标准应该对学生所要掌握的知识、技能、态度、策略等有系统清晰的陈述。从民国至今百年课程标准、教材和名师实践看,对于序列的寻求是一贯的。尽管写作的内容序列是一个多维交织、复杂的系统,但目前也有一

---

① 李海林,荣维东.作文教学改革的突破口:写作知识重建[J].中学语文教学,2009(07).
② 靳彤.从"八字宪法"看语文课程方法性知识的存在[J].课程·教材·教法,2016(11).

些可贵的努力。荣维东认为 1956 年的《小学语文教学大纲（草案）》在写作内容序列化方面做了可贵的探索。① 1957 年的《中学作文教学初步方案（草稿）》尽管没有实施，但它是我国迄今为止内容最详尽、序列最明晰的作文课程方案，作文类型实用而多样，体现了可贵的写作课程独立意识。② 朱建军将其与新加坡、美国写作类型对比，指出 1957 年写作类型三分即"阐述课文的""表现生活的""处理日常工作和事务的"有很大合理性。③ 黄伟认为 1963 年《全日制中学语文教学大纲（草案）》在作文教学上做了可贵探索：确立了作文教学的重要地位；继承"读写结合"传统并使之更切实具体可操作；初步建构作文教学的阶梯和序列等。④ 荣维东指出 1978 年《全日制十年制学校中学语文教学大纲（试行草案）》在写作内容来源、写作能力构成、写作教学顺序及各学年的要求方面有新的进展。⑤ 2001 年《全日制义务教育语文课程标准（实验稿）》虽然涉及"写作要看目的和对象""注重写作过程指导"等思想，但具体操作性仍不强。与之相比，美国的写作课程有具体、清晰、系统的目标、内容和测评体系，可供我们参考借鉴。

三、关于写作教学内容的讨论

写作教学内容指具体写作教学活动所涉及的"教/学什么"的问题，包括实际课堂中教师为帮助学生完成写作任务所教学的知识、策略或方法。尽管新的统编教材在写作教学内容上试图做统筹序列的规划，但我国写作教学内容缺失、随意、无序的状况仍然突出。

---

① 荣维东.我国写作课程内容确定化与序列化的尝试——1957 年《中学作文教学初步方案（草稿）》述评[J].语文建设,2019(19).
② 荣维东.我国建国以来作文课程内容发展审议[J].语文教学通讯·C 刊,2017(06).
③ 朱建军.语文课程"读写结合"研究：理论、标准与实践[M].北京：教育科学出版社,2013.
④ 黄伟.高中作文教学的百年回眸与检讨[J].德州学院学报,2006(02).
⑤ 荣维东.我国建国以来作文课程内容发展审议[J].语文教学通讯·C 刊,2017(06).

1. 写作教学内容的缺失

倪文锦指出中小学写作教学存在"写作教学内容缺失、写作指导缺位、写作教学观念落后"等问题，必须把"写什么"与"怎么写"放在写作教学有效性层面加以反思。首先，要理清写作目标与写作内容的关系，规定具体的写作课程内容；其次，写作教学的重心应该转移到切实加强对学生"怎么写"的指导上。[①] 叶黎明提出以表达方式为经，以真实文体为纬，并结合应用需求，构建真实立体的写作教学内容框架。[②] 我国写作教学内容大多仍属文章知识范畴，如何研发面向"怎么写"的写作策略知识和过程写作知识仍是重中之重的问题。

2. 写作教学内容的随意

由于我国写作课程标准先天不足，语文教材中写作教学内容简单僵化和随意化并存，写作教学内容基本以传统的"三大文体"知识和应试作文技法为主。这些知识要么简单陈旧，要么多依赖于教师经验和习惯。我国写作教学内容需要科学严谨的规划设计，虽然在一些教材和名师那里有过教学内容序列化的探讨，但究竟哪些该教、应教、可教，整体上仍处于混沌阶段，需要严肃的学理研究和实践检验。

3. 写作教学内容的无序

写作教学内容的缺失和混乱无序是我国写作教学之所以低效无效的关键因素之一。从20世纪80年代开始，许多研究者对此做过探索，甚至提出了一些写作教学序列的方案。尽管有人提出写作教学"科学化""体系化""有违科学本质"[③]，在具体班级和学生面前教学内容受具体任务情境的制约，但在课程标准、教材甚至教学筹划层面，我们认为写作教学应该有一个大致序列，各学段的写作学习内容应该有一个整体安排、规划和说明，规

---

① 倪文锦.关于写作教学有效性的思考[J].课程·教材·教法,2009,29(03).

② 叶黎明.写作教学内容新论[M].上海：上海教育出版社,2012.

③ 邓彤.微型化写作课程研究[D].上海：上海师范大学,2014.

定该学段学生经过写作教学后应具备怎样的水平,否则带来的混乱、无序和低效是灾难性的。写作教学的科学化不仅要体现为序列化的写作教学内容,还应考虑教学任务、学情等,否则会让一线教师无所适从。① 自然这个内容体系很可能极其复杂,受课程目标、写作任务和学生写作经验等的影响。

四、近年写作教学实践的新气象

近几年来,伴随着写作课程理论的新突破,写作教学实践也有了新的气象。21世纪以来我国新的作文教学流派不断涌现。如李白坚、张化万的"活动作文",于永正的"言语交际作文",李吉林的"情境作文",张祖庆的"原生态作文""新体验作文",马正平的"非构思写作",李永红的"生活作文",戴余金的"作文分级指导",郭家海的"评量表作文",荣维东的"交际语境写作""功能语篇写作",魏小娜的"认知写作",钟传祎的"学科作文"实验,张开提出的"任务驱动作文",余党绪的"思辨写作",朱建军的"新读写结合",黄上庚的"滚动快速作文",还有"研究性写作""跨学科写作""创意写作""学习性写作""随课微写"等,都彰显出我国写作课程实践的新气象。其中以下几点值得关注。

1. 注重写作情境任务设计

我国传统作文命题基本属于不考虑读者、目的的通用文写作,随着"交际写作""任务写作""真实写作"等理念的提出,"作文教学应该成为一种在真实或者拟真的环境中书面语篇的建构"②等观念开始深入人心。这在2012年的《"国培计划"课程标准(试行)》(语文)和2017年的《中小学幼儿园教师培训课程指导标准(义务教育语文学科教学)》,以及2015年来的高考题中都有明确体现。在这方面,荣维东提出的交际语境写作的五个要素

---

① 荣维东,裴海安.关于中小学写作教学内容标准[J].语文教学通讯,2018(Z3).
② 荣维东.写作课程范式研究[D].上海:华东师范大学,2010:162.

即"读者、目的、话题、角色、语言"具有广泛影响。李冲锋提出交际语境写作涉及七要素"话题、情境、作者、读者、目的、内容、文辞"。① 周子房提出写作学习任务情境的主要构成要素包括"话题、读者、目的、呈现形式、交稿时间与篇幅"②。邓彤提出设计"有意思""有知识""有意义"的写作学习任务③,"任务写作可借助情境协作、任务驱动、提供支架等策略提升构思教学的有效性"④等,都具有一定指导意义。尽管上述研究基本达成了共识,但如何科学有效地创设写作任务情境仍有待深入研究。

2. 注重写作的过程指导

二十世纪六七十年代以来的"过程写作运动"引发了西方一些国家写作课程教材教学领域的重大变革。过程写作包括"外在模式""认知模式""转译模式""维度模式"四种。⑤ 在我国,尽管20世纪80年代吕叔湘先生指出提高作文教学实效性的途径之一是作文教学的过程化指导,同时一些特级教师也进行过过程写作的摸索,但它们多属于"外在模式",缺乏对作者写作心理、写作过程和具体写作策略方法的重视。不过,从近年来的写作教学实践看,很多教师已经重视写作过程设计和精细化过程指导,我国的过程写作运动正在进行之中。

3. 注重写作支架设计和策略指导

基于建构主义的"支架教学"目前已经成为我国写作教学的新亮点。国内的研究者一般参考国外相关研究将写作支架分两类:一按表现形式分为范例、演示、提问、解释、指导、建议、图表等,一按功能意义分为程序支架、概念支架、策略支架和元认知支架等。周子房指出写作学习支架设计

① 李冲锋. 交际语境写作:理论基础与情境创设[J]. 语文教学通讯,2016(33).
② 周子房. 写作教学设计的基本取向[J]. 语文教学通讯,2015(18).
③ 邓彤. 细分学习任务　优化写作教学——以新诗写作教学为例[J]. 中学语文教学,2018(10).
④ 邓彤. 任务写作:如何破解构思教学的"黑箱"窘境?[J]. 中学语文教学,2018(02).
⑤ 荣维东. "过程写作"及其主要模式述评[J]. 语文学习,2017(07).

的基本路径：围绕过程经验设计、围绕文体经验设计和围绕功能意识设计。① 当前如何针对具体写作任务和动态学情，科学有效地创设学习支架，有待深入研究。

写作策略是西方国家写作教学的重要内容，这在我国还比较薄弱。笔者曾介绍过美国全美写作项目（NWP）发布的《提高中学生写作的 11 种有效教学策略》。② 虽然存在国家和文化上的差异，但这些写作策略多数可以供我们参考。另外在我国传统和现实中，一些名师行之有效的写作教学方法、策略、模式也有待整理、应用与推广。

五、思考与建议

1. 重塑写作概念与课程理解

树立新写作观是建设新写作课程的关键。写作不仅仅是传统的"文章制作"，写作是面向生活、工作、学习中的各种任务情境，运用书面或多媒介手段，进行意义构建和语篇建构的过程。写作不仅仅是书面表达和交流的工具，还是学习和思维的工具，是一个人融入社会做事和自我实现的工具。正像著名语言学家肯·海兰德（Ken Hyland）所说："写作是通过对语境越来越复杂的理解而发展起来的。我们认识到意义并不仅仅存在于我们写给别人的字词中，而是被建构于作者和读者之间的互动中。"③ 写作是一种社会活动，是社会对话，课堂里的同伴协作、互动交流的方式以及成为社会人的工具。④ 中小学写作课程应该培养学生适应学习成长和未来工作生活应用的各种书面表达和交流能力。如何树立交际语境写作观，将写作置于

① 周子房.写作学习支架的设计[J].语文教学通讯，2015(Z3).
② 荣维东.美国的写作策略教学及其启示——以 NWP2007 年《提高中学生写作水平的有效策略》报告为例[J].语文学习，2009(11).
③ Ken Hyland. Teaching and Researching Writing[M]. London：Longman，2009：44.
④ Charles Bazerman. Handbook of Research on Writing History，Society，School，Individual，Text[M]. Mahwah，NJ：Lawrence Erlbaum Associates，2008：360-361.

特定情境任务之中,开展多功能类型语篇写作是重建我国写作课程的关键。

2. 研制科学专业的写作内容标准

通过对国外写作课程标准的研究会发现:我国缺乏具体而可操作的写作课程标准。我们应该研制出一个科学、专业、高质量的写作课程标准,明确规定课程的目标、类型、指标、要求、序列、策略等,增强其教学指导功能。

为改变目前写作课程"玄虚笼统"的状况,笔者提出可以开发一个包含语篇写作、过程写作、交际语境任务的"三维写作内容框架",以解决"为何为谁写(交际情境任务)、如何写(过程知识)、写成什么样的文章(语篇指标)"等一系列的问题。① 2014 年研制出的"重庆小学写作课程实施标准"就是这方面的一个尝试。② 不过,课程内容研制应该是一项庞大的系统工程,需要政府、学科专家和一线教师通力协作,需要严肃的学术研究与科学缜密的设计。

3. 探索写作教学的有效路径

影响写作教学的因素很多,其中最重要的很可能是学生、任务、支架。写作教学必须基于学情,设计真实拟真的写作任务,然后基于二者的落差进行科学有效的教学支架。笔者基于建构主义设计思想,提出科学规范的写作教学流程:一、探测学情学需;二、写作任务情境设计;三、此次写作的核心知识技能;四、写作支架、策略和活动设计;五、写作过程指导;六、写作成果交流和经验反思。③ 其中如何设计有效的写作任务情境,炼制指向这一次写作任务的核心写作知识,进而研发写作学习支架最为关键。

4. 鼓励新媒介写作

随着信息技术的发展,电脑屏幕写作、网络、多媒体和社交媒体已经成

---

① 荣维东、陈磊. 新中国 70 年写作课程政策回顾、思考与展望[J]. 语文教学通讯,2019(10).
② 荣维东、裴海安. 关于中小学写作教学内容标准[J]. 语文教学通讯,2018(Z3).
③ 荣维东. 写作教学的关键要素与基本环节[J]. 语文建设,2018(16).

为重要的写作媒介和工具,国际上早就提出"媒介素养"即"全媒介读写""数字化读写"的概念,我们对此应积极应对。我国的写作教学应该摆脱传统纸笔写作的单一形态,鼓励学生进行全媒介环境下的表达与交流,让学生获得新媒体社会环境下真实高效的新写作能力。

5. 探索新的写作评价方式

写作评价是一个涉及教育政策、写作观、写作课程标准、公众趣味、评价工具等因素的复杂工作。我国的作文评价存在着根深蒂固的"泛文艺"情结。如高考评价标准中的"深刻、丰富、有文采、有创意",很大程度上是针对"文学写作"说的。写作素养的关键是基于不同任务场景的语篇构建与交流能力。交际任务不同(叙述、说明、娱乐、抒情、辩论、感动、审美、号召行动),其语篇的内容、体式、语言风格也就不同。我们亟须改变过去那种脱离具体语境和语篇功能的"泛文艺"评价,转向真实社会情境下多类型语篇的分类评价,发挥写作评价的引领作用。

总之,21世纪以来我国的写作教育正步入一个观念转型、理论突破和实践创新的关键期。目前大方向已经基本确定,但课程标准、教材、教学、评价上仍没有实质改观。我们建议语文界尽快达成共识,加快研究步伐,为写作课程与教学的科学化专业化建设而努力。

[原载:荣维东.论新世纪写作课程重建运动[J].教师教育学报,2020(04)]

附 录 2

我国的写作课程教学向何处去？

我国的写作课程教学向何处去？这是人们普遍关心的议题。课程标准应该是政府主导下,基于相关深入研究和广泛协商而形成的一种政策和学术产品设计,尤其离不开专家们的意见和建议。

我们采用德尔菲研究法(Delphi method),通过微信于 2020 年 2 月 23 日向全国近 40 位写作课程教学权威专家发出了意见咨询。权威专家的遴选标准是:近年在写作课程教学领域有深入研究和广泛影响的教授、专家、博士、写作教学名师、语文教研员等。内容是"可否在 2 月 28 日前,针对《义务教育语文课程标准(2011 年版)》的写作内容,提出几条修订建议",同时附上《义务教育语文课程标准(2011 年版)》。

本次有效受访专家 31 人,其中大学教师 15 位,一线语文教师 11 位,教研员 3 位,民办教育家 2 位,大学教师和中小学教师人数较多。实际上,大学教师中的多数也具有一线语文教育经历,比较熟悉中国写作教育的理论和实践,应该说这是一个学术和实践并重、了解中国写作教学现实的专家比例,避免了纯学术研究的局限,体现了鲜明的实践取向。

一、调查结果分析

截至 2020 年 2 月 29 日,共收到 31 位专家的有效修订建议共 2.7 万字,应该说基本囊括了目前中国大陆写作教育界最权威专家的观点。这些回答几乎涉及写作课程教学的所有重要方面,如写作目标、写作内容(教什么)、写作类型(文体)、写作能力、写作知识、写作态度、能力层级、写作教学方法策略(怎么教)、写作评价、写作教材、呈现形式、内容标准、写作课时、课标语言表述等。这些内容基本上可以看出目前写作课程标准所存在的问题和他们的一致诉求,为我们的课程标准修订和教学提供了宝贵的参考资料。

(一)专家建议中的关键词

在专家建议中,有一些词语反复出现。它们可以看作专家头脑中核心思想和建议的直接表征,一定程度上反映了大家的某种共识,我们按其频次列表如下。

表1 专家建议中的关键词频次统计

序号	关键词	建议人数	占比
1	语境或情境	14	45%
2	文体、文类或体式	14	45%
3	评价或评估	11	35%
4	体系、结构或模型	10	32%
5	序列、层级、阶段或螺旋式上升	9	29%
6	内容	9	29%
7	交际	9	29%
8	交际语境	8	26%
9	能力或技能	8	26%
10	知识	8	26%
11	标准	8	26%
12	目的或功能	8	26%

（续表）

序号	关键词	建议人数	占比
13	读者或对象	8	26%
14	真实	7	23%
15	实用或应用	7	23%
16	策略	7	23%
17	表达方式	7	23%
18	任务	6	19%
19	思维	6	19%
20	过程	6	19%
21	语篇	5	16%
22	指标	5	16%
23	新媒介或互联网	5	16%
24	修改	5	16%
25	生活	4	13%
26	呈现或发表	4	13%
27	支架	3	10%

上表呈现的是专家建议中的关键词频次,较高者如"语境或情境"评价和评估占到了45%,说明它们得到了大家的高度关注,而其他如"新媒介或互联网""生活""支架"关注比例相对较低。

由图1柱状图可以直观地看出:"语境或情境""交际语境写作"已经成为大家关注的焦点;"能力或技能""层级序列""实用写作"也普遍受到大家关注。下面我们结合意见原稿,对问卷得到的重要观点和建议,作如下

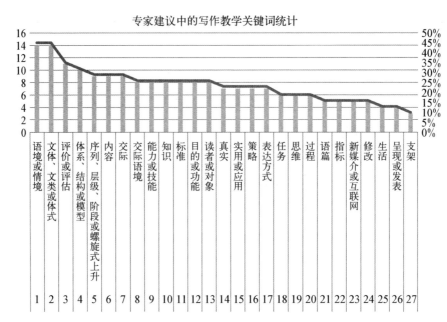

图1　专家建议中的写作关键词统计

说明。

（二）专家们的重要观点和建议

1. 倡导"情境任务写作"（"交际语境写作"）。近一半专家（14位）建议在具体语境或情境中开展写作教学。例如L教授建议多一点情境化写作，少一点脱离学生生活的写作。另有9位专家建议重视写作的交际功能。5位专家建议要建立语篇写作的观念，而不仅仅是文章写作观念，R教授阐述了二者的不同。著名小学特级教师Z老师建议写入：顺利进行言语交际，发展书面语言运用能力。8位专家建议落实"交际语境写作"。8位专家建议强化写作的读者或对象意识。7位专家建议写作内容要与真实或拟真的情境密切相关，开展真实情境下的写作。6位专家强调在完成写作任务中学习写作。4位专家建议写作不能脱离学生的真实生活，强调习作和生活的紧密联系。

2. 呼吁写作教学新的文体分类。有14位专家建议更合理地划分写作的文体、文类或体式。例如T老师建议根据写作目的将写作语篇划分为三大文类：劝说类，信息与阐释类，叙述类。8位专家建议正确区分写作的多种目的或功能。7位专家建议增加实用性写作或应用文写作。

3. 主张细化评价标准。11位专家建议重视写作评价或评估，特别是细化写作评价或评估标准，确保可操作。S教授建议将"作文评价工具"写进标准。8位专家建议建立明确的写作课程各方面的标准，包括内容标准、表现标准、机会标准、结果标准、评价标准等。5位专家建议明确写作各方面内容的指标，尤其是写作评价可量化的指标。H老师建议针对每个训练目标给出详细的优、良、中、差的等级标准或可量化的指标。

4. 呼吁研制序列化的写作内容。10位专家建议建立科学、有效的写作内容体系、结构或模型。R教授建议从任务情境、语篇要素、技能策略等三维度开发写作内容体系框架。9位专家建议加强写作内容的序列化、层级化、阶段性或螺旋式上升。教研员H老师建议"教材编写建议"中应有"写作教学内容和要求序列化"的规定。9位专家建议设计丰富多元的写作课程和教学内容。

5. 强调写作技能和过程指导。8位专家建议重视写作能力或技能的训练。香港的H教授认为，写作能力的结构的具体内涵可参考20世纪90年代大纲提出的48种语文能力中写作的16种子能力元素。6位专家建议强调写作是一个反复的过程。著名小学特级教师L老师认为，目前好的研究成果并没有纳入课程标准中，如习作支架、习作思维、过程写作等。5位专家提到写作过程中修改的重要性。4位专家建议重视写作过程中呈现或发表这一重要环节。3位专家建议发挥写作支架的作用。Z博士认为，通过学习支架，学生可以"模仿""体验""实践""内化"支架所蕴含的写作思维策略与问题解决方法，获得写作能力的增长。

6. 呼吁写作课程知识更新。8位专家建议研制专业的写作知识、技能、策略和态度。写作教学专家 Z 博士认为学生在完成习作任务中学习写作，会重视与写作任务相关的写作知识。L 老师提出，写作知识，可否就紧要的，明示一些？7 位专家建议重视各类写作策略。写作教学专家 L 建议通过清晰的程序性知识和策略性知识作为课程保障，有效提升学生的叙事能力。7 位专家建议重视表达方式在写作课程中的作用。6 位专家建议重视写作中的思维训练。例如 R 博士认为，议论文可以很好地考查学生的思维水平，应在思维训练方面有所体现。5 位专家建议增加新媒介写作或互联网写作的内容。如著名写作专家 D 教授建议考虑现代语境，适当提出新型媒体的写作要求。

二、核心议题讨论

（一）写作课程取向：表达，还是交际？

课程理念是课程内容、课程目标、教学评价的逻辑起点。《义务教育语文课程标准（2011 年版）》关于写作课程的核心内容是"能具体明确、文从字顺地表达自己的见闻、体验和想法"，①这是一种"表达主义课程观"的体现。从价值取向上看，重视"自我表达"，既是中国文化个体内隐性和人本性的体现，也受传统语言学、文章学和文学的"表达主义"的影响，这种"重自我，轻交际"的做法，也许对"文学写作"有利，但不利于现代社会外向交往型人格培养。同时忽视读者意识、缺乏写作目的与语境意识淡薄、文体不明，也是导致"千篇一律""虚情假意""模板套话"作文的重要原因，因此"表达主义"的写作观需要检讨。

一个时代有一个时代的写作教育目标与需求。当今信息社会，人的书面沟通能力、交往能力更应该受到重视。传统的"小文人写作"已经不适合社会发展需要，交际取向的写作具有更强大的应用场景和现实需求，应该

---

① 中华人民共和国教育部. 义务教育语文课程标准（2011 年版）[S]. 北京：北京师范大学出版社，2012：7.

受到重视。同时写作理论研究发现:交际意识是优秀写作者的一个特质。高明的作者更倾向于从"读者—交流"的角度驱动写作。写作既是"自我表达"更是"与人交流"。因而写作课程由"表达"走向"交际",不但具有一定的现实需求,也更符合写作理论的深层本质。

(二)写作知识和课程内容

课程的核心是知识,选择哪些知识进入课标,是课标研制的重点。写作课程作为一门技能实践型课程,既需要陈述性知识(知识、原理、原则等),更需要程序性、策略性的知识(即怎么写的知识、策略、方法)。纵观中国大陆的语文课程标准(或教学大纲)多是以"八大块"为代表的陈述性知识,且多文体和文章知识,较少涉及方法、策略、过程知识。这与中国大陆写作教学知识体系陈旧有关,也与当年"淡化知识"思潮有关。

通过百年作文文体知识审议,我们发现目前写作教学所依据的理论基本还停留在20世纪初的语言学和文章学阶段,随着当今语用学、写作学、文体学、语境学、功能语言学、篇章语言学、传播学等相关学科知识的快速更新,相关写作知识也亟待引进。为此需要增加交际语境知识(关于读者、目的、话题等任务情境要素),语篇知识、文体知识、写作过程策略(观察、构思、行文、修改和发表)以及新媒体、元认知等知识的引入。写作课程专家Y教授建议在"文体写作"和"文章写作"知识体系之上,加入交际语境写作以及过程写作的相关知识。R教授强调增加诸如头脑风暴、思维导图、自由写作、过程五步骤、各种思维导图、提纲、RAFT策略、读写结合、基于文献和网络资源等写作策略知识;增加程序支架、概念支架、策略支架、元认知支架等写作教学知识。总之,更新写作知识是专家学者与一线教师的共同诉求。

(三)理想的写作课程内容标准

课程标准应该明确规定学生需要掌握的知识、技能、态度、策略、活动、经验等,以此作为课程内容的重要体现。国际上规范的课程标准一般包括

"内容标准"(学什么)、"表现标准"(做到什么程度)和"机会标准"(或"教学标准",即需要哪些资源、活动、条件等),三者共同构成一个严密的课程内容体系。① 这样的课程标准对于教/学哪些内容,教/学到什么程度,甚至如何教学都有明确、具体的规定,这样的课程标准才能对教学评价起到应有的指导作用。

可是中国大陆的语文课程标准向来采用粗线条的"结果标准",通常只是笼统地、模糊地、原则性地提供一些教学内容建议。《义务教育语文课程标准(2022年版)》中提到第四学段(7—9年级)的写作要求是"写记叙性文章,表达意图明确,内容具体充实;写简单的说明性文章,做到明白清楚;写简单的议论性文章,做到观点明确,有理有据;根据生活需要,写常见应用文"。② 这几条标准就比较笼统,需要具体说明并细化其内容;"常见应用文"具体有哪些,需要表述清楚。而课程内容应该具备的能力进阶基本不具备。这看似留给广大教师很大空间,可从实践效果来看,这种模糊、笼统、粗放的"结果标准",对教学指导作用严重不足,深受诟病,这也是多数教师"埋头教教材,不理会课标"的主要原因。

为确保课程内容清晰呈现,我们需要构建一个科学严密的写作课程内容框架,明确总目标,清晰排布学段目标,研发清晰明确、可操作、具有能力进阶的内容体系,确保"课程目标—内容序列—评价指标"的明确、关联和一致。

(四)写作是否可教? 教些什么?

写作可不可教? 历来存有争论。很多教师一般不教写作。一是错误地认为作家不是教出来的,学生写作的成功似乎很少归因于课程教学,更

---

① Patricia Freitag Ericsson. Raising the Standards for Standards: A Call for Definitions[J]. English Education, Vol. 37, No. 3 (Apr. , 2005).

② 中华人民共和国教育部. 义务教育语文课程标准(2022年版)[S]. 北京:北京师范大学出版社,2022:16.

多体现为个人天赋、阅读、阅历、环境等不可控因素;二是"真情实感""创造性表达""有文采""有思想"等似乎也教不了或不好教;三是效果不明显,写作教学教多教少、教与不教一个样;四是写作课程内容笼统模糊,教师不知道教什么;这些都是一线教师不教写作的原因。其实,写作教学的目的是培养灵活应对生活中写作任务的普通人,而非作家文人。作文教学不等于作家创作。当今国际写作教学界普遍认为"写作可教",这一点甚至是美国英语教师协会(NCTE)发布的信条之一。① 梁启超也说"合格的作文可教"。事实上写作可教,很多优秀教师也在教,关键是教什么和如何教。

课程标准是一种基线标准,其作用是"兜底",即规定普通学生最基本的写作能力。C教授等认为应该更注重规范性写作训练,不同的文章有不同的写作规范(尤其是产品说明书、调查报告等应用文),相对于"个性"来说,"规范"是可教的,要让学生学会写作不同体式的文章;对初学作文者,掌握写作规范很重要;要平衡形式训练同自由写作的关系;可以从写作内容、文体、技法三个方面构建写作教学体系。无论是规范的实用文,还是创意写作,我们要进一步研究其科学原理和实用策略,可喜的是国际上和实践界都已有很多可资借鉴的"教写作"的成功经验。

目前要改变写作不教学的状态,树立写作应教、可教、能教的观念。一要确保课程内容科学有效;二要研发各类写作及其课程内容;三要广泛借鉴国内外写作教学研究成果,尤其是古今中外有效的写作知识、原理、原则、策略等,改变混沌不明、独自摸索的状况。该教的内容应明确说明,不可教的部分也要有所提示,为一线教师提供切实的教学指导。

(五)我们需要的作文评价体系

课程标准应该追求"教—学—评"三项内容的统一,即实现课程内容、教学内容和评价标准的一致。课程评价具有诊断、指导、激励和调节作用,

---

① NCTE. Beliefs about the Teaching of Writing [DB/OL]. https://wrd. as. uky. edu/sites/default/files/NCTE Beliefs about the Teaching of Writing. pdf.

可有效引导并促进课程的有效实施。课程目标内容与评价指标体系原则上应该是相辅相成的。明晰的内容标准是评价指标的基础和依据,反过来评价指标也可以成为课程内容的来源之一,它们共同为课程目标服务。

现行写作课程评价模糊散乱,操作性较差。比如"写作兴趣""习惯和态度""大胆习作"等空洞虚妄,无法测量;"真情实感,有创意的表达"无法落实;现行作文评价标准一味强调"中心、材料、结构、语言"等文章要素,却又无具体的内容支撑;写作评价也没有文体的不同要求。比如"真情实感""有创意的表达"本来指向的是文学写作,可现行高考作文标准竟然一直将所谓的"深刻、有文采、有创意"悬置为最高标准,这让以思辨为主的高考作文评价长期陷入混乱扭曲的境地。

完善评价标准是广大一线教师和教学专家的一致呼声,无论体制内外专家都建议重视评价标准的指引作用。比如著名民办作文教学专家 L 老师认为基本写作能力评价、发展能力评价等要与各地通用的作文考试评分标准衔接起来,让学习与评价处于一条道上。应设计不同文类不同年段写作评价的层级指标、发展等级标准,且指标可量化或进行态度方面的评价,具体描述每个学段学生写作学习不同层级的具体表现,从作文的思想内容、结构、口吻、措辞、流畅、惯例、呈现等开发评价量表,增加评价的操作性。我们要建立完善的写作质量评价标准,开展分类分级评估。开发各类文体的评价标准,再细分评价要素描述相关文类特征,做实评估要素、分级标准甚至附上"锚标作品",增强评价的效度、精度、可操作性和指导性。

三、我国写作课程标准研制建议

(一)树立"写作即交际"的课程理念

任何写作都是具体任务情境下的书面表达和交流。写作是为了达成特定交际目的,针对某个话题、面向明确或潜在的读者进行的意义建构和书面交流活动。语境影响并塑造了语篇,正是写作目的、读者、作者、话题、场合等任务语境不同,才造就了语篇的千姿百态。营造具体真实或拟真的写作任务情境,教学生有针对性地得体表达,发展学生适应学习生活和未来需要的书面交流能力,是中小学写作课程的核心目标。

从教育目标上看,中国大陆已与世界主流教育界一样迈入"核心素养教育"时代。核心素养教育最关键特征就是知识技能的情境化应用。"情境任务写作"可以培养学生学习、生活、工作需要的多样任务情境中的真实写作能力,可以满足社会对人的交际能力和各种应用型写作需求,因而成为大家的最大共识之一。同时,写作具有交流信息、分享经验、审美娱乐、学习工作等多种功用,我们应改变过去那种狭隘的"表达主义"写作观,向"交际语境写作"或"多功能多类型语篇写作"转变,基于这种课程转向,积极进行写作课程理念、目标、内容、类型等的全方位重建。

通过对美、英、德、西、葡、澳、新等国写作课程理念的梳理,我们发现与我国传统写作标准存在着浓厚的表达主义倾向不同,在世界上多数国家"写作即交际"理念已经成为基本共识,并且这个理念深刻地体现在其写作课程标准的方方面面。如第四章表4-1所示,该理念突出写作的"交际"本质,强调特定任务场合下为特定的目的和特定的读者写作,这既是各国注重适应社会生活的实际需要,也是培养学生真实任务情境下书面表达和交际能力的需要,这是应该引起我们高度重视,并积极研究、学习、借鉴的。

(二)改造"三大文体"为"多类型功能文体"

长期以来,以"记叙文、议论文、说明文"为主导的教学文体,在中国大陆课程中占据主导地位。"三大文体"体系导致各种真实文类被忽略,文体混乱、错位现象严重。实际教学中盛行的是既不文艺也不实用的"四不像"文体和"小文人语篇"。同时,中国大陆义务教育阶段一直存在"记叙文"偏好,这与国际上重视劝说文、认知写作、思辨写作、实用写作形成明显对比。《义务教育语文课程标准(2011年版)》提到的写作类型只有书信、便条、记实作文、想象作文、读书笔记、常见应用文、记叙性文章、说明性文章、议论性文章、研究报告、活动计划、活动总结等，比较凌乱、随意。《普通高中语文课程标准(2017年版2020年修订)》中的写作类型也多淹没在各任务群中，缺乏系统筹划，处于阅读的附庸地位。我们认为将来的写作课程可以将培养学生应对生活、学习、工作中各种任务情境需要的"多种不同类型功能语篇的写作能力"作为目标。[①] 同时，由于交际目的的不同，读者对象不同，还可以通过写作促进学习、展示研究、建构知识、发展认知，总之，从多个维度认识写作。

写作是一种文体规范下的表达和交流行为。文体分类与选择是写作课程的重要一环。文体写作的类型、特征和具体要求，应该在课程标准中得到明确体现。大学、中学教师一致认为，写作不同体式的文章应是中小学写作课程的重要目标。其中包括文学性文体(创意写作等)、实用性文体(学习性写作等)。许多一线教师认为实用类写作内容应比以前要更加丰富、多元、管用，非连续性文本、借助信息和网络技术、运用新媒体等的写作，如电脑、网络、短信、微信等数字化写作要加强。有不少教师提出可改变"记叙性文章""说明性文章""议论性文章"的说法，根据写作目的的不同将写作语篇划分为"三大文类"：劝说类，信息与解释类，叙述类。在文类之下细分具体文体，同时明确规划各年级语篇的表现性指标要求，确保其内容序列和能力进阶。

我们应该强调具体真实的文体、文类，将文类、策略、方法作为课程核心概念。以学生生活、学习和未来工作需要为目标，进行文体分类，重视实用文体，尝试创意写作，均衡各类文体类型比例；培养学生的文体思维，树立文体意识，"淡化文体"做法需要纠偏。

(三)研制写作内容标准，力求内容细化梯级化

我国写作课程标准(包括整个语文课程标准)的最大问题在于笼统、模

---

① 荣维东.写作课程的功能取向与应然路向[J].语文建设,2020(11).

糊、概括,貌似整体性强,其实空洞泛化。新的语文课程标准应该研制课程内容的表现标准,最大程度地细化课程目标和内容体系。

写作课程内容的核心在于知识技能点及其排布序列。写作课程知识可以由三部分构成:任务情境维度(话题、角色、目的、读者)、语篇结果维度(文章体式和篇章要素)、写作技能维度(选材、构思、修改等)。在文章知识基础上,要增加语篇知识、过程写作和交际写作知识,研发并提供精要、好懂、管用的写作知识。如概念、原理、规则、策略、方法等,确保可教性,增强指导性。

课程标准内容笼统且杂乱是大忌。写作目标可以宏大,课程内容必须细密。调研发现绝大多数专家都认为应该细化写作课程内容,将目前笼统玄虚的"能力标准(目标)"改造为具体实用的写作课程"内容标准",明确学生应该掌握的写作知识、原理、技能、策略、态度等;同时针对内容标准明确细化各年级具体的"表现标准"和"教学标准",要统筹规划好课程内容的梯度,各学段既有一致的安排,也要有写作知识的递进,能形成一个完整而开放的序列。

课程目标的表述是否严谨、准确、详尽、有指导性,关系到课程内容的科学组织,课程实施的有的放矢及课程评价的反馈实施。我国的写作课程目标表述,主观性、随意性较大,甚至有的关键概念含混不清,对于教学实践的指导严重不足。新一轮课标的写作课程目标陈述方式必须变革,以准确、详细、具体、明确、规范作为目标,增强对教、学、评的指导作用。

有研究指出,我国写作教学的随意化状态,与写作课程建设滞后和有效的写作课程内容缺失有关。到现在我们还没有"写作课程"的概念,而写作课程有哪些知识、原理、技能、策略、态度,远远没有达成共识。[①] 更严重的是,我国中小学语文课程标准还在大规模地"放逐知识""淡化技能",反

---

① 荣维东,唐玖江,严闵.新中国70年写作课程与教学译介综述[J].语文教学通讯,2019(34).

而对"积累、感悟、熏陶"情有独钟。王荣生对此直言不讳:"在语文教育界,至今还弥散着一波'反知识'的舆论。"他提倡用"大概念"(跨学科或学科"核心的概括性知识")来重新审视知识。① 我们认为,中小学写作课程领域的大概念就是学生应该掌握的写作知识、原理、技能、策略、素养、态度、观念等。十国写作课程标准大多建立了一套完整的科学有序、系统高效的写作课程内容体系,即内容标准,其中就涵盖了这些写作大概念,而其中最重要的就是写作策略。

我们研究发现,"从国外的课程标准、作文教材、作文书籍来看,国外写作教学的主要内容已经从写作技能教学向写作策略教学转变"②。事实上,第五章表5-2呈现的12种写作核心要素就是一部分重要的写作大概念,它们凝聚了目前欧美发达国家最广泛的共识,理应成为我国修订写作课程标准重要的借鉴资源。同时,如前所述,十国母语写作课程标准在写作内容的层级序列上大都堪称典范。我们急需针对写作课程目标明确细化各年级或各表现水平的"表现标准",确保其具体、清晰、可操作,且呈阶梯逐级上升。要考虑社会发展的必然趋势,基于学科知识发展的最新学术成果和学生的认知发展规律,完善课程内容体系,建构出核心素养下的课程框架体系。

(四)强调课程内容融合,重视跨学科写作

国外写作课程标准普遍认为,母语课程中的写作并不是孤立的,而是与阅读、听说、语言、文学等紧密联系的,要求在多样化的文本情境、创作实践和言语场域中,培养学生综合运用母语的能力。例如,美国、法国、西班牙都强调读写结合,美国要求"从文学类或信息类文本中寻找证据以支持分析、思考和研究"。澳大利亚将读写整合在一起共同构成英语基础课程的三个学科之一,并将成就标准分为接受模式(听、读、看)和生产模式(口

---

① 王荣生.事实性知识、概括性知识与"大概念"——以语文学科为背景[J].课程·教材·教法,2020,40(04).

② 荣维东.交际语境写作[M].北京:语文出版社,2016:284.

语、写作和创作)两类。新西兰则将口语、写作和演讲整合到一起作统一描述。国际上很多国家很早就开展"媒介素养教育",从国外母语课程标准看,语言文字文本形式早已突破"纸质文本"。过去的语文核心技能——听、说、读、写,已经衍生为"听、说、读、写、视"五种技能,"视"即"媒介视读和发布"能力。

从当今世界课程发展看,课程内容融合和跨学科整合是一个鲜明趋向。这是因为当今社会的重大发明创造大都需要多学科知识的跨界综合。我们培养的不再是单向度的人而是全面发展的人。未来学校教育应该打破分科设置,走向大学科、跨学科甚至超学科模式,开展诸如主题教学、专题教学、现象教学、项目式学习、跨学科学习、任务群教学等教学。发端于美国的"STEM"课程逐渐整合成"STEAM"课程,又在此基础上整合成"STREAM"课程(Science, Technology, Reading/Writing, Engineering, Arts, Mathematics),写作的重要性可见一斑。课程融合与整合在芬兰等北欧国家,以及在美国的课程教材中已经很明显。如美国最新的母语课程标准叫《共同核心州立标准:英语语言艺术与历史/社会、科学、技术学科中的读写标准》(Common Core State Standards for English Language Arts & Literacy in History/Social Studies, Science, and Technical Subjects),就无比鲜明地体现了一种跨学科课程整合的意识。

国外不仅强调写作的学科课程内整合,还强调写作与其他学科整合,非常重视学习性写作和研究性写作。国外写作课程标准显示,学习性写作是最重要的写作形态之一。写作不仅仅是作文,而且是一项至关重要的学习能力,它并非母语课程的专利,而是所有学科课程的共同任务。我们不仅仅要"学习写作"(learning to write),还要"用写作去学习"(writing to learn),因为写作是思维、探究和学习的重要工具。这在美国的课程标准中表现得尤为明显。美国极为重视研究性写作,将为建构和展现知识而进行的研究作为写作内容的四大组成部分之一。法国四至六年级要求通过写作来反思和学习:写作练习包括写读后感、做出假设、列出并清晰表达个人想法、重新讲述、做出结论、写概括/摘要;反思性写作包括解释写作步骤、证明答案、争论观点。美国加州语文教材《读者的选择》《作者的选择》中,历史、文化、媒体沟通、信息技术、社会、数学内容融合已经很充分了。芬兰是全世界范围内首个在全国性核心课程改革方案中将多元读写能力视为重要的核心能力,将其贯串所有学科的教学,并为此专门设立跨学科学习模块的国家。①

但是,我国的情况特殊之处就在于,我国语文学科教育的专业化和综合化做得都远远不够。就传统语文教育来说,其经义教育虽然是道德、思想、人文、语言一体化的,但是汉语语言、文学尤其是阅读、写作研究的科学化、专业化水平还比较低。《义务教育语文课程标准(2011年版)》虽然专门提出了"综合性学习"的标准,"以加强语文课程内部诸多方面的联系,加强与其他课程以及与生活的联系,促进学生语文素养全面协调地发展",但由于受应试教育大环境的影响,它们很难落地。因此,我们既要广泛吸收国际上最新的阅读、写作等单项领域的研究成果,又要在更高程度上实现整合,这就给我们提出了很大的挑战。

(五)基于循证实践,开发科学有效的课程内容

循证实践(evidence-based practice)即"基于证据的实践",指在证据表明其行之有效的情况下再开展实践。目前国际上科学严谨的教育政策和课程标准制定都遵循"循证实践"原则。循证实践是教育理论、研究与实践之间关系的重大变革。这种新的专业决策方法依赖的是严谨的研究成果而不是惯例、个人经验或直觉。② 美国循证教育的总体水平处于世界前列,

---

① 谷屹欣.以读写教育构建跨学科素养:芬兰新课程多元读写能力及其实施途径评析[J].外国教育研究,2019,46(08).

② 梅瑞迪斯·高尔,乔伊斯·高尔,沃尔特·博格.教育研究方法[M].6版.徐文彬,侯定凯,范皑皑,等译.北京:北京大学出版社,2016:5.

已在多个领域中大面积地推广实施,形成了富有特色的实践模式,即提出循证问题、寻找最佳证据、综合评价证据、整合专业智慧、评估所做工作。[①]

国外的写作课程标准大多是在充分吸取写作课程与教学领域最新的研究成果后制定的。例如,美国的母语课程标准就指出,"所有标准都是教育研究和实证基础的","只当有最有效的证据表明,掌握它对于准备在 21 世纪全球化竞争的社会里上大学和求职来说是必需的时候,某条特定的标准才会被写入本文件"。

这就要求我们,写作课程标准建设这种政策研究一定要基于科学实证,尊重客观规律,坚持工程思维,确立科学主义、实证主义、现实主义的原则和路线,而不是依然固守浪漫主义、理想主义、想当然主义等老一套。例如,研究表明,多读比多写更有利于提高写作能力,因此就不能一味强调多写训练。研究发现,纯粹的字法、句法、语法教学对学生写作无效甚至负效,因此就不能机械地开展语法教学。这就要求我们通过专家访谈、文献调研等多种途径搜集已有的高证据实证研究成果(尤其是汉语写作方面的),讨论证据的有效性程度,并广泛而充分征求各方面的意见,为我国的写作课程标准尽可能提供科学有效的证据。

写作课标研制的关键在内容。我们要根据现实需要,依据写作原理,考虑未来社会人才素养需求(如沟通交流能力、学科整合、媒介素养、数字读写能力、批判性思维、创造力),吸纳国内外最新研究成果,回应一线教师诉求。一句话,综合考虑社会需要、学科知识和学生认知,研发专业化程度高的写作课程内容体系。

目前国际上普遍采用的内容标准、表现标准,运用表格或者条款形式,分级呈现细密的知识点和能力进阶。此外在课标语言表述上,不能采用含混、笼统的政策话语,应该采用清晰、明确的学术和操作性语言。某一知识

---

① 邓敏杰,张一春,范文翔.美国循证教育的发展脉络、应用与主要经验[J].比较教育研究,2019,41(04).

技能是什么,有哪些面、哪些线、哪些点、哪些层级,怎么掌握,掌握到何种程度,这些都要有对象、维度、动词、条件和程度的说明。

总之,我国现行写作课程标准在目标理念、内容标准和呈现形式上都存在很多问题,有极大修订完善的空间。21世纪以来我国的"写作课程重建运动"①,也为优良写作课程标准的产生提供了某些基础和可能性。然而,研发科学、有效、专业化强的课程标准,竟然还没有成为一个基本共识,势必还会有漫长的路要走,势必需要更科学、坚实、持久的研究行动。

[原载:荣维东,唐玖江,陈磊.写作课程教学应该向何处去?——来自31位写作课程教学专家的建议[J].中学语文教学,2021(02);荣维东,唐玖江,荣天竟.国外写作课程标准内容综合比较与启示[J].语文建设,2021(04)]

---

① 荣维东.论新世纪写作课程重建运动[J].教师教育学报,2020,7(04).

参 考 文 献

一、课程与教学类

1. B. C. 列德涅夫. 普通中等教育内容的结构问题[M]. 诸惠芳, 等译. 北京：人民教育出版社, 1984.

2. B. S. 布卢姆, 等. 教育评价[M]. 邱渊, 等译. 上海：华东师范大学出版社, 1987.

3. D. R. 克拉斯沃尔, B. S. 布卢姆. 教育目标分类学·情感领域[M]. 施良方, 等译. 上海：华东师范大学出版社, 1989.

4. L. W. 安德森, L. A. 索斯尼克. 布卢姆教育目标分类学——40 年的回顾[M]. 谭晓玉, 等译. 上海：华东师范大学出版社, 1998.

5. M. H. 斯卡特金. 现代教学论问题[M]. 张天恩, 译. 北京：教育科学出版社, 1982.

6. 埃德蒙·金. 别国的学校和我们的学校[M]. 王承绪, 等译. 北京：人民教育出版社, 2001.

7. 艾伦·C. 奥恩斯坦, 费朗西斯·P. 汉金斯. 课程：基础、原理和问题[M]. 柯森, 译. 南京：江苏教育出版社, 2002.

8. 安桂清. 整体课程论[M]. 上海：华东师范大学出版社, 2007.

9. 保罗·弗莱雷. 被压迫者教育学[M]. 顾建新, 等译. 上海：华东师范大学出版社, 2001.

10. 布卢姆. 教育目标分类学·认知领域[M]. 罗黎辉, 等译. 上海：华东师范大学出版社, 1986.

11. 布鲁纳. 布鲁纳教育论著选[M]. 邵瑞珍, 等译. 北京：人民教育出版社, 1989.

12. 陈伯璋. 课程研究与教育革新[M]. 台北：师大书苑, 1987.

13. 陈桂生. 到中小学去研究教育："教育行动研究"的尝试[M]. 上海：华东师范大学出版社,2000.

14. 陈桂生. "教育学"辨——"元教育学"的探索[M]. 福州：福建教育出版社,1998.

15. 陈桂生. 教育学的建构[M]. 长沙：湖南教育出版社,1998.

16. 陈桂生. "教育学视界"辨析[M]. 上海：华东师范大学出版社,1997.

17. 陈桂生. 教育原理[M]. 上海：华东师范大学出版社,1996.

18. 陈侠. 课程论[M]. 北京：人民教育出版社,1989.

19. 陈旭远. 课程与教学论[M]. 长春：东北师范大学出版社,2002.

20. 丛立新. 课程论问题[M]. 北京：教育科学出版社,2000.

21. 崔允漷. 有效教学[M]. 上海：华东师范大学出版社,2010：22.

22. 大河内一男,等. 教育学的理论问题[M]. 曲程,等译. 北京：教育科学出版社,1984.

23. 杜威. 民主主义与教育[M]. 王承绪,译. 北京：人民教育出版社,1990.

24. 杜威. 人的问题[M]. 傅统先,等译. 上海：上海人民出版社,1986.

25. 杜威. 我们怎样思维·经验与教育[M]. 姜文闵,译. 北京：人民教育出版社,1991.

26. 多尔. 后现代课程观[M]. 王红宇,译. 北京：教育科学出版社,2000.

27. 高文. 教学模式论[M]. 上海：上海教育出版社,2002.

28. 高文. 现代教学的模式化研究[M]. 济南：山东教育出版社,2000.

29. 高孝传. 课程目标研究[M]. 北京：教育科学出版社,2001.

30. 格兰特·威金斯,杰伊·麦克泰格. 追求理解的教学设计[M]. 2 版. 闫寒冰,等译. 上海：华东师范大学出版社,2017.

31. 顾明远,杜祖贻. 香港教育的过去与未来[M]. 北京：人民教育出版社,1999.

32. 顾明远. 教育大辞典(增订合编本)[Z]. 上海：上海教育出版社,1997.

33. 顾明远,孟繁华. 国际教育新理念[M]. 海口：海南出版社,2001.

34. 郭思乐. 教育走向生本[M]. 北京：人民教育出版社,2001.

35. 郝德永. 课程研制方法论[M]. 北京：教育科学出版社,2000.

36. 郝德永. 课程与文化：一个后现代的检视[M]. 北京：教育科学出版社,2002.

37. 黄甫全,王本陆. 现代教学论学程(修订版)[M]. 北京：教育科学出版社,2003.

38. 黄光雄,蔡清田. 课程设计：理论与实践[M]. 南京：南京师范大学出版社,2005.

39. 黄全愈. 素质教育在美国：留美博士眼中的中美教育[M]. 广州：广东教育出版社，1999.

40. 黄显华. 寻找课程与教学的知识基础——香港中小学中文科课程与教学研究[M]. 香港：香港中文大学出版社，2000.

41. 加德纳. 多元智能[M]. 沈致隆，译. 北京：新华出版社，2003.

42. 江山野. 简明国际教育百科全书（教学）[M]. 北京：教育科学出版社，1991.

43. 江山野. 简明国际教育百科全书（课程）[M]. 北京：教育科学出版社，1991.

44. 教育部基础教育司. 更新教育观念报告集[M]. 北京：中国人民大学出版社，2001.

45. 金林祥. 20 世纪中国教育学科的发展与反思[M]. 上海：上海教育出版社，2000.

46. 靳玉乐. 现代课程论[M]. 重庆：西南师范大学出版社，1995.

47. 瞿葆奎. 教育学文集　第 9 卷　课程与教材[M]. 北京：人民教育出版社，1993.

48. 瞿葆奎. 教育学文集·智育[M]. 北京：人民教育出版社，1993.

49. 凯利. 课程理论与实践[M]. 吕敏霞，译. 北京：中国轻工业出版社，2007.

50. 李定仁，徐继存. 课程论研究二十年：1979—1999[M]. 北京：人民教育出版社，2004.

51. 李方. 课程与教学基本理论[M]. 广州：广东高等教育出版社，2002.

52. 李召存. 课程知识论[M]. 上海：华东师范大学出版社，2009.

53. 联合国儿童基金会，教育部基础教育司. 基础教育课程改革资料选编[M]. 北京：教育部基础教育司，2000.

54. 联合国教科文组织国际教育发展委员会. 学会生存：教育世界的今天和明天[M]. 北京：教育科学出版社，1996.

55. 联合国教科文组织. 教育——财富蕴藏其中[M]. 联合国教科文组织总部中文科，译. 北京：教育科学出版社，1996.

56. 廖哲勋. 课程学[M]. 武汉：华中师范大学出版社，1991.

57. 吕达. 课程史论[M]. 北京：人民教育出版社，2003.

58. 罗伯特·M. 加涅. 学习的条件[M]. 傅统先，等译. 北京：人民教育出版社，1985.

59. 迈克·富兰. 变革的力量：透视教育改革[M]. 中央教科所，等译. 北京：教育科学出版社，2000.

60. 麦克尼尔. 课程导论[M]. 谢登斌,陈振中,译. 北京:中国轻工业出版社,2007.

61. 梅瑞迪斯·高尔,乔伊斯·高尔,沃尔特·博格. 教育研究方法:第六版[M]. 徐文彬,侯定凯,范皑皑,等译. 北京:北京大学出版社,2016.

62. 莫里斯·L. 比格. 学习的基本理论与教学实践[M]. 张敷荣,等译. 北京:人民教育出版社,1991.

63. 倪文锦,何文胜. 祖国大陆与香港、台湾地区语文教育初探[M]. 北京:高等教育出版社,2001.

64. 派纳,等. 理解课程:历史与当代课程话语研究导论[M]. 张华,等译. 北京:教育科学出版社,2003.

65. 桑新民. 呼唤新世纪的教育哲学——人类自身生产探秘[M]. 北京:教育科学出版社,1993.

66. 商继宗. 中小学比较教育学[M]. 北京:人民教育出版社,1989.

67. 施良方,崔允漷. 教学理论:课堂教学的原理、策略与研究[M]. 上海:华东师范大学出版社,1999.

68. 施良方. 课程理论:课程的基础、原理与问题[M]. 北京:教育科学出版社,1996.

69. 施良方. 学习论:学习心理学的理论与原理[M]. 北京:人民教育出版社,2000.

70. 石中英. 教育学的文化性格[M]. 太原:山西教育出版社,2001.

71. 石中英. 知识转型与教育改革[M]. 北京:教育科学出版社,2001.

72. 斯坦伯格,金奇洛. 学生作为研究者:创建有意义的课堂[M]. 易进,译. 北京:中国轻工业出版社,2002.

73. 苏霍姆林斯基. 给教师的建议[M]. 杜殿坤,译. 北京:教育科学出版社,1984.

74. 孙培青,李国钧. 中国教育思想史:第三卷[M]. 上海:华东师范大学出版社,1995.

75. 泰勒. 课程与教学的基本原理[M]. 施良方,译. 北京:人民教育出版社,1994.

76. 汪霞. 国外中小学课程演进[M]. 济南:山东教育出版社,2000.

77. 王本陆. 课程与教学论[M]. 北京:高等教育出版社,2004.

78. 王策三. 教学论稿[M]. 北京:人民教育出版社,1985.

79. 王策三. 教学认识论[M]. 北京:北京师范大学出版社,2002.

80. 王文科. 课程与教学论[M]. 台北:五南图书出版公司,1999.

81. 沃尔夫冈·布列钦卡.教育科学的基本概念：分析、批判和建议[M].胡劲松,译.上海：华东师范大学出版社,2001.

82. 夏欣.教育中国：50名流素质教育访谈[M].北京：光明日报出版社,2002.

83. 熊川武.反思性教学[M].上海：华东师范大学出版社,1999.

84. 熊川武.实践教育学[M].上海：上海教育出版社,2001.

85. 叶澜."新基础教育"论[M].北京：教育科学出版社,2006.

86. 叶澜."新基础教育"探索性研究报告集[M].上海：上海三联书店,1999.

87. 袁振国.教育新理念[M].北京：教育科学出版社,2002.

88. 约翰·宾.研究性学习[M].张仁铎,译.南京：江苏教育出版社,2004.

89. 赞科夫.教学与发展[M].杜殿坤,等译.北京：文化教育出版社,1980.

90. 张楚廷.课程与教学哲学[M].北京：人民教育出版社,2003.

91. 张华.经验课程论[M].上海：上海教育出版社,2000.

92. 张华.课程与教学论[M].上海：上海教育出版社,2000.

93. 中华人民共和国教育部《素质教育观念学习提要》编写组.素质教育观念学习提要[M].北京：生活·读书·新知三联书店,2001.

94. 钟启泉,崔允漷.新课程的理念与创新——师范生读本[M].北京：高等教育出版社,2003.

95. 钟启泉,崔允漷,张华.为了中华民族的复兴　为了每位学生的发展：基础教育课程改革纲要(试行)解读[M].上海：华东师范大学出版社,2001.

96. 钟启泉.课程设计基础[M].济南：山东教育出版社,1998.

97. 钟启泉.课程与教学概论[M].上海：华东师范大学出版社,2004.

98. 钟启泉.现代课程论[M].上海：上海教育出版社,2003.

99. 钟启泉.学科教学论基础[M].上海：华东师范大学出版社,2001.

100. 朱慕菊.走进新课程：与课程实施者对话[M].北京：北京师范大学出版社,2002.

101. 朱小蔓.教育的问题与挑战：思想的回应[M].南京：南京师范大学出版社,1999.

102. 朱永新.新教育之梦[M].北京：人民教育出版社,2002.

103. 佐藤学.静悄悄的革命：创造活动、合作、反思的综合学习课[M].李季湄,译.长春：长春出版社,2003.

104. 佐藤学. 课程与教师[M]. 钟启泉,译. 北京：教育科学出版社,2003.

105. 佐藤正夫. 教学论原理[M]. 钟启泉,译. 北京：人民教育出版社,1996.

106. 佐藤正夫. 教学原理[M]. 钟启泉,译. 北京：教育科学出版社,2001.

二、语文课程与教学论类

1. 北京大学,等. 文学运动史料选[C]. 上海：上海教育出版社,1979.

2. 北京外语学院附中国外语文教学研究组. 日本中学语文教学[M]. 福州：福建教育出版社,1982.

3. 曹明海. 语文新课程教学论[M]. 济南：山东人民出版社,2007.

4. 巢宗祺,雷实,陆志平. 语文课程标准解读[M]. 武汉：湖北教育出版社,2002.

5. 丛立新,章燕. 澳大利亚课程标准[S]. 北京：人民教育出版社,2005.

6. 董蓓菲. 全景搜索：美国语文课程、教材、教法、评价[M]. 上海：华东师范大学出版社,2009.

7. 杜草甬,商金林. 夏丏尊论语文教育[M]. 郑州：河南教育出版社,1987.

8. 付宜红. 日本语文教育研究[M]. 北京：北京师范大学出版社,2003.

9. 顾黄初,李杏保. 二十世纪后期中国语文教育论集[M]. 成都：四川教育出版社,2000.

10. 顾黄初,李杏保. 二十世纪前期中国语文教育论集[M]. 成都：四川教育出版社,1991.

11. 韩雪屏. 语文教育的心理学原理[M]. 上海：上海教育出版社,2001.

12. 韩雪屏. 语文课程与教学研究文集[M]. 呼和浩特：内蒙古教育出版社,2008.

13. 何更生,吴红耘,等. 语文学习与教学设计[M]. 上海：上海教育出版社,2004.

14. 何文胜. 中国初中语文教科书编选体系的比较研究[M]. 香港：文思出版社,2005.

15. 洪宗礼,柳士镇,倪文锦. 母语教材研究[M]. 南京：江苏教育出版社,2007.

16. 江苏母语课程教材研究所. 当代外国语文课程教材评介[M]. 南京：江苏教育出版社,2004.

17. 教育部基础教育司语文课程标准研制组. 语文课程标准解读[M]. 武汉：湖北教育出版社,2003.

18. 课程教材研究所.20 世纪中国中小学课程标准·教学大纲汇编：语文卷[Z].北京：人民教育出版社,2001.

19. 黎锦熙.新著国语教学法[M].北京：商务印书馆,1924.

20. 李海林.言语教学论[M].2 版.上海：上海教育出版社,2006.

21. 李海林.语文教育研究大系(1978—2005)·理论卷[M].上海：上海教育出版社,2005.

22. 李维鼎.语文课程初论[M].杭州：浙江教育出版社,2004.

23. 李维鼎.语文言意论[M].上海：上海教育出版社,2000.

24. 李杏保,顾黄初.中国现代语文教育史[M].成都：四川教育出版社,2000.

25. 李学铭,何国祥.语文教与学素质的维持与达成[M].香港：香港教育署,1991.

26. 李学铭,何国祥.语文与语文内容：语文教育学院第八届国际研讨会论文集[M].香港：香港教育署,1992.

27. 李学铭.语文教师的认识：语文教育学院中文系学术演讲二集[M].香港：香港教育署,1994.

28. 李子建,倪文锦.语文学科教育前沿[M].北京：高等教育出版社,2012.

29. 刘淼.当代语文教育学[M].北京：高等教育出版社,2005.

30. 马浩岚.美国语文[M].北京：同心出版社,2004.

31. 倪宝元.语言学与语文教育[M].上海：上海教育出版社,1995.

32. 倪文锦.初中语文新课程教学法[M].北京：高等教育出版社,2003.

33. 倪文锦.高中语文新课程教学法[M].北京：高等教育出版社,2004.

34. 倪文锦,欧阳芬,余立新.语文教育学概论(修订版)[M].北京：高等教育出版社,2009.

35. 倪文锦,欧阳汝颖.语文教育展望[M].上海：华东师范大学出版社,2002.

36. 倪文锦.小学语文新课程教学法[M].北京：高等教育出版社,2003.

37. 倪文锦.语文新课程教学法(小学)[M].北京：高等教育出版社,2010.

38. 倪文锦.语文新课程教学法(中学)[M].北京：高等教育出版社,2011.

39. 潘新和.语文：表现与存在[M].福州：福建人民出版社,2004.

40. 潘新和.语文高考：反思与重构[M].福州：福建人民出版社,2009.

41. 钱理群,孙绍振.对话语文[M].福州:福建人民出版社,2005.

42. 钱理群.语文教育门外谈[M].桂林:广西师范大学出版社,2003.

43. 区培民.语文课程与教学论[M].杭州:浙江教育出版社,2003.

44. 施仲谋.中国内地、台湾、香港、澳门语文能力测试与比较[M].北京:语文出版社,
    1996.

45. 宋祥,刘莉萱,李晓明.语文学科教学论[M].长春:东北师范大学出版社,2006.

46. 邰启扬,徐志勤.语文教育论:心理学视角的探索[M].北京:社会科学文献出版
    社,2007.

47. 童庆炳.文体与文体的创造[M].昆明:云南人民出版社,1994.

48. 王纪人.文艺学与语文教育[M].上海:上海教育出版社,1995.

49. 王荣生,等.语文教学内容重构[M].上海:上海教育出版社,2007.

50. 王荣生,李海林.语文课程与教学理论新探·学理基础[M].上海:上海教育出版
    社,2008.

51. 王荣生.语文科课程论基础[M].2版.上海:上海教育出版社,2005.

52. 王尚文.语感论[M].3版.上海:上海教育出版社,2006.

53. 王尚文.语文教改的第三浪潮[M].桂林:广西师范大学出版社,1991.

54. 王尚文.语文教学对话论[M].杭州:浙江教育出版社,2004.

55. 王尚文.语文教育学导论[M].武汉:湖北教育出版社,1994.

56. 王松泉.日本国语科教育论译介[M].海口:海南出版社,1994.

57. 王文彦,蔡明.语文课程与教学论[M].北京:高等教育出版社,2006.

58. 韦志成.语文学科教育学[M].武汉:华中师范大学出版社,2002.

59. 吴立岗,李吉林.苏联教育家改革语文教学的理论和实验[M].上海:上海教育出版
    社,1988.

60. 吴其馥,谯伟.外国语文教育研究[M].海口:海南出版社,2000.

61. 吴忠豪.外国小学语文教学研究[M].上海:上海教育出版社,2009.

62. 谢象贤.语文教育学[M].杭州:浙江教育出版社,1999.

63. 阎立钦.语文教育学引论[M].北京:高等教育出版社,1996.

64. 姚麟园.中学教学全书:语文卷[M].上海:上海教育出版社,1996.

65. 余应源. 语文教育学[M]. 南昌：江西教育出版社,1996.

66. 语文课程标准研制组. 全日制义务教育语文课程标准(实验稿)解读[M]. 武汉：湖北教育出版社,2002.

67. 曾祥芹,韩雪屏. 国外阅读研究[M]. 郑州：河南教育出版社,1992.

68. 曾祥芹. 文章本体学[M]. 郑州：文心出版社,2007.

69. 曾祥芹. 文章学与语文教育[M]. 上海：上海教育出版社,1995.

70. 张承明. 中外语文教育比较研究[M]. 昆明：云南教育出版社,2000.

71. 张鸿苓,等. 新中国中学语文教育大典[M]. 北京：语文出版社,2001.

72. 张隆华,曾仲珊. 中国古代语文教育史[M]. 成都：四川教育出版社,1995.

73. 张志公. 传统语文教育初探[M]. 上海：上海教育出版社,1962.

74. 章熊. 思索·探索——章熊语文教育论集[M]. 北京：人民教育出版社,2002.

75. 章熊. 中国当代写作与阅读测试[M]. 成都：四川教育出版社,2000.

76. 郑桂华,王荣生. 语文教育研究大系(1978—2005)·中学教学卷[M]. 上海：上海教育出版社,2007.

77. 郑国民. 新世纪语文课程改革研究[M]. 北京：北京师范大学出版社,2003.

78. 中华人民共和国教育部. 普通高中语文课程标准(2017年版2020年修订)[S]. 北京：人民教育出版社,2020.

79. 中华人民共和国教育部. 义务教育语文课程标准(2011年版)[S]. 北京：北京师范大学出版社,2012.

80. 中华人民共和国教育部. 义务教育语文课程标准(2022年版)[S]. 北京：北京师范大学出版社,2022.

81. 中外母语教材比较研究课题组. 中外母语课程标准译编[M]. 南京：江苏教育出版社,2000.

82. 周庆元. 语文教育研究概论[M]. 长沙：湖南人民出版社,2006.

83. 朱绍禹. 美日苏语文教学[M]. 长春：吉林文史出版社,1991.

84. 朱绍禹. 语文教育学[M]. 北京：中央广播电视大学出版社,1987.

85. 朱绍禹. 中学语文课程与教学论[M]. 北京：高等教育出版社,2005.

86. 朱绍禹. 中学语文课程与教学论[M]. 长春：东北师范大学出版社,2006.

87. 朱绍禹,庄文中. 国际中小学课程教材比较研究丛书:本国语文卷[M]. 北京:人民教育出版社,2001.

三、语言学类

1. L. G. 亚历山大. 语言教学法十讲[M]. 张道一,等译. 北京:科学技术文献出版社,1983.

2. S. 皮特·科德. 应用语言学导论[M]. 上海外国语学院外国语言文学研究所,译. 上海:上海外语教育出版社,1983.

3. 阿兰·戴维斯. 语言测试原理[M]. 任福昌,等译. 北京:经济科学出版社,1997.

4. 陈汉生. 中国古代的语言和逻辑[M]. 周云之,等译. 北京:社会科学文献出版社,1998.

5. 陈嘉映. 语言哲学[M]. 北京:北京大学出版社,2003.

6. 陈建民. 汉语口语[M]. 北京:语文出版社,1984.

7. 陈申. 语言文化教学策略研究[M]. 北京:北京语言文化大学出版社,2001.

8. 陈原. 语言与社会生活[M]. 北京:生活·读书·新知三联书店,1981.

9. 池昌海. 现代汉语语法修辞教程[M]. 杭州:浙江大学出版社,2002.

10. 戴维·克里斯特尔. 现代语言学词典[M]. 沈家煊,译. 北京:商务印书馆,2000.

11. 段玉裁. 说文解字注[M]. 上海:上海古籍出版社,1981.

12. 高登亮,钟琨茂,詹仁美. 语境学概论[M]. 北京:中国电力出版社,2006.

13. 韩礼德. 功能语法导论[M]. 北京:外语教学与研究出版社,2000.

14. 韩礼德. 语言与教育[M]. 北京:北京大学出版社,2007.

15. 何自然. 语用学概论[M]. 长沙:湖南教育出版社,1988.

16. 胡明扬. 西方语言学名著选读[M]. 北京:中国人民大学出版社,1988.

17. 胡壮麟,朱永生,张德禄,等. 系统功能语言学概论[M]. 北京:北京大学出版社,2008.

18. 黄国文. 语篇分析概要[M]. 长沙:湖南教育出版社,1997.

19. 贾玉新. 跨文化交际学[M]. 上海:上海外语教育出版社,1997.

20. 黎运汉. 汉语风格学[M]. 广州:广东教育出版社,2002.

21. 李美霞.话语类型研究[M].北京:科学出版社,2007.

22. 李学勤.古文字学初阶[M].北京:中华书局,1985.

23. 刘辰诞.教学篇章语言学[M].上海:上海外语教育出版社,1999.

24. 刘大为.比喻、近喻与自喻:辞格的认知性研究[M].上海:上海教育出版社,
    2001.

25. 刘焕辉.语言交际学(修订本)[M].南昌:江西教育出版社,2001.

26. 刘润清.西方语言学流派[M].北京:外语教学与研究出版社,2002.

27. 刘世生,朱瑞青.文体学概论[M].北京:北京大学出版社,2006.

28. 陆俭明,沈阳.汉语和汉语研究十五讲[M].北京:北京大学出版社,2004.

29. 诺姆·乔姆斯基.乔姆斯基语言学文集[M].宁春岩,译.长沙:湖南教育出版社,
    2006.

30. 齐元涛,等.篇章应用通则[M].沈阳:春风文艺出版社,2000.

31. 启功.汉语现象论丛[M].北京:中华书局,2000.

32. 启功,张中行,金克木.说八股[M].北京:中华书局,1994.

33. 钱敏汝.篇章语用学概论[M].北京:外语教学与研究出版社,2001.

34. 秦秀白.文体学概论[M].长沙:湖南教育出版社,1986.

35. 桑德拉·黑贝尔斯,理查德·威沃尔二世.有效沟通[M].李业昆,译.北京:华夏出
    版社,2005.

36. 邵敬敏.现代汉语通论[M].上海:上海教育出版社,2001.

37. 申小龙.汉语与中国文化[M].上海:复旦大学出版社,2003.

38. 申小龙.文化语言学[M].南昌:江西教育出版社,1993.

39. 申小龙.语文的阐释[M].沈阳:辽宁教育出版社,1991.

40. 申小龙.中国文化语言学[M].长春:吉林教育出版社,1990.

41. 束定芳.隐喻学研究[M].上海:上海外语教育出版社,2000.

42. 索绪尔.普通语言学教程[M].高名凯,译.北京:商务印书馆,1980.

43. 谭学纯,唐跃,朱玲.接受修辞学(增订本)[M].合肥:安徽大学出版社,2000.

44. 唐纳德·韩礼德.韩礼德语言学文集[M].长沙:湖南教育出版社,2006.

45. 涂纪亮.现代西方语言哲学比较研究[M].北京:中国社会科学出版社,1996.

46. 托多罗夫.巴赫金、对话理论及其他[M].蒋子华,张萍,译.天津:百花文艺出版社,2001.

47. 王艾录,司富珍.语言理据研究[M].北京:中国社会科学出版社,2002.

48. 王德春,陈瑞端.语体学[M].南宁:广西教育出版社,2002.

49. 王德春.多角度研究语言[M].北京:清华大学出版社,2002.

50. 王德春,吴本虎,王德林.神经语言学[M]上海:上海外语教育出版社,1997.

51. 王德春.修辞学探索[M].北京:北京出版社,1983.

52. 王建华.语用学与语文教学[M].杭州:浙江大学出版社,2000.

53. 王建华,周明强,盛爱萍.现代汉语语境研究[M].杭州:浙江大学出版社,2002.

54. 王建平.语言交际中的艺术——语境的逻辑功能(修订本)[M].北京:中共中央党校出版社,1992.

55. 王荣生,韩雪屏.语言知识新视点[M].上海:华东师范大学出版社,2004.

56. 维果茨基.思维与语言[M].李维,译.杭州:浙江教育出版社,1997.

57. 卫真道.篇章语言学[M].徐赳赳,译.北京:中国社会科学出版社,2002.

58. 吴礼权.修辞心理学[M].昆明:云南人民出版社,2002.

59. 熊学亮.认知语用学概论[M].上海:上海外语教育出版社,1999.

60. 徐烈炯.生成语法理论[M].上海:上海外语教育出版社,1988.

61. 徐友渔,周国平,陈嘉映,等.语言与哲学当代英美与德法哲学传统比较研究[M].北京:生活·读书·新知三联书店,1996.

62. 许汉成.交际·对话·隐含[M].哈尔滨:黑龙江人民出版社,2006.

63. 于根元.应用语言学理论纲要[M].北京:华语教学出版社,1999.

64. 张德禄.功能文体学[M].济南:山东教育出版社,1998.

65. 张良田.语篇交际原理与语文教学[M].长沙:湖南师范大学出版社,2003.

66. 张志公,王本华.汉语辞章学论集[M].北京:人民教育出版社,1996.

67. 章熊,等.中学生言语技能训练[M].北京:人民教育出版社,2005.

68. 赵艳芳.认知语言学概论[M].上海:上海外语教育出版社,2000.

69. 郑浩.教学语法与语法教学[M].北京:语文出版社,2002.

四、心理学类

1. R. M. 加涅. 学习的条件和教学论[M]. 皮连生,等译. 上海：华东师范大学出版社, 1999.

2. 布兰思福特. 人是如何学习的——大脑、心理、经验及学校[M]. 程可拉,等译. 上海：华东师范大学出版社,2002.

3. 戴尔·H. 申克. 学习理论：教育的视角[M]. 韦小满,等译. 南京：江苏教育出版社, 2003.

4. 冯忠良. 结构—定向教学的理论与实践（上、下）[M]. 北京：北京师范大学出版社, 1992.

5. 桂诗春. 新编心理语言学[M]. 上海：上海外语教育出版社,2000.

6. 莱斯利·P. 斯特弗,等. 教育中的建构主义[M]. 高文,等译. 上海：华东师范大学出版社,2002.

7. 林崇德. 教育的智慧：写给中小学教师[M]. 北京：开明出版社,1999.

8. 林崇德. 学习与发展[M]. 北京：北京师范大学出版社,1999.

9. 麦克德维特,奥姆罗德. 儿童发展与教育[M]. 李琪,等译. 北京：教育科学出版社, 2007.

10. 莫雷. 教育心理学[M]. 北京：高等教育出版社,2005.

11. 彭聃龄. 汉语认知研究[M]. 济南：山东教育出版社,1997.

12. 皮连生. 学与教的心理学（第三版）[M]. 上海：华东师范大学出版社,2003.

13. 皮连生. 知识分类与目标导向教学——理论与实践[M]. 上海：华东师范大学出版社,1998.

14. 皮连生. 智育心理学[M]. 北京：人民教育出版社,1996.

15. 邵瑞珍. 教育心理学[M]. 上海：上海教育出版社,1999.

16. 邵瑞珍,皮连生,吴庆麟. 教育心理学[M]. 上海：上海教育出版社,2003.

17. 申继亮,等. 中学语文教学心理学[M]. 北京：北京教育出版社,2001.

18. 沈德立. 学生汉语阅读过程的眼动研究[M]. 北京：教育科学出版社,2001.

19. 吴庆麟,等. 认知教学心理学[M]. 上海：上海科学技术出版社,2000.

20. 《心理学百科全书》编委会. 心理学百科全书. 上卷[M]. 杭州：浙江教育出版社，1995.

21. 张必隐. 阅读心理学[M]. 北京：北京师范大学出版社，1992.

22. 朱智贤，林崇德. 思维发展心理学[M]. 北京：北京师范大学出版社，1987.

23. 朱智贤. 心理学大辞典[Z]. 北京：北京师范大学出版社，1989.

24. 朱作仁，祝新华. 小学语文教学心理学导论[M]. 上海：上海教育出版社，2001.

五、写作教学类

1. T. A. 拉德任斯卡雅. 苏联的作文教学[M]. 吴立岗，译. 北京：教育科学出版社，1982.

2. 安东尼·海恩斯. 作文教学的 100 个绝招[M]. 杨海洲，杜铁清，译. 北京：教育科学出版社，2009.

3. 巴巴拉·明托. 金字塔原理：思考、写作和解决问题的逻辑[M]. 王德忠，张珣，译. 北京：民主与建设出版社，2002.

4. 曹林. 时评写作十讲[M]. 上海：复旦大学出版社，2011.

5. 岑绍基. 作文量表互改研究与实践[M]. 香港：香港教育图书公司，2005.

6. 陈果安. 现代写作学引论[M]. 长沙：中南大学出版社，2008.

7. 陈满铭. 章法结构原理与教学[M]. 台北：万卷楼图书，2007.

8. 陈鸣. 创意写作：虚构与叙事[M]. 桂林：广西师范大学出版社，2011.

9. 陈望道. 作文法讲义[M]. 北京：开明书店，1951.

10. 陈望道. 作文法讲义[M]. 郑州：河南教育出版社，1989.

11. 陈子典. 顾兴义. 写作知识辞典[M]. 南昌：江西教育出版社，1990.

12. 程福宁. 文章学基础[M]. 长沙：湖南大学出版社，1987.

13. 仇小屏. 吕祖谦《古文关键》文章论研究[M]. 台北：万卷楼图书，2010.

14. 戴健林，朱晓斌. 写作心理学[M]. 广州：广东高等教育出版社，2003.

15. 董小玉，王朝彦，任遂虎. 高校写作学教程[M]. 成都：电子科技大学出版社，1993.

16. 杜福磊. 中国写作学理论研究与发展[M]. 北京：中央编译出版社，2004.

17. 方明生. 日本生活作文教育研究[M]. 上海：上海教育出版社，2002.

18. 高志华.中学生作文学[M].西安：陕西师范大学出版社,2006.

19. 何更生.知识分类学习论和教学论在作文教学中的应用研究[D].上海：华东师范大学,2001.

20. 何海波.法学论文写作[M].北京：北京大学出版社,2014.

21. 黄建成.写作学教程[M].合肥：安徽大学出版社,2002.

22. 黄孟轲.中学作文教例剖析与教案研制[M].南宁：广西教育出版社,2005.

23. 杰里米·哈默.朗文如何教写作[M].邹为诚,译.北京：人民邮电出版社,2011.

24. 金长民.现代写作学基本原理[M].天津：天津人民出版社,1996.

25. 孔凡成.语境教学研究[M].北京：人民出版社,2009.

26. 李道荣.中国古代写作学概论[M].郑州：文心出版社,1994.

27. 李华.写出心灵深处的故事：非虚构创作指南[M].北京：中国人民大学出版社,2014.

28. 梁启超.中学以上作文教学法[M].上海：中华书局,1925.

29. 林一平.读者意识写作教学论[M].北京：中国文联出版社,2003.

30. 凌焕新.微型小说美学[M].南京：凤凰出版社,2011.

31. 刘东虹.第二语言写作的心理与语言探索[M].北京：中国地质大学出版社,2009.

32. 刘淼.作文心理学[M].北京：高等教育出版社,2001.

33. 刘锡庆.基础写作学[M].北京：人民教育出版社,2007.

34. 刘锡庆.外国写作教学理论辑评[M].呼和浩特：内蒙古教育出版社,1992.

35. 马正平.高等写作学引论[M].北京：中国人民大学出版社,2002.

36. 马正平.中学写作教学新思维[M].北京：中国人民大学出版社,2003.

37. 潘新和.中国现代写作教育史[M].济南：济南出版社,2017.

38. 潘新和.中国写作教育思想论纲[M].北京：人民教育出版社,1998.

39. 祁寿华.西方写作理论、教学与实践[M].上海：上海外语教育出版社,2000.

40. 荣维东.交际语境写作[M].北京：语文出版社,2016.

41. 荣维东.写作课程范式研究[D].上海：华东师范大学,2010.

42. 容本镇.文学的感悟与自觉[M].北京：中国文联出版社,2002.

43. 孙绍振.文学创作论[M].福州：海峡文艺出版社,2007.

44. 覃可霖. 写作思维学[M]. 南宁：广西人民出版社，2002.

45. 外国作家谈创作经验（下）[M]. 西安：陕西人民出版社，1998.

46. 王鼎钧. 讲理[M]. 台北：大地出版社，2007.

47. 王鼎钧. 作文七巧[M]. 北京：国际文化出版公司，2007.

48. 王泽龙. 中国写作学探要[M]. 北京：中国文联出版社，2004.

49. 王志彬. 20世纪中国写作理论史[M]. 南京：南京大学出版社，2002.

50. 威廉·W. 韦斯特. 提高写作技能[M]. 福州：福建教育出版社，1984.

51. 韦志成. 作文教学论[M]. 南宁：广西教育出版社，1998.

52. 魏姬·厄克特，莫内特·麦基沃. 教会学生写作[M]. 程可拉，等译. 北京：教育科学出版社，2008.

53. 魏小娜. 语文科真实写作教学研究[D]. 重庆：西南大学，2009.

54. 吴立岗. 小学作文教学论[M]. 南宁：广西教育出版社，1993.

55. 吴新元. 公文要素对应写作理法[M]. 北京：九州出版社，2012.

56. 夏丏尊，刘薰宇. 文章作法[M]. 杭州：浙江文艺出版社，1983.

57. 夏丏尊，叶绍钧. 国文百八课[M]. 北京：人民教育出版社，1985.

58. 夏丏尊，叶圣陶. 文话七十二讲[M]. 北京：中华书局，2007.

59. 夏丏尊，叶圣陶. 文心[M]. 北京：生活·读书·新知三联书店，1999.

60. 夏丏尊，叶圣陶. 文章讲话[M]. 北京：中华书局，2007.

61. 肖福寿. 英语写作教学的原则与策略[M]. 上海：上海大学出版社，2007.

62. 徐江. 高考作文辅导再辅导[M]. 上海：上海教育出版社，2004.

63. 雪梨·艾利斯. 开始写吧！非虚构文学创作[M]. 刁克利，译. 北京：中国人民大学出版社，2011.

64. 杨彬. 当代少数民族小说的汉语写作研究[M]. 北京：中国社会科学出版社，2018.

65. 杨成章. 作文教学原理[M]. 福州：福建人民出版社，1987.

66. 杨景生. 写作观察论[M]. 北京：光明日报出版社，2009.

67. 叶黎明. 写作教学内容新论[M]. 上海：上海教育出版社，2012.

68. 叶黎明. 语文科写作教学内容研究[D]. 上海：上海师范大学，2007.

69. 叶圣陶，夏丏尊. 文章讲话[M]. 杭州：浙江文艺出版社，1983.

70. 叶圣陶.叶圣陶教育文集[M].北京：人民教育出版社,1994.

71. 叶圣陶.怎样写作[M].北京：中华书局,2007.

72. 尹均生.国际报告文学的源起与发展[M].武汉：华中师范大学出版社,2009.

73. 于漪.教你学作文[M].济南：山东教育出版社,1994.

74. 余文森,林高明,郑华枫.可以这样教作文[M].上海：华东师范大学出版社,2009.

75. 袁野.二语写作的认知—功能语言学研究[M].北京：科学出版社,2009.

76. 曾祥芹,甘其勋,刘真福.文章知识新视点[M].上海：华东师范大学出版社,2006.

77. 曾亚平.英语阅读与写作研究[M].上海：上海交通大学出版社,2009.

78. 张寿康.古代文章学概论[M].武汉：武汉大学出版社,1983.

79. 张文质,窦桂梅.小学语文名师作文课堂实录[M].上海：华东师范大学出版社,
    2008.

80. 张志公.传统语文教育教材论：暨蒙学书目和书影[M].北京：中华书局,2013.

81. 张中行.作文杂谈[M].北京：人民教育出版社.1985.

82. 章熊.语言和思维的训练[M].上海：上海教育出版社,1982.

83. 中央教育科学研究所教改实验小组.作文(1—6 册)[M].北京：教育科学出版社,
    1984.

84. 钟为永.写作教学心理学[M].上海：上海文艺出版社,1989.

85. 周逵.非虚构：时代记录者与叙事精神[M].北京：清华大学出版社,2017.

86. 周森龙.现代写作论稿[M].天津：天津人民出版社,2005.

87. 周振甫.文章例话[M].北京：中国青年出版社,1983.

88. 周振甫.中国文章史[M].南京：江苏教育出版社,2006.

89. 朱广贤.中国文章学分类研究[M].北京：民族出版社,2000.

90. 朱建军.语文课程"读写结合"研究：理论、标准与实践[M].北京：教育科学出版
    社,2013.

91. 朱水根.新课程小学作文教学[M].北京：高等教育出版社,2006.

92. 朱晓斌.写作教学心理学[M].杭州：浙江大学出版社,2007.

93. 朱自清.朱自清散文(下)[M].北京：中国广播电视出版社,1994.

94. 朱作仁.小学作文教学心理学[M].福州：福建教育出版社,1993.

95. 庄涛,胡敦骅,梁冠群. 写作大辞典[M]. 上海：汉语大词典出版社,1992.

六、文史哲等类

1. M. H. 艾布拉姆斯. 镜与灯：浪漫主义文论及批评传统[M]. 郦稚牛,等译. 北京：北京大学出版社,1989.

2. 艾尔·巴比. 社会研究方法[M]. 8版. 邱泽奇,译. 北京：华夏出版社,2000.

3. 奥古斯特·孔德. 论实证的精神[M]. 黄建华,译. 北京：商务印书馆,2001.

4. 班杜拉. 思想和行动的社会基础—社会认知论(上、下)[M]. 林颖,等译. 上海：华东师范大学出版社,2001.

5. 保罗·法伊尔阿本德. 反对方法[M]. 周昌忠,译. 上海：上海译文出版社,1992.

6. 波普诺. 社会学[M]. 10版. 李强,等译. 北京：中国人民大学出版社,1999.

7. 陈向明. 质的研究方法与社会科学研究[M]. 北京：教育科学出版社,2000.

8. 戴维·米勒. 开放的思想和社会：波普尔思想精粹[M]. 张之沧,译. 南京：江苏人民出版社,2000.

9. 伽达默尔. 伽达默尔集[M]. 邓安庆,等译. 上海：上海远东出版社,2003.

10. 郭绍虞. 中国历代文论选[M]. 上海：上海古籍出版社,2001.

11. 汉斯-格奥尔格·加达默尔. 哲学解释学[M]. 夏镇平,宋建平,译. 上海：上海译文出版社,2004.

12. 亨利·A. 吉鲁. 教师作为知识分子——迈向批判教育学[M]. 朱红文,译. 北京：教育科学出版社,2008.

13. 金元浦. 接受反应文论[M]. 济南：山东教育出版社,1998.

14. 卡尔·波普. 历史决定论的贫困[M]. 杜汝楫,邱仁宗,译. 北京：华夏出版社,1987.

15. 拉卡托斯. 科学研究纲领方法论[M]. 兰征,译. 上海：上海译文出版社,1986.

16. 雷蒙·威廉斯. 关键词：文化与社会的词汇[M]. 刘建基,译. 北京：生活·读书·新知三联书店,2005.

17. 李美霞. 话语类型研究[M]. 北京：科学出版社,2007.

18. 廖炳惠. 关键词200：文学与批评研究的通用词汇编[C]. 南京：江苏教育出版社,2006.

19. 刘小枫. 接受美学译文集[M]. 北京：生活·读书·新知三联书店, 1989.

20. 罗森塔尔. 社会研究的后设分析程序[M]. 齐力, 译. 台北：弘智文化, 1999.

21. 迈克尔·波兰尼. 个人知识：迈向后批判哲学[M]. 许泽民, 译. 贵阳：贵州人民出版社, 2000.

22. 皮亚杰. 儿童的语言与思维[M]. 傅统先, 译. 北京：文化教育出版社, 1980.

23. 普里戈金, 斯唐热. 从混沌到有序[M]. 曾庆宏, 译. 上海：上海译文出版社, 2005.

24. 斯坦利·费什. 读者反应批评：理论与实践[M]. 文楚安, 译. 北京：中国社会科学出版社, 1998.

25. 特雷·伊格尔顿. 二十世纪西方文学理论[M]. 伍晓明, 译. 西安：陕西师范大学出版社, 1987.

26. 童庆炳. 文体与文体的创造[M]. 昆明：云南人民出版社, 1994.

27. 托马斯·库恩. 科学革命的结构[M]. 金吾伦, 胡新和, 译. 北京：北京大学出版社, 2003.

28. 丸山高司. 伽达默尔：视野融合[M]. 赵文柱, 等译. 石家庄：河北教育出版社, 2002.

29. 王守元. 英语文体学教程[M]. 济南：山东教育出版社, 1990.

30. 王先霈, 王又平. 文学理论批评术语汇释[Z]. 北京：高等教育出版社, 2006.

31. 王岳川. 现象学与解释学文论[M]. 济南：山东教育出版社, 1999.

32. 王运熙, 顾易生. 中国文学批评史新编[M]. 2版. 上海：复旦大学出版社, 2007.

33. 威尔伯·施拉姆, 威廉·波特. 传播学概论[M]. 李启, 周立方, 译. 北京：新华出版社, 1984.

34. 韦伯. 社会科学方法论[M]. 韩水法, 莫茜, 译. 北京：中央编译出版社, 1999.

35. 韦勒克, 沃伦. 文学理论[M]. 刘象愚, 等译. 北京：生活·读书·新知三联书店, 1984.

36. 沃尔夫冈·伊瑟尔. 怎样做理论[M]. 朱刚, 等译. 南京：南京大学出版社, 2008.

37. 沃·伊瑟尔. 阅读行为[M]. 金惠敏, 等译. 长沙：湖南文艺出版社, 1991.

38. 雅克·德里达. 书写与差异[M]. 北京：生活·读书·新知三联书店, 2001.

39. 姚斯, 霍拉勃. 接受美学与接受理论[M]. 周宁, 金元浦, 译. 沈阳：辽宁人民出版社,

1987.

40. 章国锋. 批评的魅力：二十世纪西方文论[M]. 海口：海南出版社，1993.

41. 章国锋. 文学批评的新范式——接受美学[M]. 海口：海南出版社，1993.

42. 赵一凡，等. 西方文论关键词[Z]. 北京：外语教学与研究出版社，2006.

43. 朱光潜. 谈文学[M]. 合肥：安徽教育出版社，2006.

44. 朱立元，李钧. 二十世纪西方文论选[M]. 北京：高等教育出版社，2002.

七、学术论文类

1. 蔡明. 写作情境：任务写作必须研究的命题[J]. 中学语文教学，2019(03).

2. 曹勇军. 对"读写结合"的冷思考[J]. 语文教学通讯，1999(06).

3. 陈玲. 初中生写作策略培养[J]. 中学语文教学，2004(08).

4. 陈钟梁. 反思之后的回归[J]. 中学语文教学，2007(10).

5. 崔允漷，沈兰华. 澳大利亚维多利亚州《课程标准框架》述评[J]. 外国教育资料，2000(01).

6. 代顺丽. 以情境为抓手教写作[J]. 语文建设，2015(12).

7. 邓鹂鸣，刘红，陈芃，等. 过程写作法的系统研究及其对大学英语写作教学改革的启示[J]. 外语教学，2003(11).

8. 邓敏杰，张一春，范文翔. 美国循证教育的发展脉络、应用与主要经验[J]. 比较教育研究，2019，41(04).

9. 邓彤. 微型化写作课程研究[D]. 上海：上海师范大学，2014.

10. 董蓓菲. 课程标准中一个不可或缺的要素——以美国母语《写作内容标准》为例[J]. 语文教学通讯，2007(10).

11. 范金豹. 中外作文教学目标取向的比较[J]. 中学语文教学，2005(02).

12. 范守纲. 中外作文命题的显异与趋同[J]. 语文教学通讯，2002(08).

13. 范秀娟. 试论语境与语义的理解[J]. 文教资料，2007(04).

14. 方帆. 中美语文课程标准的初步比较[J]. 中学语文教学，2005(10).

15. 冯建军. 主体教育理论：从主体性到主体间性[J]. 华中师范大学学报(人文社会科学版)，2006(01).

16. 傅丹萍.语文学科的知识取向[J].现代语文,2007(12).

17. 高芳.西方写作过程模式研究综述[J].赤峰学院学报(汉文哲学社会科学版),2009(03).

18. 高文.情境学习与情境认知[J].教育发展研究,2001(08).

19. 巩子坤,李森.论情境认知理论视野下的课堂情境[J].课程·教材·教法,2005(08).

20. 谷屹欣.以读写教育构建跨学科素养:芬兰新课程多元读写能力及其实施途径评析[J].外国教育研究,2019,46(08).

21. 郭家海.基于语篇写作视角的写作核心素养"点"[J].中学语文,2017(01).

22. 郭家海.小学习作核心素养教学模型的构建[J].语文教学通讯·C刊,2016(07).

23. 郭利萍.谈中国语文课程的现状与改革——访上海师范大学教育科学学院教授吴忠豪[J].中小学教材教学,2006(10).

24. 郭英德.由行为方式向文本方式的变迁——论中国古代文体分类的生成方式[J].陕西师范大学学报(社会科学版),2005(01).

25. 韩雪屏.审视语文课程的知识基础[J].语文建设,2002(05).

26. 韩雪屏.也谈语文课程知识观念的嬗变[J].新语文学习,2009(04).

27. 韩雪屏.语文课程内容建构刍议[J].课程·教材·教法,2008(04).

28. 郝善学.浅论策略性知识的教学[J].自贡师专学报,1998(03).

29. 何更生.写作策略性知识教学的实验研究[J].心理科学,2002(01).

30. 胡光明.论语境对话语的作用[J].绥化学院学报,2007(04).

31. 胡壮麟.语境研究的多元化[J].外语教学与研究,2002(03).

32. 黄伟.高中作文教学的百年回眸与检讨[J].德州学院学报,2006(02).

33. 蒋念祖.综合——作文教学改革的必由之路[J].扬州教育学院学报,2001(02).

34. 靳彤.从"八字宪法"看语文课程方法性知识的存在[J].课程·教材·教法,2016(11).

35. 李海林,荣维东.关于"写作"和"写作教学"问题[J].中学语文教学,2009(09).

36. 李海林,荣维东.关于"作文"或"写作"的正名[J].中学语文教学,2009(08).

37. 李海林.语文教学内容重构的途径:系统开发与点滴积累[J].小学语文,2008(11).

38. 李海林. 语文课程改革的进展、问题及前瞻[J]. 语文建设, 2006(03).

39. 李乾明. 国外作文教学: 危机、对策及启示[J]. 课程·教材·教法, 2004(07).

40. 林润生. 运用知识分类论分析指导习作教学[J]. 小学语文教学, 2008(07).

41. 林一平. "读者意识"写作教学观的再认识[J]. 语文新圃, 2002(01).

42. 刘东虹. 写作策略与产出性词汇量对写作质量的影响[J]. 现代外语, 2004(03).

43. 刘东虹. "写作修辞学"的学科发展历程[J]. 外国语文研究, 2015(05).

44. 刘光成. 语文知识教学的历程与反思[J]. 当代教育论坛, 2007(05).

45. 刘国正. 关于"实用文体"的通信(致甘其勋)[J]. 语文学习, 1991(12).

46. 刘勋达, 郭元祥. 我国语文课标表现性标准的缺失——中澳语文(英语)课标对比研究[J]. 河北师范大学学报(教育科学版), 2013, 15(04).

47. 罗明礼. 国外外语写作教学法之回顾[J]. 国外理论动态, 2008(11).

48. 马正平. 作文教学有没有一个体系? 应该是一个什么体系? 21世纪作文教学需要一种什么样的体系? [J]. 语文教学通讯, 2006(11).

49. 莫雷. 能力结构研究的基本方法与方法论问题[J]. 心理学报, 1988(03).

50. 倪文锦. 从技能训练到策略教学的发展趋势[J]. 中华活页文选(教师版), 2009(06).

51. 倪文锦. 关于写作教学有效性的思考[J]. 课程·教材·教法, 2009(03).

52. 倪文锦. 西方国家语文教育发展的三种模式[J]. 全球教育展望, 2001(04).

53. 倪文锦. 新课标的公布及对语文教学的影响[J]. 中学语文教学, 2009(07).

54. 倪文锦. 语文教学的去知识化和技能化倾向——六十年语文教育最大的失[J]. 语文建设, 2009(Z1).

55. 潘新和. "文从字顺"是平庸者的执照[J]. 作文成功之路(高中版), 2006(09).

56. 潘新和. "文体""教学文体"及其他[J]. 中学语文教学, 2007(12).

57. 潘新和. 夏丏尊写作教学观初探[J]. 福建师范大学学报(哲学社会科学版), 1994(03).

58. 秦春. 写作情境教学研究[D]. 上海: 华东师范大学, 2002.

59. 荣维东. 标准的标准: 美国评议课程标准的九个准则——美国教师联合会《制定优异的标准》评介与启示[J]. 全球教育展望, 2009(01).

60. 荣维东,陈磊. 新中国 70 年写作课程政策回顾、思考与展望[J]. 语文教学通讯, 2019(28).

61. 荣维东. 多读比多写更利于提高写作能力[J]. 语文学习,2009(06).

62. 荣维东. 构建基于科学标准的作文评价指标体系[J]. 语文教学通讯,2008(29).

63. 荣维东. 开发科学有效的语文知识体系——以加利福尼亚语文教材《文学:读者的选择》为例[J]. 语文建设,2008(09).

64. 荣维东. 课程标准基本问题探析[J]. 教育发展研究,2009(02).

65. 荣维东. 论新世纪写作课程重建运动[J]. 教师教育学报,2020(04).

66. 荣维东,裴海安. 关于中小学写作教学内容标准[J]. 语文教学通讯・C 刊, 2018(07).

67. 荣维东,唐玖江,严闪. 新中国 70 年写作课程与教学译介综述[J]. 语文教学通讯, 2019(34).

68. 荣维东. 我国建国以来作文课程内容发展审议[J]. 语文教学通讯,2017(18).

69. 荣维东. 我国写作课程内容确定化与序列化的尝试——1957 年《中学作文教学初步方案(草稿)》述评[J]. 语文建设,2019(09).

70. 荣维东. 写作课程的功能取向与应然路向[J]. 语文建设,2020(11).

71. 荣维东,于龙. "理性反思、科学实践":语文课改走在路上——近五年来语文课程研究热点综述与趋势分析[J]. 课程・教材・教法,2009,29(06).

72. 荣维东. 语文课程研究的范式转型——从学科性质到课程理解再到课程开发[J]. 语文建设,2009(12).

73. 荣维东,朱建军. 国外写作教学实验结果综述[J]. 语文建设,2009(05).

74. 沈玲蓉. 让文本为写作铺路领航——《美国语文》课后练习写作部分简析[J]. 宁波大学学报(教育科学版),2006(01).

75. 孙慧. 功能文体学理论及其应用原则[J]. 山东教育学院学报,2006(06).

76. 汤丰林,申继亮. 情境认知的理论基础与教学条件[J]. 全球教育展望,2004(04).

77. 汪潮. 中国语文读写结合相关研究[J]. 杭州大学学报(哲学社会科学版), 1991(12).

78. 汪凌. 法国普通教育高中语文大纲介绍[J]. 全球教育展望,2001(12).

79. 王洪玲,李莹翡. 看"作文"与"写作"概念在语文作文教学理论中的混用现象[J]. 现代语文,2006(03).

80. 王俊菊. 写作过程模式比较研究[J]. 山东大学学报(哲学社会科学版),2005(05).

81. 王荣生. 从四对关系谈语文教学内容的确定性[J]. 小学语文,2008(05).

82. 王荣生. 简论制约语文课程与教学目标的知识状况[J]. 学科教育,2002(10).

83. 王荣生. 教的根本目的是帮助学生学[J]. 语文学习,2009(09).

84. 王荣生. 事实性知识、概括性知识与"大概念"——以语文学科为背景[J]. 课程·教材·教法,2020,40(04).

85. 王荣生. 完整地理解"语文知识"的问题[J]. 中学语文教学,2007(10).

86. 王荣生. 我国的语文课为什么几乎没有写作教学?[J]. 语文教学通讯,2007(12).

87. 王荣生. 语文教学内容的确定性及其面临的问题[J]. 语文学习,2009(09).

88. 王荣生. 语文课程标准编制的历史经验与教训——1956 年语文教学大纲述评[J]. 课程·教材·教法,2008(01).

89. 王文静. 情境认知与学习理论研究述评[J]. 全球教育展望,2002(01).

90. 王小英. 中美普通高中课程目标设计比较[J]. 外国教育研究,1994(06).

91. 王晓霞. 国外及港台地区初中语文教材选文标准观比较研究[J]. 教育学报,2004(03).

92. 韦志成. 试论写作教学的规律[J]. 中学语文教学参考,2003(12).

93. 魏小娜. 美国 2011 年 NAEP 写作试题编制研究[J]. 外国中小学教育,2009(05).

94. 魏小娜. 认知写作:开发作文教学内容的新尝试[J]. 语文建设,2010(03).

95. 巫萍. 高职英语学生跨文化交际能力的培养[J]. 新课程研究,2008(06).

96. 吴刚平. 课程意识及其向课程行为的转化[J]. 教育理论与实践,2003(17).

97. 吴显友. 文体学中的几个基本问题[J]. 重庆师院学报(哲学社会科学版),2002(02).

98. 吴勇."文心":儿童写作核心素养的校本表达——核心素养视域下的"童化作文"教学[J]. 语文教学通讯,2017(Z3).

99. 吴忠豪. 语文课程资源的开发和利用[J]. 中学语文教与学,2005(04).

100. 肖川,曹广祥. 课程知识的特征与生成过程[J]. 教育发展研究,2007(05).

101. 谢少万. 语境理论的交际观[J]. 山东外语教学, 2002(04).

102. 叶黎明. 新世纪以来写作教学理论研究取得的进展[J]. 语文教学通讯, 2013(33).

103. 佚名. "五四"现代应用文发展简述[J]. 应用写作, 1994(04).

104. 羿小平. 关于"文体变异"的思考[J]. 语文学习, 2006(01).

105. 语文课程标准研制组.《全日制义务教育语文课程标准(实验稿)》修订建议汇总报告[J]. 语文建设, 2003(10).

106. 袁刚. 阅读教学中的"读写结合"新探[J]. 广西教育学院学报, 2001(05).

107. 曾茂林, 罗刚. 对策略性知识的理解及教学初探[J]. 宜宾学院学报, 2001(04).

108. 曾祥芹, 李银超. "文本三分法"科学吗? ——《普通高中语文课程标准(实验)》文本分类法质疑[J]. 语文建设, 2006(09).

109. 张广顺. 重视写作策略性知识的教学和研究[J]. 现代语文, 2005(11).

110. 张华. 论课程实施的涵义与基本取向[J]. 外国教育资料, 1999(02).

111. 张化万. 破解小学作文教学难的三剂良方[J]. 语文教学通讯, 2008(28).

112. 张孔义. 美国小学写作教学的一些特点[M]. 外国中小学教育, 1994(06).

113. 张英彦. 建构主义写作观述评[J]. 皖西学院学报, 2004(04).

114. 张莹. 成品写作法向过程写作法的嬗变[J]. 外语研究, 2006(06).

115. 张志公. 提倡两个"全面发展"[J]. 语文学习, 1996(02).

116. 章熊. 关于中学写作教学的几点思考[J]. 中学语文教学, 2006(10).

117. 赵静. 写作教学的实用化倾向——国外写作教学的启示之一[J]. 学科教育, 1998(11).

118. 郑博真. 大陆和台湾义务教育写作课程之评析比较[J]. 新竹师院初等教育学报, 2004(09).

119. 郑国民. 高中语文新课标新在哪里? [J]. 中学语文教学, 2003(08).

120. 郑国民, 季雪娟. 美国威斯康辛州高中语文课程标准评介[J]. 中学语文教学, 2003(01).

121. 钟启泉. 课程改革的文化使命[J]. 人民教育, 2004(08).

122. 钟启泉. "学校知识"与课程标准[J]. 教育研究, 2000(11).

123. 周森龙. 写作语境功能论[J]. 应用写作, 2007(10).

124. 周庆元.关于写作教学过程的思考[J].课程·教材·教法,1992(11).

125. 周子房.写作学习环境的建构[D].上海:华东师范大学,2012.

126. 朱佩荣.季亚琴科论教学的本质(上)[J].外国教育资料,1993(05).

127. 朱文秀.日本作文评价给我国作文评价的启示[J].语文教学与研究,2007(04).

八、外文参考文献类

1. AFT. Setting Strong Standards[EB/OL]. http://www. aft. org/pubs-reports/ downloads/teachers/settingthestage. pdf. [2008 - 04 - 20].

2. Alexander Seeshing Yeung, Putai Jin, John Sweller. Cognitive Load and Learner Expertise: Split-Attention and Redundancy Effects in Reading with Explanatory Notes[J]. Contemporary Educational Psychology, 1998, 23(01).

3. Alice Omaggio Hadley. Teaching Language in Context[M]. 北京:外语教学与研究出版社,2004.

4. A. Newell, H. A. Simon. Human Problem Solving[M]. Englewood Cliffs, NJ: Prentice-Hall, 1972.

5. Anne Haas Dyson, Sarah Warshauer Freedman. On Teaching Writing: A Review of the Literature[J]. Occasional Paper, No. 20, 1990.

6. Berninger, V. W. , et al. Treatment of Handwriting Problems in Beginning Writers: Transfer from Handwriting to Composition[J]. Journal of Educational Psychology, 1997, 89(04).

7. Berninger, V. W. , Vaghan, K. , Abbott, R. D. , Brooks, A. , Abbott, S. P. , Rogan, L. , Reed, E. , & Graham, S. Early Intervention for Spelling Problems: Teaching Functional Spelling Units of Varying Size with a Multiple Connections Framework[J]. Journal of Educational Psychology, 1998(12).

8. Bruce McComiskey. The Writing Process Movement[DB/OL]. http://www. proessay. com/college-composition/college-composition/the-writing-process-movement. html. [2010 - 01 - 08].

9. Calderhead, J. Teachers: Belief and Knowledge[M]//Berliner, D. C. Calfee R.

C. (Eds.) Handbook of Education Psychology. New York: Macmillan, 1996.

10. Carey, Linda, et al. Strategies for Writing: Theories and Practices[J]. College Composition and Communication, 1986(37).

11. Charles Bazerman. Handbook of Research on Writing History, Society, School, Individual, Text[M]. Mahwah, NJ: Lawrence Erlbaum Associates, 2008.

12. Charney, Davida. Teaching Writing as a Process[M]//Duane Roen, Veronica Pantoja, Lauren Yena, Susan K. Miller, Eric Waggoner. Strategies for Teaching First-Year Composition. Urbana, IL: NCTE, 2002.

13. Christian R. Weisser, Sidney I. Dobrin. Ecocomposition: Theoretical and Pedagogical Approaches[M]. Albany: State University of New York Press, 2001.

14. Clark, Irene L. Concepts in Composition: Theory and Practice in the Teaching of Writing[M]. Mahwah, NJ: Lawrence Erlbaum, 2003.

15. Collins A. Cognitive Apprenticeship and Instructional Technology (Technical Report No. 6899)[R]. BBN Labs Inc., Cambridge, MA, 1988.

16. Donald M. Murray. Teach Writing as a Process Not Product[J]. The Leaflet, Fall 1972.

17. Ekaterina Midgette, Priti Haria, Charles MacArthur. The Effects of Content and Audience Awareness Goals for Revision on the Persuasive Essays of Fifth and Eighth-grade Students[J]. Reading and Writing, 2008(21).

18. English-Language Development Standards for California Public Schools[DB/OL]. http://www.cde.ca.gov/index.asp.

19. E. Steinberg. Cognitive Processes in Writing[M]. Hillsdale, NJ: Erlbaum, 1980.

20. Freedman, S. Moving Writing Research into the 21st Century[J]. Occasional Paper, 1994(36).

21. Gerald Nelms. Reassessing Janet Emig's *The Composing Processes of Twelfth Graders*: An Historical Perspective[J]. Rhetoric Review, Vol. 13, No. 1, Fall 1994.

22. Graham, S. Executive Control in the Revising of Students with Learning and

Writing Difficulties[J]. Journal of Educational Psychology，1997，89(02).

23. Graham，S.，MacArthur，C.，Schwartz，S. Effects of Goal Setting and Procedural Facilitation on the Revising Behavior and Writing Performances of Students with Writing and Learning Problems[J]. Journal of Educational Psychology，1995，87 (02).

24. Graham，S.，Perin，D. Writing Next：Effective Strategies to Improve Writing of Adolescents in Middle and High Schools — A Report to Carnegie Corporation of New York[R]. Washington，DC：Alliance for Excellent Education，2007.

25. Hayes，J. R. A New Framework for Understanding Cognition and Affect in Writing[M]//C. M. Levy，S. Ransdell (eds.). The Science of Writing：Theories，Methods，Individual Differences，and Applications[M]. Mahwah，NJ：Lawrence Erlbaum，1996.

26. Hume，A. Research on the Composing Process[J]. Review of Educational Research，Vol. 53，No. 2，1983.

27. Hyland，Ken. Genre-Based Pedagogies：A Social Response to Process[J]. Journal of Second Language Writing，February 2003.

28. IRA and NCTE. Standards for the English Language Arts[S]. International Reading Association and the National Council of Teachers of English，1996.

29. Jack C. Richards，Willy A. Renandya. Methodology in Language Teaching：An Anthology of Current Practice[M]. Cambridge：Cambridge University Press，2002.

30. Jeremy Harmer. How To Teach Writing[M]. New York：Pearson Education，2004.

31. Judy，S. N.，S. J. Judy. An Introduction to the Teaching of Writing[M]. Illionois：Scott，Foresman Company，1981.

32. Karen R. Harris，Steve Graham，Linda H. Mason. Improving the Writing，Knowledge，and Motivation of Struggling Young Writers：Effects of Self-Regulated Strategy Development with and without Peer Support[J]. American Educational

Research Journal Summer，Vol. 43，No. 2，2006.

33. Kathleen Cotton. Teaching Composition：Research on Effective Practices［J］. Topical Synthes，No. 2，1988c.

34. Keith Johnson，Helen Johnson. Encyclopedic Dictionary of Applied Linguistics：A Handbook for Language Teaching［M］. Oxford：Blackwell，1999.

35. Ken Hyland. Teaching and Researching Writing［M］. 北京：外语教学与研究出版社，2005.

36. Legum，S. E.，Krashen，S. D. Conceptual Framework for the Design of a Composition Program［R］. Los Angeles，Cal. Southwest Regional Laboratory for Educational Research and Development. ERIC Reproduction Service No. ED108239：1972.

37. Linda Flower，John R. Hayes. A Cognitive Process Theory of Writing［J］. College Composition and Communication，Vol. 32，No. 4，December 1981.

38. Linda S. Flower，John R. Hayes. Problem-Solving Strategies and the Writing Process［J］. College English，Vol. 39，No. 4，Stimulating Invention in Composition Courses (Dec.，1977).

39. National Governors Association & Council of Chief State School Officers. Common Core State Standards for English Language Arts［S］. Washington，DC：Author，2010.

40. National Writing Project and Carl Nagin. Because Writing Matters：Improving Student Writing in Our Schools［M］. San Francisco，CA：Jossey-Bass，2003.

41. NCTE and IRA. Standards for the English Language Arts［DB/OL］. http://www. ncte. org/library/files/Store/Books/Sample/StandardsDoc. pdf.

42. NCTE. Beliefs about the Teaching of Writing［DB/OL］. https：//wrd. as. uky. edu/sites/default/files/NCTE Beliefs about the Teaching of Writing. pdf.

43. NCTE. NCTE Beliefs about the Teaching of Writing［DB/OL］. http：//www. ncte. org/positions/statements/writingbeliefs

44. NWREL. 6＋1 Trait ® Writing［DB/OL］. http：//www. nwrel. org/index. phf.

［2008 - 08 - 11］.

45. Patricia Freitag Ericsson. Raising the Standards for Standards：A Call for Definitions［J］. English Education，Vol. 37，No. 3（Apr.，2005）.

46. Patrick Hartwell，Robert H. Bentley. Open to Language：A New College Rhetoric ［M］. New York：Oxford University Press，1982.

47. Penny Ur. A Course Language Teaching：Practice and Theory［M］. 北京：外语教学与研究出版社，2000.

48. Perl，S. The Composing Processes of Unskilled College Writers［J］. College Composition and Communication，1979(31).

49. Peter Elbow. Writing Without Teachers［M］. New York：Oxford University Press，1973.

50. QCA. The National Curriculum for English［DB/OL］. http://curriculum. qca. org. uk. ［2009 - 08 - 19］.

51. Rose Ellen Carter. Teachers as Co-authors：Internalizing the Writing Process［J］. Journal of Educational Enquiry，Vol. 7，No. 2，2007.

52. Shulman，L. S. Knowledge and Teaching：Foundations of the New Reform［J］. Harvard Education Review，57(01).

53. Stephen D. Krashen. Writing：Research，Theory and Applications［M］. Englewood，NJ：Laredo Publishing，1984.

54. Swayze，M.，Wade，B. Investigating the Development of Writing［J］. Educational Review，1998，50(02).

55. Thomas Kent. Post-Process Theory：Beyond the Writing-Process Paradigm［M］. Carbondale：Southern Illinois University Press，1999.

56. Timothy Shanahan. The Shared Knowledge of Reading and Writing［J］. Reading Psychology，1987，8(02).

57. Tompkins，Gail E. Literacy for the 21st Century：A Balanced Approach［M］.（2nd ed.）Upper Saddle River，N. J.：Merrill Education，2001.

58. Triantafillia Kostouli. Writing in Context（s）：Textual Practices and Learning

Processes in Sociocultural Settings (Studies in Writing Vol. 15)[M]. New York：Springer，2005.

59. Willian E. Messenger，Peter A. Taylor. Essentials of Writing[M]. Scarborough，Ontario：Prentice-Hall Canada Inc.，1989.

60. Wright RE，Rosenberg S. Knowledge of Text Coherence and Expository Writing：A Developmental Study[J]. Journal of Educational Psychology，1993(03).

后记　值得努力,仍需努力,永远努力

一

这本十多年前的博士论文而今出版也算"十年磨一剑"了,然而当它"今朝把试君"仍不免忐忑。任友群老师当初课上说了句玩笑话,"人家大师十年磨一剑,咱们可要一年磨十剑啊"。在这个浮躁而功利的时代,愚钝如我,锐意铸剑三年,断续磨剑十年,殊非易事,感慨万千。

十年前,我读肯·海兰德(2005)那本《写作教学研究》(*Teaching and Researching Writing*),似乎就看到了"文章写作—过程写作—交际写作"的发展轨迹。可"交际写作"这个术语并不能概括我的"语境决定语篇"的思想。在那些苦思冥想的日子,遂杜撰出"交际语境写作""功能语篇写作""功能性作文"等一系列名词。有人告诉我,语文界名词泛滥,别造新词啦。但要承载新的思想,有时造个新词实属迫不得已。有人猜"交际语境写作"肯定是翻译自国外的,然而就我有限的学问,还没发现之前国外有人这样说。当今世界创新是第一生产力,也是学术的命门。

倍感欣慰的是,"交际语境写作"这个概念十多年来已经被我国写作学术界和广大教师所接受。今天搜索有两千多万网页和几百篇论文,我不敢说它们与我有关,但功成不必在我。2010 年我的博士论文《写作课程范式研究》上线至今已有 22 639 次下载,几乎是本专业下载最多的。2012 年的《"国培计划"课程标准(试行)》,2017 年的《中小学幼儿园教师培训课程指导标准(义务教育语文学科教学)》都采纳了相关成果。2016 年《交际语境写作》由语文出版社出版后即售罄,很快重印。2018 年底因它结缘新加坡教育部,作为海外课程顾问参与中学华文课程标准和教材研制。同年底受邀作为14名核心成员之一参与我国义务教育语文课程标准修订工作。2020年12月《交际语境写作》入选中国写作学会成立40周年40部优秀学术著作。2022年作为核心成员参与统编语文教材修订工作。对一个学人来说,这已经比较幸运了。

十年对漫长历史不过短短一瞬,可对一种学说的产生、发展、完善以及经受实践和时间的磨砺,只有创造者才能深切体会其中的曲折和艰辛。

二

十多年前,我头脑发热——想考博。当时,我在一所国有大型煤炭企业学校工作,已是学校最年轻的高级教师,公司唯一的教育硕士,首批学科技术拔尖人才,教语文已十几年。学校经常派我外出开会学习,接触了一些全国知名专家和名师,也许有点心高气傲——也想成为"能手""特级""名师"……

现在想起来,觉得幼稚!但当时确是工作上有诸多不如意——这是清醒时候最真切的苦痛。现在想起来,也许麻醉一下自己就过去了,可我也不大会喝酒。——我现在知道,那是职业发展的"倦怠期",混过去就好啦,可是我愣没有让自己"混"过去。那时也不懂"职业发展倦怠期"理论,毕竟那时只是一名小小的语文老师。

我想考博!因为我对当时语文教育的许多问题,有些自己的想法。当时正是"人文性"讨论热烈的时候,我也喜欢写点诗之类的东西,有时下了雪就应学生的要求去操场上撒野,还乘兴赋诗,与学生朗诵,组织文学社——我觉得这才是"真语文"。可这"真语文"往往被现实中的"习题、考试、名次"戳得粉碎。虽没奖没罚,但觉得一辈子来回倒腾这些可怜的东西,真没意思!我不想干了!我想考博!因为觉得只有考博才能拯救自己,才能"跳出三界外,不在五行中",然后解救那些被这种教育折腾苦了的孩子们。

不久机会来了,领导同意我管学生阅览——当时叫"第二课堂"。于是我就把自己关在屋里三个月,然后悄悄考试去了,去我心向往的新课改理论中心——华东师范大学课程所考试去了。

考后,英语差一分,也没在意。第二年又考。导师面试时说,荣维东啊,你知道去年名次吗?——我还真不知。导师说:"你去年排第四,前三名也都没取,英语有那一分,去年就是你啦!"我当时惊愕且振奋。导师又问,今年如何?我说,英语比去年简单,其他科目感觉还不错。导师说,看来你蛮有把握喽!结果出来——我英语竟然更少一分,真是造化弄人!事后,导师说,考我这儿的人太多,放弃吧。我心不甘,导师说"好好攻英语吧!"

我又面壁三个月,家庭不顾,俗事不问。结果出来了,英语竟考了63分,录取啦!导师电话那边说我是当年录取的两名中学教师中的一个,站好最后一班岗,开学来读书吧!我当时不禁热泪滂沱……

三

我不善言辞,但我仍要在这里郑重地感谢我的恩师倪文锦先生。正是他,把我引入语文教育研究领域中来,这个我干得挺有兴致的领域。导师既有着北方人的正直、谦逊,又有着南方人的干练、洒脱。导师治学严谨、淡泊名利,有时三言两语常给我醍醐灌顶的感觉。多年来,导师对我的关心、看重,我深深切切地感念在心,每每化为我"不辱师命"的强大力量。每去先生家,师母总是给沏上咖啡,捧来糖果,忙个不停,师母的慈爱善良让我感受到先生智慧与理性之中的那种阳光般的温情。

三年读博期间,我要感谢华东师大课程所那些学问新锐、德行质朴、担当道义的老师们。感谢课程所的老所长钟启泉先生,我曾经几次向先生请教,先生都能高屋建瓴地作出判断、提醒和指导,他叮嘱我把重心放在第三个范式上。其他老师，如陆有铨、张华、崔允漷、高文、夏志芳、聂幼犁、吴刚平、徐斌艳、周勇等，如果我有点成绩的话，是这些先生营造的那个"全球视野、本土行动"的学术共同体养育的。

我要特别感谢我的大师兄王荣生教授。如果说当今语文教育有一个海派的话，他绝对是这个学派的领军人物。他学术博大精深，为人优雅谦和，做事科学理性。由于参与大师兄课题项目的关系，我们接触较多，基本每月都定期聚谈。开会之日，就像我们的节日。我们这个团队包括了华东师大、上海师大等高校院所的十几位博士生，他们是朱建军、郑飞艺、周燕、孙慧玲、于龙、胡根林、曹建召、陈隆升、陈元辉、周子房、袁彬、乐中保、高晶、步进等。大师兄召集并营造的这个学术研修体，给予我最直接的影响。

感谢在我研究之初，思路纷纭之际，通过电子邮件与我聊"作文课程知识重建"的李海林先生。他渊博的学识、敏锐的洞见和深邃的思考常让我茅塞顿开，我的几个核心概念很大程度上得益于他的点拨。他多年前就对我的博士论文做了极详细的批注，催我赶紧出版。感谢上海古美学校的刘厚萍校长，她对我们说"你们是真干事的专家"，我的几个作文教学案例是在她的大力支持下开展的。感谢我情同手足的朱建军师兄，我们经常在他的斗室大声争论切磋。感谢同门董蓓菲、郑桂华、田良臣、王清芳、谢梅枝等。感谢室友李茂森，我近在身边的楷模。他总是"坐在那边看书"，我"坐在这边看书"，各自哗啦哗啦翻书，噼里啪啦打字是我们两个人的常态，而一块去食堂的路上，总高谈阔论一番。

感谢范守纲老师，他有着老知识分子的纯粹、厚道和热心，他好几次邀我去出版社聊天，甚至邀请我去那儿工作。我要感谢张东英、许耘、顾之川、郭利萍、何勇、张秋玲、郑浩、李世江、王希文等编辑老师，读博期间我发的30多篇论文里有他们的心血和鼓励。感谢上海教育出版社的何勇主编、易英华主编、付寓编辑为本书的出版付出的心血。

感谢一大批高校老师和同事。感谢马正平先生在重庆国际会议期间对我研究的指导,南京师范大学吴永军教授在全国博士生论坛对我报告所作的精彩点评。当初西南大学文学院长刘明华教授、何大宏副院长、余立新教授、魏小娜等老师,把我按人才引进到重庆来。感谢我的硕士导师钱加清先生,山东省政府参事荣伟先生,老同学清华大学教授王传利,中国海洋大学冯延群教授,山东的田延雨、马金旭,还有我鲍店的老朋友王若林、焦子友、焦建刚、王强、刘汉中等给予我生命里的灿烂阳光!

感谢我的学生们。唐玖江是我的第一位学术型博士,一位当今社会很难再找得的踏实肯干、心无旁骛做学问的人,多年前他就对我的博士论文仔细做了校对,此书第二章第一节、第五章第五节和两个附录是我们联合完成的。此外还要感谢博士生王浩、汪飞、付新民、姜美茹、邹佳叡,以及研究生陈磊、刘红敏、张书玲、王相涵、李雯雯、刘迪、王忻艺、刘子琪、何袁錡、李诗篇、曾小芮等,他们参与了新修订书稿的文字校对和文献查核等工作。感谢黄玉兵和叶会彬老师在朋友圈看到后记后,应我邀请主动承担再一次的校对工作。

感谢多年来默默支持我的家人,我对他们亏欠太多。读博期间,本家荣忠满叔叔经常慷慨解囊,接济我穷书生的生活。他操持着一家药厂,兼任"全球荣氏宗亲会会长",为社会、为家族奔走操劳。感谢我的老母亲,她年逾八旬,仍生性刚强,勤劳不辍,我在外地工作没办法在身边尽孝,感谢姐姐弟妹照顾她,让我没有后顾之忧。感谢我的妻子刘振燕女士,多年来为我任劳任怨地操持着家里家外的一切。儿子天竞,我从小就没怎么去关心过他的功课,好在他如今已从纽约大学研究生毕业,不用我太操心了。

四

读博期间,我遭遇了人生的大悲恸!在我读博不到百天的时候,我善良慈祥的老父亲猝然离世——他临走的时候,我正在赶往家乡办理离职手续的火车上。他去世时,我,没赶到他的身旁!他的墓碑在家乡邹城唐王山公墓向阳的山坡上。我一直想哪一天一定要携带一本我的博士论文到他坟前，告慰他老人家：别老为我担心……还有我的岳父岳母以及王明金舅舅，生前给我和我的家庭那么多帮助，我此生竟然都无从回报！

五

读博三年，在上海这个大都市，除了跑实验学校、开会，我几乎没出过门。秉承导师教诲，大师兄"就是坐了三年冷板凳的"。三年来，购买、复印书籍上千本，发表论文30多篇，参研课题三四个，参编书籍五六本，再就是这篇最痛苦最煎熬的学位论文！我想它一定不能太落后，应该配得起今日我们这个泱泱大国。我不敢奢望它有多大学术价值，但我确信我已尽力——而且已竭尽全力！

卡尔·波普尔说："所有科学工作都指向科学知识的增长。我们就像建造教堂的工匠一样，都是为客观知识的增长而添砖加瓦的工人。"中国语文教育理论的大厦，同样需要千千万万专家、学者、教师以及工匠，需要像我这样虽驽钝，但还算卖力的工匠。如果我的研究能为这个大厦添砖加瓦，吾愿已足。

2010年4月于华东师范大学盘湾里研究生公寓
2024年11月改于重庆市缙云山下北温泉九号居

图书在版编目（CIP）数据

写作课程转型论 / 荣维东著. — 上海：上海教育
出版社，2024.11.—（语文教育新论丛书）. — ISBN
978-7-5720-3216-5

Ⅰ. G633.342

中国国家版本馆CIP数据核字第2024F44M42号

责任编辑　付　寓

封面设计　金一哲

语文教育新论丛书

写作课程转型论

荣维东　著

出版发行　上海教育出版社有限公司

官　　网　www.seph.com.cn

地　　址　上海市闵行区号景路159弄C座

邮　　编　201101

印　　刷　启东市人民印刷有限公司

开　　本　700×1000　1/16　印张 28.5　插页 2

字　　数　368 千字

版　　次　2025年1月第1版

印　　次　2025年1月第1次印刷

书　　号　ISBN 978-7-5720-3216-5/G·2843

定　　价　69.80 元

如发现质量问题，读者可向本社调换　电话：021-64373213